北国街道と脇往還

―街道が生んだ風景と文化―

市立長浜城歴史博物館

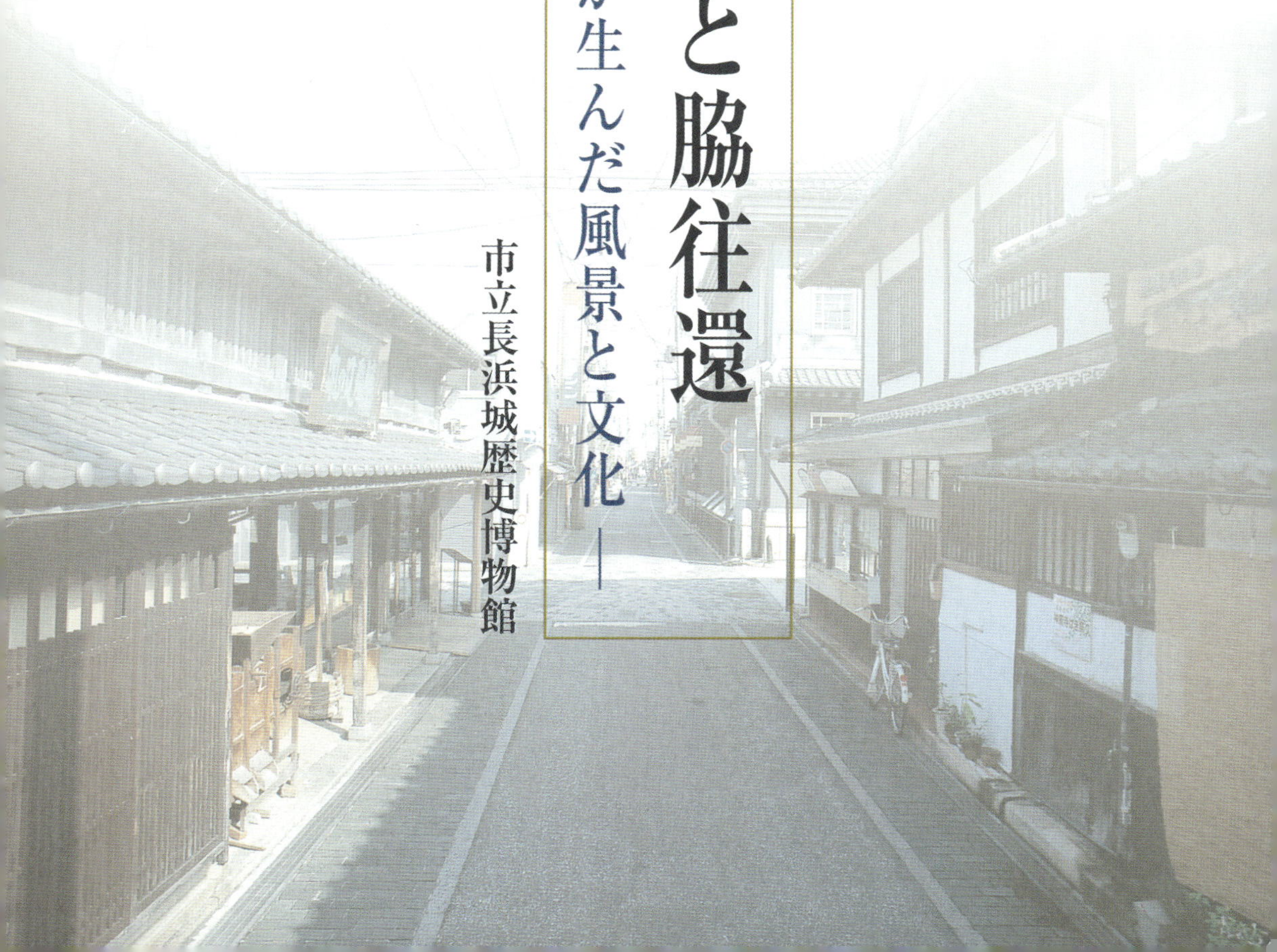

「小谷道」
米原から国友を経由して小谷城下に至る街道です。
戦国時代の北国街道として、武将たちも走り抜けました。

「北国脇往還」

関ヶ原から春照・小谷などを経由して木之本に至る街道です。

参勤交代の道として、越前・加賀の大名たちの通行で賑わいました。


「北国街道」

鳥居本北から米原・長浜を経て木之本に至る街道です。

幕末、長浜の繁栄にともなって発展し、多くの商人が行き交いました。

北近江には、戦国時代から江戸時代にかけて
この三本の北国街道が通っていました。
それぞれの「街道」は、時代と共に盛衰し、
世相を反映してその役割も異なっていました。

この本では、それぞれの「街道」の経路を確定し、
あわせて、江戸時代を中心に沿道景観の復元を試みます。
また、街道を通った人々をなるべく多く紹介し、
その見聞を通して街道や宿駅の再現を行います。

一方、北国街道は北近江から越前・加賀へと延びていきます。
そこには、どんな沿道の風景が広がるのか。
あるいは、越前・加賀の人々は、
どんな思いで北近江を通過したのか。
北国街道を介した、越前・加賀とのつながりも描きます。

北国街道というと、これまで
その魅力的な語感に酔ったイメージが先行してきました。
この本では、北国街道の真の姿をまとめました。
歴史の道・北国街道を再見する第一歩は、
間違いなくこの本から始まります。

長浜の「北国街道」の町並（撮影／寿福滋氏）

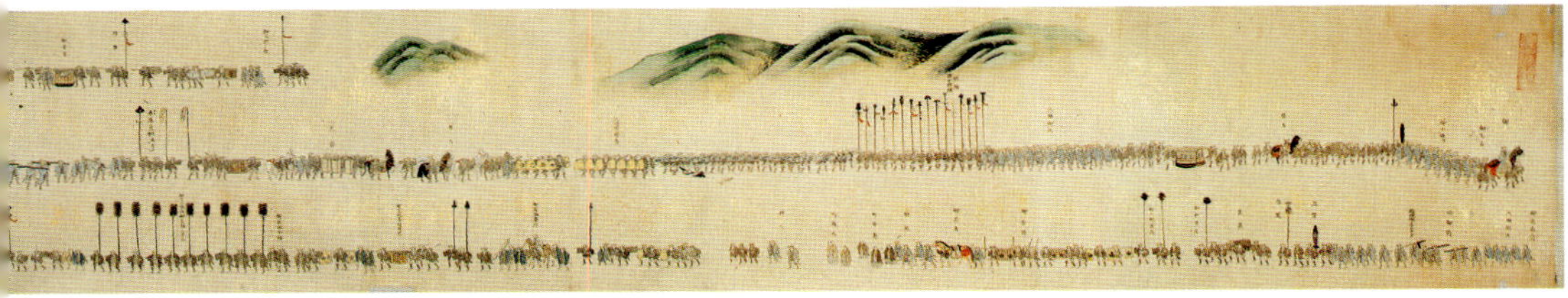

目次

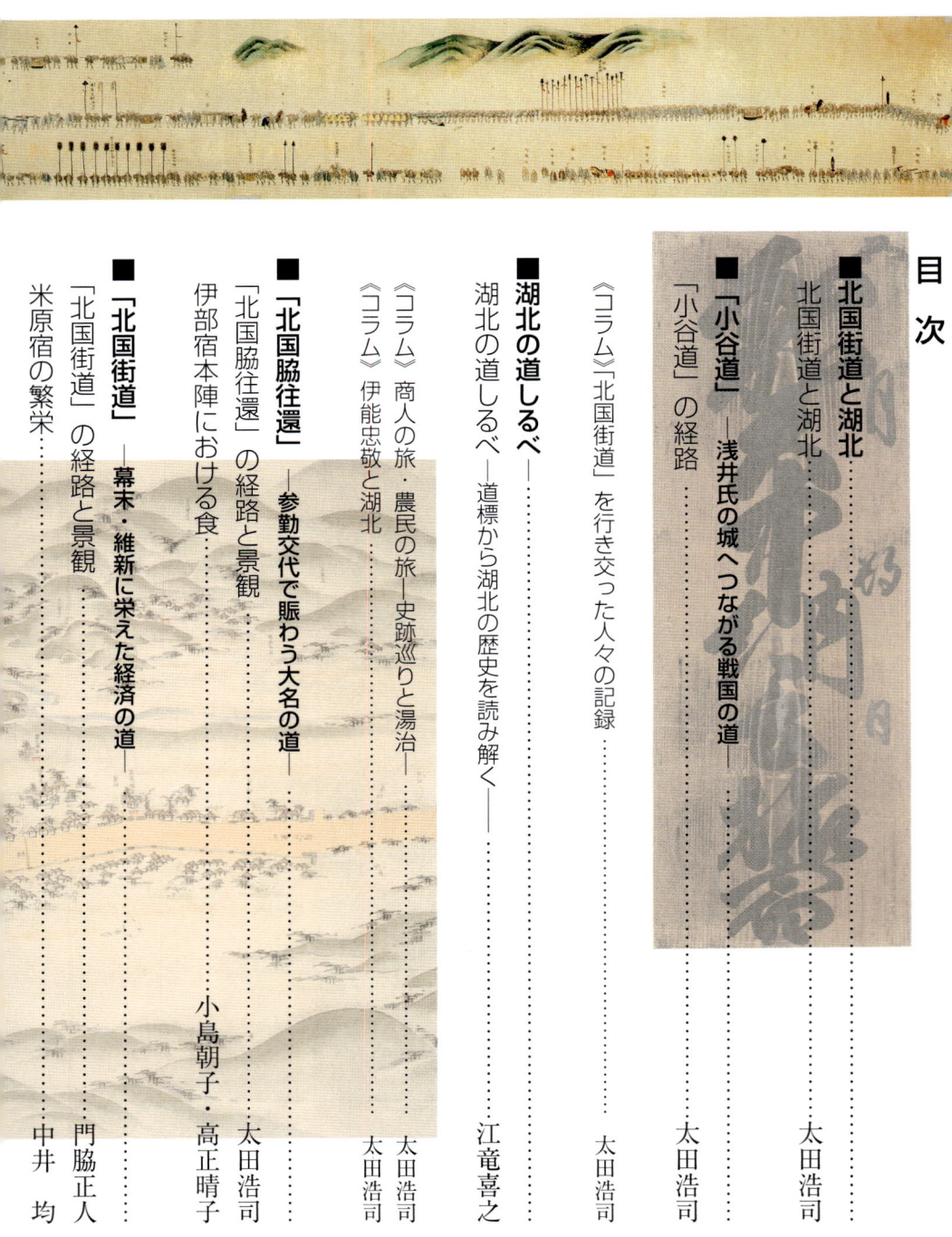

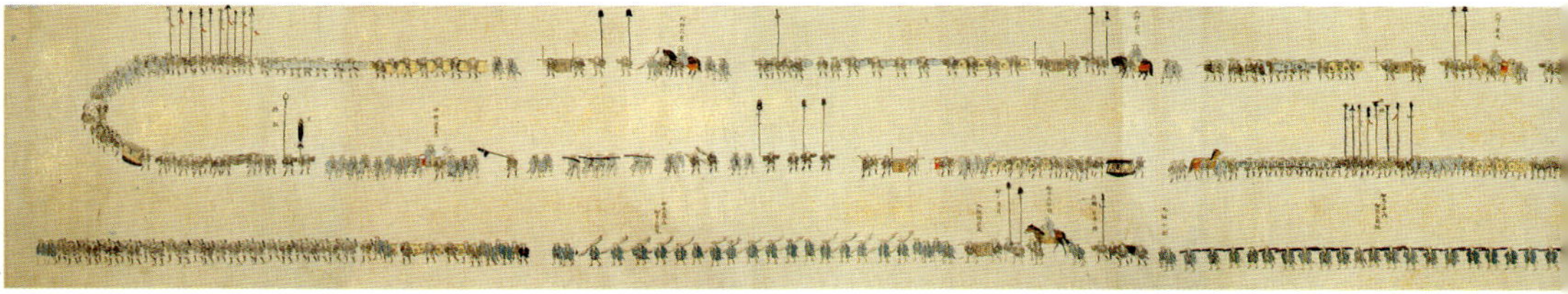

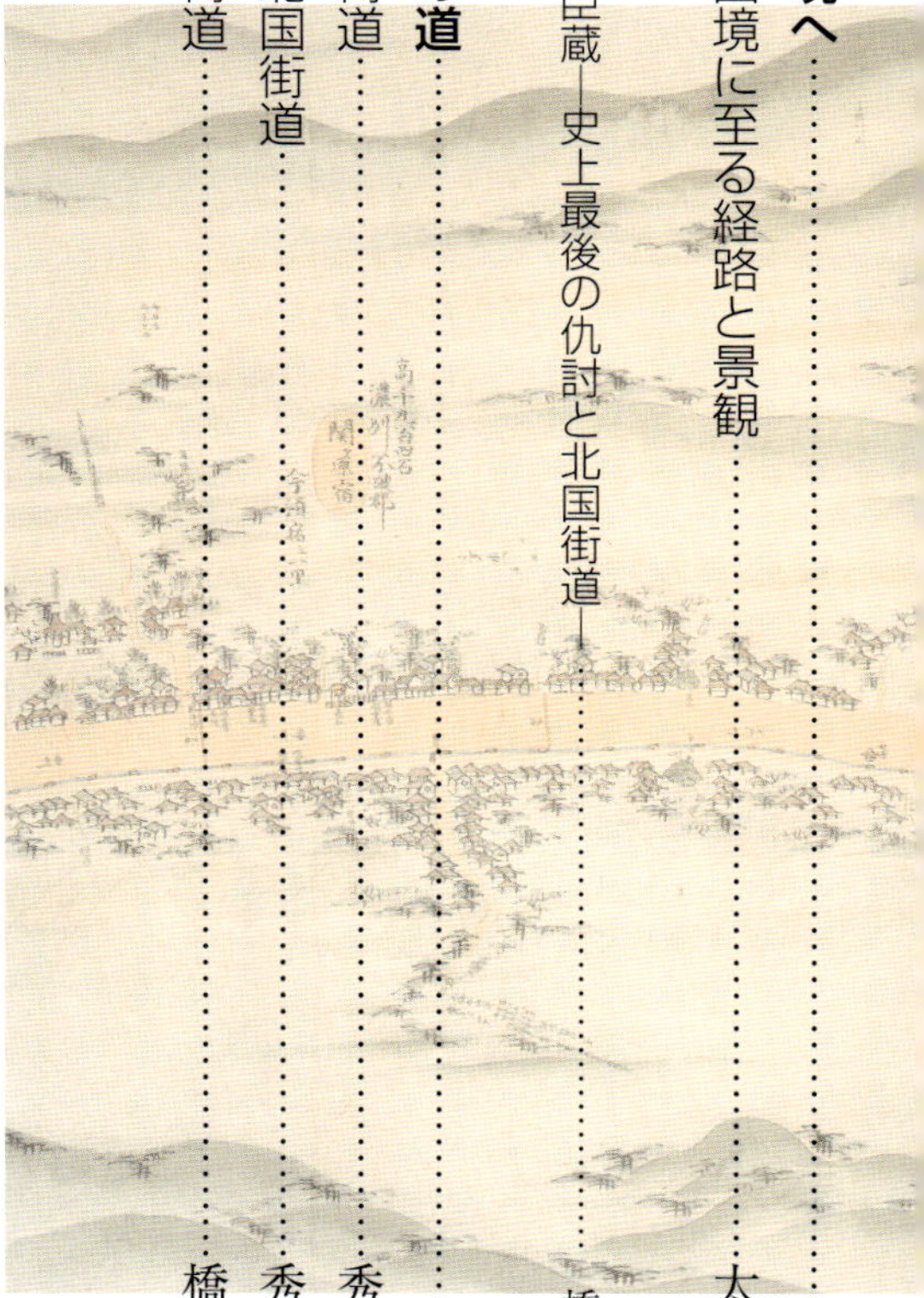

＊本書は、市立長浜城歴史博物館が企画した特別展『北国街道と脇往還』の展示解説図録として編集したものですが、章立てなどの構成は特別展と必ずしも一致しません。特別展の構成は、巻末の展示資料目録を参照ください。

背景写真
上：24　大名行列絵巻　金沢市立玉川図書館蔵
左：道標㉞「北国街道」・深坂越　米原町米原所在
中：13　中山道分間延絵図　巻九（関ヶ原宿）東京国立博物館蔵
右：58　木之本本陣宿札（加賀中納言旅宿）

北国街道と湖北

本書では「小谷道」・「北国脇往還」・「北国街道」を総称して北国街道と呼ぶ。三本の街道を個別に言う場合は必ず「　」をつける。また木之本以北で越前・加賀に至る経路は「　」をつけず北国街道と記す。

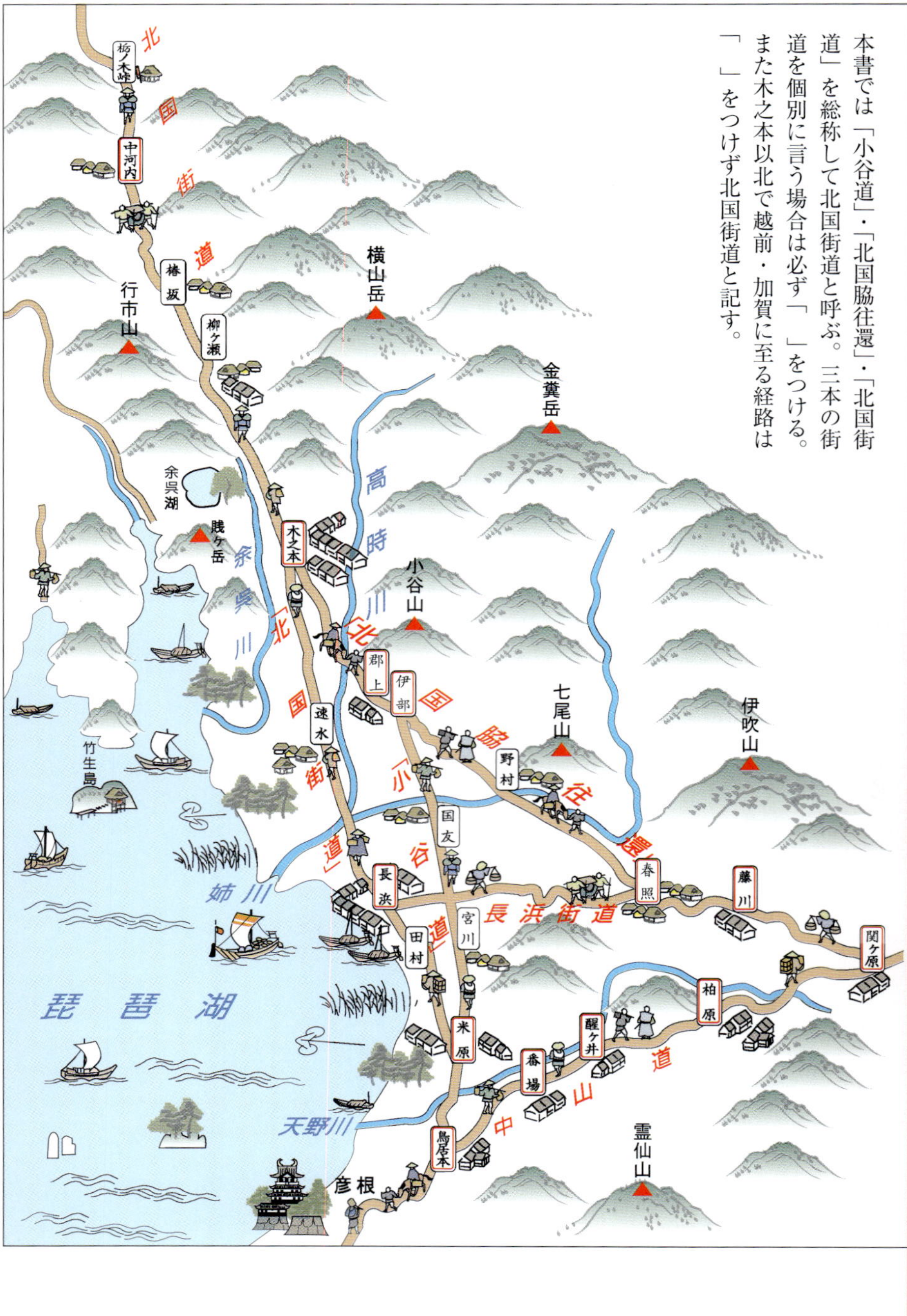

1　近江国絵図写（部分）

長浜の旧家に伝来した近江国絵図で、江戸幕府撰近江国絵図を2分の1程度縮小したものと考えられる。宮川陣屋を描かないなど、地図の内容は江戸前期の状況を示している。湖北地域の街道については、「小谷道」・「北国脇往還」・「北国街道」、いずれも記載があり、栃ノ木峠には「茶屋」と記している。

67　山水真写（中河内宿図）　市立長浜城歴史博物館蔵

近江国浅井郡曽根村（びわ町曽根）出身で、長浜・京都・美濃などで活躍した絵師・中川雲屏（１８０２～６３）が描いた中河内宿である。『山水真写』は、彼の画帳の一冊で、北国街道を旅したとみえ、本図の先には越前細呂木の風景（171ページ参照）や加賀塩屋（164ページ参照）、それに金沢城下の絵が続く。本図は、中河内宿を西から東に向かって描いたと推定され、山間の宿駅の雰囲気がよく伝わってくる。

北国街道と湖北

太田 浩司

五街道と脇街道

人が移動するための経路である道は、現在でも国道・県道・市道などの区別があるように、近世（江戸時代）においても、いくつかのランクがあった。五街道・その附属街道・脇街道・中小街道と一応区別できよう。五街道（東海道・中山道・奥州道中・日光道中・甲州道中）とその附属街道（美濃路・日光例幣使《れいへいし》街道など）は、幕府の道中奉行の管理で、現在の国道に当るものである。それ以外の全国の主要道―伊勢路・中国路・佐渡路など―は、脇街道と呼ばれ幕府の勘定奉行支配にありながら、実質的な管理は地元の藩に委ねられていたので、現在で言えば主要な県道に当る。この五街道・脇街道の要地から中小の街道が放射線状に広がっていった。さらには、この中小街道から村と村を結ぶ道が派生した。これらは、現在の県道・市道に相当しよう。

湖北を通過していた街道については、この後に詳述するが、とりあえずこのランクに当てはめれば、「中山道」は五街道の一つ、「北国街道」・「北国脇往還」は脇街道、「小谷道」・「長浜街道」は中小街道ということになろう。ただし、「北国街道」の木之本以南については、近世末期になって整備された道であり、本来は中小街道に過ぎなかったことは後述する。この内脇街道までは、宿駅に本陣・問屋がおかれ、宿駅から宿駅へ継ぎ立てる伝馬や人足が常備されていた他、人馬の補充を行う助郷《すけごう》村も定められ、沿道には一里塚も設けられた。我々が街道として認識できるのは、この脇街道クラスまでである。

千束一里塚（福井県あわら市）
越前金津宿を北に抜けた、千束集落付近に現存する北国街道の一里塚。近江から加賀金沢の北国街道沿いで、本来の場所に現存する一里塚としては唯一である。福井県指定史跡。本来は東側にも一里塚があったが、明治以後の道路拡張で失われ、現存するのは西側の一里塚のみである。

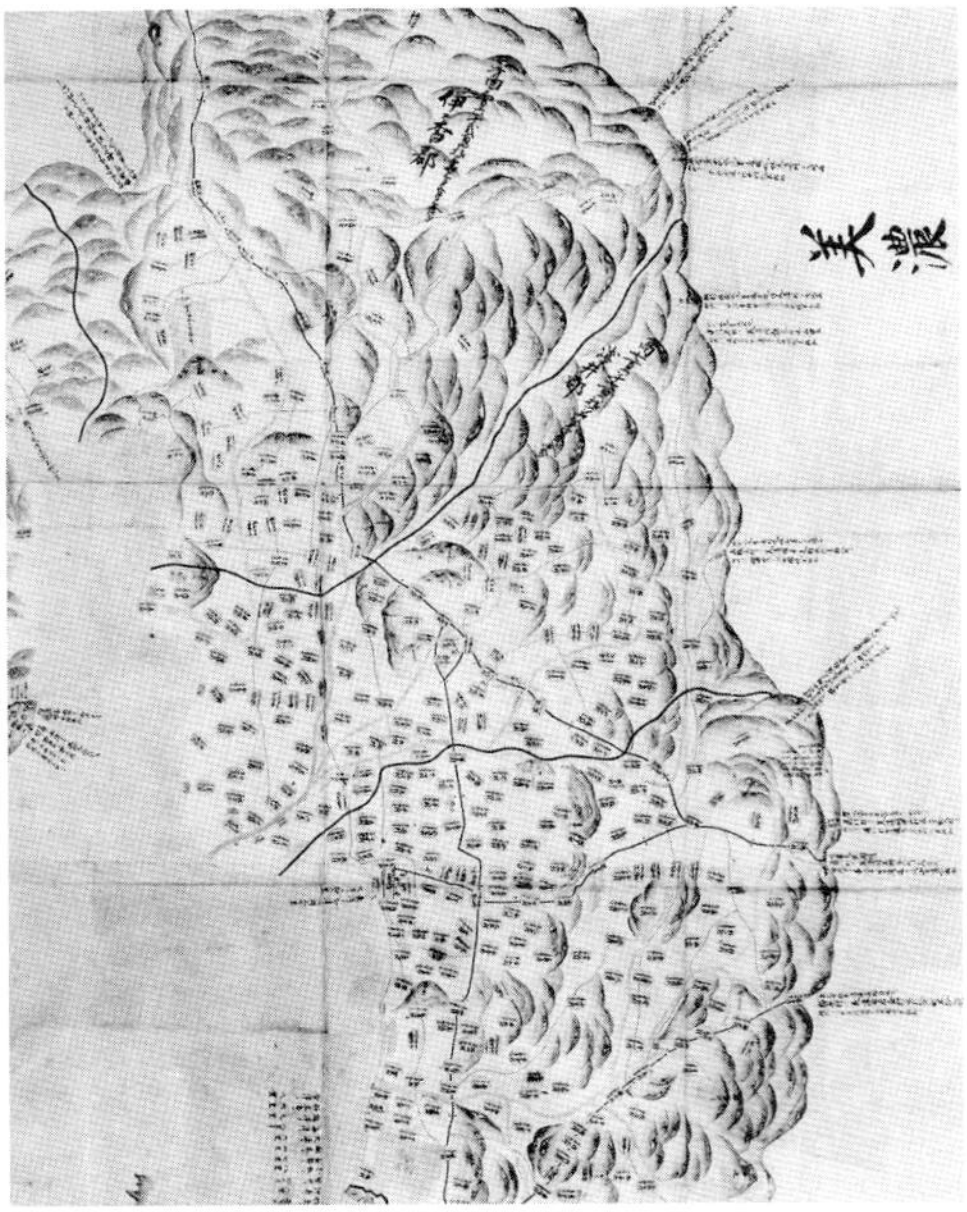

近江国絵図（部分） 滋賀県立図書館蔵
江戸幕府が作成させた天保国絵図の内の1枚。ただし、正本は内閣文庫に伝来するので、近江で製作された扣図か写図とみられる。街道や町村名・町村石高などが記され、江戸時代の地域史の基本資料となる。「北国脇往還」や「小谷道」は本道として扱われるが、「北国街道」は脇道として描かれている。

湖北の街道

湖北を通過する江戸時代の街道を概観するのに、天保六年（一八三五）幕府の命令によって作られた近江国絵図をまず見てみよう。ここでは、道は朱で表示されており、その太さによって本道と脇道に区別されている。その地域の幹線ルートに当たる本道には、道の両脇に黒点で記した一里塚の表示も見られる。この近江国絵図で、湖北の道の中で本道として扱われているのは、次の五つの街道である（11ページ図参照）。

①中山道（鳥居本宿・番場宿・醒ヶ井宿・柏原宿を経由）
②「北国脇往還」（美濃国関ヶ原宿から藤川宿・春照《すいじょう》宿・伊部宿を経由し、木之本宿に至る）
③「小谷道」（米原宿から加田村・宮川村・国友村を経由し、伊部宿に至る）
④長浜街道（長浜町から宮川村・観音坂を経由し、春照宿に至る）
⑤木之本以北の北国街道（木之本宿から柳ヶ瀬宿・椿坂宿・中河内宿を経由、栃ノ木峠に至る）

これに対し、江戸後期の成立と考えられる彦根藩北筋図（「奥野家文書」）では、本道として、

⑥「北国街道」（下矢倉村から米原宿・長浜町・速水村・高月村を経由、木之本宿に至る）

が加わり、④の「長浜街道」が脇道として扱われている。この六つの街道が、江戸時代における湖北の幹線ルートである。本書では広義の北国街道として、⑥・⑤と続く「北国街道」、②の「北国脇往還」、③の「小谷道」を取り上げる。これらの街道は、微妙にルートと役割を変えながらも、古代・中世から近世に至るまで、畿内・東海地方と北陸地方を結ぶ経路として使用された。いずれも、ある一時には北国街道（海道）と呼ばれた道であるが、ここではその変遷の歴史をたどってみよう。なお本書では、北国街道という言葉を、三本まとめた広義で使う場合は「 」をつけないが、⑤の「北国街道」を指す場合は、「 」をつけて表示する。さらに、②「北国脇往還」と③「小谷道」も「 」をつけて表示する。

また、江戸時代には北国街道は、「北国海道」と記されることが多いが、「海」の字を使用しているからと言って、特に湖水などを意識している訳ではない。一貫し

て山裾を通る「北国脇往還」についても、「北国海道」と書く方が一般的である。

古代の北国街道

　古代において、都があった奈良・京都から北陸に至る経路は、官道として知られる「北陸道」がある。現在の京都市内に当る山科から小関《こぜき》越で近江に入り、湖西路を北上するルートで、越前に入った附近には三関の一つである愛発《あらち》の関が置かれた。これに対して、古代においては後の「北国街道」のルートに当る湖東路は、未発達であったと一般的には考えられる。

　しかし、内田保之氏は、後の「小谷道」や「北国脇往還」を古代から存在するルートと考える。「小谷道」については、秋田裕毅《ひろき》氏の郡衙跡地を根拠にした推論や、街道上に現存する「作道」の小字名によっている。「北国脇往還」については、現在の岐阜県関ヶ原町の往還沿いに小関《こぜき》という地名があり、これは不破関（大関）に対しての地名であること。また、このルート沿いには、伊吹町寺林遺跡の奈良・平安前期の集落跡や、浅井町八島廃寺といった古代寺院が見られること。それに、壬申の乱後に大友皇子の重臣・右大臣中臣金《なかとみのかね》が、浅井郡田根で処刑され、その墓と言われる亀塚古墳（浅井町八島所在）が街道沿いにあることが根拠としてあげられている（『日本古代道路事典』）。

　また、高橋美久二氏は、古代にも「北国街道」と「北国脇往還」に相当する街道は存在し、それは古代の東海道と、湖西を北上する北陸道を結ぶ経路であったと述べている。さらに、古代の官道が直線的道であるとする研究成果を援用し、古代の「北国街道」・「北国脇往還」が直線で、その近世の姿は田畑の開設や宿場の形成によって、一部が曲折した結果だと説いている。また、古代の「北国脇往還」は非条里地帯に設定された道路であるが、「北国街道」は条里地割りの基準線になったとも説いている（滋賀県教育委員会『北国街道・北国脇往還（補遺）』）。

　いずれも、後の北国街道に相当する経路が、古代から存在した重要な道であることを明らかにした研究である。

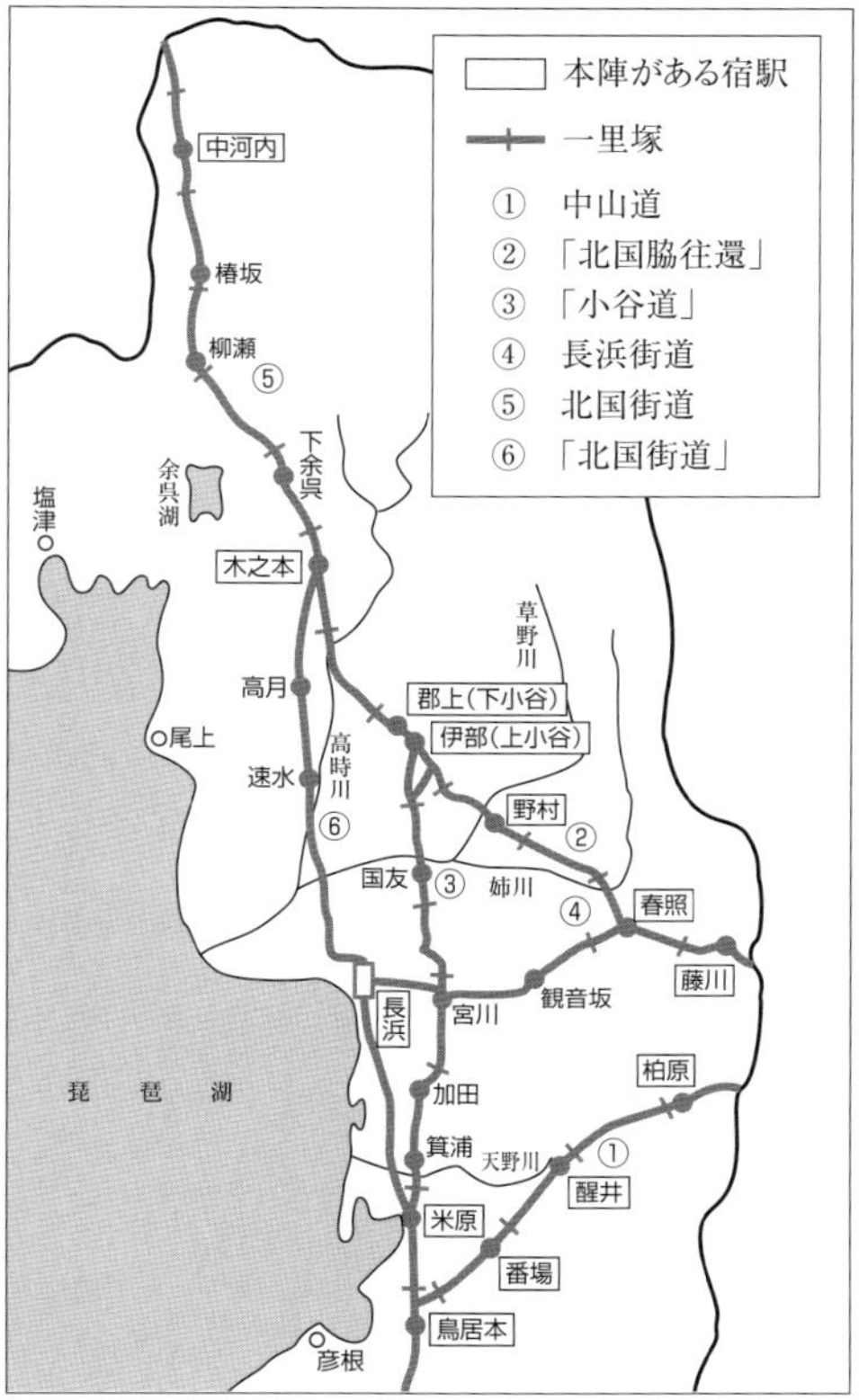

近江国絵図（天保６年）を基にした湖北の街道図
ただし、同図では⑥は本道と扱われておらず、本陣の有無も区別されていない。

七里半越と塩津街道

　ただ、中世においても、畿内と北陸地方を結ぶ主要な街道は、古代の北陸道を踏襲した西近江路であった。こ

亀塚古墳（浅井町八島）
「北国脇往還」沿いにある前方後円墳で、浅井町指定史跡。近江朝廷の重臣で、壬申の乱に際して田根で処刑された中臣金の墓と伝える（カラー図版73ページ参照）。「北国脇往還」が古代道を踏襲している根拠とされる。

の街道は、湖西を北上し海津から山中峠を越え、疋田《ひきた》・敦賀を経由、木ノ芽《きのめ》峠を越えて今庄に至る経路である。この内、海津から山中に至る経路を七里半越と呼んだが、実際は三里半しかなく、七里半とは海津から敦賀までの距離であった。源義経が文治二年（一一八六）に奥州に下ったのも、新田義貞が建武三年（一三三六）に越前に落ちたのも、この経路であった。

　さらに、戦国時代に至ると、古文書・旅行記にもこの経路は現れる。陸奥伊達家の家臣であった頤神軒存奭《いじんけんぞんしゃく》が、永正十五年（一五一八）に上洛した際には、木ノ芽峠・敦賀から七里半越を通っていることが知られている（『伊達家文書』）。さらに、延徳三年（一四九一）に細川政元に同道し越前に下向した公卿・冷泉為広《れいぜいためひろ》も、この七里半越を使っているし（『越後下向記』）、天文十二年（一五四三）に越前一乗谷に滞在していた清原宣賢《のぶかた》を訪ねて下向した清原枝賢《えだかた》は、やはり海津・敦賀間のルートを使用している（『天文十二年記』）。

　また、都から越前へ至る経路としては、塩津を経由する深坂越・新道野越の二道（塩津街道）をたどる者や荷物も多かった。『福井県史』は、その例として永正十二年（一五一五）に敦賀気比社《けひしゃ》の再建用材が、近江国葛川《かつらがわ》から塩津に集積され、新道野を越えて疋田に輸送された事例を上げている。

中世の北国街道

　しかし、中世における都と北陸を結ぶ経路は、七里半越や塩津街道のみではない。東近江路、すなわち近世の北国街道の経路も確実に使用されていた。それは合戦にともなって、記録に表れる。

　治承四年（一一八〇）に信濃国で蜂起した木曽義仲は、寿永二年（一一八三）四月に越前・加賀の国境・倶利伽羅《くりから》峠の合戦で平氏の軍隊に勝利した後、京都に向けて進軍を開始する。その近江への進軍路が、『源平盛衰記』（巻三〇）に見えている。それによれば、越前国府（武生）を立ち今庄を経て、「敦賀山を右になし、能美山を越、柳瀬に打立て高月河原を打渡し、大橋の村、八幡の里、湖上遙《はるか》に見渡して、平方・朝妻・筑摩《ちくま》の浦々を過ぬれば、千本の松原を打通、東大道に出」るという経路で、三上山まで到達している。

「能美山」は椿坂峠のことなので敦賀から池河内村（敦賀市池河内）を経て、中河内に出る庄野嶺越を通って柳ヶ瀬に至る経路をたどったと考えられる。そこから南に向かった「八幡の里」は、現在の長浜市街地附近と考えられるので、柳ヶ瀬からはほぼ近世の「北国街道」に沿った経路をたどり、長浜附近で舟に乗り換えたようである。

　時代は南北朝に下り、観応の擾乱《じょうらん》によって不仲となった将軍足利尊氏とその弟・足利直義は、観応二年（一三五一）九月十二日、虎御前山の南端にあたる八相山《はっそうやま》で

近江・越前国境付近の交通路

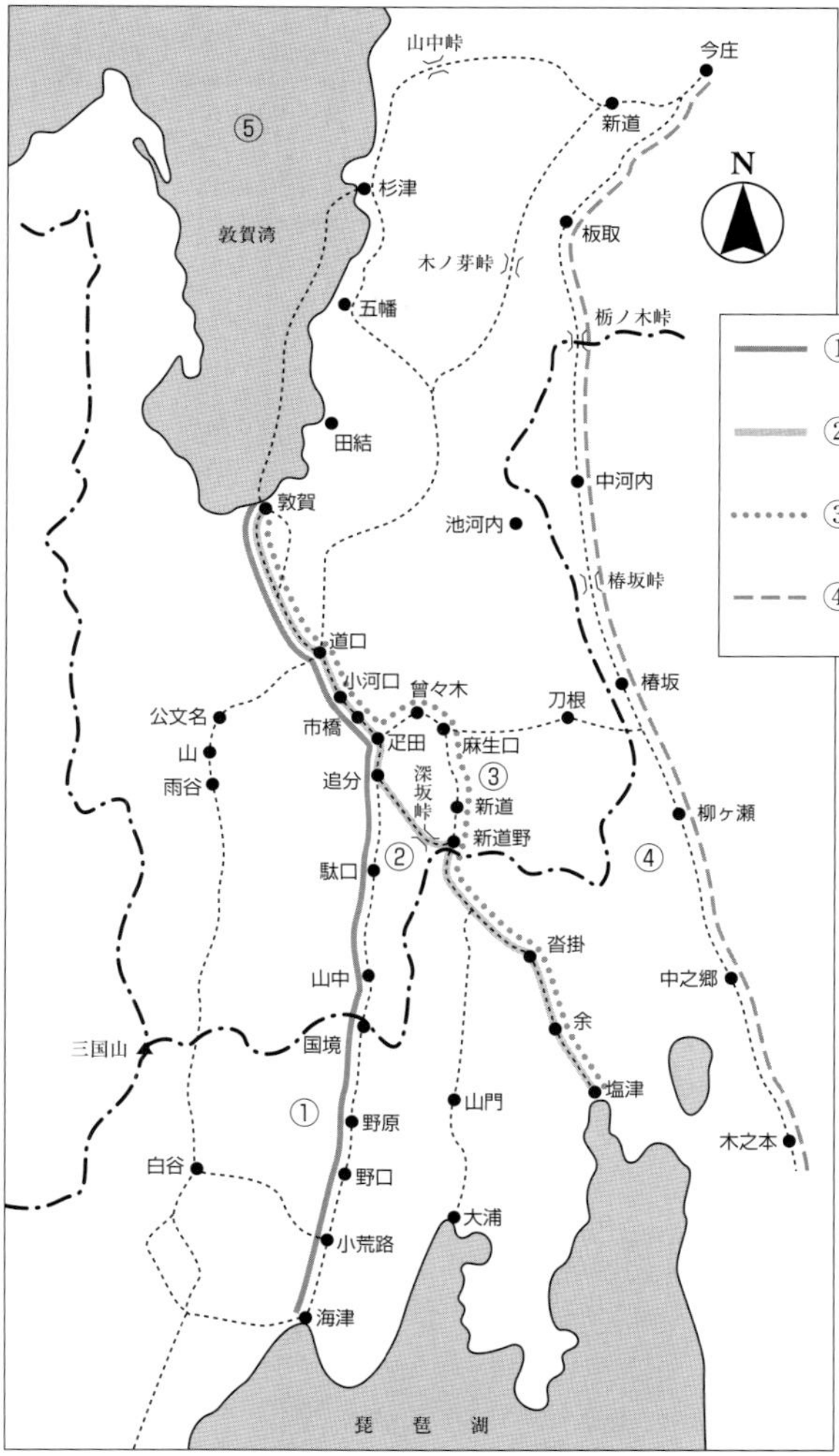

合戦を行うに至った。この時、足利尊氏軍は勢多橋を通り、鏡（竜王町）・四十九院（豊郷町）・小野（彦根市）と北上して八相山に至ったのに対し、直義軍は敦賀から、おそらく刀根越で南下し、戦場に至ったと考えられる。八相山（虎御前山）は、ほぼ近世の「北国街道」に沿って存在するので、柳ヶ瀬以南もその経路をたどったであろう。

さらに、建武三年（一三三六）十月に、金ヶ崎城（敦賀市）に落ちた新田義貞を追討するため、足利尊氏軍の将として越前に向かった細川頼春は、『太平記』によれば「東近江」を通ったという。『東浅井郡志』はこれを栃ノ木峠越と推定するが、これも刀根越の北国街道と考えるべきであろう。

『永禄六年北国下り遣足帳』

国立歴史民俗博物館所蔵「田中穣氏旧蔵典籍古文書」に含まれる『永禄六年北国下り遣足帳《けんそくちょう》』は、永禄六年（一五六三）から翌年にかけて、醍醐寺の一僧侶が、越前・加賀を経て越後・下野《しもつけ》・陸奥を回り、帰路は飛騨から美濃を抜け、琵琶湖を船で渡り京都に帰るまでの旅行経費の書上帳である。この越後・下野・陸奥での用件は、醍醐寺無量寿院の院主堯雅《ぎょうが》によって行われていた印可《いんか》などの付法《ふほう》（弟子へ仏法を伝授すること）と関係があるのではないかと言われている。

この僧の北陸・陸奥下向の経路を詳細に追うと、永禄六年の九月二十三・二十四日に湖南の六角氏の城下町・石寺（安土町）に宿泊した後、二十五日には木之本に宿泊、翌日は昼休みを「ツハイ坂（椿坂）」でとって今庄に宿泊している。その後は、近世の北国街道に沿って北庄（福井）まで進み、それからは海岸線をたどって加賀へ抜けている。この行程

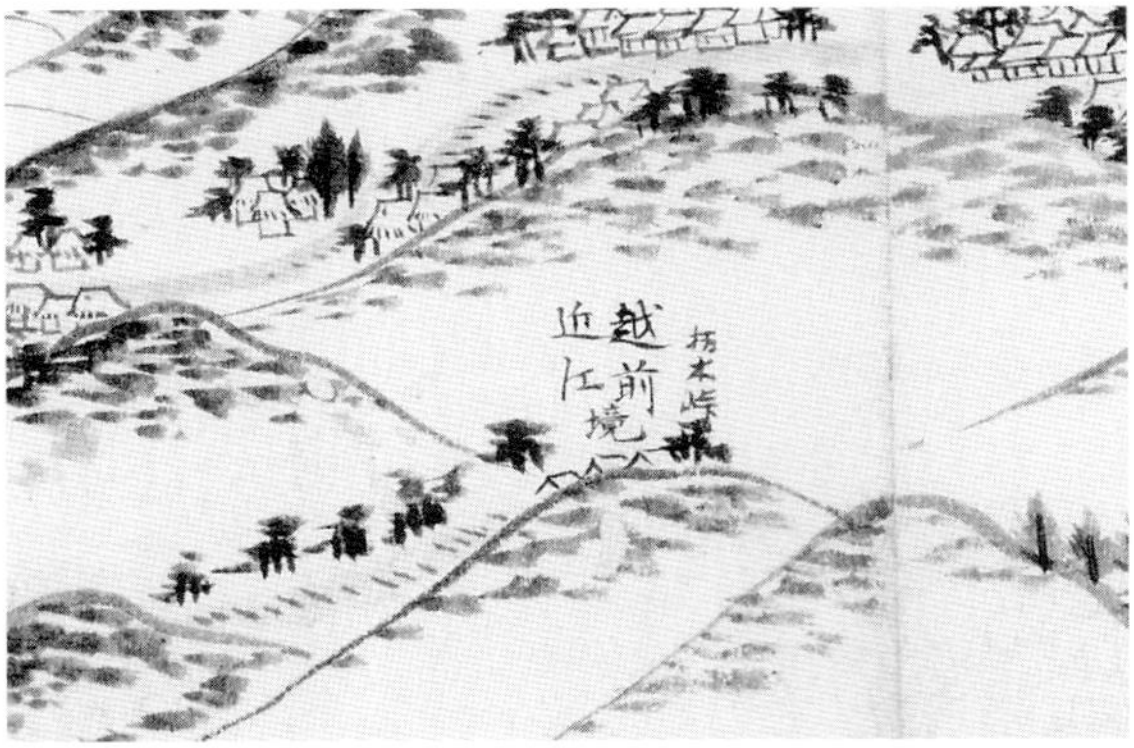

栃ノ木峠
71　「京阪街道一覧」に見える栃ノ木峠の風景。峠には三軒の家屋が見えるが、江戸時代には茶屋がおかれていたことが知られている。一般的には、天正６年（1578）に柴田勝家によって開かれたと言われるが、その以前の通行記事も存在する。

は、椿坂を経由している点から明らかなように、栃ノ木峠を通る東近江路・北国街道をたどるものであった。一般に、栃ノ木峠は北庄の城主であった柴田勝家が、天正六年（一五七八）に切り開いた道路と言われている。しかし、それを十五年ほど遡る時期に、すでに一僧侶が通行できるだけの整備された街道が存在したことになる。柴田勝家の栃ノ木越の開発は、あくまで軍道としての改修を意味しているのであろう。

柴田勝家の栃ノ木峠開削

　天正元年（一五七三）に浅井氏・朝倉氏を滅亡させた織田信長は、浅井の旧領である湖北を羽柴秀吉に、朝倉氏の旧領である越前を柴田勝家に与えた。越前北庄の城主となった柴田勝家は、天正六年に信長の安土城へ通じる最短距離の軍用道路として、栃ノ木峠越の北国街道を切り開いたと言われる。栃ノ木峠越の道は、一五年前の永禄六年に醍醐寺僧が通ったように、まったく通行できなかった訳ではない。天正元年八月、徳川家康は小谷支援をあきらめ退却する朝倉軍を追って、柳ヶ瀬から椿坂峠・栃ノ木峠を越えて板取へ出たという話もある（『余呉町誌』）。また、越前国今庄の領主であった赤座家の系図には、長享・延徳年間（一四八七〜九二）には栃ノ木峠を杓子《しゃくし》峠と記し、椿坂峠を「椿井嶺」と書いているという（同）。

　しかし、『越後草』に柴田勝家が道路を整備する以前は、「近江国中ノ河内村・椿坂村迄の間、古昔深林茂樹細く嶮隘《けんあい》踰《こ》えがたき処」であったというので、かなりの難路であったのであろう。特に、栃ノ木峠（標高五三七メートル）・椿坂峠（標高四九七メートル）の二つの峠の開削・整備は困難を極めたと考えられる。

　勝家による北国街道の整備以前には、栃ノ木峠越が軍用道路として使用できなかったことは、越前朝倉氏の近江への出陣経路を見ても分かる。元亀元年（一五七〇）の姉川合戦以後、越前朝倉氏は織田信長の攻撃にさらされていた近江浅井氏を援助するため、元亀三年（一五七二）七月と天正元年八月に近江へ出陣しているが、いずれも敦賀から柳ヶ瀬へ出る刀根越を使用している。後者の出陣では、朝倉義景は木之本田上山（地蔵山）まで進軍したが、朝倉氏の前線であった大嶽《おおずく》城と丁野《ようの》山城の陥落を聞いて、八月十四日に越前へ退却している。その際、信長軍の追撃によって、刀禰坂（倉坂峠・久々坂峠）で凄惨な死闘が繰り返され、朝倉軍の多くの武将が討死した。これは当時の軍用道が、栃ノ木越ではなく、刀根越であったことを示していよう。

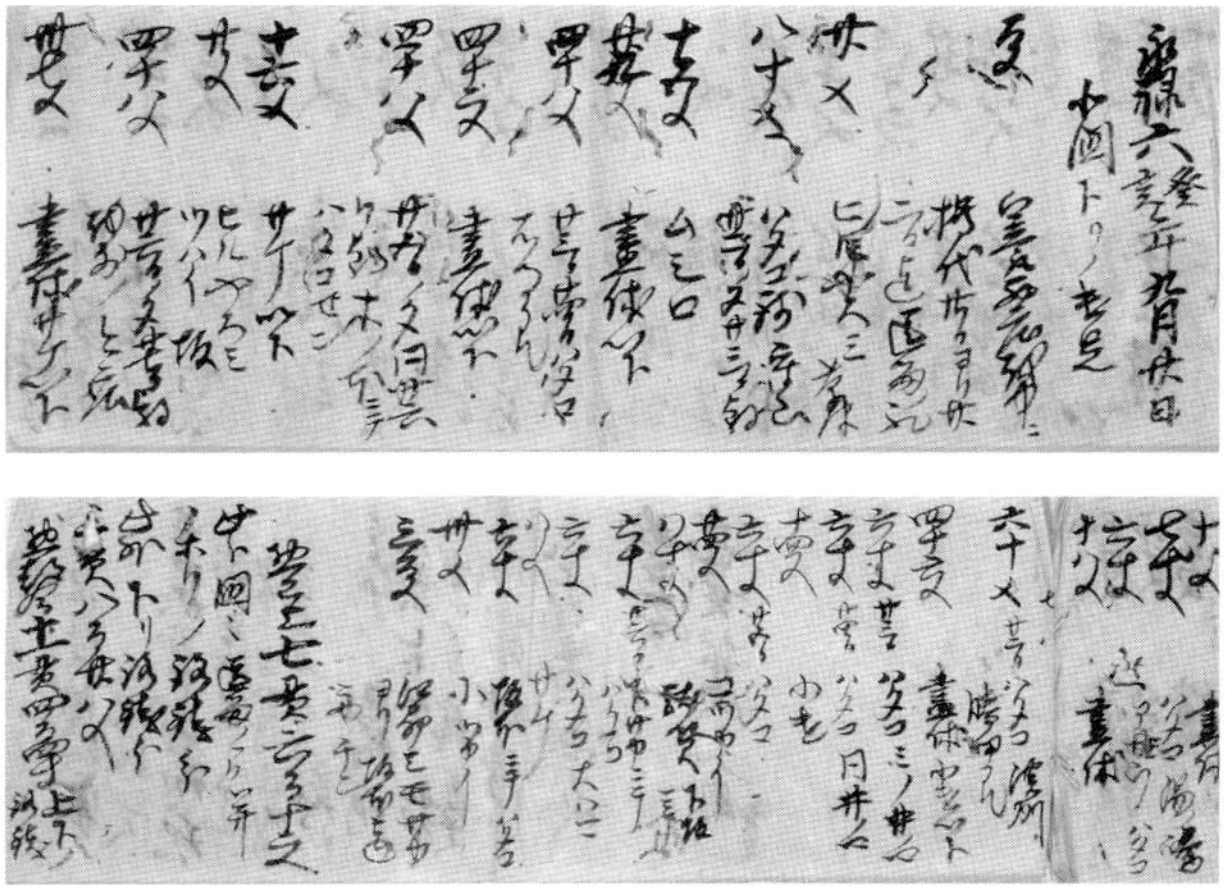

3　北国下り遣足帳　国立歴史民俗博物館蔵
永禄６年（1563）から翌年にかけて、醍醐寺の一僧侶が、近江・越前・加賀を経て、北国を廻り帰洛した際の旅行経費の書上帳である。行きは「ツハイ坂」に続いて「今庄」の地を読み取ることができ、栃ノ木峠を通過している。帰りは、美濃から近江に入り、湖岸の「シモサカ」（長浜市下坂浜町付近）から琵琶湖舟運を利用している。

柴田勝家は、天正十一年（一五八三）の賤ヶ岳合戦にあたって、その年三月には栃ノ木峠越をして出陣し、北国街道をおさえる玄蕃尾（内中尾山）城に入った。しかし、四月二十日・二十一日の決戦の結果、同じ道で越前北庄へ逃れ、二十四日には室・お市と共に自刃している。このように賤ヶ岳合戦は、栃ノ木峠越の北国街道が、十分整備されたことを、皮肉にも開削者本人が、その死をもって証明することになったのである。

合戦と「北国脇往還」

賤ヶ岳合戦といえば、湖北の街道にとって、もう一つ重要な出来事がある。羽柴秀吉の美濃大垣から木之本までの「大返し」である。この合戦では、余呉湖周辺で天正十一年（一五八三）三月初旬から羽柴軍と柴田軍の対峙が続いていたが、秀吉は柴田勝家に組し一時は降伏した岐阜城の織田信孝を討つため、四月十六日に戦線を離れ大垣城に入った。ところが、四月二十日に余呉湖の東岸山上にある大岩山の落城と守将中川清秀の討死を聞く。すかさず、秀吉は大垣からの十三里（五十二キロ）の行程を、二時半《ふたときはん》（五時間）で駆け抜け、夜半には木之本に到着したと言われている。その後、合戦は大岩山から逃れる柴田軍を秀吉が追撃、賤ヶ岳七本槍の活躍などもあり、秀吉の勝利に帰したことは言うまでもない。

この秀吉の「大返し」について、残存する史料の中で、最も信頼できると言われる『天正記』は次のように記す。

（秀吉は）飛竜に鞭《むち》を添えて走らしむ。軍卒の面々、逸馬蹄《ひづめ》を双べ、続いて前《すす》む。垂井・関ヶ原・藤川、早《はや》路《みち》、逸足《いっそく》にて、伊吹山の麓を過ぐるに、馬を乗り殺し、歩兵息を切りて死する者多し。（中略）小谷の宿にて夜陰に及ぶ。申《さる》の剋《こく》に大垣を立ち、戌《いぬ》の剋に木之本に着陣す。

ここに見える秀吉の「大返し」のルートは、後の「北国脇往還」と重なる。また、この合戦を描いた代表的な軍記物である『賤ヶ岳合戦記』は、大垣を発った秀吉は

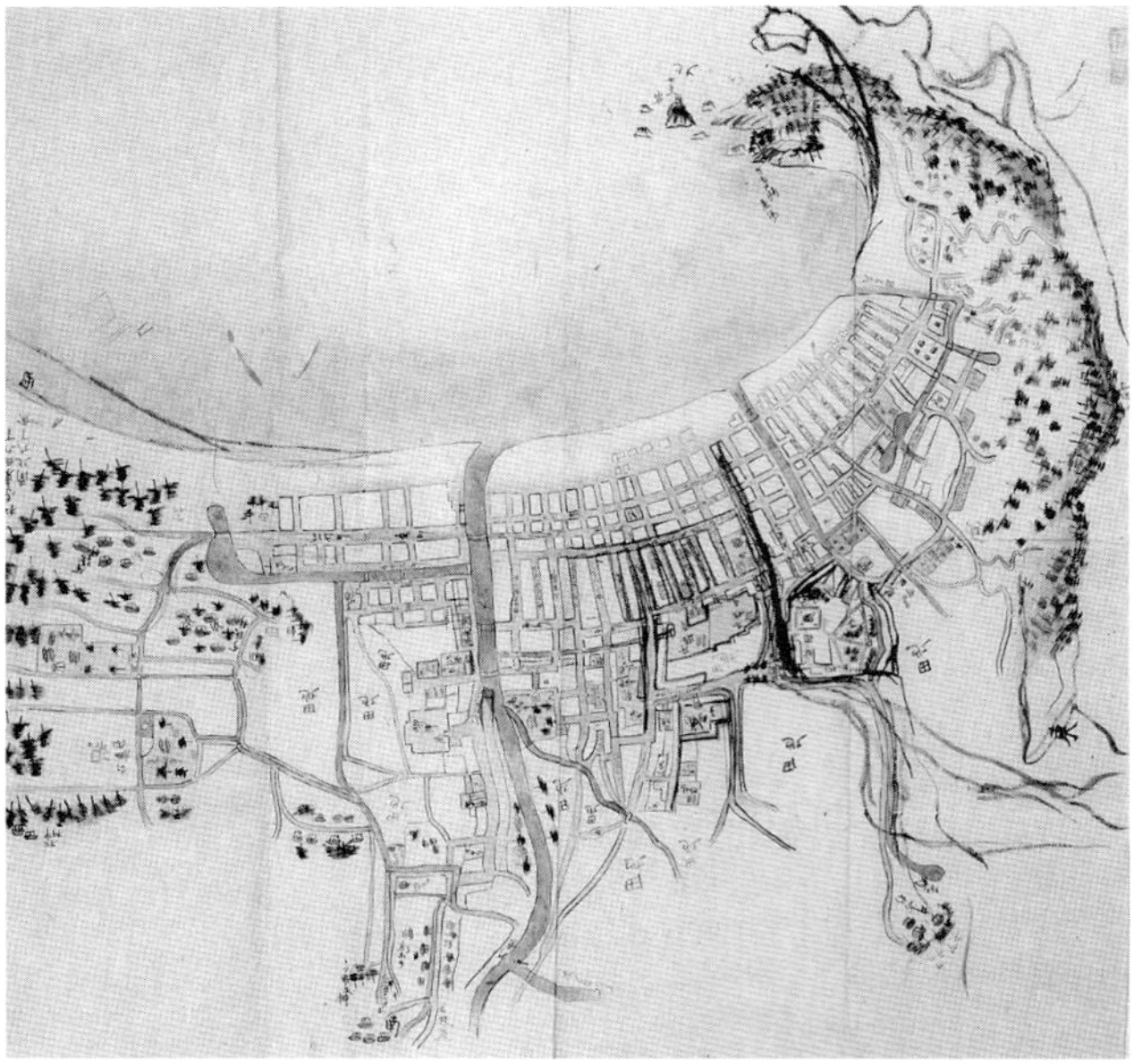

敦賀町絵図
長浜の旧家に伝来した敦賀の町絵図。西近江路や塩津街道、それに刀根越など、栃ノ木峠越以外の近江から越前への経路は、この敦賀周辺を通過する経路がとられた。南北朝時代や戦国時代には、金ヶ崎など周辺での戦闘が多くみられ、交通の要所であったことがうかがえる。

玉村（岐阜県関ヶ原町玉）と藤川の間で馬を乗り殺し、春照村に至り兵卒の食事と松明《たいまつ》の準備を命じたとする。さらに、馬上《まけ》村を通過した際、付き従った尊称寺（浅井町尊称寺）称名寺の僧から、「北馬上《きたまけ》」の地名を聞き、ほくそえんだと言われる。「北馬上」は、現在の馬上（高月町馬上）集落の北にあった出郷で、秀吉は「北（柴田軍）負け」に通じると喜んだ訳である。この『賤ヶ岳合戦記』の記事をみても、秀吉の「大返し」ルートは後の「北国脇往還」と同じである。

時代は前後するが、元亀元年（一五七〇）から天正元年（一五七三）まで続く信長の近江進攻は、この「北国脇往還」の経路が主に使用されたと考えられる。元亀元年六月十九日、織田信長はこの街道の美濃口をおさえる刈安尾《かりやすお》城（上平寺城、伊吹町上平寺）を接収し、二十一日には小谷山に面する虎御前山に進軍する。しかし、二十二日には一時退却し、弥高（伊吹町弥高）の下まで本陣を下げている。その後、二十四日には横山城を包囲し、二十八日に姉川合戦を迎える。ここで、小谷から弥高下への退却は、後の「北国脇往還」に沿った行動であり、信長の進軍もこの経路であったことを類推させる。「北国脇往還」沿いにある伊吹町春照の八幡神社は、姉川合戦に向かう徳川家康が戦勝祈願したという伝承がある。信長の同盟軍である徳川家康も、この街道を使ったと考えられる。

このように、戦国時代には「北国脇往還」が重要な軍用道として確立していたことを確認できる。

「小谷道」と戦国合戦

「北国街道」の米原宿から深坂を越え、箕浦村（近江町箕浦）・宮川村（長浜市宮司町）・国友村（長浜市国友町）を通り、「北国脇往還」の伊部宿に至る「小谷道」は、戦国時代の北国街道として、長浜を経由する「北国街道」を凌ぎ繁栄していたと考えられる。秋田裕毅氏はその著『びわ湖　湖底遺跡の謎』の中で、この「小谷道」が戦国時代以前の北国街道であると述べているが、それは正鵠《せいこく》を得た論と考えられる。戦国時代に、「小谷道」

の経路を使い貨客が移動したという記録は見られない。しかし、湖北における戦国時代の合戦場の場所を確認することで、この街道の重要性を認識することが出来る。戦国合戦は、川を隔てて両軍が対峙し決戦に及ぶことが多い。このページ下の表は姉川・天野川で行われた合戦を、記録に残る限りまとめたものである。

姉川では国友河原、天野川では箕浦河原で合戦が行なわれており、いずれも「小谷道」が川を渡る地点となる。国友（長浜市国友町）は、戦国時代の末に鉄砲鍛冶が集住するように、小谷城の第二の城下町として繁栄していたと考えられる。また、箕浦（近江町箕浦）は中世「八日市場」と呼ばれ、商人が集まる市場として発展していた。箕浦の中心に当る三叉路は、箕浦橋を渡って集落に入ってくる「小谷道」が、岩脇で合流した朝妻街道と、再び別れる地点であった。朝妻街道は朝妻湊に着岸して、東国に向かう旅人が多く通った中世の東国道の一つで、それと北国街道（「小谷道」）の分岐点に当り、市が形成されたと考えられる。羽柴秀吉は、長浜城下町を建設した際に、この箕浦「八日市場」の商人の移住も認めており、長浜旧五十二町には「八日市場」の商人が集住した箕浦町がある。

「小谷道」も北国街道

湖西の国人領主である朽木家が伝来した古文書には、天文七年（一五三八）八月に六角定頼が、小谷城の浅井亮政を攻めた時の陣立書が残っている。それによれば、六角軍の布陣は口分田（長浜市口分田町）・楞厳院《りょうごんいん》（長

姉川・天野川をめぐる合戦

年月日	合戦場	内　容
長享元年（一四八七）四月三日	国友河原	多賀宗直が美濃より浅井郡月ヶ瀬に陣し、北上し国友館を攻めた京極高清軍と戦う。宗直敗北して逃走、月ヶ瀬に自害する。
享禄元年（一五二八）八月十三日	内保河原	京極高慶・上坂信光が北上し浅井郡に侵入し、南下してきた京極高延の軍と戦うが敗北する。
享禄四年（一五三一）四月六日	箕浦河原	北上する六角定頼軍と、南下した浅井亮政の郡が戦う。定頼側の蒲生家の家臣三〇人、この戦いで戦死する。浅井軍敗北。
天文七年（一五三八）八月	（国友河原）	北上する六角定頼軍と南下した浅井亮政の郡が戦う。浅井軍敗北し、小谷城下焼かれる。浅井軍は小谷城を退去。
元亀元年（一五七〇）六月二十八日	野村河原 三田村河原	美濃から攻め入った織田信長・徳川家康の連合軍と、南下した浅井長政・朝倉景健の連合軍が戦う。浅井・朝倉軍敗北し北へ退去。【姉川合戦】
元亀二年（一五七一）五月六日	箕浦河原	浅井長政と一向一揆の軍、小谷城などから南下し坂田郡南部の信長軍を攻撃する。木下秀吉は、横山城から援軍に向かい箕浦河原で合戦。箕浦から八幡にまで浅井軍・一揆軍を退去させ、その多くを下坂浜に追い込み溺死させる。
元亀三年（一五七二）	（国友河原）	織田信長側についた宮部継潤を討つため、国友城の野村兵庫頭、姉川を渡り戦うが破れ退く。その際、野村の家臣冨岡藤太郎が継潤を狙撃する。

※（　）内の合戦場は『東浅井郡志』による推定地。

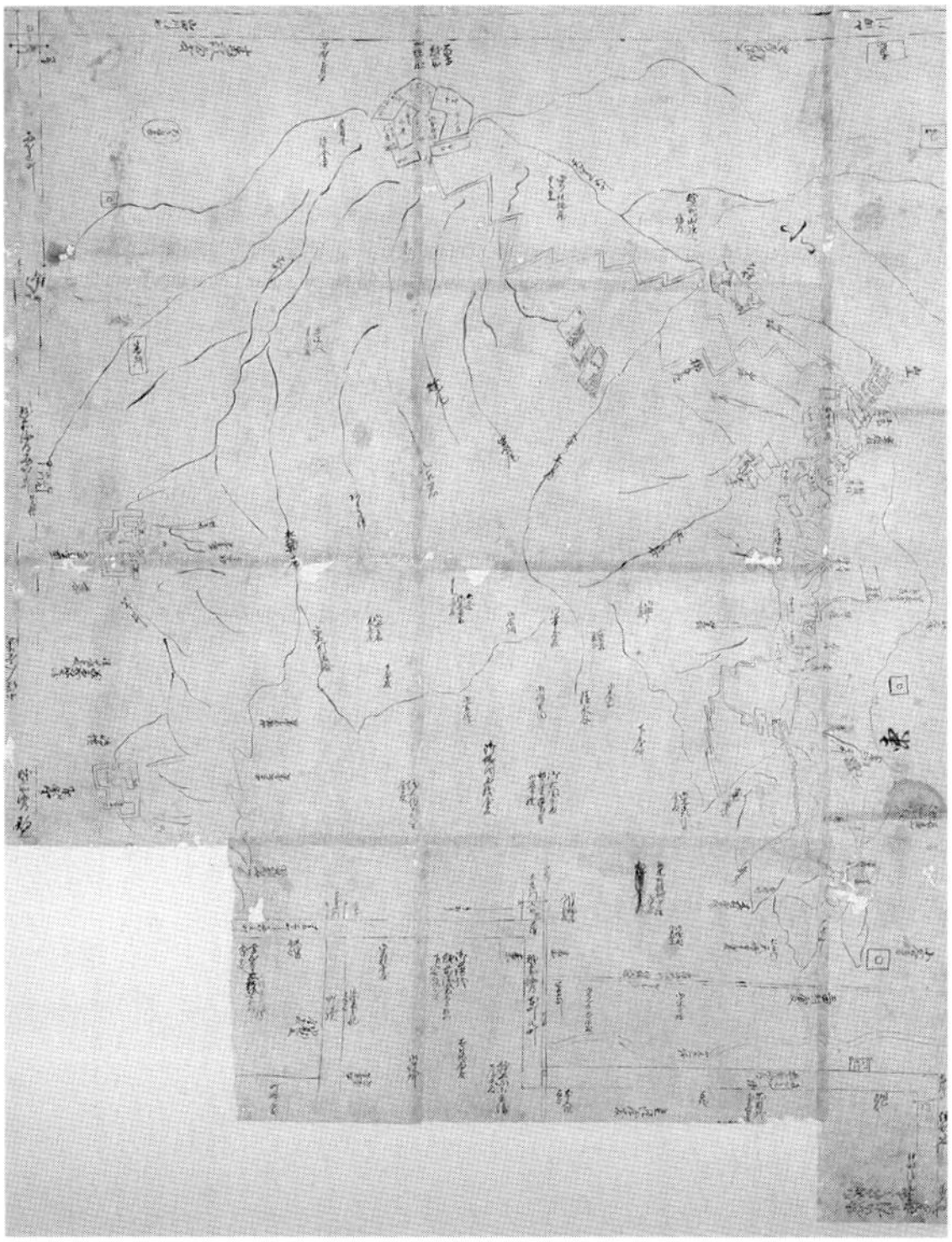

小谷城絵図
平成12年に新発見された小谷城の絵図。これまで知られていた同城絵図よりも、浅井氏当主屋敷や家臣団屋敷が並ぶ清水谷、それに城下町について詳細な墨書記事があるのが特徴となっている。「北国脇往還」は「越前海道」と記され、小谷城下を貫通することが読み取れる。

浜市宮司町付近）、箕浦・米原と「小谷道」に沿った村々を中心に、「北国街道」沿いに八幡（長浜八幡宮周辺）・田村（長浜市田村町）・長沢（近江町長沢）、それに長浜街道沿いに今川・七条・八条（長浜市今川町・七条町・八条町）と展開する。少し街道から外れた神照寺にも、京極高慶が布陣するが、これは同寺が城砦化しているためであった。ここでは浅井氏の小谷城を攻めるために、「小谷道」を核とした布陣がなされており、湖南から湖北に至る経路として、「小谷道」の重要性を改めて物語る。

湖北において、江戸幕府の代官をつとめた山東町の個人宅に、江戸初期の湖北地方の村絵図が一〇点程伝来している。その内、口分田《くもで》村（長浜市口分田町）の絵図は延宝五年（一六七七）の製作であるが、「小谷道」を「北国海道」と記している。「小谷道」は、伊部宿で「北国脇往還」と合流し、湖南から坂田郡を縦断して小谷城下に直結する街道である。浅井氏も城下に直結するこの街道の整備を、政策的に進めたとみられる。浅井氏と小谷城の隆盛と共に、この道は畿内と北陸を結ぶメイン・ルートとして繁栄したと考えられ、実際に、江戸初期においても「北国海道（街道）」と呼ばれたのである。

その意味では、「小谷道」は三本の北国街道の中では、最も古い歴史を持つ経路である。なお、江戸時代には湖岸沿いを行く「北国街道」が冠水した場合の迂回路としても、この道は利用された。また、「小谷道」は明治時代になると、「山西街道」と呼ばれる。坂田郡北部を東西に分かつ横山丘陵の西の平野を貫くことから命名されたものであろう。

戦国時代の「北国街道」

戦国の北国街道のメイン・ルートは、先に述べたように「小谷道」だが、米原と木之本を直接結ぶ後の「北国街道」のルートが、まったく存在しなかった訳ではない。当時は、まだ長浜の町が成立してなかったので、細かい点で経路は近世の「北国街道」とは異なるが、大きな視点で見れば同一経路をたどった「北国街道」が利用されていたと考えられる。たとえば、先の六角定頼の陣立書でも、平方・田村・長沢と、後の「北国街道」の経路にも軍隊が駐屯していた。

　また、文明六年（一四七四）九月十三日に、湖北の守護権力であった京極高清の家臣多賀宗直は、坂田郡飯村《いむら》（近江町飯）の土豪若宮氏に対して、長沢関の支配を元の如く行うように命じている（「土佐若宮家文書」）。「北国街道」沿いの長沢（近江町長沢）には、江戸時代に関が設けられることはなかったが、戦国初期には関がおかれ、後の「北国街道」のルートを通る人々の監視を行っていたことが分かる。これも、戦国時代からの「北国街道」の存在を裏付ける史料である。

　羽柴秀吉は天正二年（一五七四）頃から、長浜城下町の造営を行っているが、その町立ては、城に向かう道路「竪町」優先のプランで行われ、城と並行する「横町」は、城下町建設でも比較的後から行われたと考えられている。この長浜城下町の造営にあたり、秀吉は戦国時代から存在した「北国街道」を、町の中に取り入れている。長浜の旧五十二町で言えば、南の十一町から、船町・本町・呉服町を経て、北の郡上町まで伸びる一直線の「北国街道」は、町立てのプラン上は「横町」に該当する。上船町の町絵図を検討した大場修氏は、当初「竪町」に面していた角地の家三筆が、幕末には「横町」の「北国街道」に面するように変更されていることを明らかにし

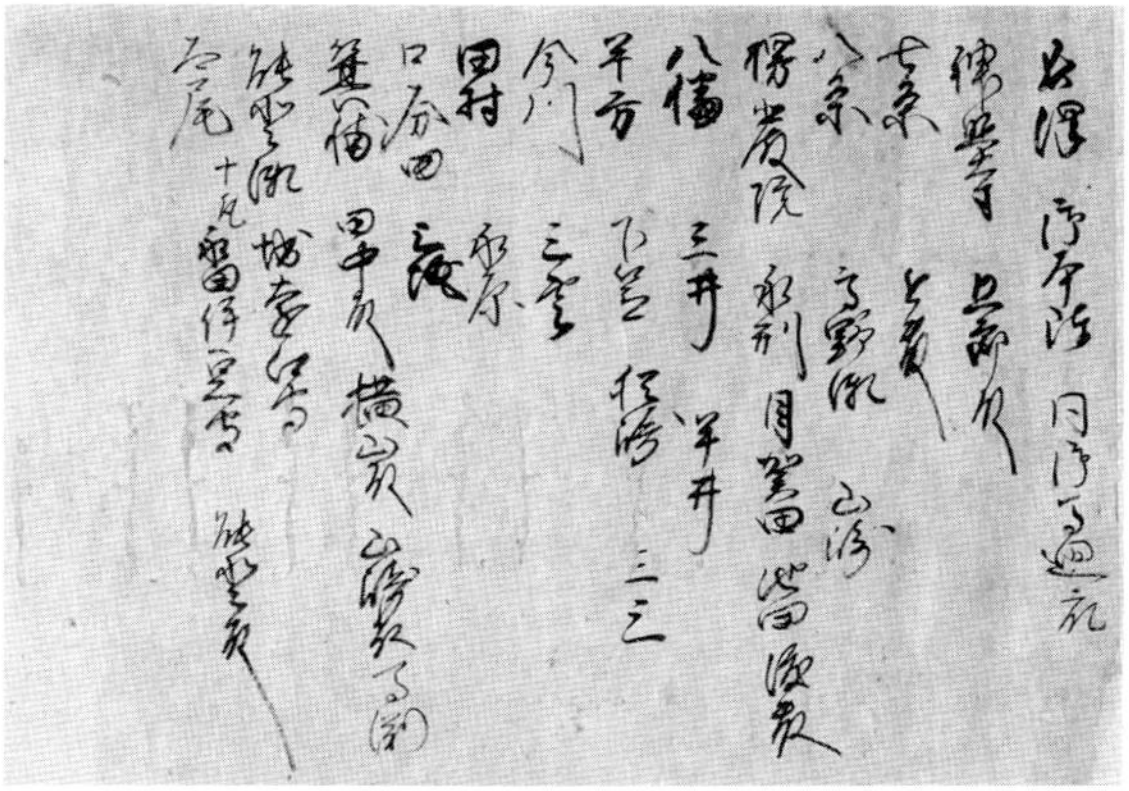

4　六角定頼陣立書　独立行政法人国立公文書館蔵
湖西の国人領主朽木家に伝来した朽木家文書（重要文化財）中に収められた、天文７年（1538）の六角定頼による陣立書。小谷城の浅井亮政を攻めるにあたっての陣立が記されているが、その布陣は「小谷道」沿いの口分田の上坂氏を頂点に、「北国街道」沿いや長浜街道沿いに展開する。重要文化財。

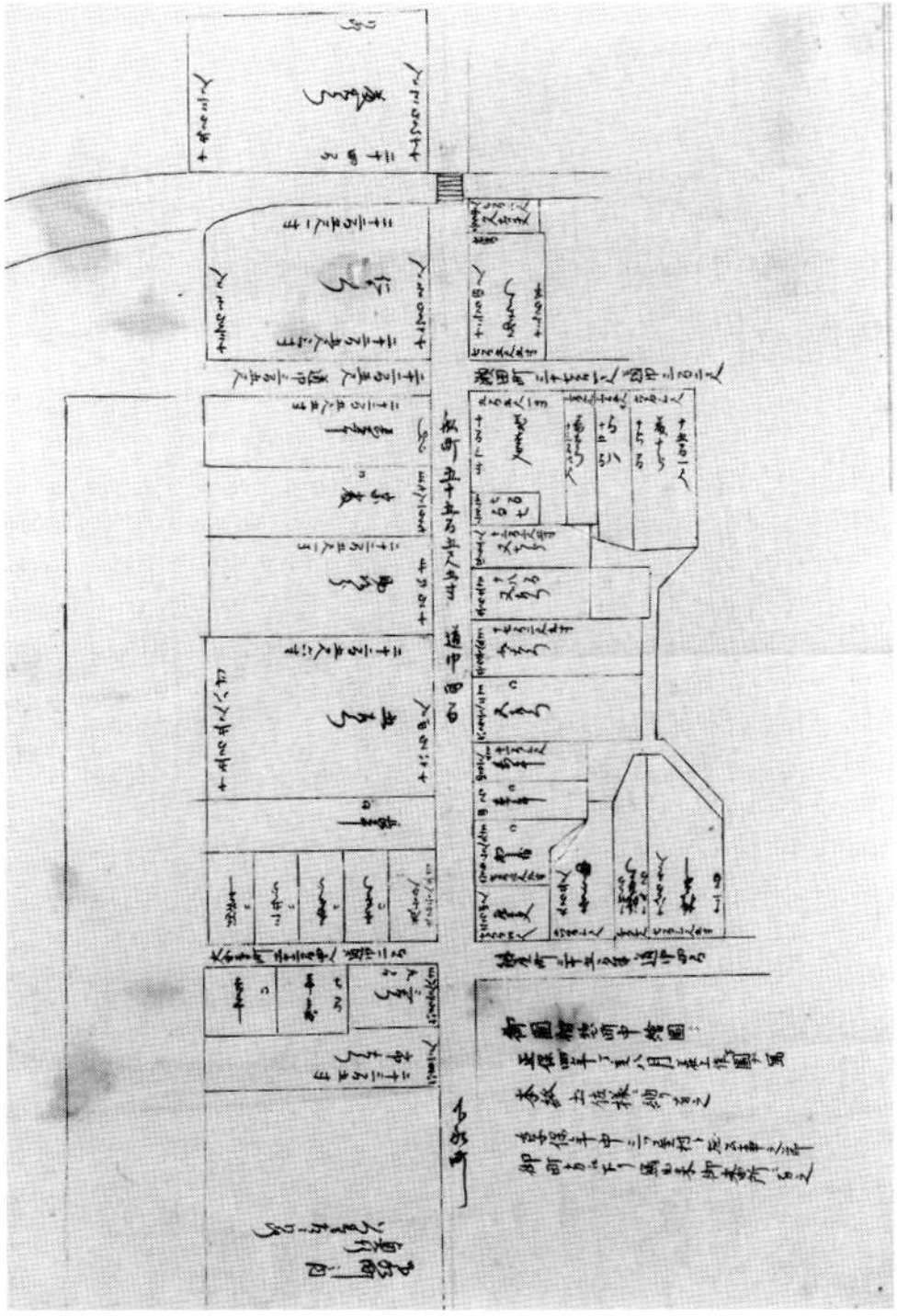

長浜上船町周辺絵図
長浜町52町の内、上船町の周辺を描いた絵図で、正保４年（1647）に製作された長浜町絵図の下図を写したもの。断片的であるが、長浜町内を描いた図としては最も古い。上船町は「北国街道」沿いの両側町だが、幕末の絵図では、３ヶ所で民家が「北国街道」を正面とするよう改められている。

た（『長浜市伝統的建造物群保存対策調査報告書』）。これと同じように、家の向きが「竪町」から「横町」の「北国街道」面に変化することは、西本町下村邸跡の発掘調査でも確認されている。

この事実は、秀吉の城下町プランにおける「北国街道」の役割の低さを証明するものであろう。秀吉は、このように「北国街道」を城下に取り入れたものの、それを積極的に活用しようとしていなかった。それは、戦国時代から北国街道としての「小谷道」を尊重したためであり、戦国以前の「北国街道」の価値を高く評価することはできない。長浜の屋敷地の方向転換は、江戸時代に入ってからの「北国街道」の繁栄を意味するものである。

「北国街道」の呼称

現在、滋賀県内で北国街道と言えば、一般的には長浜を通り木之本から越前・加賀に抜ける街道を指し、湖西を通る西近江路とは区別する。この「北国街道」は、中山道鳥居本宿の北にあたる、下矢倉村（彦根市下矢倉町）で中山道と別れ、米原宿・長浜町と経由し、木之本宿で「北国脇往還」と合流、柳ヶ瀬宿・椿坂宿・中河内宿から栃ノ木峠を越えて越前に至る道であった。米原宿と長浜宿の間の田村（長浜市田村町）には餅屋の存在が知られており、また長浜宿と木之本宿の間の速水（湖北町速水）には旅籠があったことが伝承される。いずれも、間《あいの》宿《しゅく》的性格があったと考えられる。

それでは、「北国街道」を江戸時代の人びとは、どのように呼んだのであろうか。近江を代表する地誌『近江輿地志略』の巻之四には、「越前路」の一つとして「虎杖《いたどり》越」を上げて、「所謂《いわゆる》北陸道・東近江路といふもの是也、官路也、中河内村より越前国虎杖村に出づる路也《なり》」と記している。幕府道中奉行によって文化三年（一八〇六）に製作された『中山道分間延絵図《ぶんけんのべえず》』には、中山道からの分岐点に「北国往還」と記され、『近江名所図絵』によれば、この分岐点には「米原へ三十町　北国街道」と記された道標が建っていたことが知られる。滋賀県立図書館が所蔵する「近江国各郡町村絵図」（滋賀県指定文化財）一一一五枚は、その多くが明治四年に旧彦根藩が作成した村絵図であるが、そこでは「北国海道」・「北陸道」の記述が多い。

実は、江戸時代において「脇街道」クラスの道には、統一された呼称がある訳ではなかった。「北国脇往還」も同様であるが、「北国街道」にしても、「東近江路」・「北陸道」・「北国往還」・「北国海道」など様々な呼称が存在した。さらに、民衆レベルにおいては、「越前道」や「京伊勢道」など、行き先を街道名に付すことが行われ、さらにその呼称は多種多様である。五街道以外の江戸時代の街道名は、その呼称が多様であること自体が特徴であり、現在の国道のように、長距離に渡って同一の呼称で統一されることはあり得なかった。

また、現在に至るまで「北国街道」の名で呼ばれている街道は、全国的に見ると湖北・長浜を通り金沢に至る道のみではない。金沢から越中高岡（富山県）、越後糸魚川（新潟県）、越後高田（同）から南に折れて信濃善光寺（長野市）を経て、信濃追分宿（長野県軽井沢町）で中

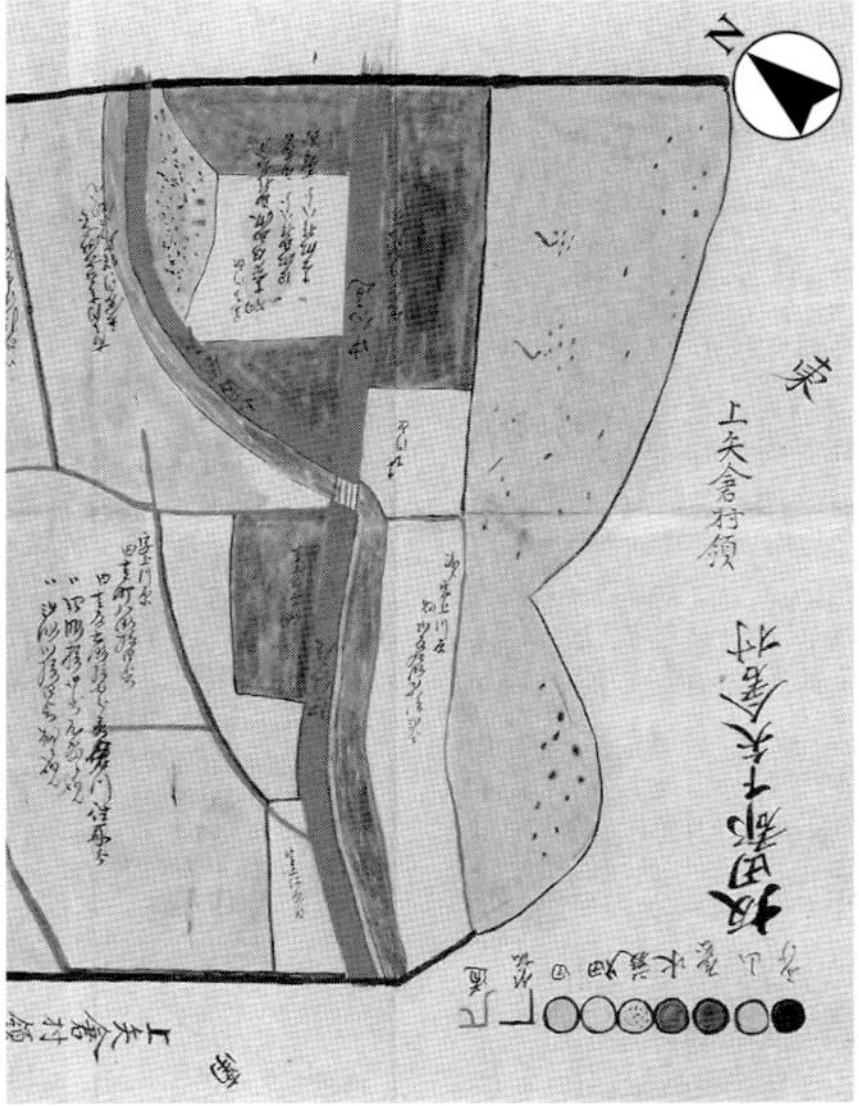

坂田郡下矢倉村絵図（部分）　滋賀県立図書館蔵
下矢倉村は、鳥居本宿の北で中山道と「北国街道」が分岐する地点であった。本図は明治４年頃の状況を示すが、中山道が矢倉川を渡った所で、「北国街道」が分岐していたことが分かる。

山道に合流する道も「北国街道」と呼ばれる。加賀藩では、湖北廻りを「北国上街道《かみかいどう》」、越後廻りを「北国下街道《しもかいどう》」と呼び区別した。忠田敏男氏の研究によれば、加賀藩の参勤交代は、「北国下街道」を通ることが圧倒的で、「上街道」を通ったのは、合計一九〇回に及ぶ参勤（上り）・交代（下り）の内、わずか九回に過ぎないという（『参勤交代道中記』）。そのためであろうか、街道研究の概説書では「北国下街道」を「北国街道」と記し、「上街道」を「北国路」と表記する例が多いようである。

「北国街道」の歴史的役割

先に述べたように、天保の近江国絵図では、木之本以南の「北国街道」は本道として扱われていなかった。この経路は、もともと大名の参勤交代の通路ではなく、天保六年（一八三五）に長浜の本陣吉川三介は、「長浜町は御参勤御交代の御大名様方御通行は御座《ござ》無く候《そうろう》」と述べている（「吉川三左衛門家文書」）。もちろん、長浜は「北国街道」の宿駅として、代々吉川家がつとめた本陣や、吉川家や下村家がつとめた問屋もおかれ、公用の人馬継立も行える状態であった。ところが、江戸時代を通じて「長浜宿」とは称さず、「長浜町」の名で呼ばれていた。本陣吉川家に伝えられた文書には、幕末の元治元年（一八六四）に至り、「長浜宿」と呼ぶことを確認し、本陣をはじめ旅人の宿泊所や、人馬の継ぎ立てに不都合なきよう、五十二町ごとに町民が連署している証文が残っている。この点をみても、長浜を通る「北国街道」が公用道として遅れて整備されたことが分かるであろう。幕末の動乱期に、京都の政治的重要性が増し、それにともなって北陸大名やその関係者が、京・大坂へ度々出かけるようになり、「北国街道」は繁栄を見るようになるのである。

これに対して、木之本以北の北国街道は「北国脇往還」から続く道として、江戸時代の初めから、北陸諸藩の参勤交代が盛んで賑わいを見せていた。木之本以南では見られない一里塚の伝承地もあり、柳ヶ瀬宿には彦根藩支配の関所もあった。

「北国街道」に限ったことではないが、江戸時代の街道は、沿道の村々に並木の管理や破損修繕などを請け負わせていたが、木之本以南の「北国街道」の場合も、「掃除丁場」が定められていた。嘉永六年（一八五三）二月の「木之本宿内より下矢倉村中仙道追分迄村々掃除丁場取調帳」（市立長浜城歴史博物館蔵）によれば、木之本宿から中山道分岐点までの一四、三四一間を一二二丁場に分け、「北国街道」沿いの村々が「掃除丁場」を担当した。伊香郡落川村（高月町落川）の二間を最短に、梅

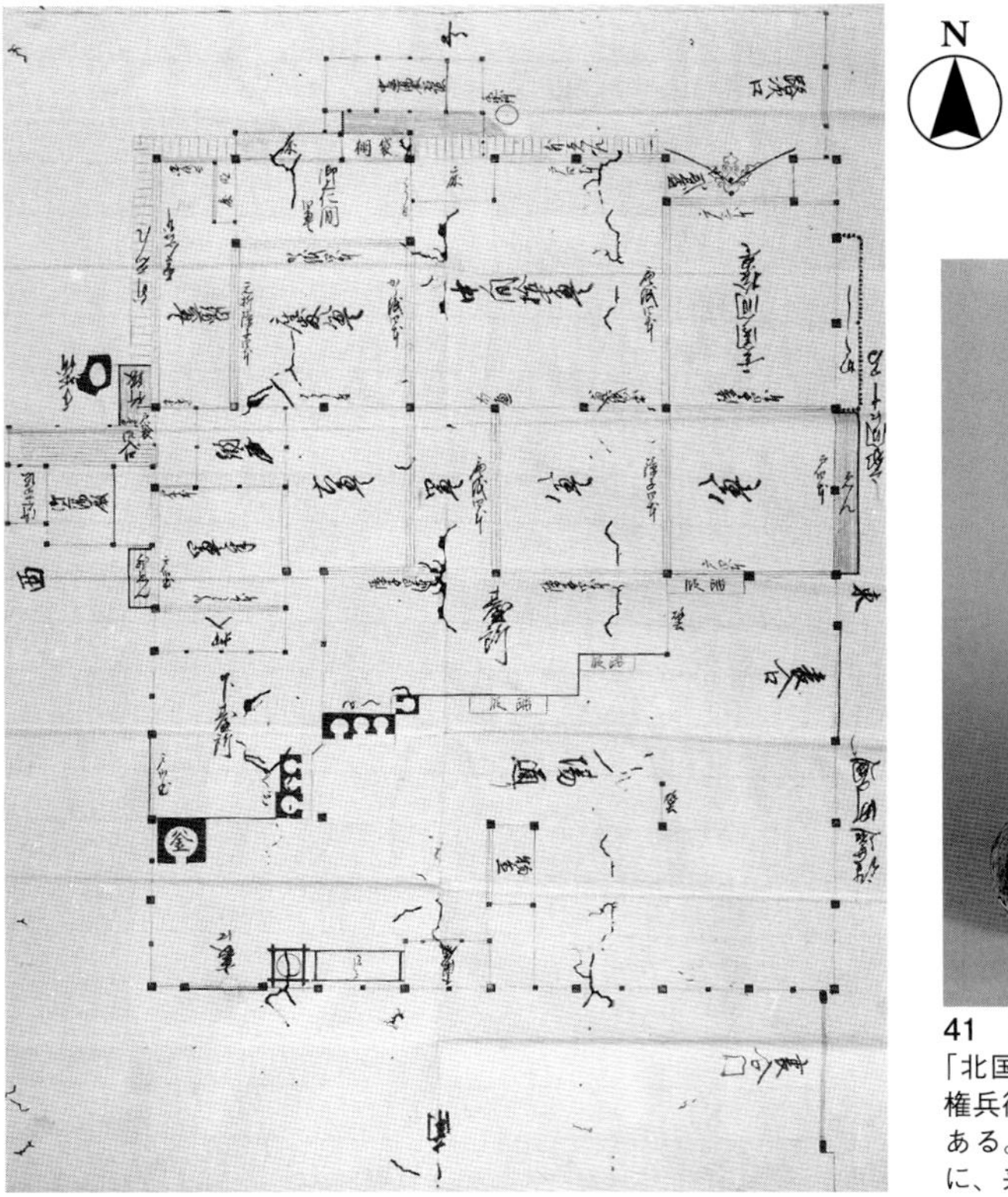

49　**長浜町御宿吉川三左衛門家絵図**　吉川三左衛門家文書
長浜の本陣を務めた吉川家の間取図である。包紙や裏面貼紙から、延享３年（1746）に宿泊した巡見使大久保郷七兵衛に提出した絵図の扣図と分かる。文化６年（1809）に全焼する以前の状態を示したもので、幕末の絵図（カラー図版103ページ参照）と比較すると、「路次口」を入って南向き玄関である点など、大きく相違する。

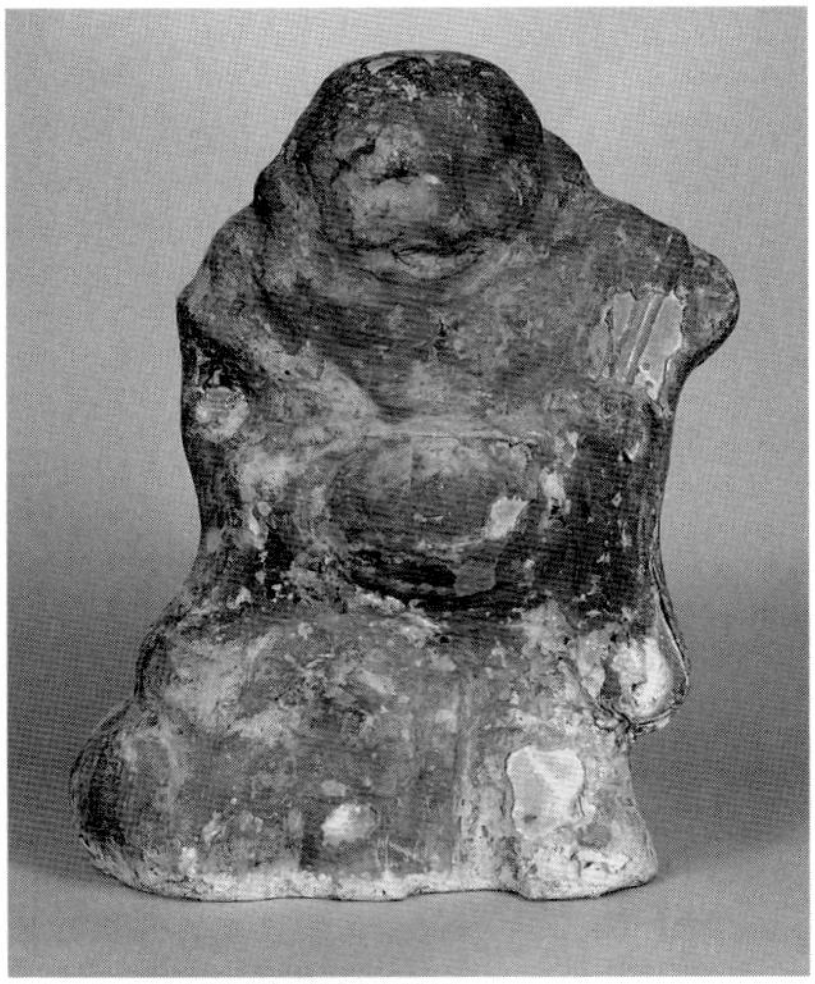

41　**田村権兵衛餅布袋像**
「北国街道」沿いに当る田村（長浜市田村町）権兵衛餅の店頭に置かれていた張子の布袋像である。看板（カラー図版99ページ参照）と共に、来客を迎えたのであろう。

ヶ原村（米原町梅ヶ原）の八四〇間を最長として、沿道各村で丁場を分担している。伊香郡・浅井郡では、直接街道に面していない近隣村も丁場を分担しており、街道の維持は助郷の割り振りと同様、沿道村に限らず、地域全体の問題であったことが分かる。

　また、明治二年（一八六九）の「北陸道筋米原駅より長浜駅迄道程丁間調帳」（「北村家文書」）によると、田村から下坂浜までが道幅六尺（約一・八メートル）、下坂浜から長浜町の入口までの約一キロメートルが道幅二間（約三・六メートル）、長浜の町中は道幅三間としている。村落部では荷車がやっとすれ違い出来るほどの道幅であったことが分かる。

「北国脇往還」の歴史的役割

　関ヶ原宿から木之本で「北国街道」に合流する「北国脇往還」のルートは、先にも述べたように古代・中世から存在したが、江戸時代になり近世的街道・宿駅に整備されていく。最も早い記録は、慶長六年（一六〇一）に徳川秀忠の次女・珠姫《たまひめ》が、第三代金沢藩主前田利常の夫人として、わずか三歳で金沢に赴いた際、伊部宿本陣や伝馬が、幕府代官成瀬正一《まさかず》によって整備されたとするものである。しかし、慶長十八年（一六一三）十一月七日の幕府の伝馬定（「藤川林家文書」）

では、「藤川惣百姓中」が伝馬の処理を行うように命じており、「藤川宿」の文字は見えず宿場の成立が遅れているようである。

「北国脇往還」が近世的街道として整ったことは、寛永十四年（一六三七）六月に、近江国奉行である小堀遠州の名で出された「北国海道春照宿御高札写」によって確認できる。ここでは、春照から藤川まで公定駄賃を三四文、春照から伊部まで七九文と定めている。あわせて、長浜街道の春照と長浜間の駄賃も六八文と定めている。

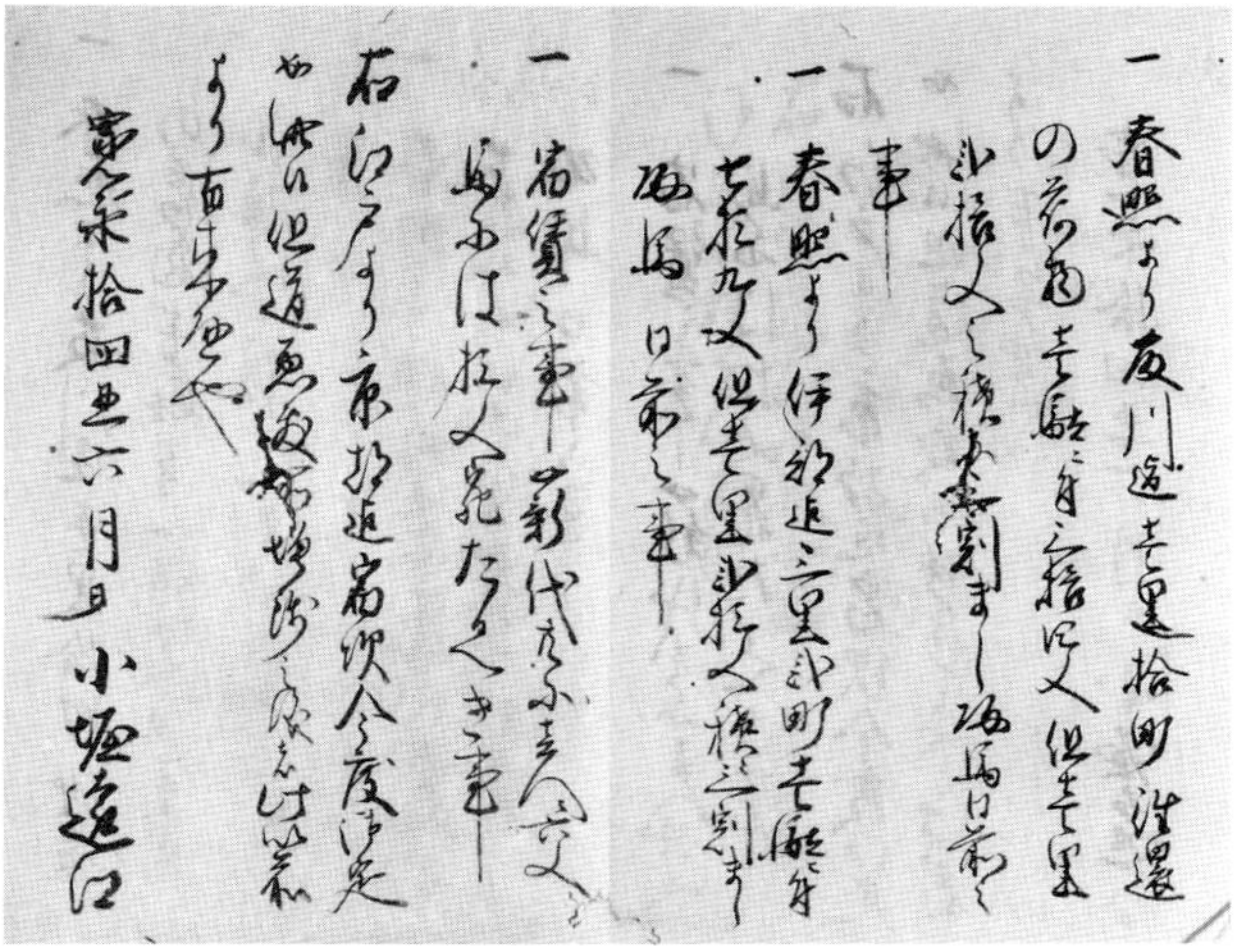

22　北国海道春照宿御高札写

「北国脇往還」の藤川宿本陣に伝来した文書。寛永14年（1637）に近江国奉行小堀遠州の名前で出された駄賃定の写である。春照宿から藤川宿までと、春照宿から伊部宿までの公定駄賃が記されている。公定駄賃が定められた事実は、「北国脇往還」の公道としての整備が進んだことを示している。

「北国街道」については大名通過が稀であったのに対し、北陸の諸藩の参勤交代路として多く利用された。北陸大名の参勤交代ルートは、栃ノ木峠から木之本宿に至り「北国脇往還」に入り、郡上・伊部・春照・藤川・玉の各宿を経て、中山道の関ヶ原宿に出た。そこから、中山道をしばらく行き垂井宿で分岐する美濃路を経て、宮宿で東海道に出て江戸に向かうのが一般的であった。

「北国脇往還」を使用した大名は、越前国の福井藩松平氏、鯖江藩間部《まなべ》氏、丸岡藩有馬氏、大野藩土井氏、勝山藩小笠原氏、そして若狭国の小浜藩酒井氏、旗本であるが参勤交代を行なう湖西朽木氏などである。加賀国金沢藩前田氏の参勤交代は、「北国下街道」を通行することが常で、関ヶ原を通る「北国上街道」を通過することは稀であったことは先述した。「北国上街道」を通過した参勤交代九回の内、三回は「北国脇往還」を通ったことが知られている。また、加賀藩の支藩である大聖寺藩前田氏や富山藩前田氏の通行例も確認できる。その他に、賤ヶ岳合戦場にある藩祖中川清秀の墓参を行なうため、豊後岡藩主中川氏が通行することもあった。

大名以外にも、歴史的重要人物の通過もみられ、松尾芭蕉は『奥の細道』の旅の途中、この街道を通った可能性が高く、日本地図を作成したことで知られる伊能忠敬も、この道を通って越前・加賀へ向かった。

23　大名行列図　金沢市立玉川図書館蔵
加賀金沢藩主前田家の参勤交代行列を描いた５枚からなる白描画。本図（町内通行図）の他、休息図・本陣図・山越図・川越図からなる。町屋から行列を見物する町人の姿も描かれており、2,000人にも及んだという金沢藩の大名行列の華麗さを彷彿させる（167ページ参照）。

「北国脇往還」の呼称

　そもそも、「北国脇往還」と呼ばれているこの経路であるが、「脇往還」の名で呼ばれるようになったのは明治以降である。藤川本陣の林家文書によると、「北国脇往還」の名が初めて史料に現れるのは、明治六年（一八七三）四月八日付けの文書からである。その表記は、滋賀県庶務課から、藤川をはじめ四宿への布達書に見える。その後、明治二十四年（一八九一）から二十六年にかけて測量された陸軍参謀本部陸地測量部発行の二万分の一地形図（以下では「測量図地図」と呼ぶ）には、街道に沿って「北国脇往還」の文字が記載され、この呼び方が定着した。長浜の経済的発展を背景とした「北国街道」の繁栄と、参勤交代の廃絶による「北国脇往還」の交通量の減少が、「本街道」を補助する「脇往還」という命名の原因と考えられる。

　江戸時代には、先にも紹介したように、「北国脇往還」は「北国海道」と記されたのが一般的であった。たとえば、幕末の史料であるが、文久三年（一八六三）十月付け「近江国北国海道人馬賃銭覚」（市立長浜城歴史博物館蔵）では、長浜を通る「北国街道」の他に、「北国脇往還」も「北国街道」として駄賃・人足賃が記されている。また、藤川本陣林家文書・伊部本陣肥田家文書に見える街道名も、この「北国海道」の記載が大半を占めている。

　幕府道中奉行が製作した「中山道分間延絵図」では、関ヶ原宿の分岐点に「北国往還」とあり、そこに立つ道標には「北国ゑちぜん道」と表示していた。『近江輿地志略』は「越前路」と記し、沿道の道標には「越前道」・「北国道」と記された場合が多い。木之本以南の「北国街道」道標には、「越前道」という表示がないこと。さらに、ルート上に二つの越前橋（小田橋・草野川橋）があることなどから見て、江戸時代の沿道住民にとっては「越前道」という表現が最も一般的であったと考えられる。

「北国脇往還」と宿駅

「北国脇往還」には、玉・藤川・春照・伊部・郡上に宿駅が置かれ、沿道には一里塚も整備された。一里塚が現存する所はないが、その跡と伝承する場所はいくつか残っている。各宿駅には、本陣・問屋が設けられたが、玉宿には問屋五軒のみ、藤川宿は林家が本陣・問屋を兼帯した。春照宿は本陣木原家と脇本陣・問屋兼帯二軒、伊部宿は本陣肥田家と問屋一軒、郡上宿は脇本陣兼問屋一軒であった。また、春照宿と伊部宿の間の野村は間宿《あいのしゅく》で、佐々木家が大名の小休などに対応し、本陣としての役割を担った。

　この宿場の内、玉・藤川・伊部・郡上は片継ぎの宿駅であった。すなわち、玉宿・伊部宿は下り（木之本方面）

春照宿の現状（伊吹町春照、撮影／寿福滋氏）
「北国脇往還」の宿駅である春照の現状。宿の北出口にあたる北国橋附近から南を撮影した写真である。春照宿は本陣木原家を中心に、脇本陣２軒や旅籠屋も数軒あり大いに繁栄したが、本陣史料が残らず十分な宿駅研究が行えないのは残念である。

専用の人馬継立場、藤川・郡上は上り（関ヶ原方面）専用の人馬継立場と言われる。関ヶ原から北国への人馬は、玉宿・春照宿・伊部宿で、北国から関ヶ原への人馬は、郡上宿・春照宿・藤川宿で人足や伝馬が交代した。このため伊部・郡上は二宿一駅の制がとられ、合わせて小谷宿と呼ばれた。確かに、先に紹介した文久三年の「近江国北国海道人馬賃銭覚」には、藤川宿には関ヶ原宿への人馬賃銭しか示されず、伊部宿には木之本宿、郡上宿は春照宿への人馬賃銭しか示していない。

ところで、美濃国の揖斐川の支流・牧田川の右岸に立地した烏江・栗笠・船付（岐阜県養老町）の濃州三湊から関ヶ原宿へ出て、中山道を通り番場宿から米原湊に荷物を送る道を「九里半街道」と称した。この道は、関西・北陸と東海・関東を結ぶ要路として、江戸時代に多くの荷物が行き交った。一方、同じく濃州三湊から関ヶ原宿へ出て、「北国脇往還」に入り、春照宿から長浜街道を通って長浜湊に出る道も、同様に物資の輸送によく使われた。

実は、長浜街道を使用したルートは、「九里半街道」を通る道よりも、琵琶湖に出るには一二町（一キロ強）短く、さらに関ヶ原からの宿場数も二宿（玉宿または藤川宿と春照宿）と少ないので（「九里半街道」は四宿）、人馬継立のための浪費が少なく、多くの商人荷物を集めることになった。この両ルート間の荷物争奪戦は、早くも慶長十一年（一六〇六）から見えており、幕末まで継続した。この争いは、関ヶ原・春照間の「北国脇往還」の繁栄の結果と考えてよいだろう。

街道の復元方法

これまで、「小谷道」・「北国街道」・「北国脇往還」について概要を述べてきたが、その江戸時代におけるルートを確定するのは、意外と容易ではない。中山道などの五街道については幕府が作成した「五街道分間延絵図」があり、その経路を復元する資料が整っているが、ここで扱った脇街道の復元は、同時代の系統的かつ詳細な資料がない。一般的にとられるのは、明治二十年代に製作された「測量部地図」によることである。しかし、これとて明治中期の状況を示すのみで、江戸時代の街道とはルートが変更されている場合もある。本書では一応、明治の地形図を基に、江戸時代・明治初期の村絵図を参考として、さらに伝承をも加味し、街道ルートの復元を行って巻末に掲載している。

先にも述べたが、マクロな視点で考えた場合、三本の北国街道は古代から存在し、現在も県道伊部近江線・国道八号線・国道三六五号線として活用されている。しかし、ミクロな視点で言えば、これらの経路は時代によって変化していくので巻末の地図にも、江戸末期〜明治中期の状況を示し、それ以前においては別経路があり得ることを念頭においていただきたい。

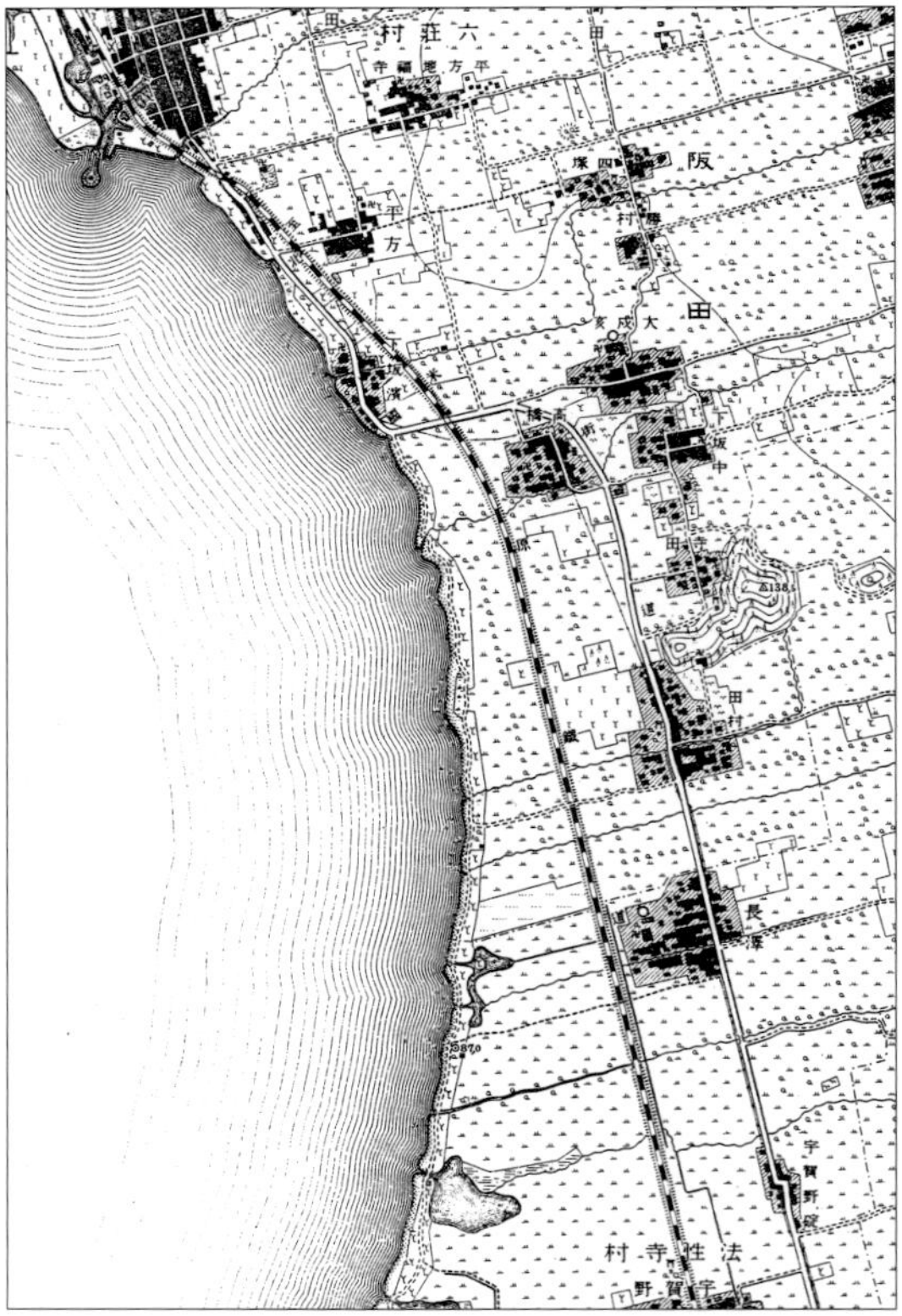

陸軍参謀本部陸地測量部作成の 1：20,000 地形図
湖北地方を、初めて近代的測量によって描いた地形図である。本図は「長濱」の一部で、明治26年の測量による。近世の街道経路を広域的かつ網羅的に追おうとする場合は、本図に頼らざるを得ない。なお、この地図は国土地理院長の承認を得て、旧版地図（正式２万分の１地形図）を複製したものである（承認番号　平16近複、第107号）。

街道は「地域史の鏡」

ここで扱う三本の北国街道は、時代による盛衰があり、その役割も違っていた。「小谷道」は戦国大名浅井氏の城下につながる戦国の北国街道であり、「北国脇往還」は関ヶ原・木之本を結ぶ最短コースとして、近世大名の参勤交代の道として繁栄した。「北国街道」は幕末動乱期における京都の政治的役割の増大と、長浜の商業的発展を背景として発展し、日本の近代化を支える道路の一つとして整備されていく。

それぞれの街道は、今見たように地域の政治・経済に影響を与えられ、一方では沿道町・村の盛衰に多くの影響を与えている。本書ではあまり触れられなかったが、宿駅周辺村による人馬・人足の補充システムと言える助郷は、宿駅の周辺各村の負担によっていた。また、街道の掃除丁《ちょう》場《ば》も沿道村に委ねられた。また、街道のルートは、近世から近代にかけて微妙に変化することで、地域の景観を変えてきた。

街道は、本来ある地域の外と外を結ぶルートである。北国街道で言えば、湖北地域を通過するものの、主に京・名古屋と福井・金沢を結ぶ経路であった。このような「全国的な視点」で見た場合、街道のルートは「帯」として捉えることができ、古代から現代に至るまで変化はない。しかし、街道は地域内の政治・経済と共に歩むものであり、逆にそのことで盛衰があり役割・名称・経路の変更を生む。したがって、街道を「地域的な視点」で見直せば、「線」として捉えねばならず、その経路は微妙に変わっていく。これまでの街道研究は、「全国的な視点」が優先され、「地域的な視点」で見直すことが十分でなかった。街道という空間的な題材に、時間軸を取り入れる必要がある。この本では、「地域的な視点」により、時代による街道の変遷を、その役割・名称・経路など多方面から捉えることを目的としている。

「小谷道」―浅井氏の城へつながる戦国の道―

南から見た箕浦（近江町箕浦、撮影／寿福滋氏）
天野川の堤防から写した箕浦の風景。「小谷道」は正面の日撫山の西を通って小谷城下に向かう。手前で、道が少し左に折れた場所が三叉路となっており、「小谷道」から中山道へ至る道（朝妻街道）が分岐する。

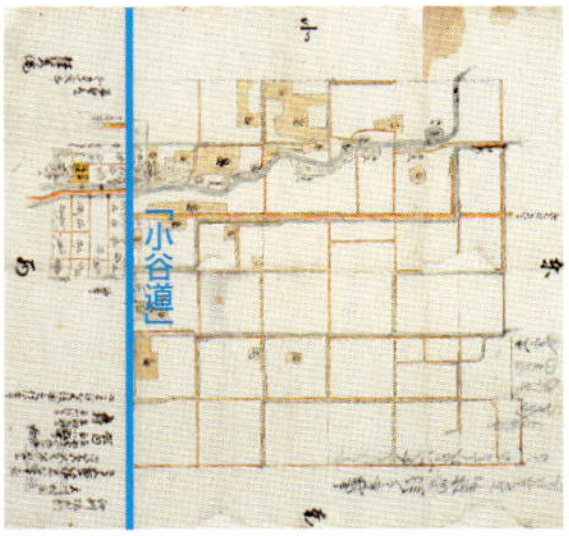

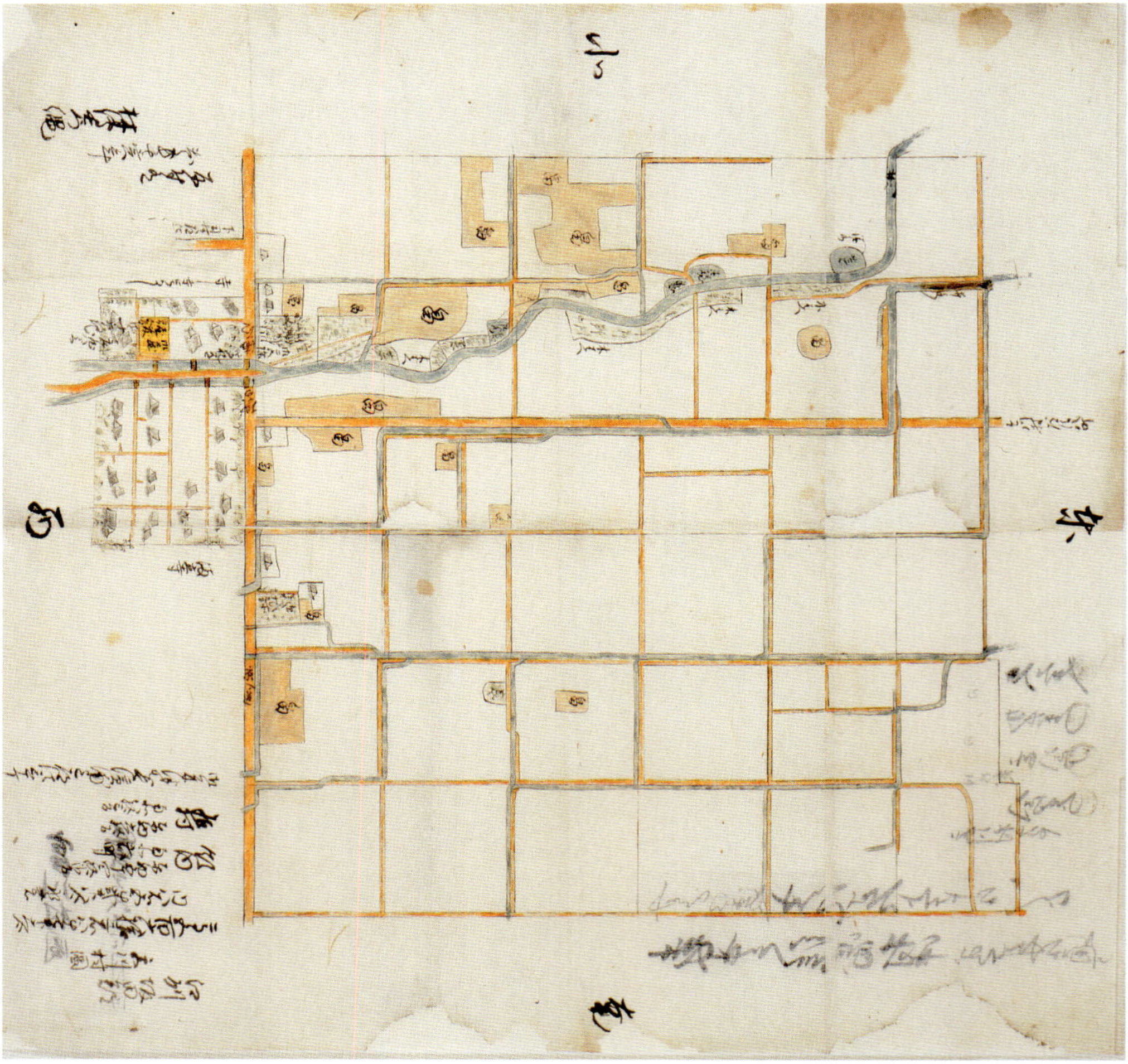

5　宮川村絵図

坂田郡内で幕府代官家を務めた家に伝わった宮川村（現在の宮司東町）の絵図である。慶長7年（1602）の検地絵図を、延宝5年（1677）に筆写したもの。「小谷道」は南北に集落の西を貫通するが、集落中程で東から来る長浜街道と合流、集落北で西に向かう長浜街道と分岐する。集落には、元禄11年（1698）に置かれた宮川陣屋もなく、通常の農村的風景が広がっている。

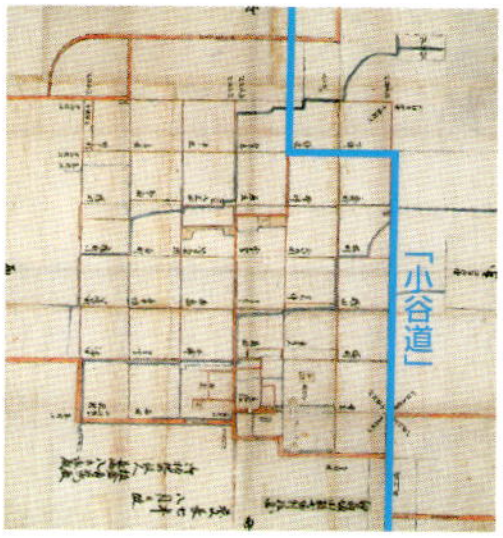

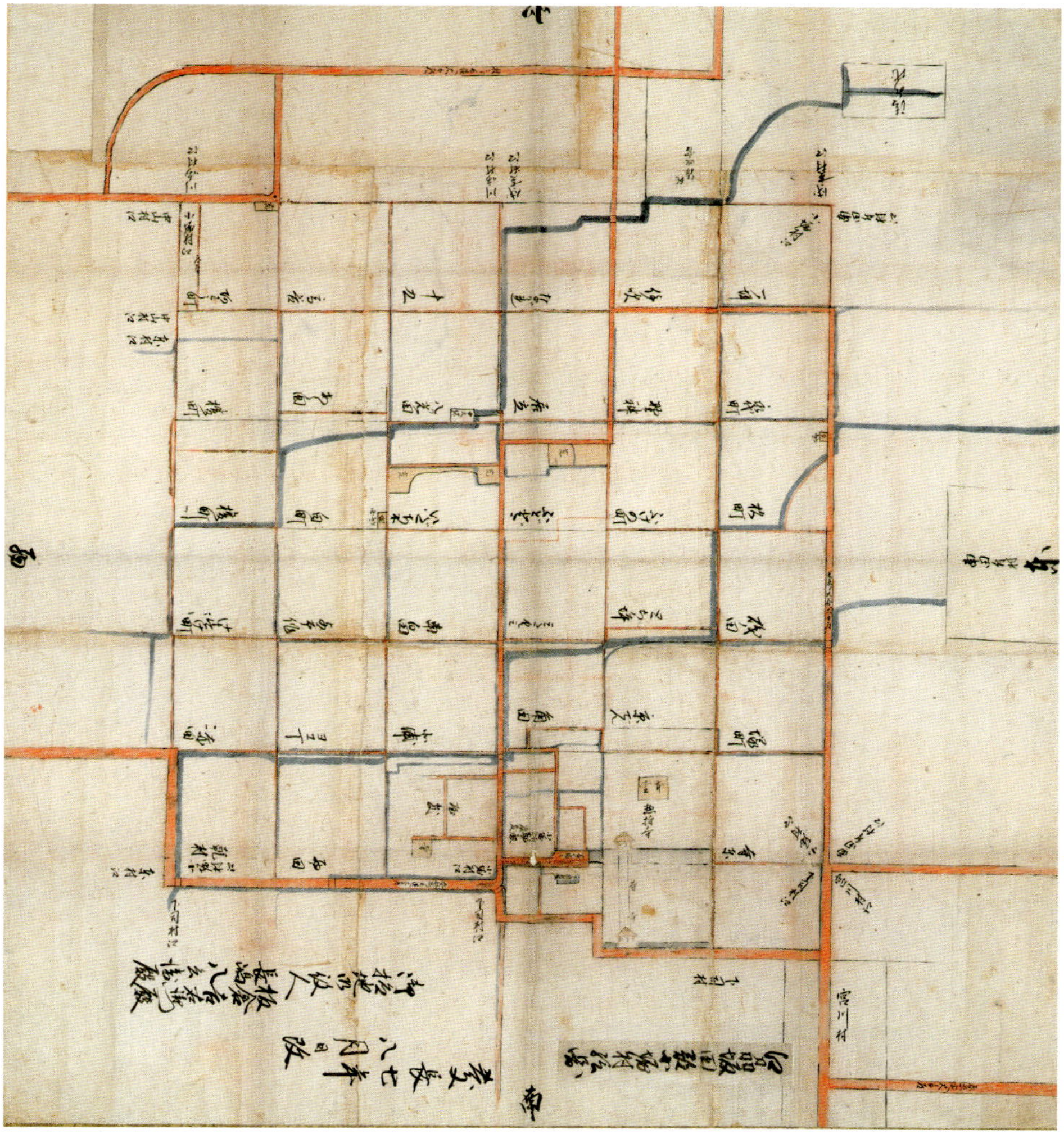

小堀村絵図　小堀遠州公顕彰会蔵

宮川村の北に隣接する小堀村の絵図。同村は、小堀遠州の出身地として知られる。「小谷道」は「米原より大谷へ大手道」と記され、宮川村から北上し、小堀村と南田付村との境界を上がっていたことが確認できる。さらに、小堀村の北部で、西に２回折れて北に進んでいる。小堀村の南境を４回折れて東に向かうのが長浜街道で、明治中期の「小谷道」は途中まで長浜街道を経由し、村域の中央線を北上する経路に改められていた。

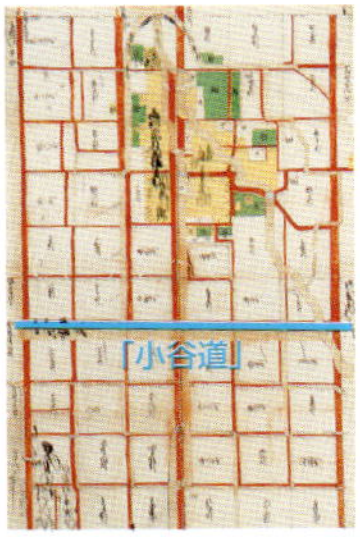

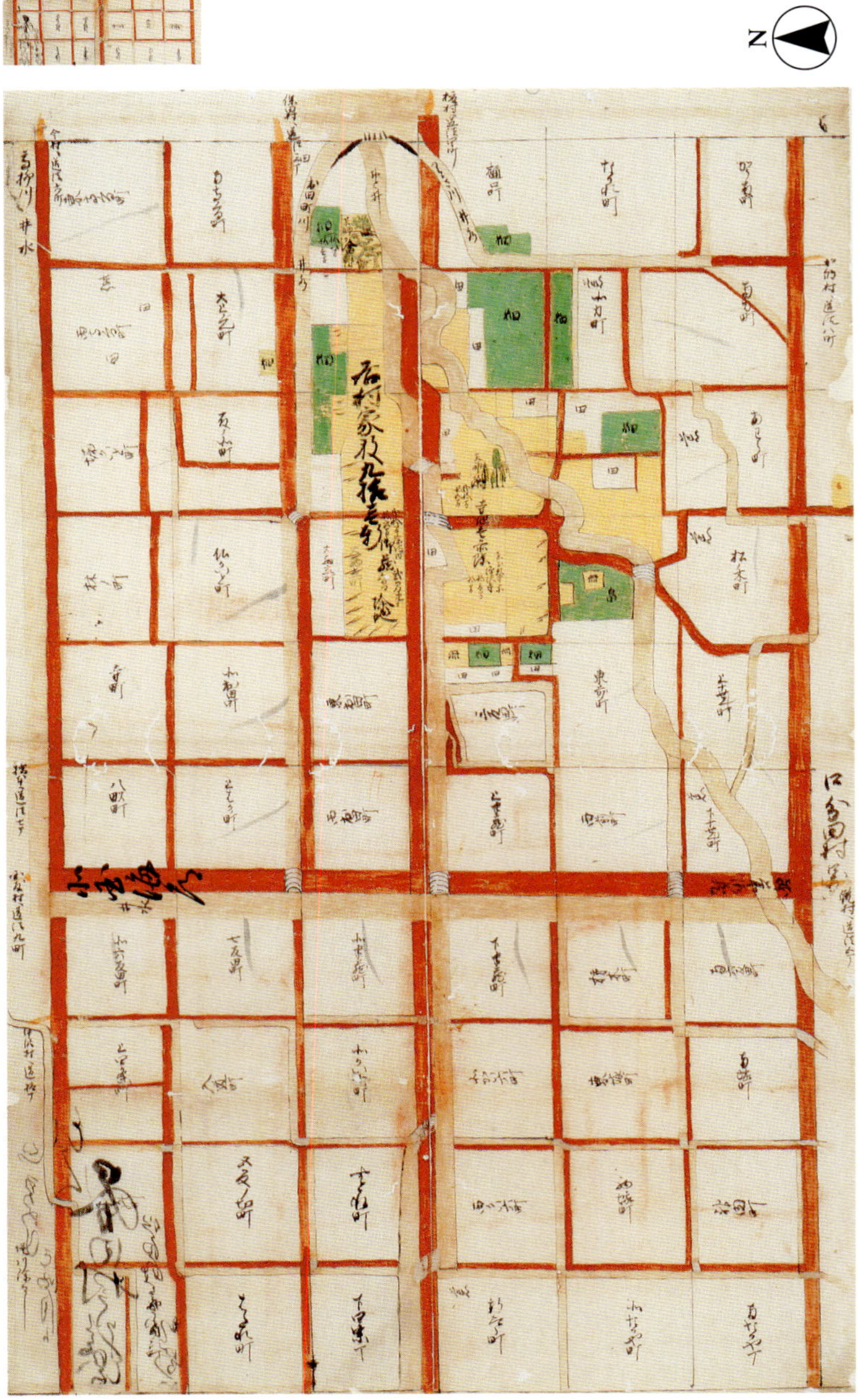

6　口分田村絵図

5　「宮川村絵図」と同じく坂田郡内で幕府代官を務めた家に伝来した口分田村（長浜市口分田町）の絵図である。裏面墨書から延宝5年（1677）の成立と分かる。「小谷道」は集落から隔った田地中を南北に貫通するが、線上に「北国海道」と大書されているのは実に興味深い。「小谷道」が、戦国時代の北国街道であったことが裏付けられる。

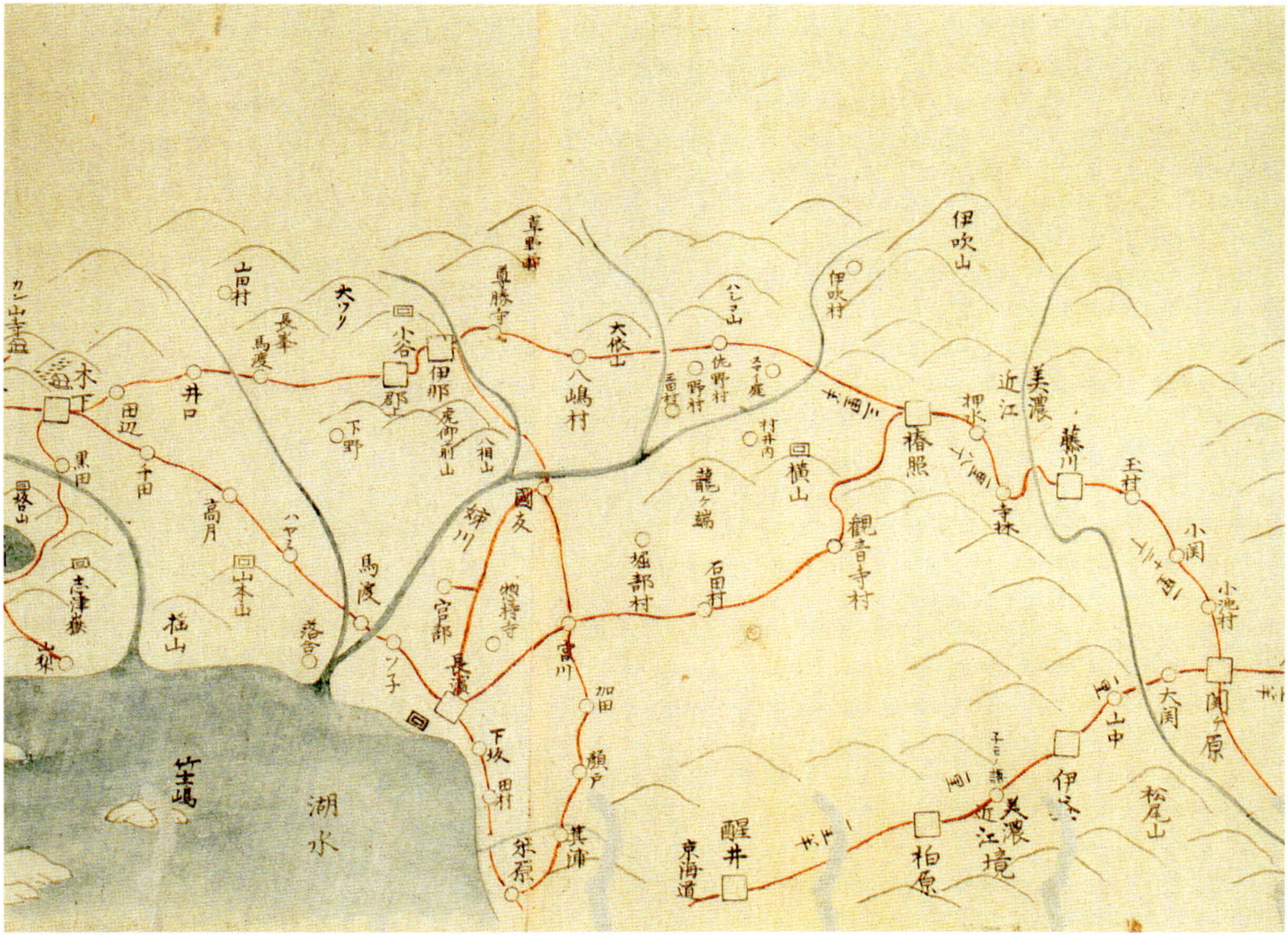

8　従武州江戸至加州金沢中仙道山川駅路之図（部分）　金沢市立玉川図書館蔵

金沢藩でいう「北国上街道」の経路を、江戸から金沢まで記した図面。湖北部分は、中山道・「北国脇往還」・「北国街道」のみでなく、「小谷道」や長浜街道の経路も記している。主要村落は○、宿駅は□で表すが、「小谷道」上には宿駅はなく、箕浦・顔戸・加田・宮川・国友を主要村落として表示している。

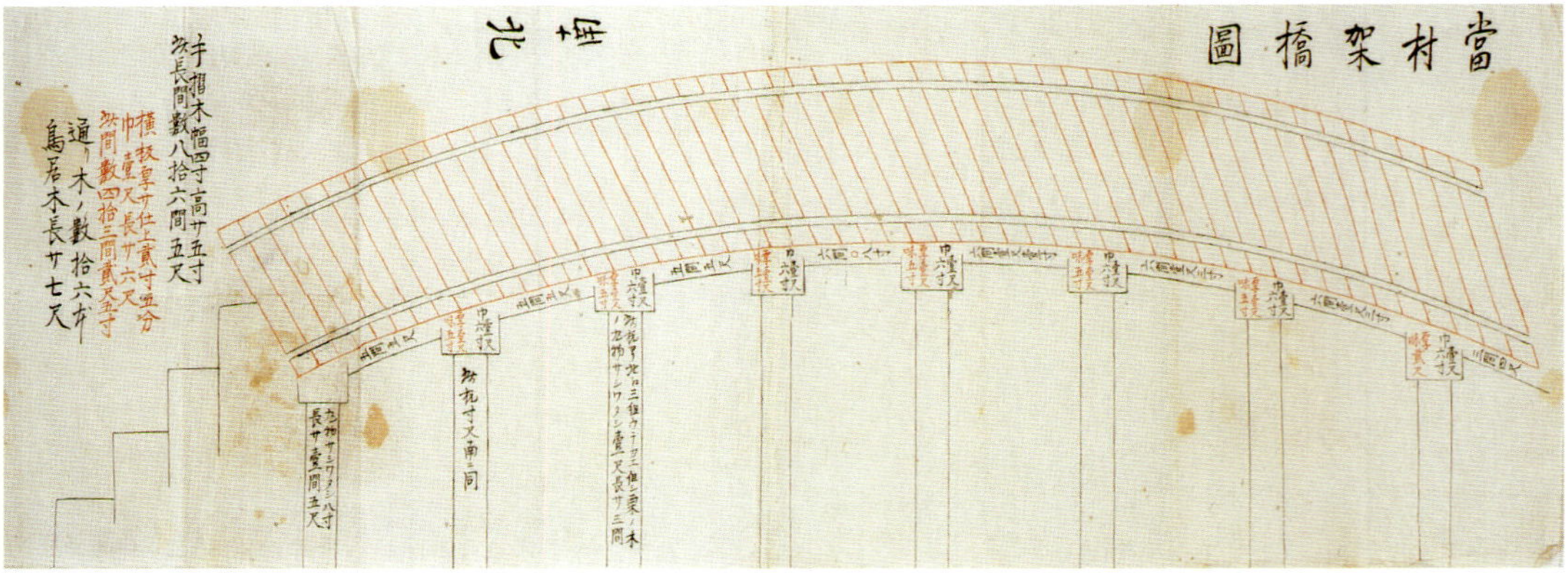

9　国友村架橋図　国友町自治会蔵

「小谷道」が姉川を渡る国友村に架けられた太鼓橋の図面である。この国友橋は明治27年に架け替えられるが、その時に前代の橋として記録に留めたもの。明治６年の国友村地籍図では、すでに太鼓橋となっているが、江戸後期に描かれた国友村絵図（37ページ参照）では、反りがない木橋であった。国友北の架橋が、いつからなされたかは史料がなく明らかにできない。

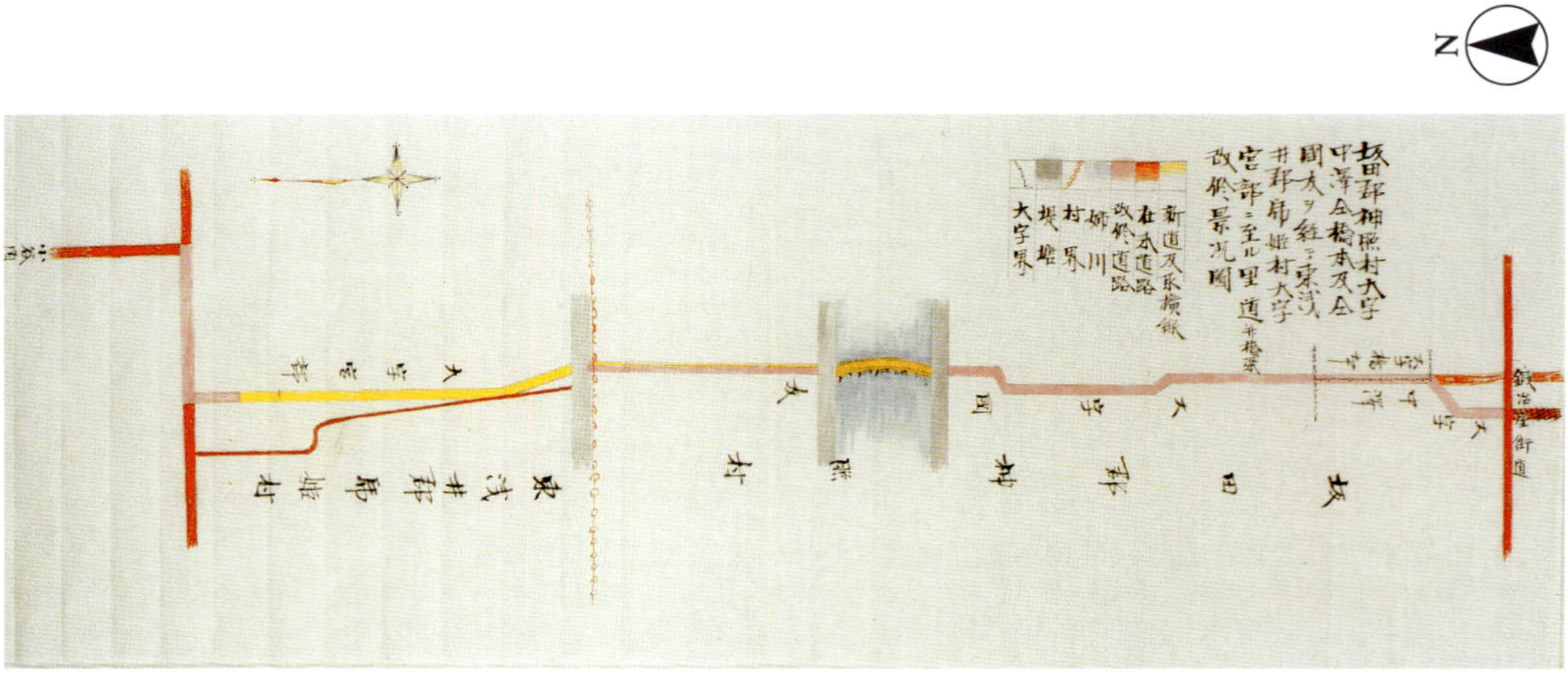

10　山西街道橋梁改修景況図　国友町自治会蔵

明治27年の橋の架け替えにともなう、取り付け道路の改修計画を明示した図面。姉川より南の国友村内は「小谷道」を示しているが、姉川より北の宮部村内は「小谷道」ではなく、宮部集落へ直接入る道を表示している。「小谷道」は、橋の北で右に曲がり宮部集落内を通らなかった。ただし、宮部集落の北東には、「小谷道」の記載が認められる。

「小谷道」の経路

太田　浩司

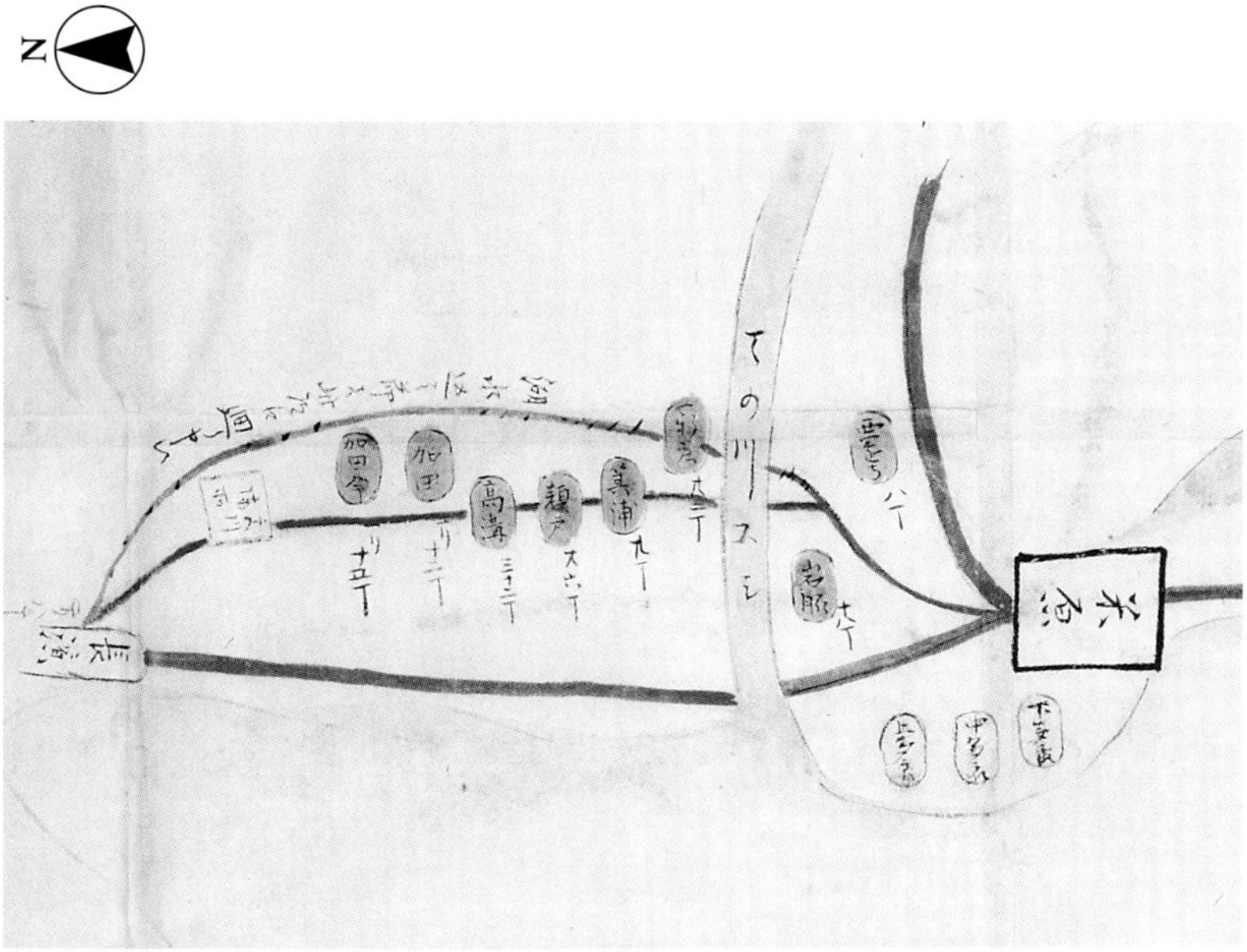

米原宿助郷村絵図（部分）　北村源十郎家文書
米原宿の助郷村を明示する絵図であるが、米原周辺の街道も記載されている。米原以北については、「北国街道」の東に「小谷道」も記されており、「湖水込の節は、此の道へ廻り申し候」と添書きされている。なお、「小谷道」のさらに東に道が記されているが、墨で消されており表記を誤ったものであろう。

小谷城への大手道

米原宿から「北国脇往還」の伊部宿に至る経路は、「小谷道」・「山西街道」と呼ばれた。後述する慶長七年（一六〇二）の「小堀村絵図」（カラー図版29ページ参照）には、この経路を「米原より大谷（小谷）へ大手道」と記しており、戦国時代には湖南から小谷城へ至る北国街道として大いに繁栄した。また、江戸中期に描かれた「坂田郡宮川村郷絵図」（後掲）では「大谷道」とあり、明治二十七年（一八九四）の「橋梁改修景況図」（カラー図版32ページ参照）では、「小谷道」とも記されている。そのルートの近江町箕浦以北は、現在の県道伊部・近江線にほぼ沿った形で伸びていた。

この「小谷道」は、「北国街道」を補うルートとしても活用された。米原宿の北村家文書には、米原・長浜間の経路を示した江戸時代の絵図が残されているが、そこにはこの「小谷道」に対して「湖水込之《の》節は、此の道へ廻り申し候」と添書されている。「北国街道」が琵琶湖の水位上昇で通れなくなった際のバイパスとして、この「小谷道」が利用されたことが知られる。なお、天保の近江国絵図には、この道を本道として扱っており、一里塚の記載もある。実際に一里塚も設置されていた可能性も大きいが、現在はその伝承がある場所は皆無である。

米原宿から顔戸へ

　さて、その経路を米原宿からたどってみよう。残念ながら、この「小谷道」を歩いた人物の旅日記などは、一切知られていないので、明治二十四年〜二十六年に測量された陸軍参謀本部陸地測量部作成の二万分の一地形図（以下、「測量部地図」と呼ぶ）をベースに、江戸時代や明治初期の絵図を重ね合わせて考察を行ってみよう（巻末「湖北の街道経路」参照）。

　まず、米原からは宿の北「北国街道」との分岐点を右に取り、「九里半街道」の一部で中山道番場宿に至る深坂越に入る。この付近から近江町に入る。山を登り切った所で、現在の米原高校方面に行く「九里半街道」と別れて坂を下り、山に添って北へ進み、現在の国道八号線に沿って「西円寺」交差点から北上する。道は天野川の堤防に突き当たり、しばらく川の岸を行き、箕浦橋を渡って箕浦集落へ入る。また、天野川の堤防上で、朝妻湊から中山道へ抜ける朝妻街道と合流する。この間は、「測量部地図」では経路が判然としないが、米原宿北村家文書中の「米原・樋口間新道願図」や、滋賀県立図書館蔵「天野河絵図」（カラー図版98ページ参照）等により復元した。ただし、深坂越の後に山を下ってから、道をやや西に取り岩脇の岩屋善光堂前に進む道も「小谷道」の経路として想定できなくはない。

　箕浦は、中世「八日市場」と称され、朝妻街道がこの「小谷道」と再び分かれる分岐点として栄えた。箕浦集落の中心の三叉路がその分岐点で、現在も「箕浦市場跡」の石柱が立っている。「小谷道」はさらに北へ進み、近江町役場の西を通って、顔戸の集落へ入る。日撫《ひなで》神社の鳥居前を過ぎ、高溝村へ入る道を左に見ながら北上すると、集落の北で街道は二回折れ曲がっている。現在の県道は直線化されているが、旧道は県道の西にほぼ現存している。この折れは、滋賀県立図書館蔵「坂田郡顔戸村絵図」によっても確認できる。

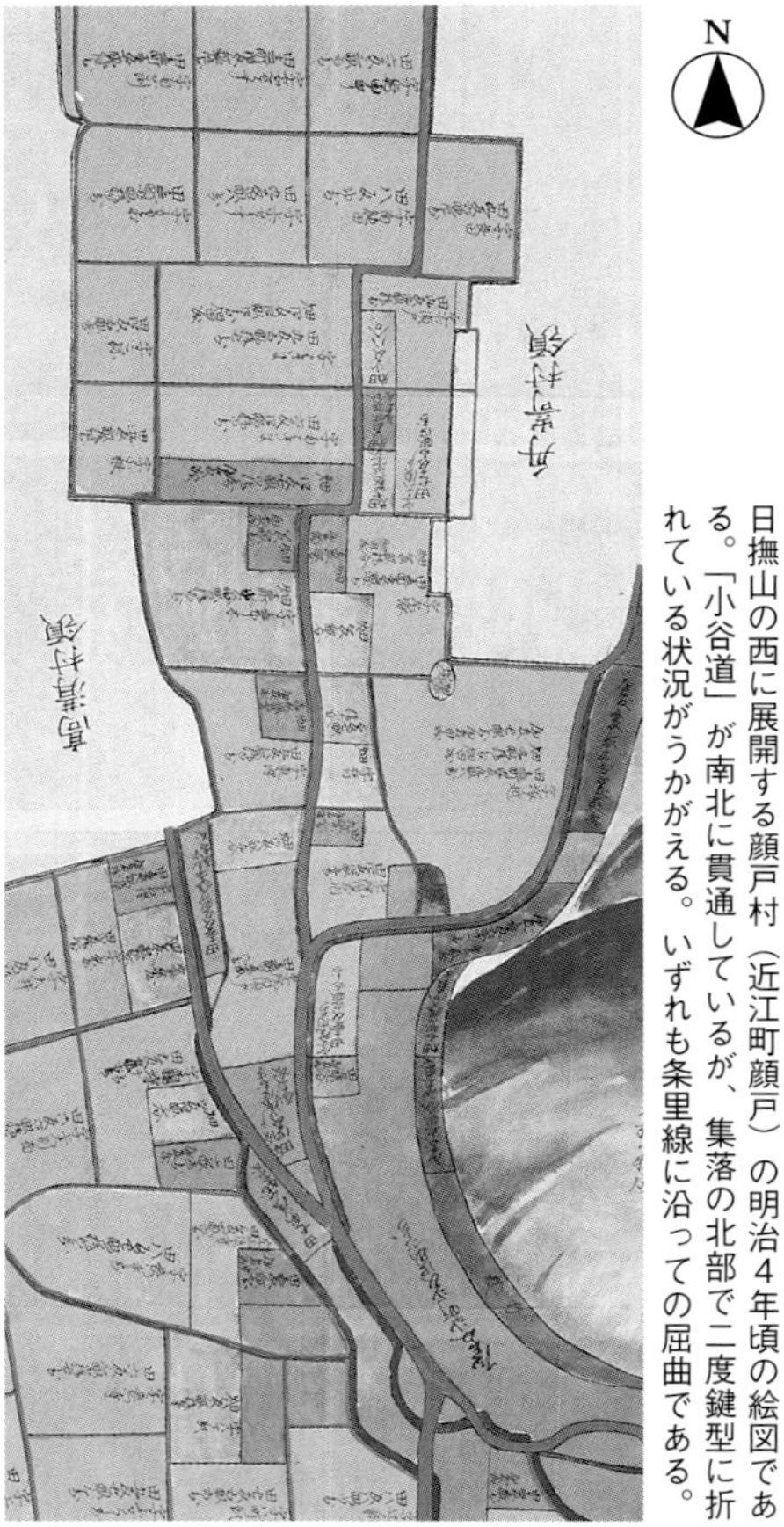

坂田郡顔戸村絵図（部分）　滋賀県立図書館蔵
日撫山の西に展開する顔戸村（近江町顔戸）の明治４年頃の絵図である。「小谷道」が南北に貫通しているが、集落の北部で二度鍵型に折れている状況がうかがえる。いずれも条里線に沿っての屈曲である。

加田から宮川へ

道は現在の長浜市域に入り、加田今村の西を通り加田村へ。現在の県道は妙立寺に向かって右に大きく孤を描くが、旧道は真っ直ぐ加田集落へ入る。常夜灯があった四つ角を過ぎ、村の北の常夜灯跡地でまた鍵型に東に折れ、再び北へ進む。加田集落内の街道沿いには、かつて多くの商家・職人の家が並び賑っていたという。永久寺の枝郷・金勝寺南で旧道は鍵型に西へ折れていたが、現在の県道は斜めに直線化されている。

室を抜け、宮川（現在の長浜市宮司町）へ入る。ここは、元禄十一年（一六九八）以後、堀田家一万石の藩庁が置かれた所で、沿道西に設けられた宮川陣屋と、東の日枝神社の間を通る街道の両脇には、多くの商家や職人宅が並んでいたことが、江戸中期の状況を描いた「坂田郡宮川村郷絵図」で確認できる。日枝神社南を流れる宮川の橋から南の広場を番場と言ったが、その番場南端が東から来る長浜街道の合流点で、宮川村の集落内は「小谷道」と長浜街道が重複している。その長浜街道の分岐点には、かつて道標があったが、現在は日枝神社の社務所で保管されている。また、慶長七年（一六〇二）の「宮川村絵図」（カラー図版28ページ参照）では、集落内を貫通する「小谷道」を「越前海道」と墨書している。

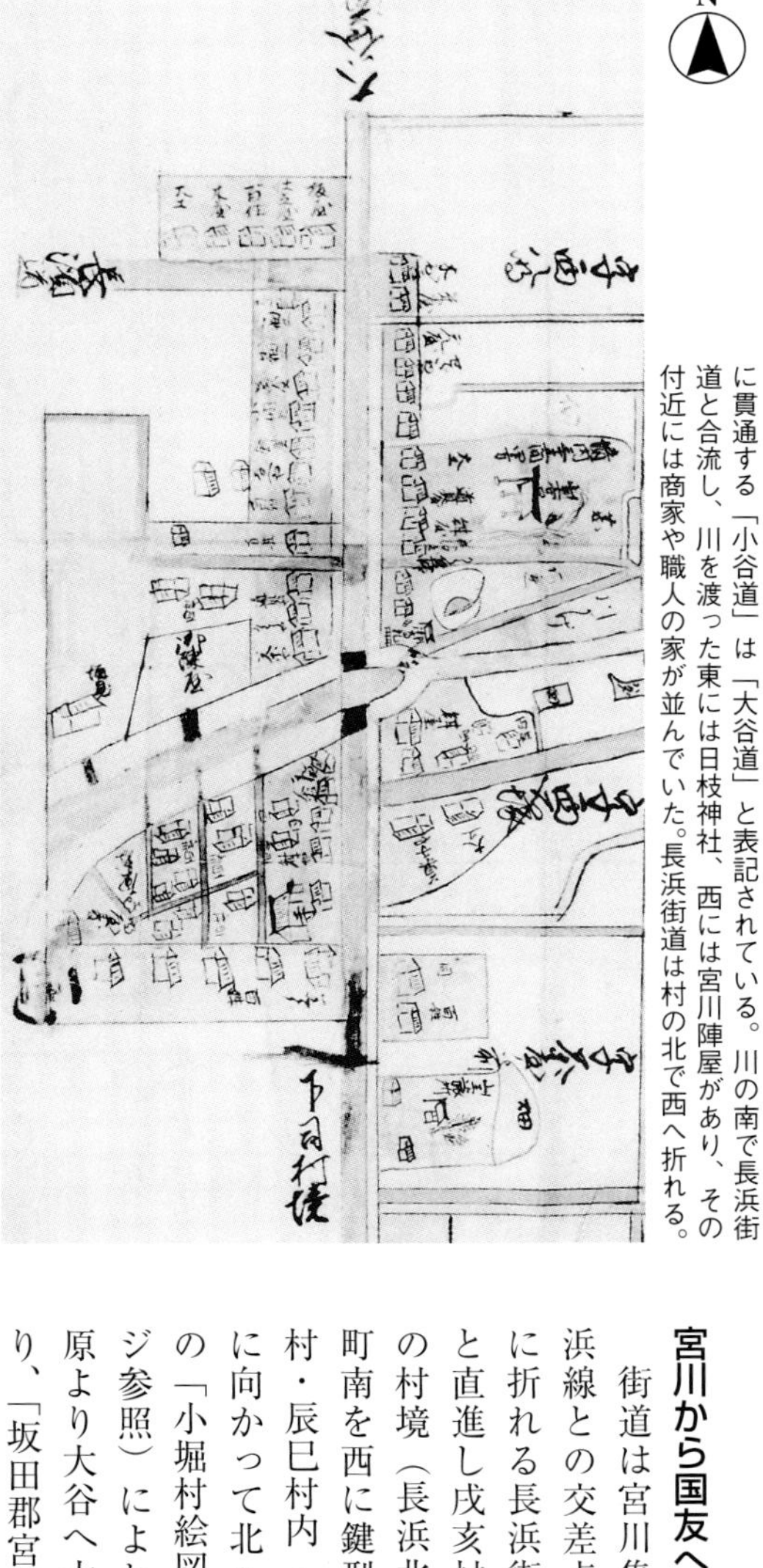

坂田郡宮川村郷絵図（部分）
宮川村（現在の長浜市宮司東町）の江戸中頃の状況を描いた絵図。南北に貫通する「小谷道」は「大谷道」と表記されている。川の南で長浜街道と合流し、川を渡った東には日枝神社、西には宮川陣屋があり、その付近には商家や職人の家が並んでいた。長浜街道は村の北で西へ折れる。

宮川から国友へ

街道は宮川集落北の県道間田・長浜線との交差点（大塚の辻）で、西に折れる長浜街道と再び別れ、北へと直進し戌亥村（現在の山階町）との村境（長浜北高校の南の道）の一町南を西に鍵型に折れ、さらに戌亥村・辰巳村内（両村で現在の山階町）に向かって北へ上がった。慶長七年の「小堀村絵図」（カラー図版29ページ参照）によれば、この経路に「米原より大谷へ大手道」と記されており、「坂田郡宮川村郷絵図」には「大

国友の集落（撮影／寿福滋氏）
鉄砲の里・国友の集落を、南から北へ向かって撮影した。中央が「小谷道」で、国友の明治期の文書では、「山西街道」と呼ばれている。鍵型に折れている突き当りが、科学者として著名な国友一貫斎の家である。画面の上部には、小谷山と虎御前山が見えている。

谷道」と記す。もちろん、「大谷」は「小谷」のことである。

「測量部地図」では、宮川村から北へ直進せず、長浜街道と共に西に折れ、総持寺西で長浜街道と別れて北進し、戌亥村境の二町余南で東へ鍵型に折れて北進する経路が記されている。この経路は、「小堀村絵図」にも記述があるが、その墨書から先に記した道の方が「小谷道」であろう。戌亥村・辰巳村（現在の山階町）、口分田の付近は、現在の県道と「小谷道」は重なる。延宝五年（一六七七）四月の「口分田村絵図」（カラー図版30ページ参照）では、「小谷道」を「北国街道」と記している。橋本・中沢村（現在の長浜市泉町）の集落を貫通し、「小谷道」は鉄砲の里・国友に入る。

国友から伊部宿へ

「小谷道」は、国友の集落内を南北に貫通するが、同村では、明治時代にこの道を「山西街道」と呼んだことが、その共有文書に見えている。国友村は、江戸時代を通して鉄砲鍛冶が集住する村であったことは著名であるが、明治期この街道に沿って商店三五軒、医者・質屋四軒、職人七軒、料理屋五軒が並ぶ町場であった（『長浜市史』七）。通行人が多いので明治十五年（一八八二）には、国友村によって札ノ辻付近に公衆便所まで設置されている。当村がこのような町場的景観を呈していたのは、鉄砲鍛冶が集住を始める以前からの状況とみられ、小谷城の城下伊部・郡上に次ぐ第二の城下町として繁栄したと考えられる。江戸後期に描かれた「国友村絵図」（個人蔵）で

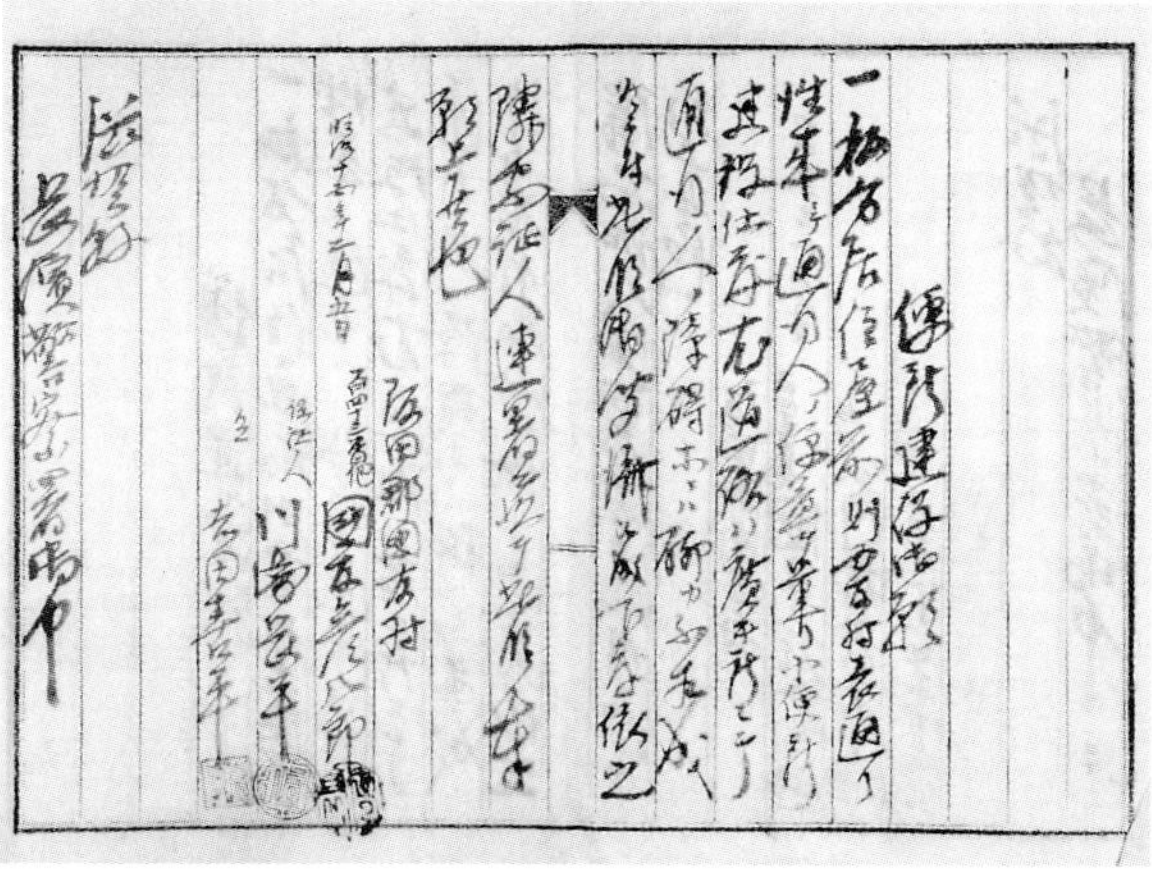

11　便所建設御願　国友町自治会蔵
明治15年2月5日、国友村の国友彦八郎が、自宅前に小便所を建設することを長浜警察署に届け出た文書。その理由は、自宅前が「表通り往来ニテ通行人ノ便益ヲ量り」とあり、いわゆる公衆便所であった。「表通り」は「小谷道」と見られ、その明治に至る繁栄を物語っている。

は、南から「猩々町」・「七ケン丁」・「中ノ丁」、それに「札ノ辻」を通り越して、北に再び「七ケン丁」と国友村内の街道沿いに付けられた地名を記す。

ここで、姉川を長さ四三間余の国友橋で渡る。この橋は、明治二十七年以前は木造の太鼓橋であったことが、明治六年の国友村地籍図で確認できるが、同村の共有文書にはその橋の図（カラー図版32ページ参照）も残っている。姉川を渡ると、すぐに堤防に沿って東に折れ、北進してから東北に向かって斜めに田地を横切り、再び北進し宮部集落の東を通る。宮部からは虎姫町である。さらに、三川の東を北へ進み、浅井町西野集落を貫通、湖北町伊部の南で東へ直角に折れて「北国脇往還」に合流する。

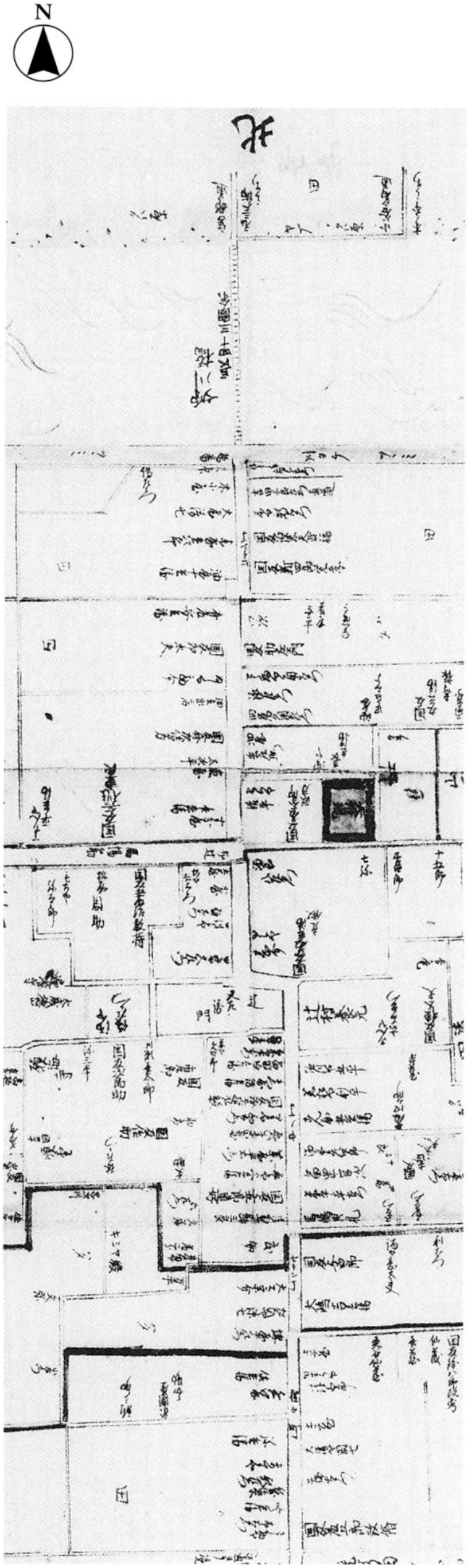

国友村絵図（部分）
国友村の江戸後期の状況を描いた絵図。中央を南北に走る「小谷道」には、南から「猩々町」・「七ケン丁」・「中ノ丁」と町名が記されている。川を渡った所で、宮部・三川方面に行く道と分岐し、「小谷道」は「小谷宿道」・「木ノ本みち」と表記されている。

コラム

「北国街道」を行き交った人々の記録

太田　浩司

長浜の本陣であり問屋も兼帯した吉川三左衛門家には、多くの宿駅に関する史料が伝わっている。その中で、安永二年（一七七三）を最古とする「御用向留帳」・「御用日記」・「御用留」は、長浜において人馬の提供を受ける公用旅行者の記録として貴重なものである。そこには、主に「先触れ」といって、宿泊・休息の予約文書が書き留められており、大名や幕府代官、それに大寺院の役僧の通行を読み取ることができる。

また、「北国街道」沿いの村であった長浜市田村町の共有文書には、明治六年から明治十年に至る、付添い人を要した旅行者の記録が残っている。ここに記された二一五人の原籍地を見ると、越前・加賀・越中・越後が多く、中には肥前・備中・安芸・薩摩など遠国の者も見えている。さらに、田村内の「北国街道」で行き倒れた人々への対応を記した古文書も伝わる。たとえば、宝暦六年（一七五六）に田村で病死した越前国今浜村（現在の敦賀市）の彦四郎の一件は、詳細な古文書が残存する。西国巡礼を志して、八歳になる息子仁助と旅に出た彦四郎であったが、医師に介抱を受けたものの田村で病死した。同村では、彦四郎の親類と協議し、多田幸寺の僧によって弔った上で土葬を行い、さらに所持品を親類に引き渡している。その所持品リストには、「かみそり」・「こかたな」・「うすなべ」・「茶わん」などが記され、当時の旅人の所持品を知ることができる。

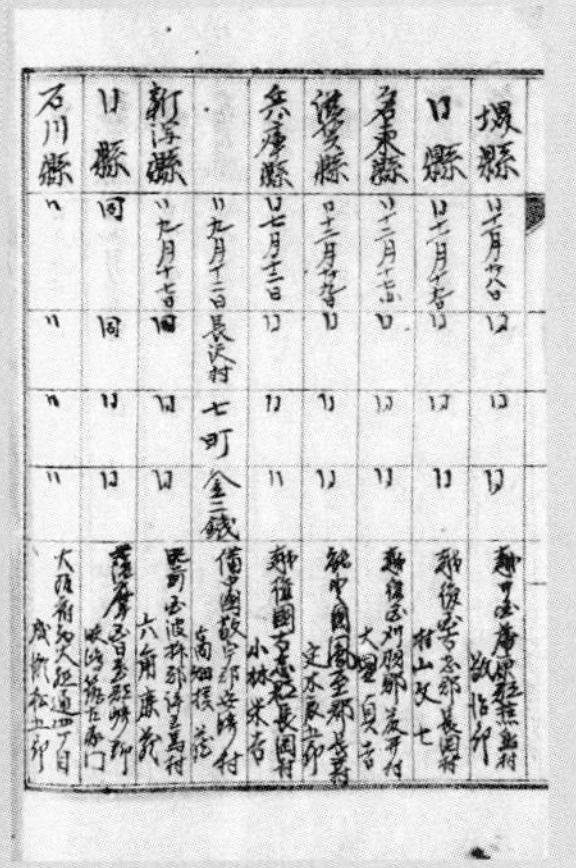

44　逓送人繰換帳
田村町自治会蔵
付添い人を要した旅行者の記録。

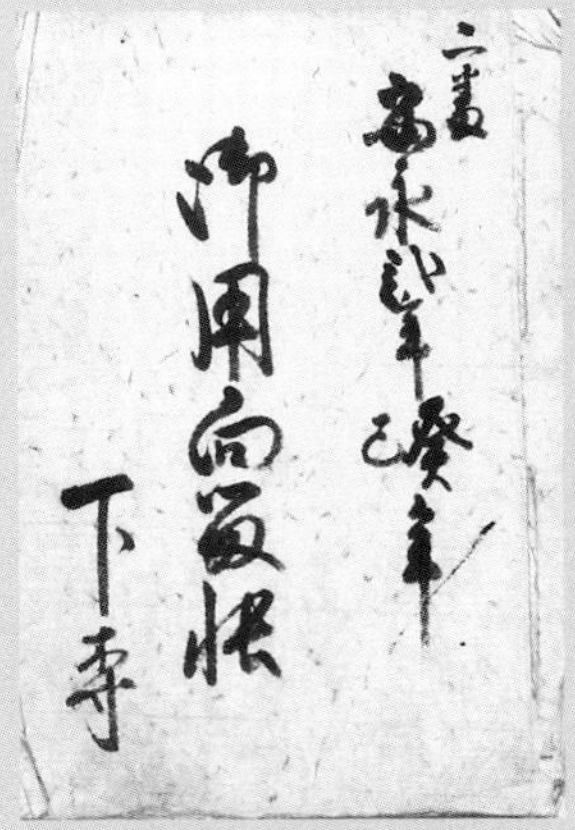

50　長浜御宿御用向留書
吉川三左衛門家文書
長浜宿の公用通行の記録。

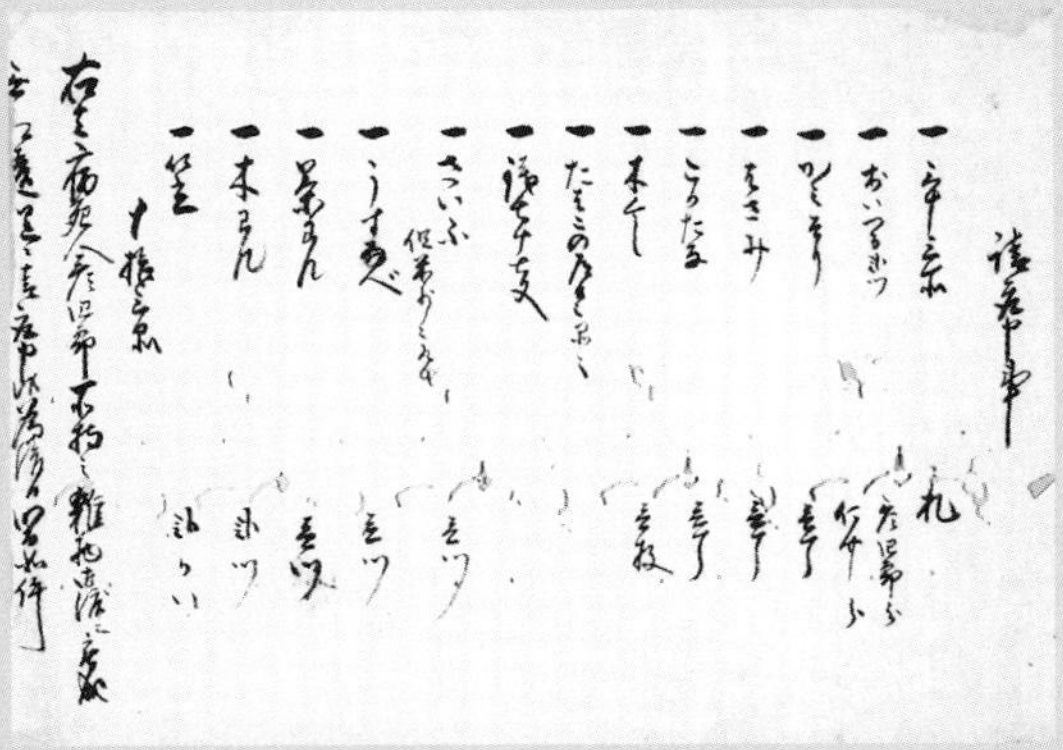

43　彦四郎所持品請取状　田村町自治会蔵
田村で病死した越前国今浜村彦四郎の所持品リスト。

道標㉞（「北国街道」・深坂越、撮影／寿福滋氏）
米原町の米原に所在。「北国街道」と中山道番場宿への連絡路（深坂越）の分岐点に立つ。
弘化３年（1846）再建の立派な道標で、米原町の有形民俗文化財に指定されている。自動車の衝突で根元から折れたため補修し、現在は頑丈な柵でガードされている。

道標㉜（「北国脇往還」・長浜街道、撮影／寿福滋氏）
伊吹町春照に所在。「北国脇往還」と長浜街道（谷汲道）の分岐を示す道標。現在は道路上から少し移動して、八幡神社の境内の隅に立っている。

湖北の道しるべ

—道標から湖北の歴史を読み解く—

江竜　喜之

道標とは

道しるべ、すなわち道標とは道行く人の便宜のために目的地やその方向・距離などを記し、道路の分岐点などに建てられている標示物で、主に石でできている。中には建立年や建立者について記されているものもある。

道標は徒歩による道路利用者の増加、特に遠方旅行者の増加がその発生を促したと思われる。しかし、本来、先達《せんだつ》を伴う団体旅行や大名の参勤交代などの大きな集団旅行は事前準備をして実施されるので、道標をほとんど必要としない。道標はとくに庶民が集落を遠く離れて、個人的に自由に旅することが多くなるにつれて、その必要性を増していったのである。

ところが、近代になり、鉄道や自動車交通が発達すると、道標の必要性はなくなり、道路交通の障害物と化していった。そして道路の拡幅等により姿を消すものも多くなった。

湖北の街道においても、多くの道標が失われたのではないかと思われる。過去の記録に残っていても、現在探して見あたらないものもいくつかある。しかし、まだまだ多くの道標が残存している。中には明らかに湖北以外から移されたものもある。これらに、現在その存在が確認できないが記録に残っているものも含めると、全部で九〇基余にのぼる。その存在場所と刻銘を市町別に示すと別表[1]の通りである。本章のカラー図版を含めて文中に挿入されている道標の番号はその表の番号を示す。

これら道標はまさに交通史の生き証人である。その分析をとおして、いささかでも、湖北における街道や旅の歴史、さらには当時の庶民の生活実態に迫りたい。

道標はいつごろ建てられたか

まず、道標が建てられた年代であるが、湖北で判明している約九〇基の道標の内、江戸時代の年号が記載されているものが全部で二〇基存在する。この中で、最も古いものは、江戸時代中期、元禄十二年（一六九九）の記銘のある竹生島への道しるべである。現在、同形式の道標がびわ町香花寺(76)と湖北町速水(70)に存在する。それに続いて享保二年（一七一七）と十八年のもの各二基⑲㉑㊶㊷、ついで延享元年（一七四四）㊼、寛延二年（一七四九）③、宝暦三年（一七五三）(66)、寛政八年（一七九六）①、文化十四年（一八一七）②と続く。天保年間に入ると急に増え、天保二年（一八三一）㉕、五年(78)、六年(87)、十二年(91)のもの各一基と天保十五年二基(67)(83)と全部で六

⑤③	八島「東 関ヶ原　約五里」「西 木之本みち」「南 内保約五丁」「北 田根みち　八島」
⑤④	八島「南 内保二丁」「西 尊野約五丁」「八島」
⑤⑤	八島「西 平塚一丁」「北 木之本道」「八島」
⑤⑥	野村「右 北國道」「左 江戸谷汲」
⑤⑦	野瀬「古刹大吉寺　☞　是ヨリ八丁」「大正十一年四月 寄付人 勲八等小堀林祢」「昭和三十三年八月再建初□記念会 小堀信□」
⑤⑧	高山「高山ミち」「左 寺師ヲヘテ谷口ニ至ル」「御大典記念」「昭和三年大字草野」
⑤⑨	鍛冶屋「東草野道」「大正五年□」
○虎姫町	
⑥⓪	三川「元三大師道」「濃州 伴藤氏」
⑥①	三川「左 元三大師 谷汲道」
⑥②	三川「右 木之本道」「板谷氏」
⑥③	宮部 「右 長浜 米原　左 小谷 木之本」「右 元三大師　左 たにくみ」「昭和五十六年修復　宮部史談会」
⑥④	宮部「右 国とも 米原　左 元三大師 木之本道」「左 たにくミみち」「昭和六十年六月修復　宮部史談会」
⑥⑤	宮部「左 米原 国友道」「左 元三大師」
⑥⑥	唐国「右 元三大師近道」「左 木之本道」「宝暦三癸酉　施主 彦根鯰江貞寛」
⑥⑦	月ヶ瀬「左 元三大師 谷汲道」「右 木之本ミち」「すぐ 京いせ 長浜道」「天保十五年甲辰初秋建之岸田新□」
○湖北町	
⑥⑧	伊部「小谷城 H 登山本道」「昭和十三年十月建立越前国今立郡金物□・・・」
⑥⑨	馬渡「左 竹生嶋本道 早崎港迄弐拾五丁 各日出船」「明治十四年五月発願 本村営業社中」
⑦⓪	速水「東」「西」「北 是より西 竹生嶋ミち 尾上村に船有」「南 元禄十二己卯・勢州重行立之」
⑦①	速水「右 竹生島道　是より尾上村ヨリ四十五丁船あり」
○びわ町	
⑦②	曽根「左 竹生嶋道」「文久二年壬戌孟春」
⑦③	小観音寺「右 竹生嶋道　江戸鳥居講中」
⑦④	富田「左 竹生嶋道」「右 山本」
⑦⑤	香花寺「右 長浜 なんバ道」
⑦⑥	香花寺「東」「西」「南 是より西 竹生嶋ミち 早崎村に船有」「北 元禄十二己卯　勢州重行立之」
⑦⑦	早崎（竹生嶋）「☜西国札所第三十番観世音道」
○高月町	
⑦⑧	持寺「左 北国 木の□」「右 江戸 なこや道」「天保五甲午年」
⑦⑨	馬上「☜北國 木之本道」「☞すきの かねゐはら道」「右 東京 せきかはら道」「明治二十九年一月旦」
⑧⓪	馬上「☞長浜 木之本道」「☞八日市 F 関ヶ原道」「大正四年十一月建　中谷七三郎」
⑧①	井口「☜木之本道」「☜高月道」「☞片山港　☜関ヶ原道」「井之口青年会」
⑧②	唐川「左 北国 木之（本）」「右 江戸 たに（くみ）」
⑧③	唐川「従是西 唐川観音道 従是十一町」「天保十五甲辰歳秋七月　願主 膳所侍医林氏建之」
○木之本町	
⑧④	古橋「右 己高山観世音道 是より壱里五丁」「明治十四年八月建之 施主 尾山村中」
⑧⑤	木之本「みぎ 京いせミち」「ひだり 江戸なごや道」
○余呉町	
⑧⑥	坂口「菅山寺　十四丁」「準四国八十八所」「明治二十六年 施主 観音講中」
⑧⑦	中之郷「伊香巡礼二十七番観世音道」「天保六乙未二月吉日」
⑧⑧	上丹生「左 七々頭嶺観音道」
⑧⑨	上丹生 「左 伊勢　東 京道」「右 七々頭嶺 菅並洞寿院　左 摺墨 八王子 敦賀道」「右 伊勢 西京道」「明治二十九年九月建之」
⑨⓪	柳ヶ瀬「右 えちぜん かが のと道　左つるが 三国 ふねのりば」「明治十六年癸未一月建之」
○西浅井町	
⑨①	塩津浜「左 いせ たにぐみ きのもと すぐ 竹生島 大津 諸浦出航」「天保十二年辛丑林鐘吉日」
⑨②	集福寺「右 集福寺 中之郷停車場線 志ゆうふくじ なかのこう」「左 国道十二号線　久つかけ つるか道」「昭和九年一月建之 塩津村道路愛□□」
⑨③	黒山「左 京道」「右 山道」

註）この表の番号は、本章（「湖北の道しるべ」）の道標写真番号と一致します。

別表［1］　湖北の道標一覧

○長浜市

①	元浜町「右 たにくみ道」「右 北国みち　左 京いせ道」「左 多にくみ道」「寛政八年丙辰五月吉日」
②	元浜町「みき たかミち」「御代参月参京西陣紺屋五兵衛」「文化十四丁丑年三月」
③	元浜町「志那海道并杉江浜道」「蓮如上人御旧跡金森御堂江八町　願主 西念寺 京 大坂 江戸 大津講中」「寛延二巳稔十二月」
④	大宮町「左 元三大師 国友 木之本」「右 後鳥羽院古蹟」
⑤	高田町「左 北こく道」「右 京いせミち」
⑥	神前町「太に久美ミち」「(松)前(江)差杉江氏 建之」
⑦	山階町「左 元三大師 国友小谷 道」
⑧	宮司町「左 たにくミ」「右 まいはら」「右 長はま大路」
⑨	下之郷町「右 大井 大寺道」「左 曽根 長浜みち」
⑩	八幡中山町「八幡道」「県立農学校 長浜停車場ちか道」「明治三十七年五月二十七日」
⑪	大戌亥町「左 北こく道」「右 京いせ道」「安政五戊午八月建立」
⑫	下坂浜町「右 長浜 八幡神社 御坊 近みち」
⑬	室町「春日社道」
⑭	八幡東町「右 たにくみ」
⑮	石田町「右 たにくみ道　左 堀部道」
⑯	石田町「白玉稲荷神社参道 是れより二丁」
⑰	石田町「や久し堂みち」
⑱	西上坂町「右 国友村　左 長浜町」

○山東町

⑲	柏原「従是明星山薬師」「やくし江乃道」「屋久志江乃みち」「享保二丁酉仲春 願主 山門坂本富氏法橋秀快」
⑳	柏原 「やくし道」山根喜三郎
㉑	柏原長沢「従是明星山薬師」「やくし江乃道」「屋久志江乃みち」「享保二丁酉仲春 願主 山門坂本富氏法橋秀快」
㉒	小田「右 江戸道　左 山中道」
㉓	小田「右 北国道　左 長浜道」
㉔	野一色「左 ながはま 右 くにとも」
㉕	野一色「左 長浜 京ミち」「右 たにぐみ ぜんくハうじ みち」「左 伊吹山みち」「天保二年辛卯三月吉日」
㉖	野一色「千石道 米原へちか道」「大正元年十月建之」
㉗	朝日「右 さめが井　左 たにぐみ」
㉘	朝日「右 朝日 市場 池下 長岡道」「左 野一色 小田 伊吹 吉槻道」「朝日青年会」
㉙	朝日「みぎ たにくみ」
㉚	朝日「東 野一色 春照 間田道」「南 市場 天満 西山 長岡道 昭和八年」「北 烏脇 村居田 木ノ本道」「西 観音寺坂隧道 石田 長浜道」
㉛	朝日「南 下夫馬 北方 醒ヶ井」「東 大原小学校 長岡」「西 石田 七條 宮司 長浜道」「北 烏脇 村居田 木ノ本道」

○伊吹町

㉜	春照「右 北国 きのもと ゑちせん 道」「左 ながはま道」
㉝	上平寺「左 上平寺 約二丁」「大正八年四月竣工 請負責任者」

○米原町

㉞	米原「右 中山道　はんハ さめかゐ」「左 北陸道 ながは満 きのもと」「弘化三年丙午年再建之」
㉟	上多良「やくし道」
㊱	番場「☞米原 汽車汽船道」
㊲	醒井「中山道醒井宿」「柏原宿へ一里半「番場宿へ一里」「平成五年再建立」
㊳	醒井「近江西国第十三番霊場松尾寺 従是南二十町」「昭和二年八月 寄進人 善進堂」
㊴	「右 霊場松尾寺道」「昭和二年八月 寄進 善進堂」
㊵	下丹生「霊場松尾寺　従是十二町」「昭和二年八月 寄進 善進堂」

○近江町

㊶	飯村「坂田神明道」「享保十八癸丑十一月上浣吉」
㊷	宇賀野「坂田神明道」「享保癸丑十一月上澣」「願主 落合氏久慶」
㊸	能登瀬「是依り長浜ステンション迄二里二丁四十間」「右 中仙道　醒井駅迄一里一丁二十間」「明治十七甲申年四月建之」
㊹	顔戸「左 長浜みち」「右 元三大師」
㊺	高溝「南 東山道 醒ヶ井 伊勢道」「東 元三大師 国友道」「北 北陸道 長浜道」「維時明治十四年九月建立」

○浅井町

㊻	三田「姉川古戦場　字血原迄従是東八町半」「明治四十二年十二月建設」「古蹟保存会」
㊼	内保「右 北国道　江戸住人」「左 元三大師御誕生所」「是より二十九町」「延享元甲子年九月吉日」
㊽	内保「大依道」「昭和七年四月」
㊾	湯次 「左 たに久ミ道」
㊿	八島「東 関ヶ原ミち」「西 虎姫駅一里」「南 内保約四丁」「北 木之本約三里 八島」
51	八島「左 江戸道」「右 越前道」
52	八島「左 江戸道」

道標(70)
湖北町速水、伊豆神社境内に所在。竹生島を指し示す。元禄12年（1699）、勢州の「重行」により建立、湖北で最も古い道標の一つ。刻銘は非常に読みにくくなっている。

基になる。あと幕末の弘化三年（一八四六）㉞、安政五年（一八五八）⑪、文久二年（一八六二）(72)の道標が各一基ずつ存在する。

この事から、道標が建てられるのは、ほとんど江戸時代の後半期で、特に末期になるにつれて多くなる。全県的にみても江戸時代の半ば以降のものがほとんどである（木村至宏『近江の道標』）。このことは、江戸時代の半ば以降、庶民の旅行が盛んに行われるようになったことを示している。

江戸時代も半ば頃になると世の中が落ち着き、農業生産も向上し、庶民の生活にも余裕ができてくる。商品流通が盛んになり、交通網も整備される。このため庶民が寺社参詣を中心として多く旅に出るようになったのである。

道標は誰が建てたか

現在、昔の道標に相当するのは道路標識であるが、これは道路管理の公的機関が設置するのが普通である。ところが江戸時代の道標は、ほとんど個人または団体の善意によって寄進建立されたものである。

寄進者の名前が記されている道標には「願主」「施主」「寄進人」などと添えられているものもある。何らかの報恩感謝の気持ちや、後に続く旅行者の安全を願う心遣いから建てられたものも多いのではなかろうか。単なる個人的寄進だけではなく「講中」「世話人」「社中」などの刻銘があることから、多くの人が負担をし合って建立されたものもあることがわかる。明治以降の道標の中にも「井之口青年会」(81)、「施主　尾山村中」(84)、「朝日青年会」㉘などの刻銘のある道標が見られる。地域の団体が社会事業として建立したことがわかる。

一方、寄進者の名前が記されていない道標は全体の三分の二に及ぶが、これこそ、庶民の隠れた作善行為によってできたものと見るべきだろう。長浜市大戌亥町にある「左　北こく道」「右　京いせ道」と刻銘された安政五年（一八五六）の「石造旧北国街道道標」⑪にも寄進者の記銘はないが、大戌亥村の見附屋長治郎（北居氏）が私財を投じて建てたと伝えられている。

寄進者の名前のあるものは三十二基に過ぎないが、その中で、江戸時代に建立されたと思われる道標の主な記名を挙げると次のとおりである。

「京西陣紺屋五兵衛」②、「願主　西念寺　京大坂江戸大津講中」③、「松前江差杉本氏」⑥、「願主　山門坂本富氏法橋秀快」⑲㉑、「願主　落合氏久慶」㊷、「江戸住人」㊼、「濃州伴藤氏」(60)、「板谷氏」(62)、「施主　彦根鯰江貞寛」(66)、「勢州重行」(70)(76)、「江戸鳥居講中」(73)、「願主　膳所侍医林氏」(83)

この中には松前・京都・江戸・勢州・濃州など遠方の

寄進者の名がいくつか見られる。当時、村を単位として営まれていた湖北の農村社会においても街道交通を通じて広範囲な交流があり、そのことが村人たちの生活にも種々の影響をもたらしていたことがうかがわれる。このうち「松前江差杉本氏」は北海道で活躍していた湖北出身の商人であるという。また「江戸鳥居講中」は天明二年（一七八二）竹生島の「一の鳥居」建立の際、江戸へ出て商いに成功した者によってつくられた講ではないかと言われている。

道標はどこを指し示しているか

これらの道標が指し示している行先は多岐にわたっている。都市名や近隣集落名も多いが、寺社名が多いのが特徴である。上記九三基の道標に記されている行先名を数の多いものから表示すると別表[2]の通りである。これらの名称は多くのことを我々に語りかけている。

道標㉓
山東町小《やない》田《だ》に所在。「長浜」と「北国」を指し示す。

道標(75)
びわ町香花寺に所在。「長浜」を指し示す道標の一つ。

(1) 一般の地名

道標が指し示す一般地名としては、県内では、木之本と長浜が多い。湖北には北に木之本、南に長浜と二つの中心都市があったことがわかる。また鉄砲生産の村国友も地域において重要視されていたことがうかがわれる。醒井・米原・番場それに柏原は宿場であり道標にあらわれる機会が多いのは当然であろう。同地域の中心であった長岡をはじめ、山東地域の集落名が他地域に比して多いのは、とくに明治以降に日常生活の便宜のために集落名を多く記した道標が建てられたことによっている。（㉘・㉚・㉛）また浅井町八島には、明治以降に建てられた四基の道標（㊿・(53)・(54)・(55)）が存在するが、これらには所在地の八島を含め、近隣の集落名等が多く示されている。表[2]に八島を始めとして浅井町周辺の集落名が多いのも、このことに原因している。また早崎、尾上は観音霊場竹生島へ渡る港としてその名が出ているのである。

湖北地方は北陸・東海・関西の接点である。とくに北陸とのつながりが強かった。北国（北陸）をはじめ、敦賀・越前それに加賀・能登等北陸地方を指し示す道標が多いのが湖北の特徴である。それと同時に京都を指し示す道標が多い。普通湖北の道標では「京いせ」のように、京都と伊勢が結びつけて表現されている。伊勢は日本で最も多くの参詣人が集まるところである。そ

表［2］ 道標の指し示す行先（数順）

行　先	数
木之本	19
長浜	18
谷汲	17
元三大師	12
北国（北陸）	12
京	9
伊勢	9
竹生島	8
江戸 東京	8
国友	8
薬師（明星山）	7
醒井	6
米原	6
関ヶ原	5
八島	4
長岡	4
松尾寺	3
敦賀	3
越前	3
名古屋	2
尾上	2
早崎	2
番場	2
小谷	2
神明社	2
八幡宮（長浜）	2
七々頭嶺観音	2
中山道	2
野一色	2
烏脇	2
村居田	2
石田	2
内保	2
集福寺	2
長浜停車場・長浜ステンション	2

※ 以下は各１ずつ。

千石道、 志那海道、 東山道、 国道十二号、 山道、 柏原、 加賀、 能登、
三国、 善光寺、 多賀、 金森御堂、 御坊（長浜）、 春日社、 白玉稲荷、 薬師（石田）、
薬師（上多良）、 大吉寺、 唐川観音、 菅山寺、 二十七番観音、 観音（竹生島）、 己高山観音、 洞寿院、
後鳥羽院古蹟、 小谷城、 県立農学校、 大原小学校、 中之郷停車場、 虎姫駅、 杉江、 大井、
大寺、 曽根、 堀部、 朝日、 市場、 池下、 小田、 吉槻、
春照、 間田、 市場、 天満、 西山、 下夫馬、 北方、 七条、
宮司、 上平寺、 大依、 田根、 平塚、 尊野、 高山、 寺師、
谷口、 東草野、 山本、 難波、 杉野、 片山、 八日市、 金居原、
摺墨、 八王子、 菅並、 中之郷、 大路、 伊吹山

して、伊勢参りをする人は、ほとんど京都へ立ち寄り、市内の見物や寺社参拝をするのが普通であった。江戸時代の人にとって京伊勢は一生に一度は行ってみたい憧れの土地であった。そして、このために北国街道が多く使われた。湖北の道標に、「京いせ」の刻銘が多いのは当然である。

一方、湖北地域は「北国脇往還」によって東海地域、さらには遠く江戸東京と結びついていた。「北国脇往還」沿いの道標に関ヶ原、名古屋、そして江戸、東京を指し示すのが多いのは当然である。八島、野村、馬上《まけ》に残るこれらの道標（(51)・(52)・(56)・(79)）は、現在の集落内の細い道路が、かつては北陸と関東を結びつける幹線道であった事を示す生き証人である。明治以降、「北国脇往還」は木之本以北の北国街道とともに国道に指定され、国道一二号線と称した。

道標(52)

道標(51)

共に、浅井町八島に所在。「江戸」を指し示す貴重な道標。町の文化財（「北国街道脇往還史跡道標二基」）に指定されている。

また、明治以降に建立された道標の場合、当時新しく出来た公共施設を指し示すものが多い。「県立農学校　長浜停車場」⑩、「中之郷停車場」(92)、「虎姫駅」㊿、「米原汽車汽船道」㊱、「長浜ステンション」㊸、「大原小学校」㉛等がその例である。

このほかに、「後鳥羽院古蹟」④、「小谷城趾登山本道」(68)など史跡を指し示す道標もある。

(2) 寺社名

道標が指し示している行先を見ると、都市や、集落名のほかに寺社の名またはそれに関連した地名が非常に多い。これらの寺社は庶民の信仰を得て、多くの参詣客を集めていた。江戸時代の庶民の旅はこのような寺社参詣を基本とした旅が多かった。本来、江戸時代には無断で村を離れることが許されていなかったが、寺社参詣を理由にまたは口実にすれば、容易に旅にでることができたようである。その行先の中心は観音霊場の札所巡りであり、また伊勢参りであった。

[観音霊場巡り]

寺社関係の地名の中でも、谷汲《たにぐみ》や竹生島など観音霊場の名称が特に多い。谷汲とは美濃国谷汲（現、岐阜県揖斐郡谷汲村）にある西国三十三所観音霊場のうち最後の三十三番札所の谷汲山華厳寺を指す。ついで多い竹生島は琵琶湖の竹生島にある西国三十三所観音霊場、第三十番札所の宝厳寺のことであり、尾上や早崎は竹生島へ渡る港の地名である。

これらの霊場をまわる西国三十三所札所巡りは、四国八十八所観音霊場巡礼とともに古来参詣者が多いことで有名であり、今日でも盛んに行われている。札所を巡るのは、その番号順に回るのが原則であったが、「逆打ち」といって逆番に巡ることもあり、必ずしも順番通りではなかった。

近江の札所の場合、若狭から今津を経て琵琶湖上を三十番竹生島に至り、ついで三十一番長命寺・三十二番観音正寺を経て、美濃へ出て最後の三十三番谷汲山華厳寺に至るのが原則だが、「北国街道」から尾上や早崎の港へ出て、竹生島に至る順序をとる者も多かった。そのコースはAびわ町曽根から難波《なんば》を経て早崎港へのコース、B湖北町馬渡《もうたり》からびわ町の小観音寺・香花寺・富田を経て、早崎港へ出るコース、C湖北町速水から山本を経て尾上へ出るコースの三つがあり、それぞれの沿線には「竹生島」を指し示す多くの道標が建てられている。

道標㊳
米原町醒井の中山道沿いに所在。近江西国観音礼場の一つ、松尾寺を指し示す。昭和２年の建立。

（69・70・71・72・73・74・76・77）。

長浜から三十三番谷汲山華厳寺の道程は、長浜札の辻（現、「黒壁」の辻）で分かれ、長浜八幡宮の南側を通り、八幡東町、石田町を経て観音坂の峠を越え、山東町朝日へ下り、野一色を経て伊吹町春照で「北国脇往還」に合流して関ヶ原からさらに谷汲へ向かう。この沿道には「谷汲」を指す道標が多く立っている（①・⑥・⑭・⑮・㉕・㉗・㉙）。このほかにも谷汲の名称は各所（長浜市⑧、浅井町㊾・56、虎姫町61・63・64・67、高月町82）の道標に見える。

ところで、西国三十三所札所巡りや四国八十八所観音霊場巡りが盛んになるにつれて、地元でももっと手軽な霊場巡りをしたいという願いが強まり、近江西国三十三所観音霊場をはじめ、近江伊香三十三所観音霊場や大津、湖東・高島・甲賀・蒲生・彦根近辺・江州湖辺の各所を範囲とする各三十三所観音霊場が江戸時代中期以降、次々と設定された。

表[2]の松尾寺は米原町松尾山にある普門山松尾寺のことで近江西国観音巡礼霊場の内十三番札所である。その道標は坂田郡米原町の醒井、枝折、下丹生に存在する。（㊳・㊴・㊵）

伊香郡域においては「伊香三十三所観音霊場」が選定されている。高月町唐川の道標「従是西　唐川観音」83が指し示す観音は重要文化財の千手観音で伊香三十三所観音霊場の十五番札所になっている。また木之本町古橋の道標「右　已高山観世音道」84の観音は重要文化財の十一面観音で、同三十二番札所となっている。余呉町上丹生の道標(88)(89)にみえる七々頭嶺観音は上丹生と菅並の境界山頂にある観音堂を指し、同二十九番札所である。同じく伊香観音霊場の二十七番札所の正明寺を指す道標が余呉町中之郷に存在する(87)。さらに余呉町坂口の菅山寺は準四国八十八所観音霊場を称しており、その道標(86)が坂口の菅山寺登り口に立っている。

また浅井町野瀬の道標「古刹大吉寺　是ヨリ八丁」(58)の大吉寺は近年選定された「近江湖北名刹二十七カ所」札所の第十三番であり、余呉町上丹生の明治二十九年の道標(89)に見える洞寿院は余呉町菅並にあり、同三番の札所である。

観音信仰や霊場巡りは昔も今も盛んである。

[元三大師]

元三《がんざん》大師は平安時代の高僧良源のことである。この場合はその誕生地の虎姫町三川の玉泉寺を指す。彼は天台座主となり比叡山復興に力を尽くし、中興の祖と仰がれた。元三は正月一日から三日の称であり、彼は寛和元年(九八五)正月三日に亡くなったので元三大師と称されている。角を生やした彼の異形の画像は魔よけの護符として民間で広く信仰され、その誕生の地、玉泉寺へも多くの参拝者があった。当寺の境内には、元三大師誕生水の井戸がある。この寺への参詣者の案内のために、近辺に「元三大師」を指し示す道標が、虎姫町の七基((60)・(61)・(63)・(64)・(65)・(66)・(67))を初め、長浜市に二基④・⑦、近江町に二基㊹・㊺、浅井町に一基㊼、合計十二基も存在する。

道標⑦　12「元三大師道標」
最近まで山階町の長浜北高等学校に保管、もと長浜市宮司町と南田附町の境界付近に所在。

[伊勢]

伊勢は当然伊勢国の伊勢神宮を指す。「伊勢に行きたい、伊勢路が見たい、せめて一生に一度でも」と多くの人が憧れ、その参詣客は全国の寺社の中で最も多く、十九世紀中頃には年に二〇万人～四〇万人にのぼったという。伊勢に通じる道には「いせ道」と記された多くの道標が建てられた。県下の道標の場合、その行き先名は「いせ」が「京」についで多いという(木村至宏『近江の道標』)。湖北にも「いせ」の記銘碑は合計八基にのぼる(①・⑤・⑪・㊺・(67)・(85)・(89)・(91))。とくに長浜市の文化財に指定されている大戌亥《おおいぬい》町の「石造旧北国街道道標」⑪をはじめ、「北国街道」に立つ道標には多く「京いせみち」と記されている。湖北にあっては「北国街道」は「京いせ道」であったのである。

[その他の寺社]

道標を見ていると、庶民の身近な仏でもある観音とか

道標⑲
山東町柏原宿内に所在。柏原に所在する天台宗の明輪寺（明星山薬師）を指し示す道標、享保２年（1717）に延暦寺の僧秀快が寄進している。

道標㊷
近江町宇賀野に所在。同所に存在する坂田神明神社を指し示す。享保18年（1733）の建立。

薬師の名をよく見かける。観音については「観音霊場巡り」で取り上げた。薬師の名は山東町柏原（⑲・⑳・㉑）、米原町上多良㉟、長浜市石田町⑰の道標に見られる。柏原の「明星山薬師」は天台宗の明星輪寺のことで、それを指す道標のうち、中山道沿いに立つ二基は、「やくし」等の文字がそれぞれ三面に刻銘されている。享保二年（一七一七）に延暦寺の僧侶秀快が寄進した高さ一メートル余りの立派な道標である。この道標の重厚なたたずまいは、彼が熱心な信者であった事をうかがわせる。

上多良の「やくし道」の道標㉟は同集落内にある薬師堂を指し示している。堂内には重要文化財の薬師如来座像が安置されており、参拝者が多かったものと思われる。また石田町の「やくし堂みち」の道標⑰は石田町坂下にある薬師堂への道を指し示している。

ところで、長浜で今も最も有名な寺社は長浜八幡宮と長浜御坊（大通寺）であが、なぜかその名を記した道標は少ない（⑩・⑫）。また多賀大社や善光寺への参拝者も多かったと思われるが、その名を刻する道標は各一本に過ぎない（②・㉕）。

この他に長浜市大東町の春日神社、石田町の白玉稲荷神社や近江町宇賀野の坂田神明神社などの神社を指し示す道標もある（⑬・⑯・㊶・㊷）。

道標の指し示す場所のうちで、全体として寺社が多いことは、江戸時代の庶民の旅の目的の多くは寺社参詣であったことをあらわしている。しかし、時代が下るにつれ、寺社参詣だけではなく、各地の名所を巡る行楽の要素が多く加わってくる。

湖東地方石塔（現、蒲生町）の商人夫婦が慶応二年（一八六六）、善光寺参りをした時の記録「北国海道善光寺道中記」を見ると、行きは北陸まわりで、長浜八幡宮や、長浜御坊、元三大師、吉崎御坊等に参詣し、山中温泉では三泊して体を休めている。善光寺参拝後、帰りは名古屋見物や熱田神宮参拝、養老の滝見物をして中山道経由で帰着している。温泉や名所見物を含めたの楽しい旅だったようである。（長浜城歴史博物館「友の会だより」56・57号）「信仰の旅」から「行楽の旅」への変化は、その後も続き今日に至っていると言えよう。

道標はどこに建てられているか

(1)湖北の主要分岐点の道標

道標は道案内のための施設であり、旅人が道に迷いやすい分かれ道に多く存在する。湖北地域を通る街道の主な分岐点にも、ほとんど道標が建てられていた。

まず、「北国脇往還」は美濃国関ヶ原において中山道と分岐するが、その地点には「北国ゑちぜん道」「右 きのもと道」と刻銘された享保三年（一七一八）の道標が立っていた。現在は岐阜県の関ヶ原町立歴史民俗資料館の敷地内に移されている。また「北国街道」は中山道鳥居本宿（彦根市鳥居町）の北端矢倉橋の所で中山道から分岐する。その地点にも道標が立っていた。これは江戸時代の文献にもみえ、有名な道標であった。『近江名所図会』には「矢倉橋といふより道あり、米原へ三十町、北国街道といふ石標あり。」とある。また江戸時代後期の狂歌師として有名な太田南畝《なんぽ》の旅日記『壬戌《じんじゅつ》紀行』には「矢倉川をわたる。石橋なり、左に石表あり。北国まへはら（米原）きのもと道としるせり」と書かれている。しかしこの道標は現在、行方不明である。

道標(85)
木之本町木之本に所在
「北国街道」と「北国脇往還」の分岐点に立つ。もとからあった碑は現在近くの意富良神社境内に保管されており、これは複製品。

「北国街道」の米原宿（米原町米原）からは中山道の番場宿への道路（深坂越）が通じており、中山道と米原を結ぶ連絡路として重要な役割を果たしていた。この道は米原宿の北の端で分岐しており、その分岐点には弘化三年（一八四六）再建の「右 中山道」「左 北陸道」等と記された道標㉞が立っている。一方中山道番場宿側においては、明治以降建立のものであるが「米原 汽車汽船道」と記された道標㊱が立っている。

木之本宿（木之本町木之本）では「北国脇往還」と「北国街道」が分岐する。その分岐点には、北から来た人のために「みぎ 京いせミち」「ひだり 江戸なごや道」と刻銘された道標(85)が立っていた。現在は近くの意富布《おほふ》良《ら》神社境内に移して保存されており、分岐点の現場には新しく作られた同形の石標が立っている。

「北国脇往還」の春照宿と「北国街道」長浜宿の札の辻（現在の「黒壁」の辻）を結ぶ街道は長浜街道とか、また西国三十三所観音霊場の最後の札所である美濃国谷汲山華厳寺へ通じることから谷汲道と称されていた。この分岐点にもそれぞれ道標が立っている。「北国街道」札の辻には寛政八年（一七九六）建立の立派な道標①で、北から来た人には「左 多にくみ道」、南から来た人には「右 たにくみ道」、そして谷汲方面から来た人には「右 北国みち 左 京いせ道」と丁寧に案内していた。この

道標⑧
長浜市宮司町に所在。「小谷道」と長浜街道の分岐点に立っていた。破損しており、現在は日吉神社社務所に保管。

道標は、もと道の西側にあったが、観光資源として道の東側の「黒壁」の方に移されている。このため、東に面する部分が壁のかげになって見えにくくなっている。一方、「北国脇往還」の春照宿の分岐点には「左　長浜道」「右　北国きのもとゑちぜん道」と記された立派な道標㉜が存在する。現在、自動車通行の障害にならないように少し移動して、八幡神社境内の角に建てられているが、方角等は正しく示している。

次に、宮川（長浜市の宮司町）においては長浜街道（谷汲道）と「小谷道」が合流してすぐまた分岐しているが、その南側の分岐点には、もと高さ九〇センチあまりの道標⑧が立っていた。「左　たにくみ」「右　まいはら」「右　長はま　国友　大路」と刻銘されている。現在二つに折れたまま、宮司の日吉神社社務所に保管されている。

⑵各街道の間道分岐点の道標

道標をその立地場所から見ても、その当時の旅の実態が浮かび上がってくる。「北国街道」、「北国脇往還」、それに小谷道や長浜街道（谷汲道）といった湖北の街道には各所において、多くの間道が分岐している。これら間道分岐点に立つ道標は、近隣の集落を指し示すものもあるが、寺社参詣者のための道標である場合が多い。当時庶民の少し遠方への旅と言えば、まず寺社参詣が主眼であった事を示している。

街道を注意して歩いていると、思いがけない所に寺社を指し示す小さな道標が立っていることがある。歩いて旅した当時の人々は、たとい細い間道でもできるだけ近道をしたいと考えるのは当然である。間道の分岐点に立つ道標の場合、寺社参詣等の旅人に近道を教えることを目的としているものが多かったと思われる。例えば長浜市下坂浜町に立つ道標「右　長浜　八幡神社　御坊近みち」⑫は長浜八幡宮や長浜御坊大通寺への近道を教えている。現在この道は途中でたどれなくなっている。

[「北国街道」の間道分岐点における道標]

「北国街道」の場合、特に西国三十三所観音霊場巡りの人々に三十番札所竹生島宝厳寺を指し示す道標が目立つ。湖北町速水には尾上港経由で竹生島への道を指し示す道標が二基存在する。一基は国道八号線沿いで、元の位置から余り移動せずに現存しており、「竹生島道　是より尾上村ヨリ四十五丁船あり」と刻銘されている㉛。もう一基は「是より西　竹生嶋ミち　尾上村に船有」等の銘文が読める元禄十二年（一六九九）の道標⑦⓪である。現在は集落内の伊豆神社境内に移されているが、これも元は北国街道沿いにあったものと思われる。なお、この道標は湖北に今日存在する道標の中では、最も古いものの一つである。

道標㊼
浅井町内保に所在。「北国脇往還」から元三大師道が分岐する所に立つ、根元近くで折れ、上部は行方不明。現在、そばに複製が建てられている。右がそれで、左は破損前のもの。

湖北町馬渡の「北国街道」が高時川を渡った北岸、堤防上には「左 竹生嶋本道 早崎港迄弐拾五丁 各日出船」と刻銘された高さ二メートル余に及ぶ道標(69)が立っている。これは馬渡から早崎港経由で竹生島に導く道標である。またびわ町曽根の「北国街道」沿いには「右 竹生嶋道」と大書された高さ三メートル余の道標(72)が立っている。これも早崎港経由で竹生島に導く道標である。

この他の「北国街道」と間道との分岐点の道標としては、まず米原町上多良に「やくし道」と刻銘された道標㉟がある。これは「北国街道」から、同集落内にある薬師堂へ通じる間道の分岐点に立っている。近江町飯村《いむら》と同町宇賀野にはそれぞれ「坂田神明道」と彫られた道標㊶㊷が存在する。いずれも「北国街道」から宇賀野に鎮座する坂田神明宮に通じる間道の分岐点に立っている。また、長浜市下坂浜には先述の「右 長浜 八幡神社 御坊近みち」と彫られた近道を示す道標⑫が立っている。このように間道への道標は近道を指し示す場合がある。

高月町横山地先の「北国街道」沿いには「従是西 唐川観音道従是十一町」などと唐川観音参詣の間道を指し示す道標(83)が存在する。さらに北へ進むと余呉町坂口の北国街道沿いには「菅山寺 十四丁」と、菅山寺参詣道を指す道標(86)も存在する。

ところで、余呉町柳ヶ瀬集落の北はずれに北国街道と倉坂峠を経て疋田・敦賀へ出る間道が分岐している。その分岐点に「右 ゑちぜんかがのと道」「左 つるが 三国ふねのりば」と刻銘された自然石の道標(90)が存在する。これは明治十六年（一八八三）に建立されている。その前年、鉄道北陸線が柳ヶ瀬トンネルだけを残して開通した。柳ヶ瀬まで鉄道で来た人々は疋田までは歩かざるを得なかった。その人々に対する道案内のために建てられた道標である。

［「北国脇往還」の間道分岐点における道標］

「北国脇往還」沿いには元三大師や谷汲への間道を指し示す道標がある。浅井町内保には「右 北国道」「左 元三大師御誕生所」「是より二十九町」などと刻銘された道標㊼が立っていたが、破壊され、上部が行方不明になったので、現在復元して建て直されている。また浅井町

道標(54)
浅井町八島に所在。
内保など近くの集落名を指し示す。明治以降の建立と思われる。

野村には「右 北国道」「江戸 谷汲」と江戸と共に谷汲を指し示した道標(56)が立っている。

「北国脇往還」の分岐点には江戸・東京を指し示す道標が多いのが特徴である。前記の野村の「右 北国道」「江戸 谷汲」をはじめ浅井町八島の「左 江戸道」「右 越前道」(51)、同じく八島の「左 江戸道」㊾、高月町唐川（元北国脇往還沿いにあった）の「左 北国 木之本」「右 江戸 たにくみ」(82)、さらに高月町馬上の杉野・金居原道の分岐点に立つ道標(79)には「東京 せきかはら道」と記されている。これらの立っている場所はいずれも、現在集落内の小道の路傍であるが、かつては、関ヶ原を経由して、中山道や美濃路を通って江戸・東京方面へ旅する人が多く通った重要な道であった。これらの道標は、この事を今日に伝えている貴重な歴史資料である。

この他、「北国脇往還」と間道の分岐点に立つ道標のうち、近隣の一般集落名を主として記した道標としては、八島に存在する東西南北を指す二基の道標㊿・(53)、同じく南西・西北をそれぞれ示す示す道標(54)・(55)、それに高月町井之口の高月、木之本・片山港・関ヶ原を示す道標(81)を挙げることができる。

【「小谷道」の間道分岐点における道標】

「小谷道」と他の間道との分岐点に立つ主な道標としては、近江町顔戸《ごうど》の三叉路に立つ「左 長浜みち　右 元三大師」㊹、長浜市室町から大東町の春日神社への参道入り口に立つ「春日社道」⑬、長浜市山階町（元は長浜市宮司町と同南田附町との境界近くに立っていた）の「左 元三大師 国友小谷道」⑦、もと顔戸にあり、現在長浜市大宮町の個人宅に保管されているという「左 元三大師 国友木之本」④などの道標がある。いずれも寺社参詣に関するものである。

【長浜街道（谷汲道）の間道分岐点における道標】

長浜街道（谷汲道）と間道の分岐点に立つ道標の場合、ほとんど谷汲参詣の道筋を誤らないように建てられたものが多い。現在長浜市神前町の個人宅にある「太に久美ミち」⑥、長浜市八幡東町の「右 たにくみ道」⑭、長浜市石田町の「右 たにくみ道 左堀部道」⑮、山東町朝日の「右 さめが井　左 たにぐみ」㉗、同じく朝日の「みぎ たにくみ」㉙などはその類で、いずれも簡素なものである。ただ、山東町野一色の長浜街道（谷汲道）沿いにあって、現在同集会所に移されている道標㉕は谷汲の他に長浜・京や善光寺など各地を指し示した立派な道標である。

道標㉕
山東町野一色に所在。京、谷汲等の他に湖北ではめずらしく善光寺等を指し示す。現在、同所の集会所に移されているが、この写真は元の位置にあった頃のもの。

道標はいかに保存されているか

自動車交通のが発達に伴う道路の拡幅や自動車の衝突事故のために多くの道標が破壊されたり、行方不明になったり、また移動したりしている。

たとえば、前述のとおり、「北国街道」と中山道の分岐点である鳥居本宿（彦根市鳥居町）の北端矢倉橋の付近には、北国・米原・木之本方面を指し示す道標が立っていた。このことは江戸時代の文献に見えるが、いつの頃からか行方不明である。また、「北国脇往還」の持寺（高月町）集落内には木之本並びに江戸・名古屋を指し示す天保五年（一八三四）の道標(78)が立っていたが、昭和四十九年に盗難に遭い、現在行方不明である。その跡には「高月町私の好きな道十選　北国脇往還」と書かれた全く別個の碑が建てられている。

一方、遠方の関係ない土地に移動している道標もある。長浜市元浜町にある寛延二年（一七四九）の道標③には「志那海道并杉江浜道」「蓮如上人御旧跡金森御堂江八町」等の刻銘から草津市内の湖岸、志那から守山に通じる街道付近に存在していた道標と思われる。かつて京都の料亭にあったとも言われ、長浜とは関係のない道標である。

ところで道標は過去の歴史を伝える貴重な文化遺産であり、また地域の文化資源として活用することもできる。そのためには、文化財としての価値を失わないよう保存する必要がある。次に示すとおり、このための動きも高まり、具体的な試みもいろいろ行われている。

⑴市や町の文化財に指定する

文化財の保存において、行政が果たす役割は大きい。いくつかの代表的な道標が市や町によってその文化財に指定されている。このことは地域住民の文化財に対する認識を高める。滋賀県下で最初に文化財に指定された道標は、長浜市大戌亥町にある安政五年（一八五八）の「石造旧北国街道道標」⑪で、昭和四十一年に市の有形民俗文化財に指定された。それ以後各市町においても道標の文化財指定が進み、現在は一五基に及んでいる。湖北では米原町米原にある弘化三年（一八四六）「石造北陸道中山道分岐点道標」㉞、浅井町八島にある「北国脇往還史跡　道標　二基」(51)・(52)と同内保の「北国脇往還史跡　道標　一基」㊼、それにびわ町香花寺にある元禄十二（一六九九）年の「石造道標」(76)である。これらの文化財指定に伴い、道標に対する行政の保存策も進み、住民の関心も高まった。

⑵防護柵等で保護する

路傍の道標は自動車事故の危険にさらされている。こ

道標(76)
びわ町香花寺に所在。竹生島を指し示す。元禄12年（1699）の道標。屋根までつけて大切に保存されている。

道標⑪
長浜市大戌亥町に所在。「京いせ道」「北こく道」を指し示す立派な道標。県下の道標では最初に文化財の指定を受けた。根元が折れたため補修してガードする垣がつくられている。左は破損する前の写真。

れらの道標を自動車から守るために周辺に柵を巡らすのも保護策の一つといえよう。たとえば長浜市大戌亥町の「石造旧北国街道道標」⑪や米原町米原の「石造北陸道中山道分岐点道標」㉞は写真でもわかるように太い柵で守られている。この両者は、いずれも文化財に指定されおり、事故で折れたため修復し、再度の破損防止策として柵が巡らされたのである。

なお、道標に屋根をかけて保護している事例もある。びわ町香花寺の「石造道標」(76)がそれである。文化財に指定されたこともあり、大切に守りたいという地域住民の願いのあらわれかと思うが、そのため、かえって左右と裏面の刻銘が読めなくなっており、そこまでしなくてもと思える。

(3)場所を移して保存する

道路の拡幅付け替え等で、多くの道標が移動を余儀なくされてきた。そして現存する大部分の道標が大なり小なり移動していると言っても過言でない。この場合、文化遺産として、また歴史資料としての価値を失わないためには、現場近くの路傍に方角がずれないように慎重に移動するのが原則である。しかし、現場の状況から、やむを得ず、別の場所に移さざるを得ない場合もある。現に近くの神社や公共施設等に移されている例は多い。例えば、⑤・㉕・(65)・(70)・(76)・(85)はその例である。

しかしこの場合、元あった場所を何らか記録に残しておかないと、どこにあったのかわからなくなる。長浜市役所前庭に立つ「左　京いせミち」「右　北こく道」⑤と大書された立派な道標も「小谷道」沿いにあったと聞くだけで元の正確な場所ははっきりしていない。元の場所を知っている人の生存中に、その場所を明らかにし記録する作業の必要な道標も多いのではなかろうか。

⑷ 補修または復元する

自動車の衝突等で倒れたり折れたりした道標も多い。これらの補修や復元もいろいろと行われている。折れた部分を途中で接合して立てられている道標をよく見かける。虎姫町宮部に立つ元三大師等を指す二基の道標(63)(64)はその例で裏面にそれぞれ昭和五十六年・六十年に宮部史談会が修復したことを示す補刻の文字が見られる。

前述の長浜市大戌亥町の「石造旧北国街道道標」㉞、それに米原町米原の「石造北陸道中山道分岐点道標」⑪やびわ町小観音寺の「右 竹生嶋道」(73)の場合は折れている部分が下部であったことと、接着技術の向上により、接着部分が目立たないようになっている。長浜市八幡東町に立つ道標「右 たにくみ」⑭は途中で継ぎ足されているが、上半分は後補の石であることがわかる。53ページの写真で示した浅井町内保の道標㊼の場合、昭和五十四年に浅井町の文化財に指定された当時は、折れた根本近の部分が鉄の帯を巻いて補修されていたが、その上部もまた失われたため、現在は新しい複製品がすぐ側に建てられている。もちろん文化財指定は解除になっている。

浅井町三田の「姉川古戦場」を指し示す道標㊻も途中で折れていたために、近年同形の碑が複製されて元の場所に建てられている。

木之本町木之本の「みぎ京いせミち」「ひだり 江戸なごや道」の道標(85)の場合も、元あった場所には複製された碑が建てられている。そして以前からあった道標は、破損を避けるためか、近くの意富布神社境内に移され、大切に保管されている。路傍の道標が破損の危険にさらされている今日、このように元の場所には複製品を置き、旧来の道標は近くの安全な場所に移転するのも、道標を保存する一つの方法といえよう。

道標(64)
虎姫町宮部に所在。「元三大師」等を指し示す。根元近くで折れたので昭和60年に宮部史談会が補修した。

道標⑭
長浜市八幡東町に所在。「たにくみ」すなわち美濃の谷汲山華厳寺を指し示す。途中で折れ、上半分は後補。

コラム

商人の旅・農民の旅
―史跡巡りと湯治―

太田　浩司

江戸後期に至ると、少し裕福な商人や農民は、旅に出るようになる。その目的は、寺社・戦跡を中心とした史跡巡りや湯治などで、今と大きくは変わらない。ここでは、商人の史跡巡りと農民の湯治を一件ずつ紹介しておこう。

『近江順拝日簿』は、近江商人として名をはせた日野町の中井家三代目・光熈《みつひろ》（鬼文）の旅日記である。光熈は商家の当主としての激務の中で、寸暇をみつけては名所・旧跡巡りをしていた。文政九年（一八二六）八月十五日から十月十三日まで、観音霊場巡りを中心とする断続的な近江国内旅行に出かけている。この『近江順拝日簿』は、その旅行記である。

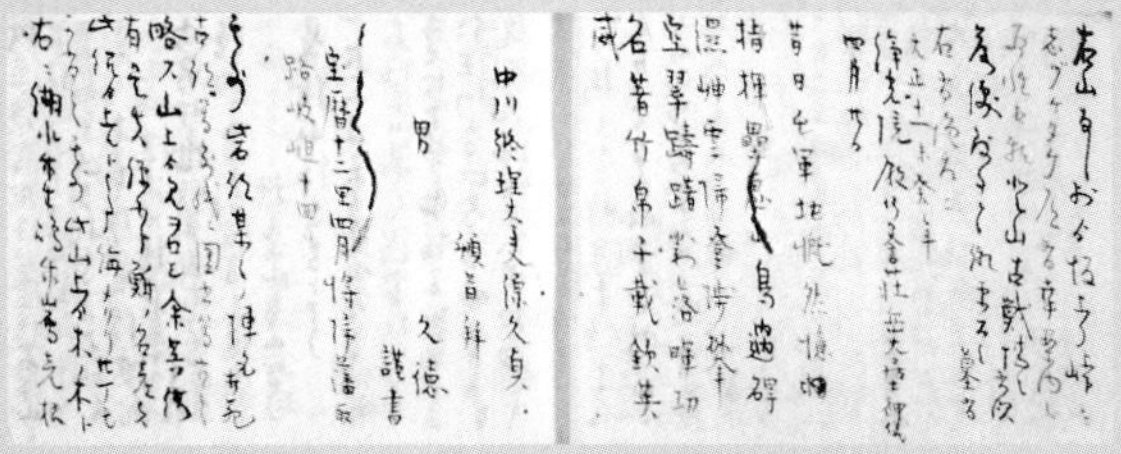

85　近江順拝日簿　滋賀大学経済学部附属史料館蔵
日野中井家当主・光熈（鬼文）による、文政９年（1826）の近江国内旅行の記録。

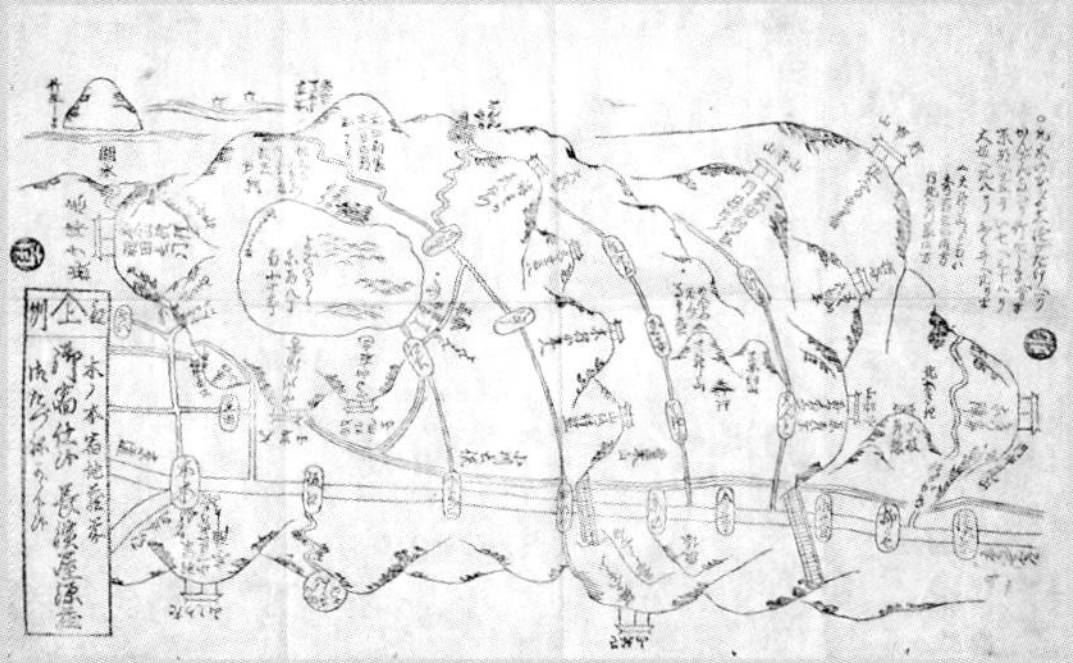

86　賤ヶ岳合戦場図　滋賀大学経済学部附属史料館蔵
「近江巡拝日簿」に挟まれていた絵図。光熈は、この図を見ながら古戦場を巡った。

この旅の中、中井光熈は八月二十二日、賤ヶ岳古戦場を訪れている。山梨子村（木之本町山梨子）から峠を登り、付近の百姓の案内を受けながら、中川清秀の墓などを廻ったが、「古戦場の有様涙致す事」と感動を記している。また、この『近江順拝日簿』には賤ヶ岳古戦場の絵図が挟まれていた。これは、木之本地蔵前の長浜屋源蔵が木版刷りで発行したもので、旅人に対する古戦場の案内図となっていた。光熈もこの絵図を見ながら、賤ヶ岳古戦場を巡ったのであろう。賤ヶ岳古戦場は、他にも通行する多くの旅人の日記に登場し、北国街道きっての名所となっていた。

「加州山中入湯諸入用并《ならび》ニ道中記扣帳《ひかえ》」は、浅井郡南郷《なんごう》村（現在の東浅井郡浅井町南郷）の堤貞造が、安政六年（一八五九）に北国街道を通って、山中温泉へ湯治に行った際の

現在の山中温泉総湯（石川県山中町）
山中温泉の総湯「菊の湯」。現在も山中町民に親しまれている。

金銭勘定帳である。堤家は、南郷村の庄屋もつとめる有力農民であった。旅は六月二十八日から始まり「北国脇往還」から北国街道をたどり、七月一日から二十二日まで山中温泉に宿泊している。帰りには、山代温泉や吉崎にも立寄り、三国から福井までは船を使い、敦賀を経由して帰ってきている。南郷に帰り着いたのは、七月二十七日のようである。

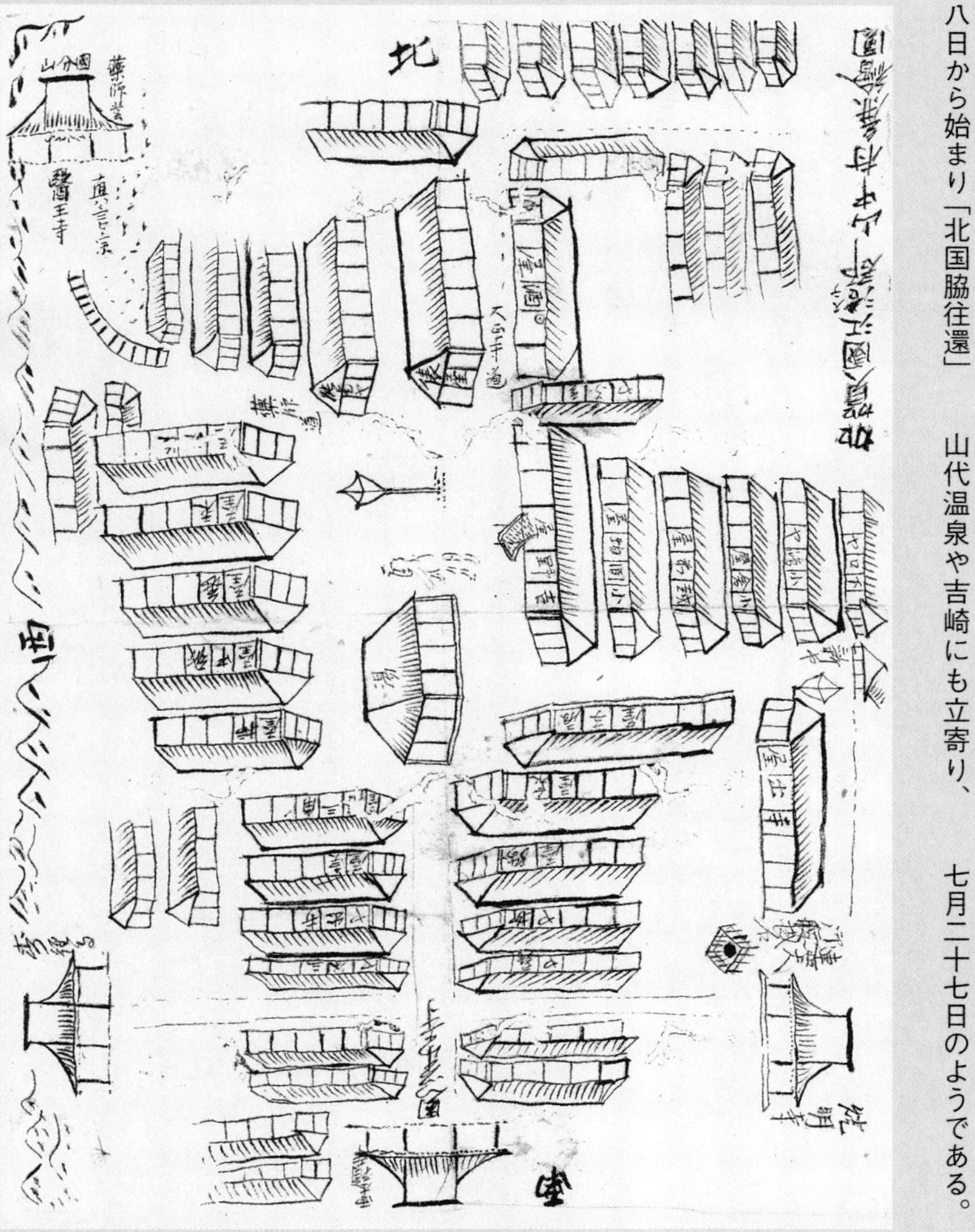

加賀国江沼郡山中村麁絵図　堤善定氏蔵
明治8年の山中温泉の状況を描く。中心の建物が総湯で、それを取り囲むよう旅館が並んでいる。現在の旅館は総湯周辺から離れているが、恩栄寺などの寺院はほぼ同位置にある。

また、堤家には明治八年八月十九日付けの「山中入湯諸入用扣帳」も残されている。この冊子も、山中湯治の金銭勘定帳であるが、「加賀国江沼郡山中村麁《あら》絵図《えず》」と題した図面が添付されており、当時の山中温泉の状況を示して興味深い。山中温泉を描いた絵図は、正徳五年（一七一五）の『六用集』に収められたものが一番古いが、江戸後期の「筑紫屋古図」の存在も知られている。

この図は明治初期の山中温泉の景観をよく伝える。当時は各旅館には内湯はなく、中央の総湯《そうゆ》（現在の「菊の湯」）に、湯治客も地元の人たちも入っていた。総湯の周辺には、細長い形状をした旅館が軒を連ねている。現在は各旅館に内湯ができ、その場所も総湯周辺から離れ、南の大聖寺川沿いに建てられている。内湯が発達し、南に旅館街が移ったのは、八〇〇軒も燃えたという昭和六年の大火以後のことである。

コラム

伊能忠敬と湖北

太田　浩司

伊能忠敬（一七四五～一八一八）は、我が国の近代測量の先駆者として、あまりにも有名である。彼は、上総国佐原の酒造業者であったが、寛政六年（一七九四）に家業を隠居した後、翌年には江戸に出て天文学を学んだ。さらに、正しい暦を製作するため、子午線一度の長さを求める必要を感じ、寛政十二年（一八〇〇）の奥州・蝦夷地方の第一次調査を皮切りに、十七年間にわたって三、七五三日に及ぶ全国測量の旅を行った。その結果、日本で初めて本格的な測量による、日本地図を完成させたのである。その成果は、「日本沿海輿地《よち》全図」の大図二一四面、中図八面、小図三面として現在に伝えられている。

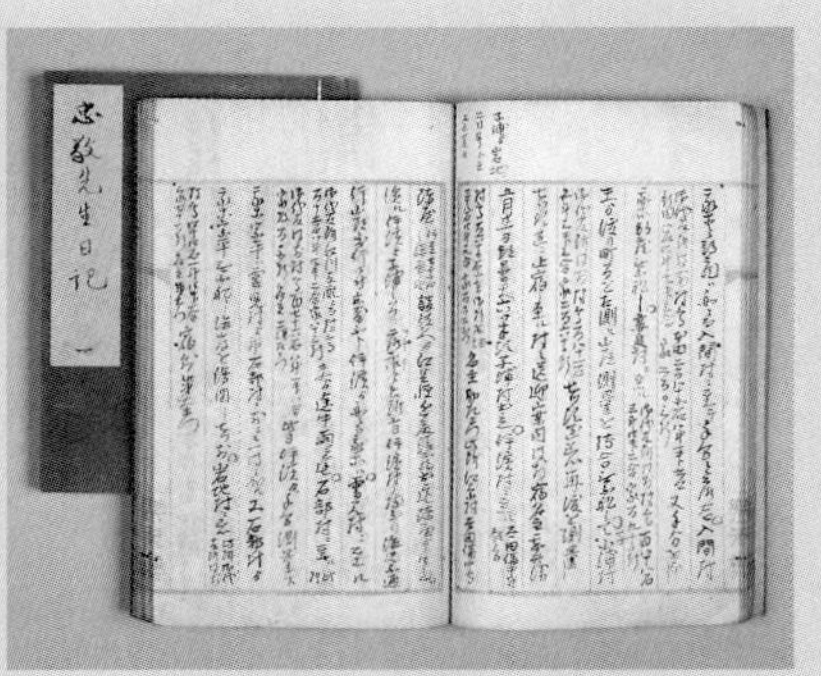

忠敬先生日記　伊能忠敬記念館蔵
忠敬自身が記した測量日記で、51冊からなる。重要文化財。

78　伊能忠敬像　伊能忠敬記念館蔵
測量旅行にも随行した青木勝次郎の筆である。重要文化財。

伊能忠敬による日本全土の測量は、寛政十二年の第一次調査から、文化十二年・十三年（一八一五・一六）の江戸府内測量の第一〇次まで続く。忠敬はその測量の過程をもらさず日記に残しているが、それによると湖北を通過した旅は三回ある。最初は、福井・金沢・富山とまわった享和三年（一八〇三）の第四次調査の行き道で、五月二十二日に関ヶ原宿を出立して湖北に入り、春照宿・伊部宿・木之本宿・柳ヶ瀬宿と宿泊して、二十六日には倉坂峠を越えて越前刀根へ抜けている。伊部本陣には、この時に忠敬一行をもてなした際の献立記録が残っている。

二回目は、東海道から紀伊半島を回り、琵琶湖を一周して山陽・山陰に向かった、文化二年（一八〇五）から翌年にかけての第五次調査時である。文化二年九月四日、米原に宿泊。そこから北上し、五日には長浜に宿泊している。この時の宿は三津屋町で、その北に当る北出町で、夜分天文観測が行われている。その後は八木浜（びわ町八木浜）・東尾上（湖北町東尾上）・飯浦《はんのうら》（木之本町飯浦）・塩津浜（西浅井町塩津浜）で宿泊して、十一日には今津に至っている。

三回目は、やはり第五次調査の途中で、山陰からの帰路、倉坂峠から湖北に入って行った一行は、文化三年十月十三日に柳ヶ瀬に宿泊、木之本を経て、十六日には長浜本陣であった吉川三左衛門宅に宿泊している。翌日は、彦根城下まで至っている。吉川三左衛門家文書など長浜の町方史料にも、伊能一行の宿泊や通過は記録されている。

「北国脇往還」—参勤交代で賑わう大名の道—

東からながめた「北国脇往還」藤川宿（伊吹町藤川、撮影／寿福滋氏）
左から中央に向かう道が「北国脇往還」。右手前の家が藤川本陣。

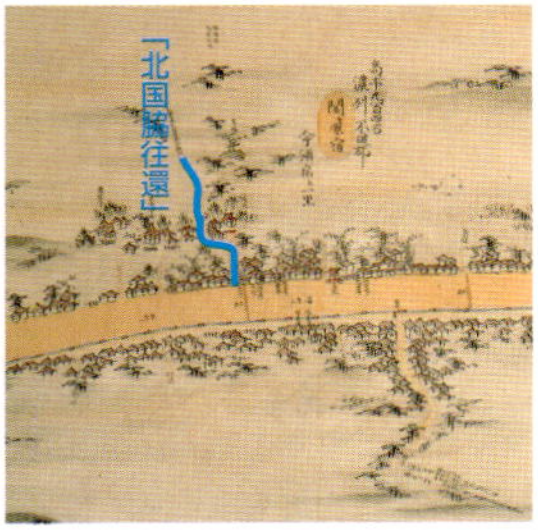

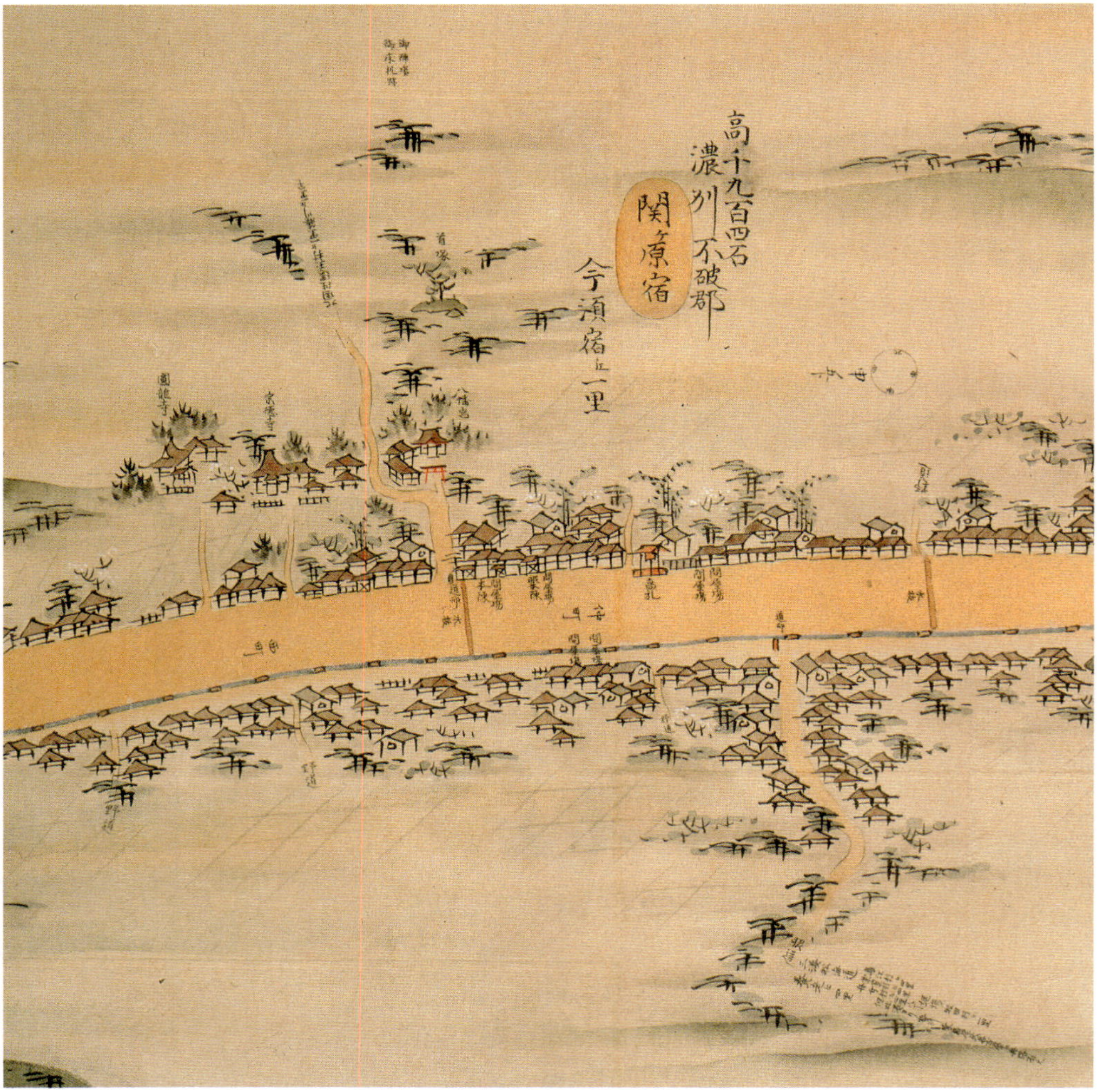

13　中山道分間延絵図　巻九（関ヶ原宿）　東京国立博物館蔵

江戸幕府が作成した五街道の測量絵巻「五街道分間延絵図」91巻の内の１巻。中山道は10巻で構成され、その９巻目に当る。「五街道分間延絵図」は、寛政元年（1789）から文化３年（1806）まで編纂が続けられた。写真部分は中山道関ヶ原宿で、分岐する「北国脇往還」は、八幡宮に突き当たって、少し西に折れて北上している。図中には、「北国脇往還」について「北国往還、玉村江一里、藤川江一里半」と記されている。重要文化財。

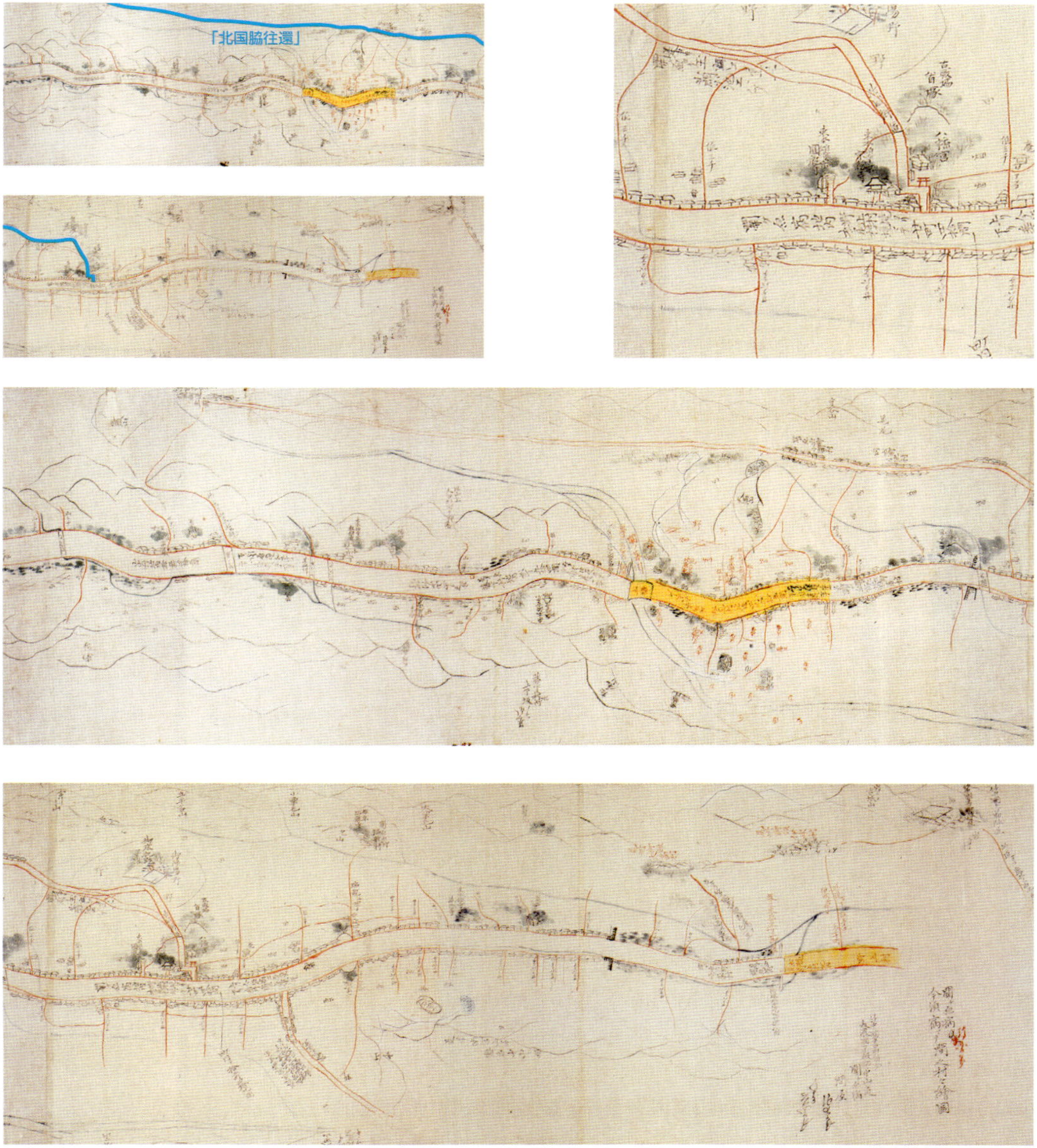

14　関ヶ原宿ヨリ今須宿マテ間之村々絵図　高木靖行氏（魚しげ）蔵

中山道関ヶ原宿の東入口から、関ヶ原宿を通過し、今須宿の手前の山中村までを示す経路図。もとより中山道を主題としたものだが、関ヶ原宿から分岐する「北国脇往還」についても、「北国街道」と墨書され上部に並行して記される。その沿道には、陣場野が絵画的に記される他、小池村・小関村・玉宿などの文字が読み取れる。

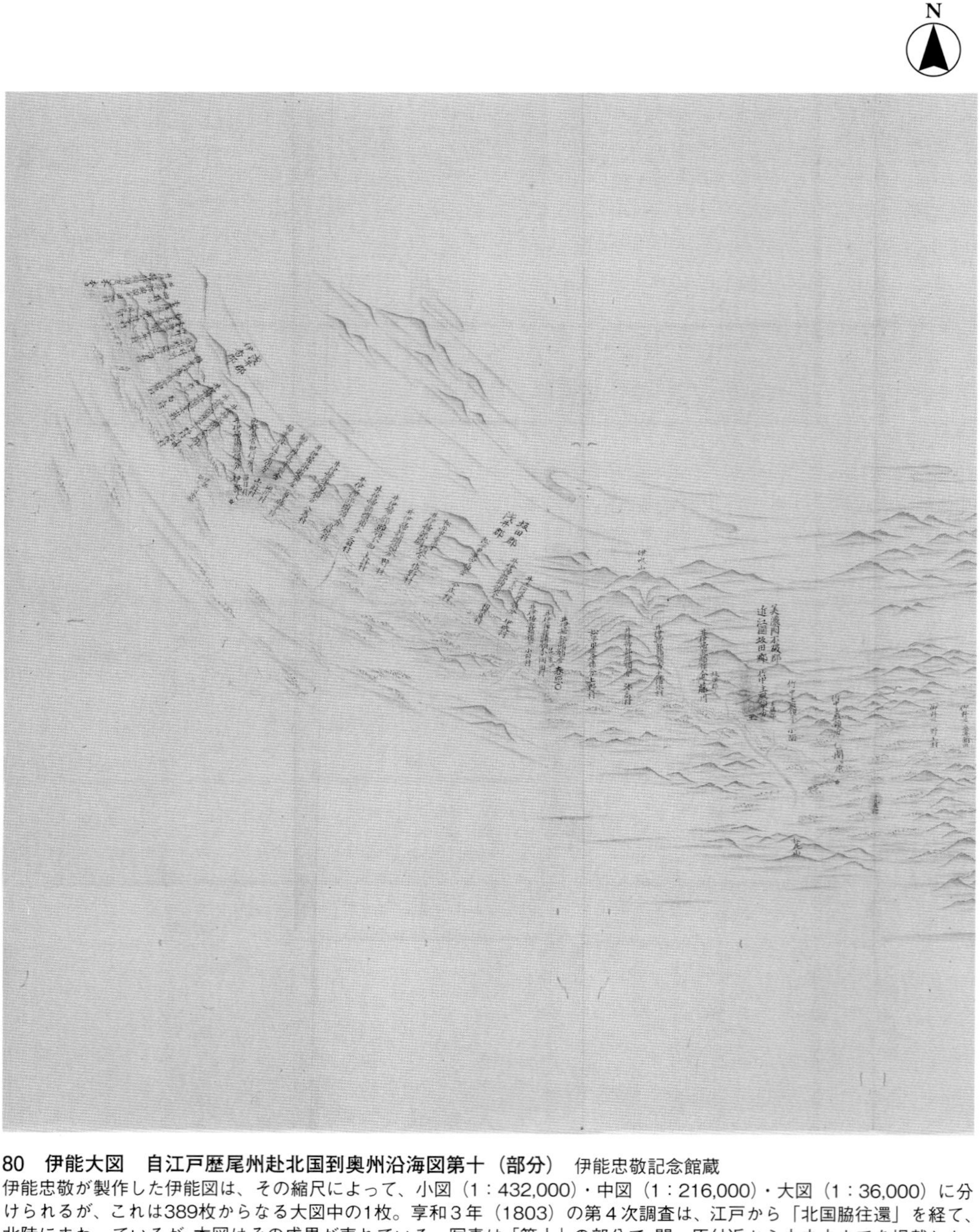

80　伊能大図　自江戸歴尾州赴北国到奥州沿海図第十（部分） 伊能忠敬記念館蔵

伊能忠敬が製作した伊能図は、その縮尺によって、小図（1：432,000）・中図（1：216,000）・大図（1：36,000）に分けられるが、これは389枚からなる大図中の1枚。享和３年（1803）の第４次調査は、江戸から「北国脇往還」を経て、北陸にまわっているが、本図はその成果が表れている。写真は「第十」の部分で、関ヶ原付近から木之本までを掲載した。重要文化財。

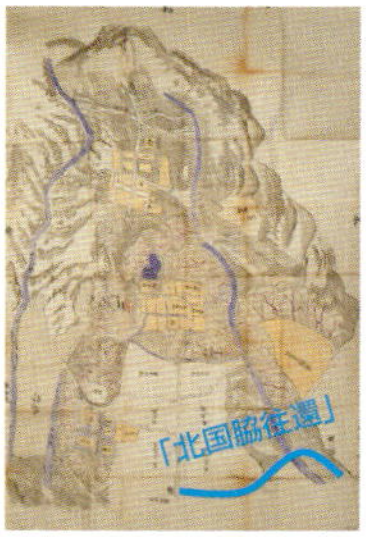

15　上平寺城絵図

戦国前期の湖北三郡守護である京極高広の居城・上平寺城の図。上平寺城の絵図としては、伊吹町蔵本が最もよく知られているが、本図はそれよりやや時代が下る写とみられる。城下の最南端に「越前街道」として「北国脇往還」を記す。伊吹町蔵本では、この字の部分が破損しており、それを補う意味で本図の価値は大きい。

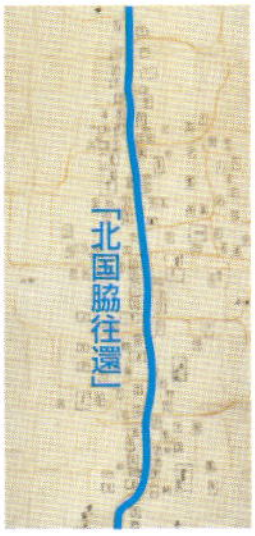

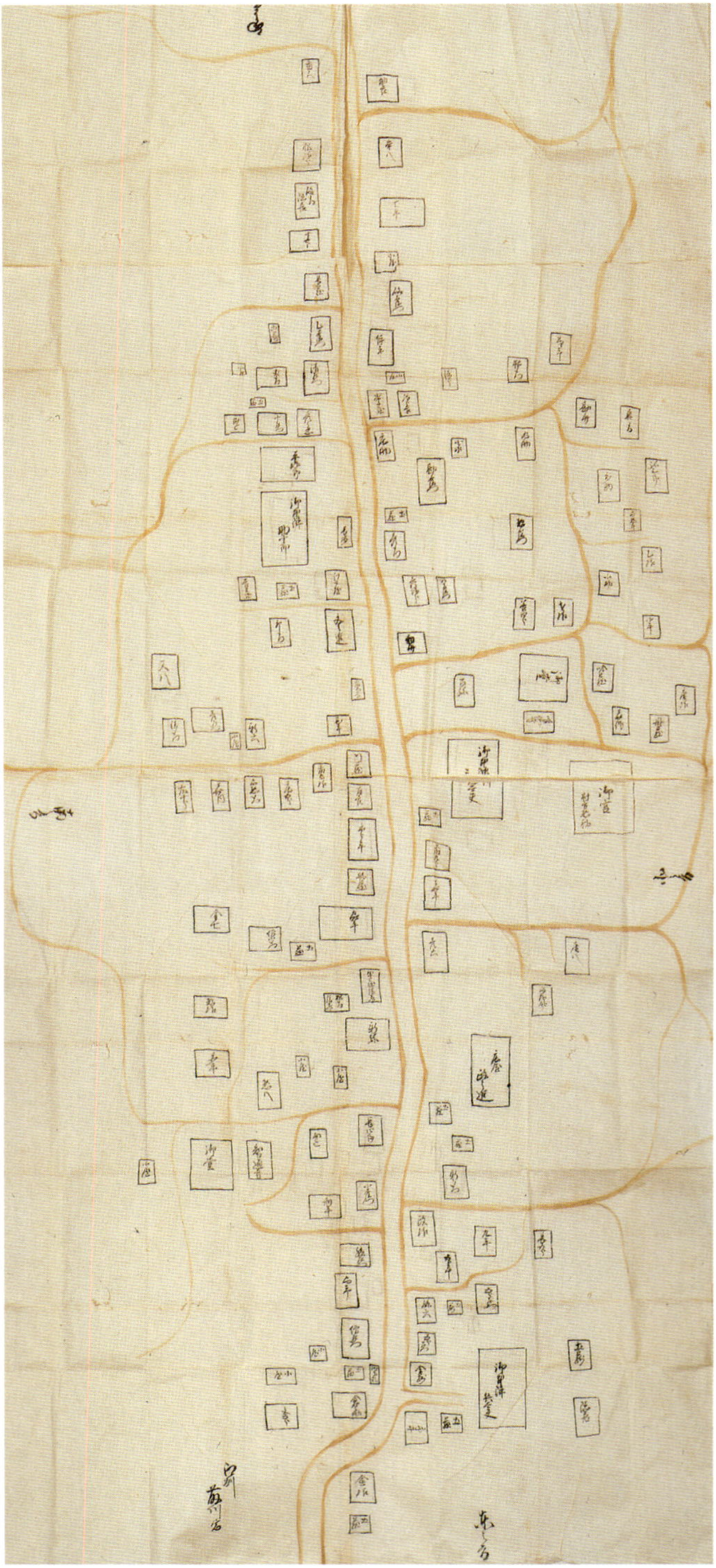

16　**北国海道藤川宿絵図**

年不詳ながら「北国脇往還」の藤川宿の状況を描いた絵図である。表題は裏面の墨書からとった。宿場の東に本陣兵太夫家（林家）と、その前に高札場があったことが分かる。宿の中央の本陣三太夫家と、西の本陣助十郎家は脇本陣と推定できる。天保14年（１８４３）の記録では、宿の人口は６００人、家数１２５軒を数え、常備人馬が10人10疋であったという。

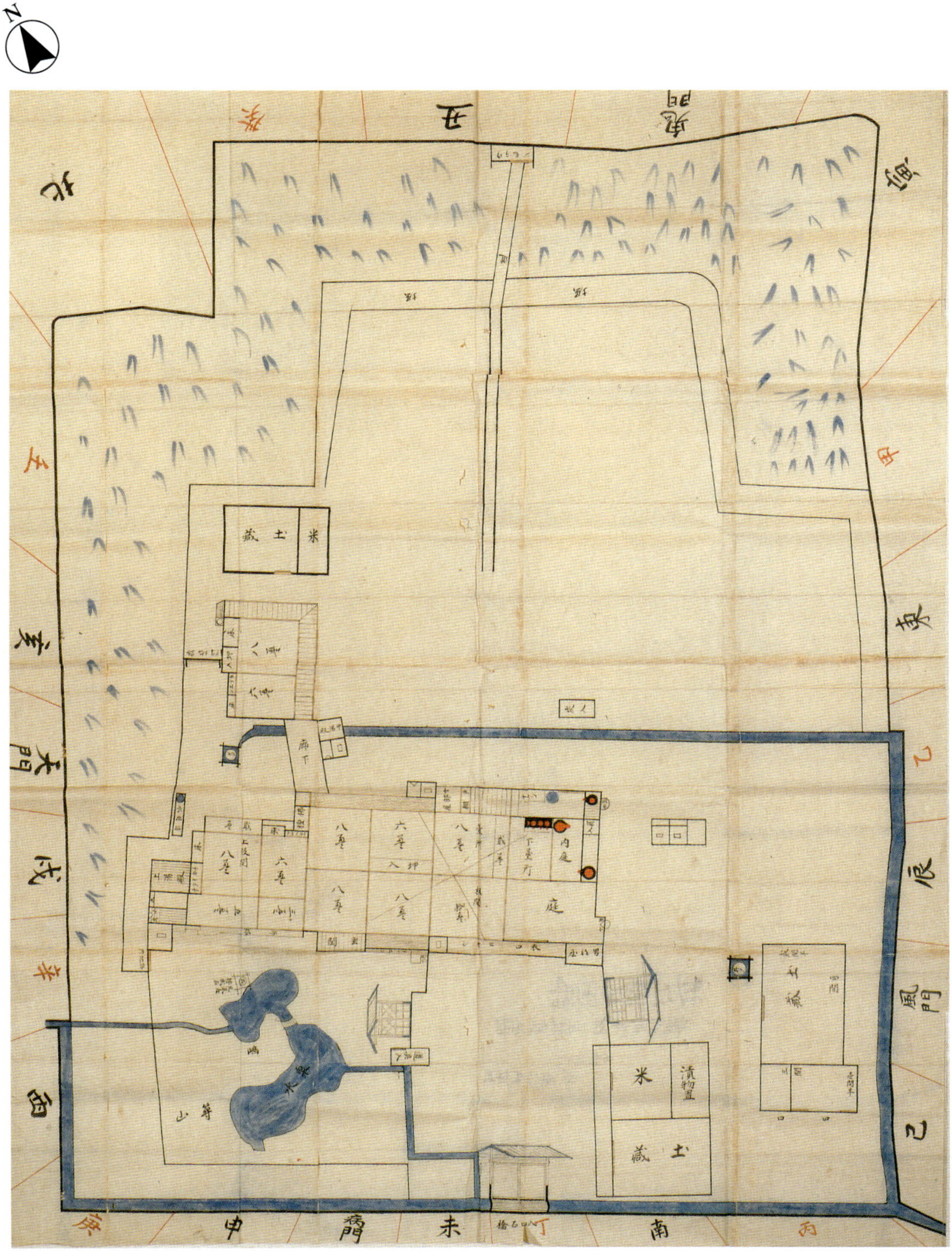

17　藤川本陣屋敷見取図

藤川宿の本陣であり、問屋も兼帯していた林家の江戸時代の見取図である。同家は、宿の東で玉宿方面からシゲドウ坂を登った場所にあった。正面の門をくぐると、正面に母屋、右に蔵があったことが知られ、母屋の最奥には「上段間」があり、その南には泉水が設けられるという構造になっていた。

19　藤川本陣旗

「藤川」の文字と波しぶきが描かれた旗で、藤川本陣に伝来したが特に所伝はない。「藤川」の文字が、「藤川宿」の意味か、「藤川村」の意味かは不明である。

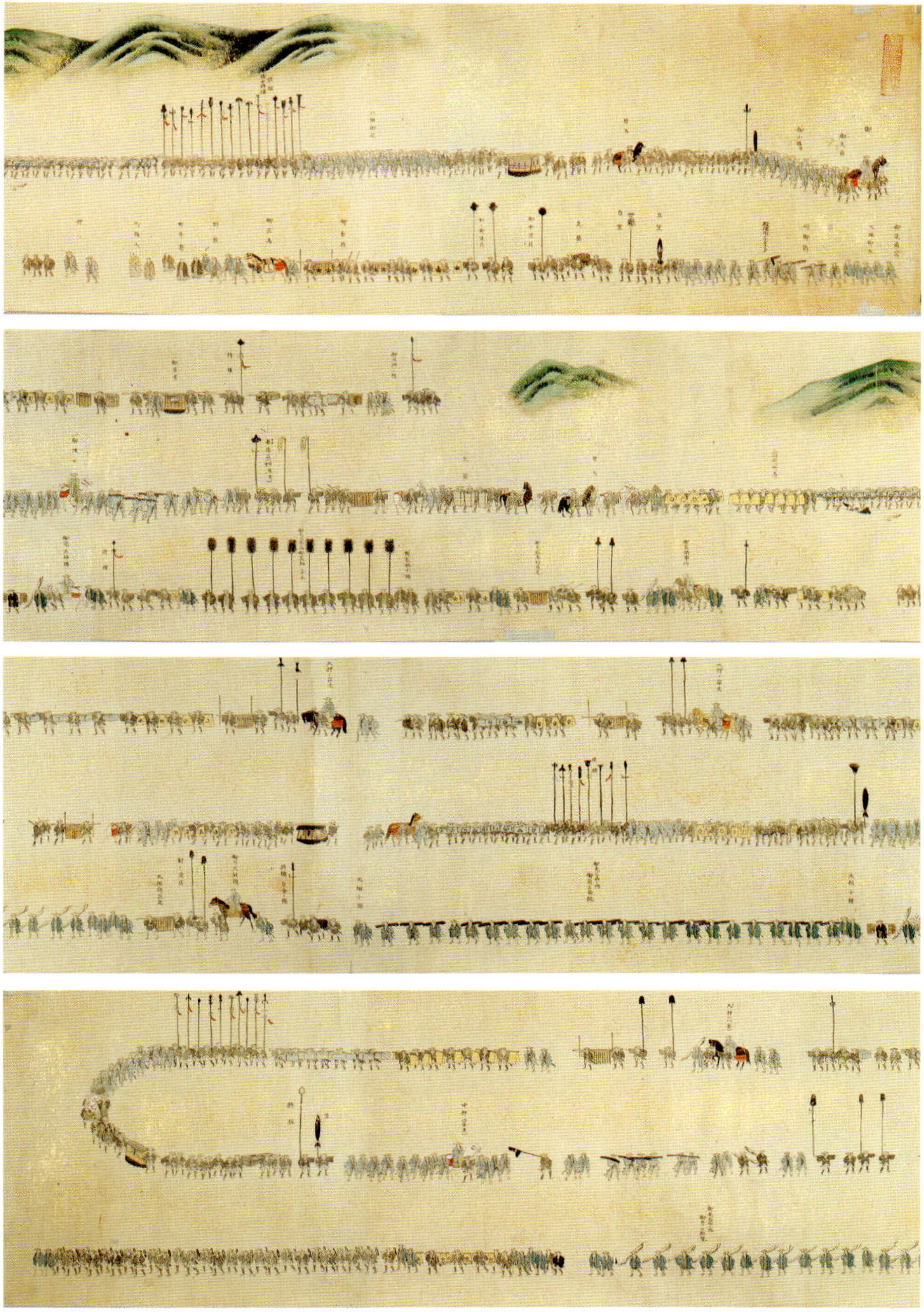

24　大名行列絵巻　金沢市立玉川図書館蔵

加賀藩前田家による参勤交代の行列陣容を描いたもの。参勤交代に引き連れる員数は、徳川幕府の定めた武家諸法度などにより大まかに規定されていたが、時代を経るごとにその随行人数は膨張する傾向にあったという。中でも前田家の大名行列は、百万石の大身に相応しい偉容を誇った。画面には、「持槍」「御弓」「御筒」などの武具に交じって、「御長持」や「合羽持」・「御医者」・「御花馬」などの描写があり、大名一行による旅の様相がうかがわれて興味深い。

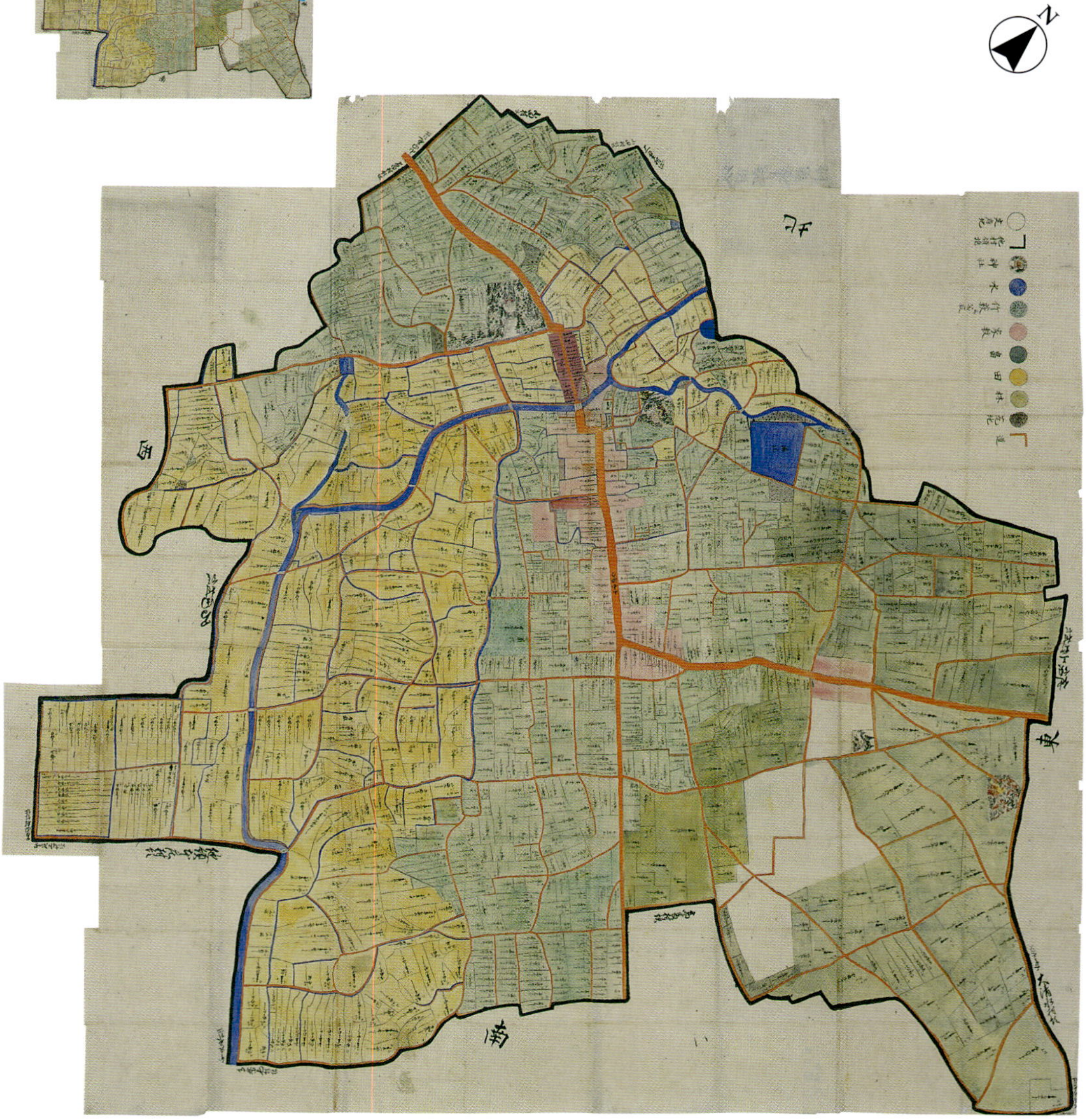

25　坂田郡春照村絵図　滋賀県立図書館蔵

滋賀県指定文化財となっている「近江国各郡町村絵図」1115枚中の１枚で、明治４年（1871）に旧彦根藩によって製作されたものと考えられる。春照宿は「北国脇往還」沿いの宿駅で、本陣木原家をはじめ脇本陣２軒などがあり、名物の「伊吹艾」や「伊吹大根」が販売されていた。本図では、「北国脇往還」を「北国海道」と表記し、宿の西出口で鍵型に曲がる形状を確認できる。

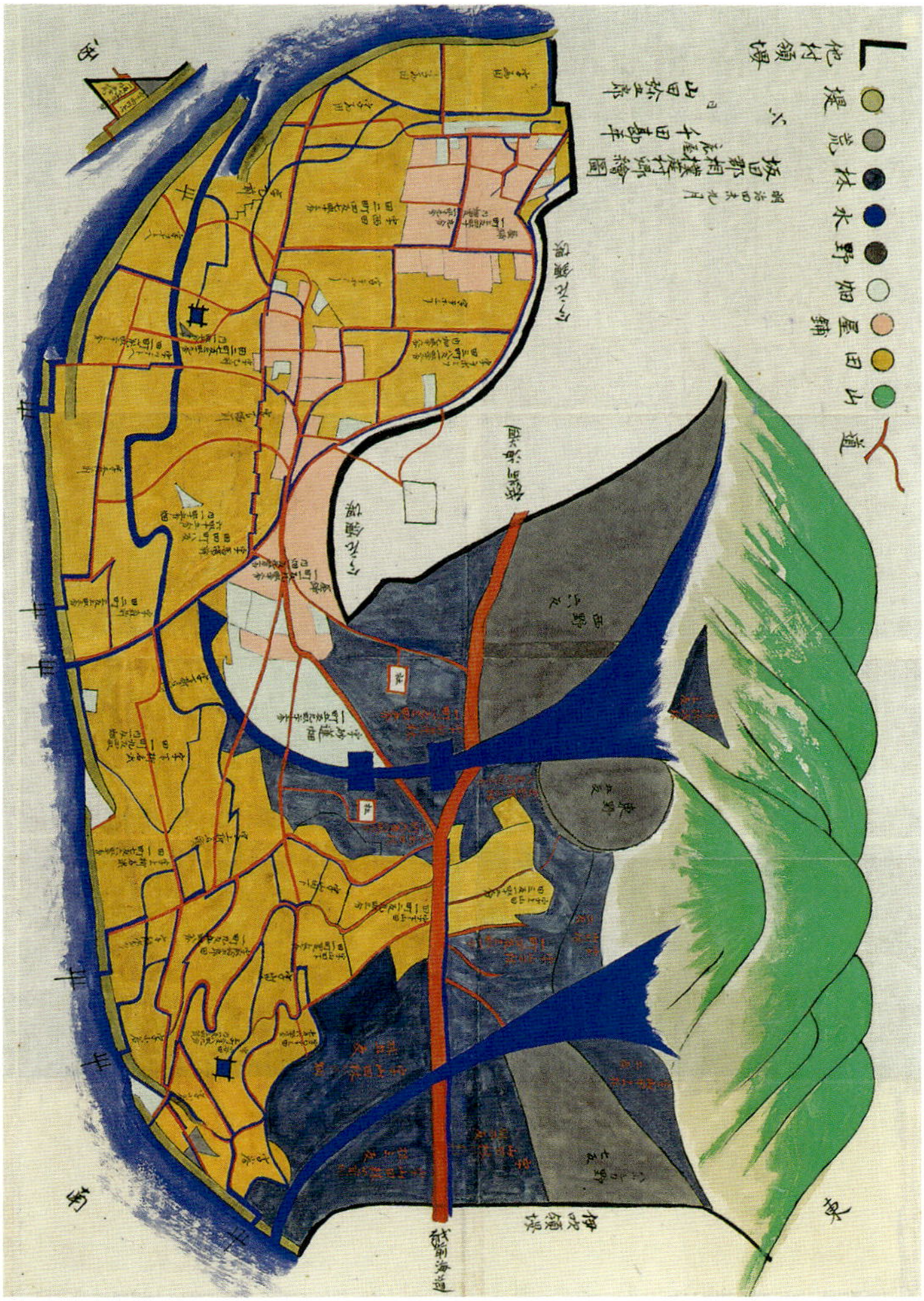

26　坂田郡相撲庭村絵図　滋賀県立図書館蔵

滋賀県指定文化財となっている「近江国各郡町村絵図」1115枚中の１枚で、明治４年（1871）に旧彦根藩によって製作された絵図と考えられる。本図は「近江国各郡町村絵図」中でも「近江国坂田郡百三十三ヶ村耕地絵図」と総称される小型絵図の１枚。相撲庭村は本来坂田郡であるが、昭和22年から東浅井郡に編入され、現在は東浅井郡浅井町内である。「北国脇往還」は、集落の北東にあたる七尾山の麓を貫通しており、ここでは「越前海道」と記される。

27　野村本陣図　宇治橋春年画

「北国脇往還」の間宿である野村の本陣佐々木家を描いた作品。画家は野村の近く浅井町当目や長浜で活躍した宇治橋春年（1897〜1981）で、昭和51年頃の製作という。参勤交代を行なう大名の休憩場所となったことは、佐々木家に伝来する「御大名御小休留記」などから明らかで、図中にも見える門は、越前福井藩主の寄進によって建立された。

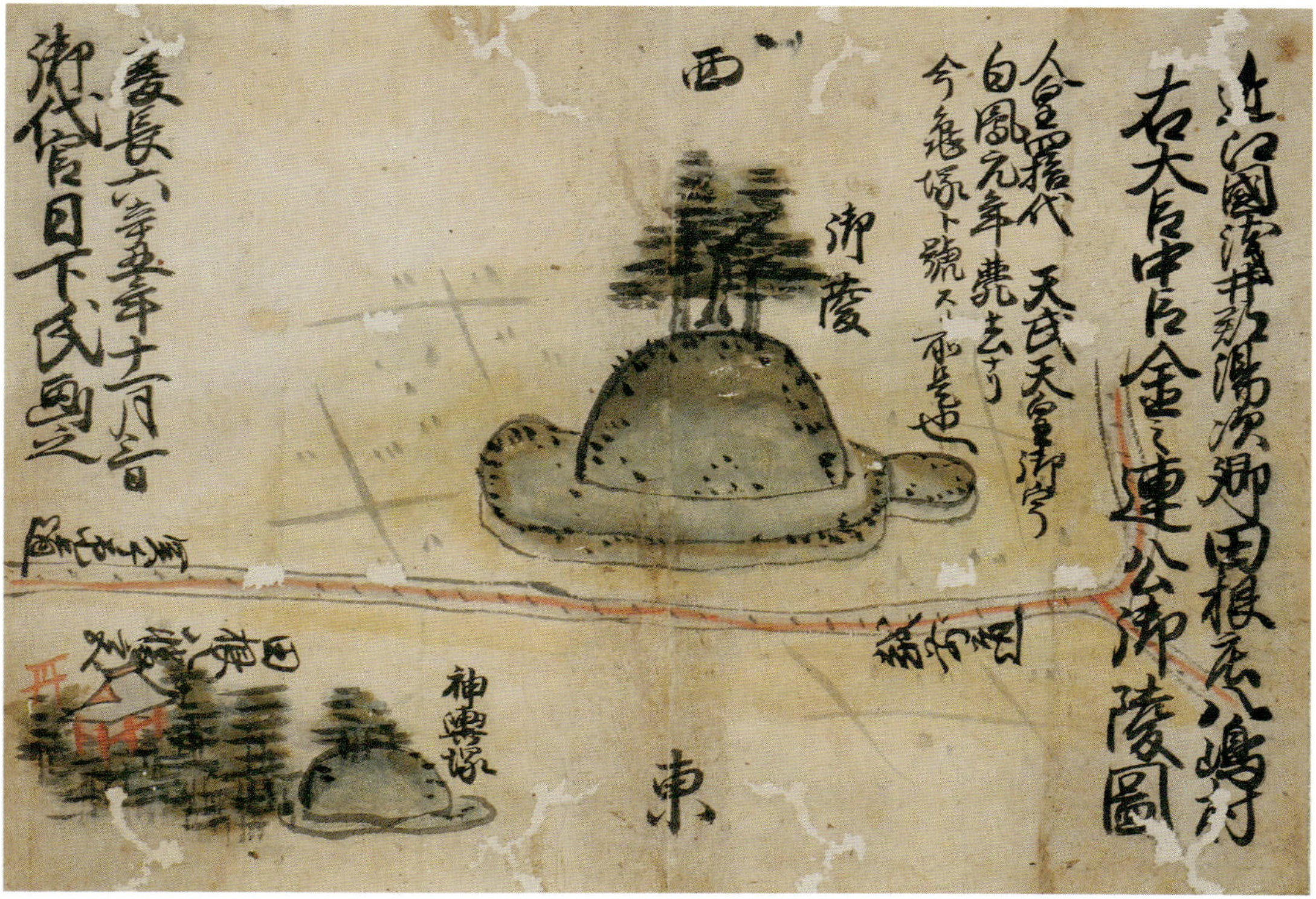

30　湯次郷田根庄八嶋村金之連公御陵図　伊藤博泉氏蔵

浅井町八島にある亀塚古墳を描いた絵である。この古墳は、「北国脇往還」沿いにあり、「壬申の乱」で敗れた近江朝廷の重臣・中臣金の墓と伝承される前方後円墳である。画中によれば、慶長６年（1601）に幕府代官の日下氏が描いたとされるが、これは隣村の尊勝寺にいた幕府代官・日下部善助のことであろう。ここでは、「北国脇往還」を「関ヶ原道」・「越前道」と表記している。

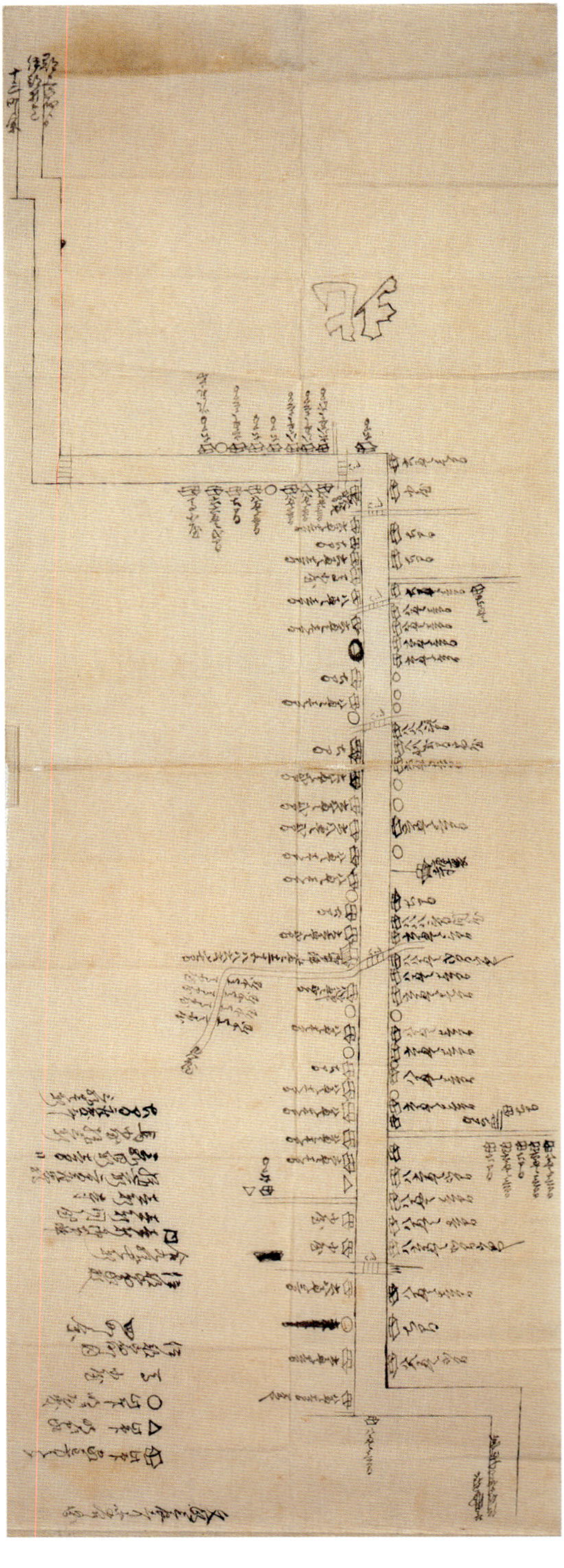

33　伊部宿家数絵図

「北国脇往還」の伊部（上小谷）宿を描いた絵図で、「文政三辰（1820）十一月聞合之図」と墨書がある。同時に家数97軒で、本陣と問屋が1軒ずつあることも表記されている。空き家以外の各家を絵画風に描き、畳敷と間口を記すのは、大行列の通行時に宿割を行うためである。本図は、木之本本陣竹内家に伝来した。

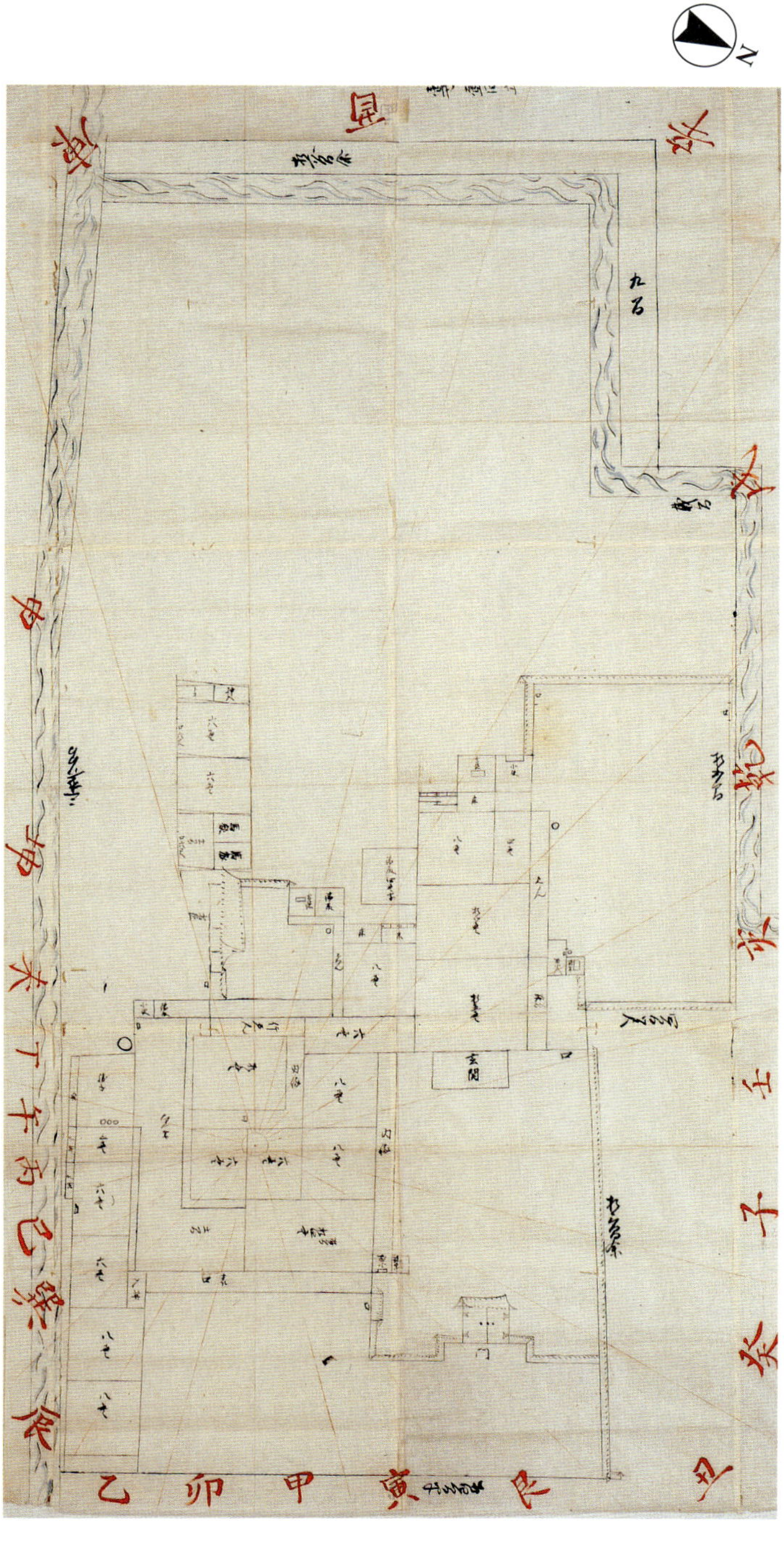

34　伊部宿本陣絵図

本陣肥田家は江戸初期から本陣を務め、越前福井藩主松平氏や加賀藩主前田氏などが参勤交代に際して、宿泊や昼食場所として利用されてきた。本図は、安永7年（1778）の火災以後の状況を示すものと思われる。北に大名が宿泊する御殿が、南に主人の生活空間である屋敷が配置される典型的な本陣間取りが見て取れる。

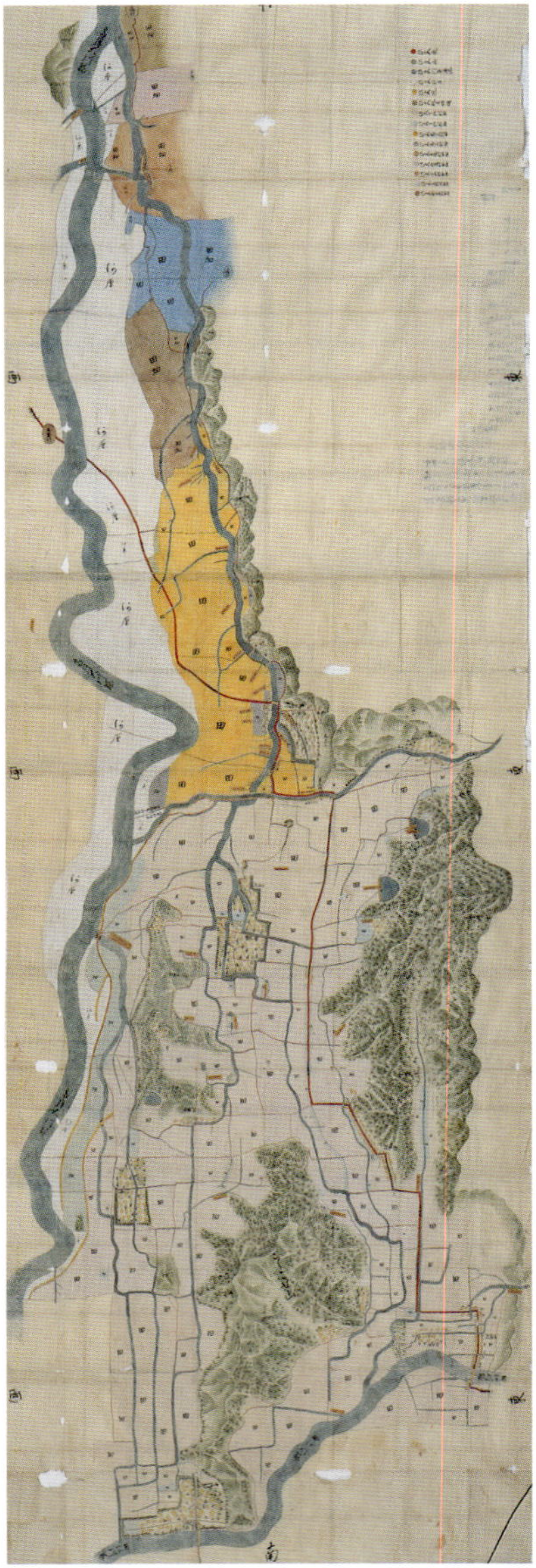

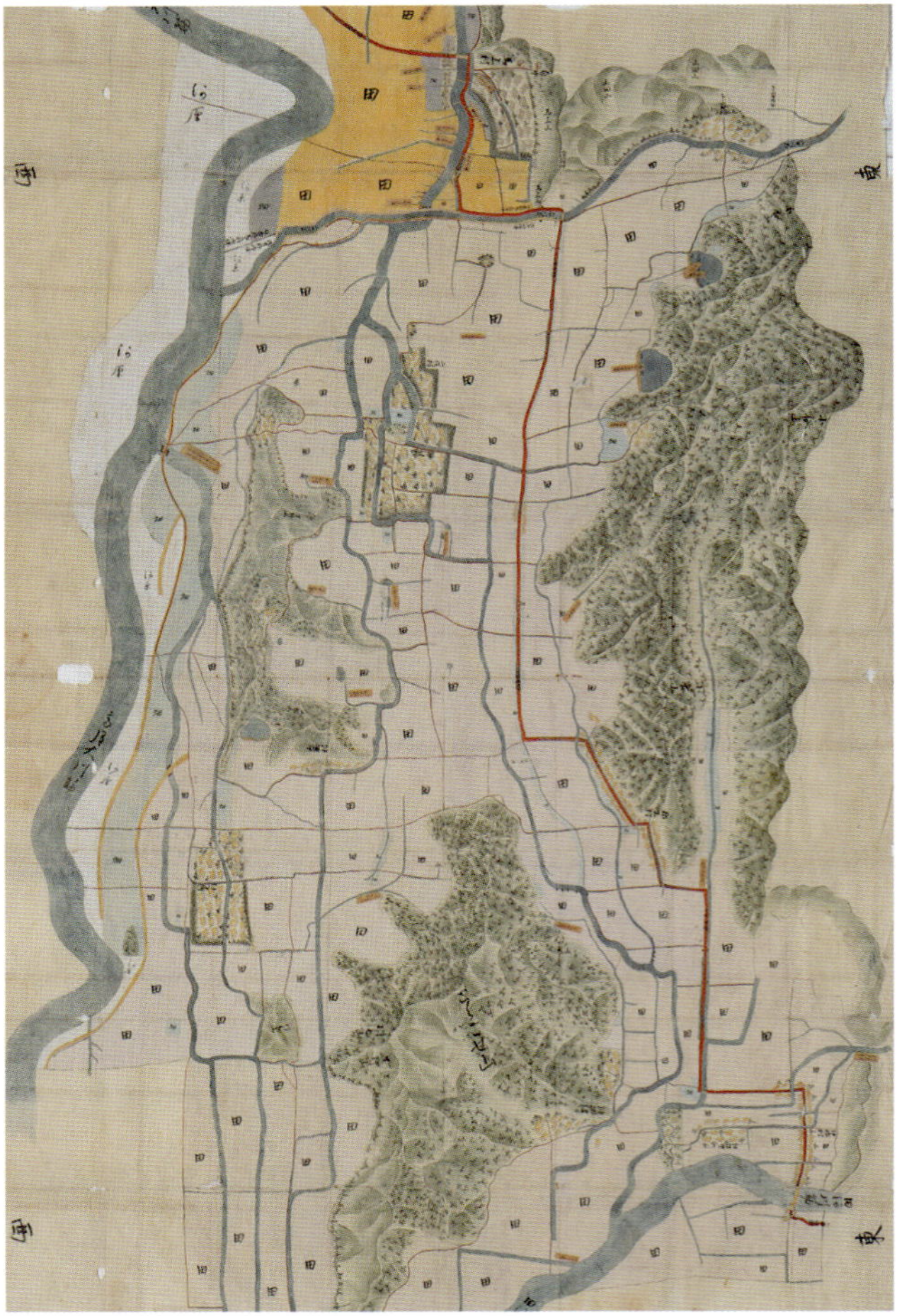

馬上村水利絵図　高月町馬上区蔵
「北国脇往還」沿いの集落である馬上に伝来した絵図。裏面には天和元年（1681）11月２日の日付と、浅井郡丁野村をはじめ10ヶ村の庄屋、それに伊香郡馬上村庄屋・年寄の署名があり、高時川から取水する「餅ノ井」をめぐる調停書であることが知られる。伊部宿から馬上までの「北国脇往還」も朱線で引かれており、江戸初期の経路が明治期と大きく相違ないことが確認できる。あわせて、高時川に架橋されていなかった点も注目に値しよう。

「北国脇往還」の経路と景観

太田　浩司

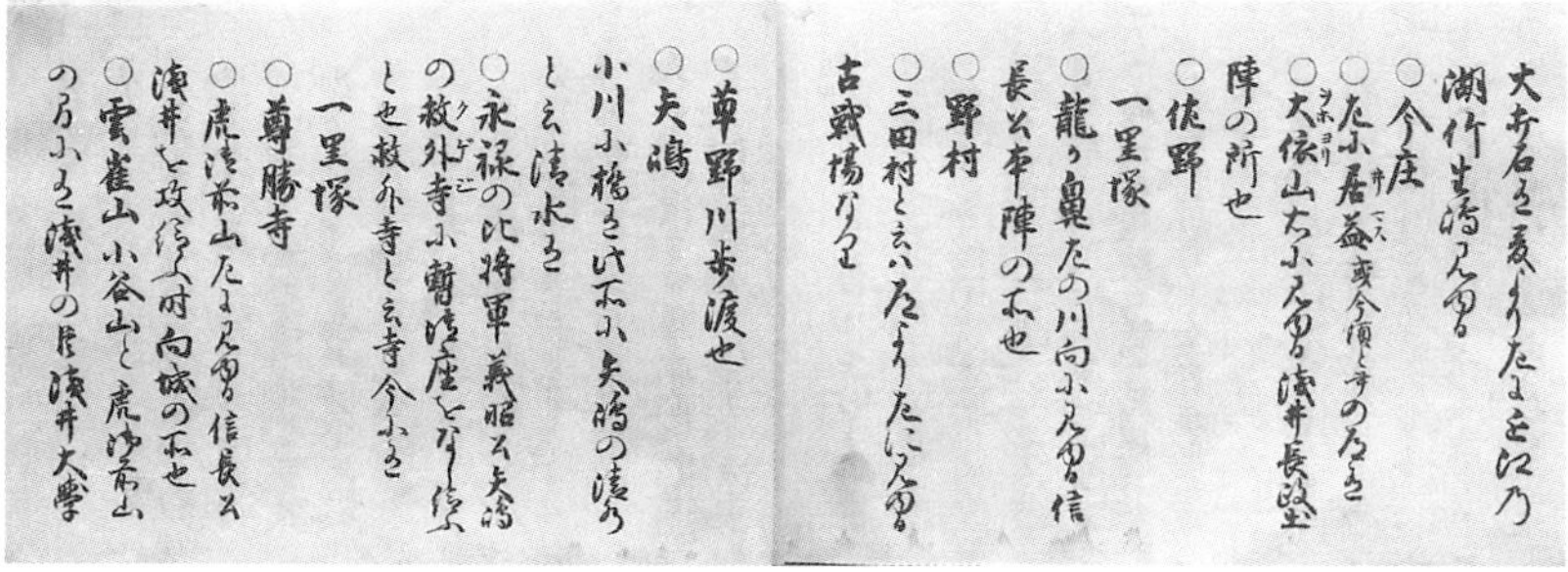

東山道記　松平文庫（松平宗紀氏所蔵、福井県立図書館保管）
江戸後期の製作とみられる越前福井藩の参勤交代時の見聞録である。中山道経由で江戸から福井までの街道経路を記述する。沿道村の名や、名所旧跡も多く載せる。「北国脇往還」についても詳しい記事があり、この手の記録としては最も情報量が豊富である。

経路と景観の復元方法

「北国脇往還」は、美濃関ヶ原宿から中山道と分かれて木之本宿に向かう街道である。その経路は、現在の国道三六五号線にほぼ沿っているが、最近の圃場整備により旧道が消滅している箇所も多く見られるようになった。経路については、明治二十四年から二十六年にかけて陸軍参謀本部陸地測量部が測量した地形図（以下では、測量部地図と呼ぶ）を基に、江戸時代・明治初期の地形図を重ね合わせ復元を行うことが可能である。

また、その景観は『東山道記』（松平文庫（松平宗紀氏所蔵・福井県立図書館保管））が参考になる。『東山道記』は、江戸後期に作成された越前福井藩の参勤交代経路の見聞記であるが、著者は不明。福井藩は「北国脇往還」を参勤交代の経路としていたが、その沿道にある街道関係施設や名所旧跡を書き留めている。また、金沢藩士竹田昌忠による藩主参勤の随行記である『木曽路記』（金沢市立玉川図書館蔵）も、「北国脇往還」の旅行記としては内容が非常に詳しい。寛延四年（一七五一）の参勤時のもので、この著も景観復元のため適宜参考としたい。ここでは、街道の経路を「測量部地図」で概略を追いながら、この『東山道記』や『木曽路記』によって江戸時代の風景をたどってみよう。

関ヶ原から国境へ

「北国脇往還」の中山道との分岐点は、関ヶ原宿の中央からやや西側、現在は十六銀行が北西の角に建つ三叉路である。かつてこの位置には、正面に「北国ゑちせん道」、その右側面に「右きのもと道」と記された道標が存在したが、現在は関ヶ原町歴史民俗資料館の駐車場に移されている。この道標は、頭部に享保三年（一七一八）と記され、伝承では「北国脇往還」入口の西側（十六銀行の前）にあったとする。ところが、文化三年（一八〇六）に徳川幕府の道中奉行がまとめた『中山道分間延絵図』では、反対の東側に描かれている。道標の文字位置からも伝承が正しいので、『中山道分間延絵図』の描写は、おそらく絵師の書き間違いであろう。

なお、同じ場所に昭和十三年に関ヶ原町によって建立された石柱があったが、そこには「北国脇往還」を「北国街道」と記している。岐阜県側では、現在に至るまで「北国脇往還」は、「北国街道」の呼称で呼ぶのが一般的である。

「北国脇往還」分岐点の道標
中山道と「北国脇往還」の分岐点に立っていた道標。正面に「北国ゑちせん道」、右側面に「右　きのもと道」と深く彫られ、頭部に享保３年（1718）の銘が入る。現在は、関ヶ原町歴史民俗資料館に移設されている。

「北国脇往還」は、この三叉路を北に曲がる。正面に八幡神社が見える。『東山道記』は「此の鳥居の内より北国海道なり」と記す。また、『木曽路記』は、「此の宮のうしろハ関か原合戦の古戦場なりとぞ、今ハ樹木しけく生《お》ひ茂りてむかしの荒野とハかは《（変）》るよし」とあり、八幡宮の後は森林が広がっていたようだ。旧道は現在の東海道線を橋で越え、関ヶ原合戦で徳川家康が首実検をした地である陣場野公園を右に見ながら、関ヶ原町内の小池・小関《こぜき》・玉の各集落を抜けていく。陣場野公園付近の旧道は、一部を除いて宅地となり消滅している。ここで、『東山道記』は「天満山、左にみゆる石田治部少輔《しょうゆう》三成陣取し所なり」と記すが、石田三成の陣所跡は、右に見える笹尾山が正しい。この他、宇喜多秀家・小西行長・小早川秀秋の陣所についても触れるが、やはり徳川家康ゆかりの旧蹟として、関ヶ原合戦の各大名の陣所は、通行大名やその家臣にとって格好の話題となっていたようだ。

街道に沿った小関集落について『東山道記』は、「昔北国海道の関の跡なり、さる故に小関と云《いう》にや、大関小関ともに不破郡なり」と記す。中山道沿いの不破関の大関に対して、小関が置かれたのが地名の由来とする。玉宿を過ぎた左に、「玉の中山」を遠望することを記す。「所の人ハ人数山と云ヒ」とある。現在も城山と呼ばれ、遺構も良好に残存する玉城跡のことである。美濃側では江濃国境の城として、竹中氏関連の城として理解されるのが一般的である。

国境から上平寺へ

美濃と近江の国境には、「境石」があり「道の両方に大石有り」と『東山道記』は記す。また、『木曽路記』は「道辺に両方より岩の出《いで》たる所あり」とある。現在は右側の石（女岩）のみしか現存しないが、夫婦岩として国境のシンボルとなっていた。その二〇〇メートルほど手前の子安地蔵の端には一里塚跡があり、明治初年までは南北の塚が存在したと言われる。近江に入って最初の宿場が藤川で、現在は伊吹町内になる。国境から続く藤古川の谷から「シゲドウ坂」を登ると、藤川本陣の林家の前に出る。ここが、高札場でもあった。

『東山道記』の藤川の項に、「定家卿の領地なり」とある。当時は民家が建っていたと『東山道記』は記すが、現在は藤原定家寓居跡と呼ばれ空き地状になっている。鎌倉時代の歌人藤原定家が三年程滞在し、「藤川百首」をまとめた所と伝える。藤川を出ると藤古川を渡るが、ここは『東山道記』では「歩渡《かちわたり》」と記す。現在は、寺林橋が懸かるが当時は歩いて渡っていたようだ。そこから、闇《やみ》坂を登って寺林へ入る。

寺林集落から北は、湖北の守護であった京極高清の城館・上平寺《じょうへいじ》の城下町に当る。数種残る「上平寺城絵図」（カラー図版65ページ参照）には、その最も南に「越前海道」とこの街道を記している。京極氏の上平寺城は、浅井氏の小谷城と同じように、「北国脇往還」をその城下町に取り込んでいた。『東山道記』には「伊吹山右に見ゆる、南の麓に上平《うえひら》と云所有り」、あるいは「長比《たけくらべ》・苅安《かりやす》と云う古城山右に見ゆる」とある。「上平」は上平寺城の館と城下町、「苅安」はその山城部分を指す。「長比」は中山道柏原宿東の城で、ここに記述されるのは誤りである。また、この「上平」の「大《だい》根《こん》勝れたり」とも記す。

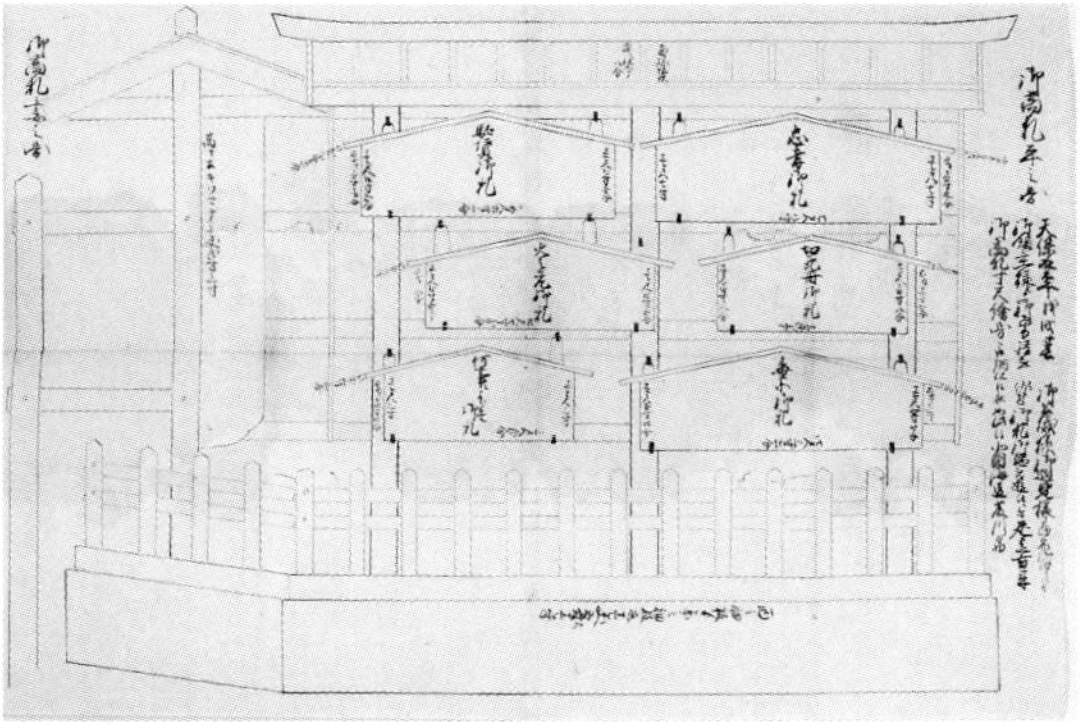

20　御高札絵図

藤川本陣に伝来した高札場の立面図。天保９年（1838）に訪れた幕府巡見使に提示するために作成された。高札は６枚懸けられており、いわゆる大高札５枚と、左下が「何事ニよらす御札」とある。高札場は街道には欠かせない風景で、藤川は本陣前にあった。

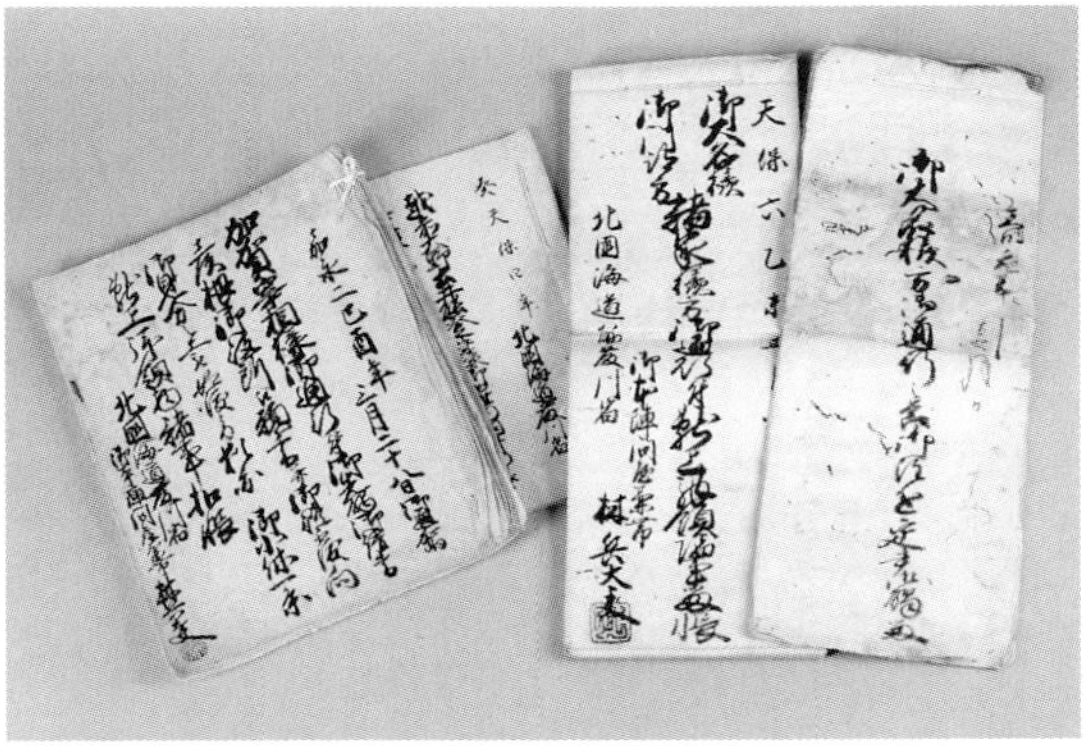

藤川本陣家史料

藤川本陣家に伝来した史料からは、「北国脇往還」を通行した人びとを、具体的に知ることができる。越前諸藩の大名や、湖西朽木氏や若狭小浜藩酒井氏の他、加賀金沢藩前田氏の通行・休泊記録も、享保２年（1717）と嘉永２年（1849）のものが現存する。

大清水から春照へ

街道は山中を縫って、大清水《おしみず》に入る。この大清水の北・神戸《ごうど》集落の西には、一里塚跡と言われる場所がある。『東山道記』にも、「一里塚」があったことが記されている。さらに、街道は弥高村の南の境界に沿って、上野村内へ進む。ここに、『東山道記』は「野頭《のがしら》」と記し、「道の両方に広き原有り、しめしか原と云う、此の所秋に至りてシメシ多く生す、此《この》故に原の名をしめしか原と名付けたりと云う説有り」と記す。「野頭」には、かつて観音堂があり旅人に茶の接待もしたという。現在は「史跡野頭観音堂」の石碑と、芭蕉の句碑がおかれている。「しめしか原」と呼ばれたという扇状地を下り、街道は春《すい》照《じょう》宿へ入っていく。

宿の入口で直角に曲がり、道は町並みの中を進む。江戸時代には本陣一軒、脇本陣二軒をはじめ、多くの旅籠や茶店が軒を連ねた。『東山道記』は、「伊吹大根・伊吹艾《もぐさ》名物なり」と記し、『木曽路記』は「いぶきもくさおほし（多）」と記す。『淡海木間攫《おうみこまざらえ》』にも、「名産、伊吹さしもぐさ、江陽第一の名産ニテ効能他国ニ勝リタリ」とあるので、この春照宿が中山道柏原宿と同じく、伊吹艾を名物としていたことは確実である。ただ、『木曽路乃記』（金沢市立玉川図書館蔵）には「宿あしく、此の辺りハ馬至りて少なし」と酷評されている。

宿の中心を過ぎた付近で、道は谷川を渡るが、その直前で「測量部地図」によると鍵型に折れる。今の本通りは、この折れが消滅しカーブとなっているが、滋賀県立図書館蔵「坂田郡春照村絵図」（カラー図版70ページ参照）にもあるように、かつては直角に二度曲がっている。実は、この経路は本通りの西に今でも一部残存している。谷川の橋は、現在の本道にかかる北国橋よりも西で川を渡った。宿場の入口に道の屈曲があることは常で、春照宿も本来はここまでが宿場内と言える。事実、先の「坂田郡春照村絵図」を見ると、谷川の北（宿の外）の街道沿いは、明治初年に宅地化されたことが分かる。

春照から今荘へ

道をさらに進むと、左側に八幡神社がある。ここに、「右　北国きのもと　ゑちせん道」・「左　ながはま道」と記された立派な道標がある。「北国脇往還」から長浜街道が分岐する地点である。しばらく進むと、行政区域が変わって山東町の小田《やないだ》に入る。県道山東本巣線に出て左に折れ、県道を一〇〇メートルほどたどって、すぐに右に折れる。

そこで、姉川を渡るが、『東山道記』は「春照川歩渡なり、水なき時ハ勧進橋有り、姉川ハ爰《ここ》より三十町ばかり川下なり」とある。姉川の上流のこの付近を、当時「春照川」と呼んだことは、『木曽路記』でも「すいせう川といふ、是いハゆる（所謂）姉川なり、水いとふかし」とあるので確実だ。『東山道記』にある勧進橋とは寄付によって出来た橋だが、『木曽路記』でも「折しも橋落て歩渡り」とあるので、普段は橋が架かっていたようである。この橋は越前橋とも呼ばれた。現在は小田橋と呼ばれ、コンクリートの橋脚は健在だが、木造の橋板が半分以上朽ち落ち通行できない。

小田橋（山東町小田）
「北国脇往還」が姉川を越える場所に架かる橋で、俗に「越前橋」と呼ばれる。『東山道記』や「木曽路記」などによると、江戸時代から橋があったことが知られる。現在の橋は、コンクリートの脚部だけが残り、木造の橋板は壊れており通行不能となっている。

長浜街道の分岐点（伊吹町春照）
「北国街道」から長浜街道が分岐する地点。「右　北国 きのもと ゑちせん道」、「左　ながはま道」と記された道標が立ち、右が「北国脇往還」、左が長浜街道である。「北国脇往還」から長浜街道に至るルートは、美濃から琵琶湖への商人荷の流通経路として使われた。

『東山道記』は、この小田橋の次に「一里塚」を上げるが、天保「近江国絵図」でも川を越えた向こう側に「一里塚」を記している。伝承では、対岸の伊吹町上野から浅井町相撲庭《すまいにわ》に入って、二〇〇メートル程行った場所にあったという。街道は現在の浅井町内に入り、相撲庭・今荘集落の東北、伊吹山の裾野を一直線に進み（カラー図版71ページ参照）、佐野の集落に入る。途中の谷田《たにだ》部分は、山田千軒と呼ばれ、かつては多くの人家があり旅人の休息所として賑ったという。『東山道記』に「広き河原有り、初鹿野《はじか》と云う、大打石有り、爰より左に近江の湖竹生嶋見ゆる」とあるが、「初鹿野」とは相撲庭・今荘を通る街道の南に広がった野原であろう。また、同記では今荘集落の手前で、中山道今須宿へ向かう道が分岐していたとある。これは、今荘から別れて南東の柏原宿方向に向かう道を指しているものと考えられる。

佐野から「福良の森」へ

今荘を越えた佐野集落の次に、『東山道記』は「一里塚」を載せる。佐野の次の集落である野村の絵図（浅井町野村区蔵）には、佐野村と野村の境界付近に、小山上に木を植えた一里塚の絵が描かれており、『東山道記』などの記述と一致する。この「一里塚」があった佐野と野村の間は、旧道が圃場整備によって消滅している。さらに、『東山道記』は左に見える「龍か鼻」・「三田村」など姉川合戦の古跡を紹介する。

野村は春照と伊部の中間に当り間宿《あいのしゅく》の役割を果たしていた。村の中央にある佐々木家は、街道を通る大名等

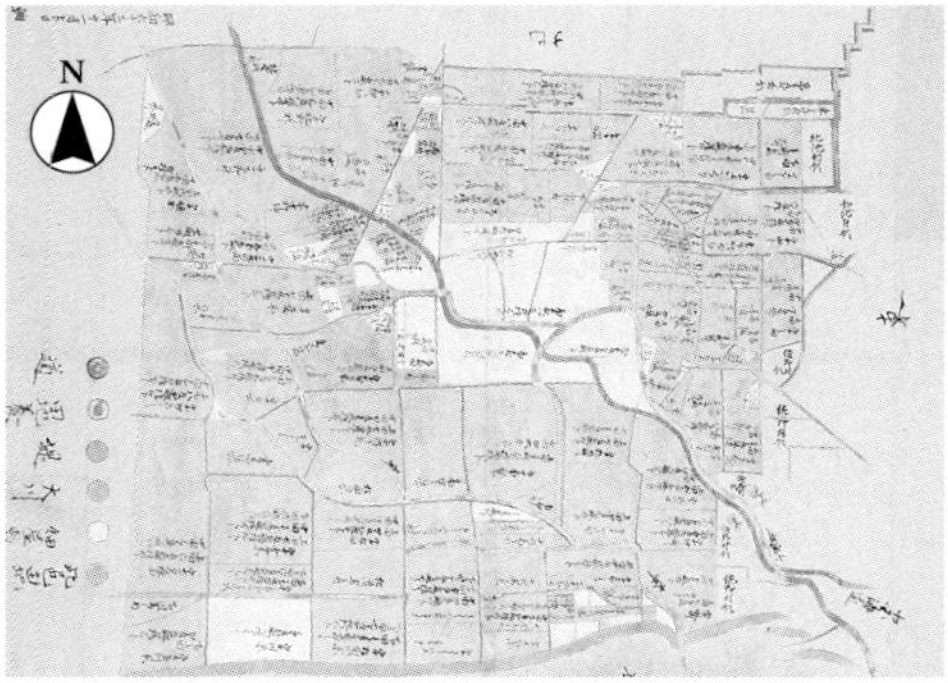

野村絵図　浅井町野村区蔵
「北国脇往還」に沿った野村の村絵図である。「北国脇往還」は「北国海道」と記され、南東から北西に向かって集落を貫通する。下図は南東部分の拡大で、隣郷の佐野領内に一里塚が記されている。現在はまったく失われているが、その付近の田地を通称「一里やま」と呼び、塚があったことを記憶されている方もいる。

失われた街道（浅井町野村）
「北国脇往還」の経路は概ね保存されているが、一部圃場整備によって道路が失われた部分がある。写真の内、建物の右側を真っ直ぐ延びるのが、浅井町野村から同町佐野に至る「北国脇往還」であったが、圃場整備によって道路が失われた。浅井町内では、山ノ前集落の前後で旧道が失われている。

が小休する本陣の役目を果たしてきており、文政三年（一八二〇）以来の大名休息記録である「御大名御休留《とめ》帳《ちょう》」が残っている。また、現存する佐々木家の路地門は、越前福井藩主の下賜金で建立したという。この佐々木家の前に、「右　北国道」と記された道標が現存している（83ページ参照）。野村には本陣佐々木家の他にも、旅人宿が二〇軒ばかりあったという。『淡海木間攫』には、野村の名物として「彦馬柿」を載せるが、地元では「へこんま柿」と呼ばれたという。同書によれば「此《こ》の柿木、サワシニテ至テ美味ナリ」と言われたそうだから、街道の名物としても名高かったに違いない。

野村の集落を出ると「福良《ふくら》の森」に出る。草野川にかかる草野川橋（通称越前橋）から約一キロ強、八島集落まで続くこの森は、現在その東側に痕跡をとどめる程度だが、かつては鬱蒼とした街道きっての難所であった。「追いはぎが出る」、「狐にだまされる」という逸話が、今でも伝わっている。『東山道記』によれば、「草野川歩渡」とあるので、越前橋が架けられたのは幕末か明治になってからであろう。この森の途中で、三川の「元三大師御誕生地（虎姫町三川玉泉寺）」に向かう道の分岐点があり、そのことを示す道標（53ページ参照）も建立されている。

八島から伊部へ

「福良の森」を出ると八島の集落を、「北国脇往還」は屈曲しながら貫通する。現在、この八島集落には、四つの道標が確認され、街道きっての道標メッカとなってい

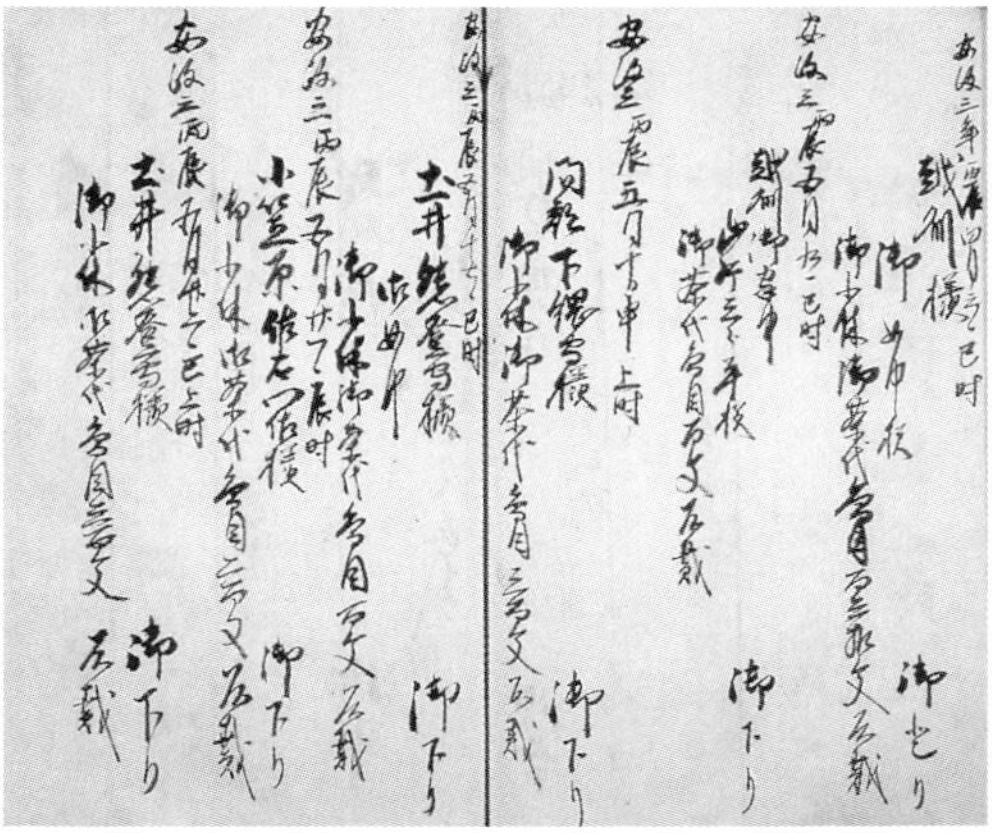

28　御大名御小休留記

野村本陣佐々木家に伝来した史料で、文政３年（1820）から明治６年までの大名休息記録である。写真は安政３年（1856）の部分で、冒頭は越前福井藩女中の通行に際して、茶代160文を頂戴したことが記されている。続いて越前鯖江藩主間部氏、越前勝山藩主小笠原氏、越前大野藩主土井氏の通行記事がみえる。

野村の道標（浅井町野村）

「北国脇往還」沿いの間宿にあたる野村の中心に立つ道標。「左　江戸谷汲」、「右　北国道」とある。「谷汲」は西国三十三所観音霊場の第33番札所である谷汲山華厳寺（岐阜県谷汲村）のこと。札所の１つ竹生島から尾上（湖北町）へ渡った巡礼者などは、野村を通るこの「北国脇往還」を利用し華厳寺へ向かったことが十分考えられる。

る。『東山道記』には、「小川に橋有り、此の所に矢嶋の清水と云う清水有り」と記しているが、今でも集落内に架かる橋から小川を見ると、清水が湧き出ている。『東山道記』は永禄の頃に足利義昭が御座所とした場所と解説するが、これは野洲郡の八島（現在の守山市八島町）と混同した誤りである。さらに、同記には次の集落である尊勝寺との間に、「一里塚」を記している。地元では伝承がないようだが、中臣金《なかとみのかね》の墓とされる亀塚古墳の南あたりが、その場所として想定される（カラー図版73ページ参照）。

旧道は八島集落を出て二回折れ、尊勝寺の集落に入る。『東山道記』は、ここで西に見える虎御前山の説明を記している。ここには、浅井氏時代に市が開かれており、江戸初期には幕府代官所がおかれる等、町場として繁栄していたと思われるが、江戸中期以降は隣の伊部宿にその機能は吸収されていく。旧道は尊勝寺の集落内を、真っ直ぐ北に上がるが、『木曽路記』も、「そんせうしと呼へる村里長くつゝ《（続）》けり」と記す。ただ、江戸初期には集落南部は、現在の本道より東側の道を北上していたという伝承もある。

尊勝寺を出て、道は三回直角に折れ、山ノ前の集落内に入る。この山ノ前の集落前後で、旧道は圃場整備によって二回寸断されている。さらに、直角に曲がると伊部宿で、ここから湖北町となる。街道は本陣肥田家の前を通って伊部宿を南北に貫き、宿の北で直角に折れ、さらに三町ほど行って直角に折れ、小谷城清水谷《きよみずだに》の前に至る（カラー図版74ページ参照）。「小谷道」は、伊部宿の一番南で「北国脇往還」と合流して、同じ経路で小谷城清水谷まで向かう。「小谷道」とは、この小谷城の大手（正面入口）へ至る道という意味である。清水谷に突き当たった「北国脇往還」は、そこで方向を変えて郡上《ぐじょう》宿に入ることになる。郡上宿内で鍵型に曲がった所が高札場跡で、しばらく行くと脇本陣西島家跡がある。郡上の宿北で、また旧道は二回曲がって北上する。

伊部の町並（湖北町伊部、撮影／寿福滋氏）
「北国脇往還」沿いの伊部の町並を、北を向かって撮影した。街道は宿の北を直角に曲がって小谷城に向かうが、ここでも小谷山を遠望できる。伊部宿は「上小谷宿」とも呼ばれ、中世小谷城の城下町の一部で、「小谷道」が「北国脇往還」に合流する場所としても栄えた。

伊部から馬上へ

『東山道記』は、小谷宿について「二宿有り、上小谷を伊部と云い、下小谷を郡上と云う、右に小谷の城山見ゆる」と記し、浅井長政の居城である小谷城を紹介する。最後に、「小谷飴《あめ》　松茸名物なり」とある。一方、北国から江戸に向かった『木曽路記』にも、「下小谷にいたる、其の次ハ上小谷なり」とある。ここにもあるように、小谷宿は伊部と郡上で二宿一駅の形態が取られた。すなわち、加賀・越前方面に向かう「下り」は伊部宿、関ヶ原方面に向かう「上り」は郡上宿で人馬の乗り継ぎを行った。

伊部には本陣が、郡上には問屋を兼帯した脇本陣がおかれた。本陣肥田家の主屋は明治四十二年（一九〇八）の姉川地震で倒壊したものの、元の部材を使用して再建されており、湖北では唯一の本陣遺構として貴重である。また、御成門や庭園は江戸時代以来のものとして残存している（カラー図版75ページ参照）。さらに、元文四年（一七三九）以来の大名休泊記録である「海道帳」など多くの古文書が残っている。

街道は、郡上を出て丁野《ようの》集落の枝郷で茶屋と呼ばれる所を抜け、山田川にぶつかる。『東山道記』では、郡上と丁野の間に「一里塚」を記すが、この茶屋付近との推定がある。三町ほど東へ行って馬上《まけ》の集落に入り、高月町となる。馬上の走落《はしりおち》神社の前で古橋・金居原へ通じる杉野道と分岐して、集落出口から斜めに高時川の堤防に向かう。この斜めの道は、圃場整備によって現在は消滅している。現在馬上区には、天和元年（一六八一）十一

杉野道への分岐点（高月町馬上）
「北国脇往還」は、馬上の走落神社の前で、杉野・金居原（いずれも木之本町）につながる杉野道を分岐する。分岐点にある明治29年に建立された道標には、「右　東京せきかはら道」と刻まれ、また手形による方向指示が付けられるのは、いかにも近代の道標らしい。

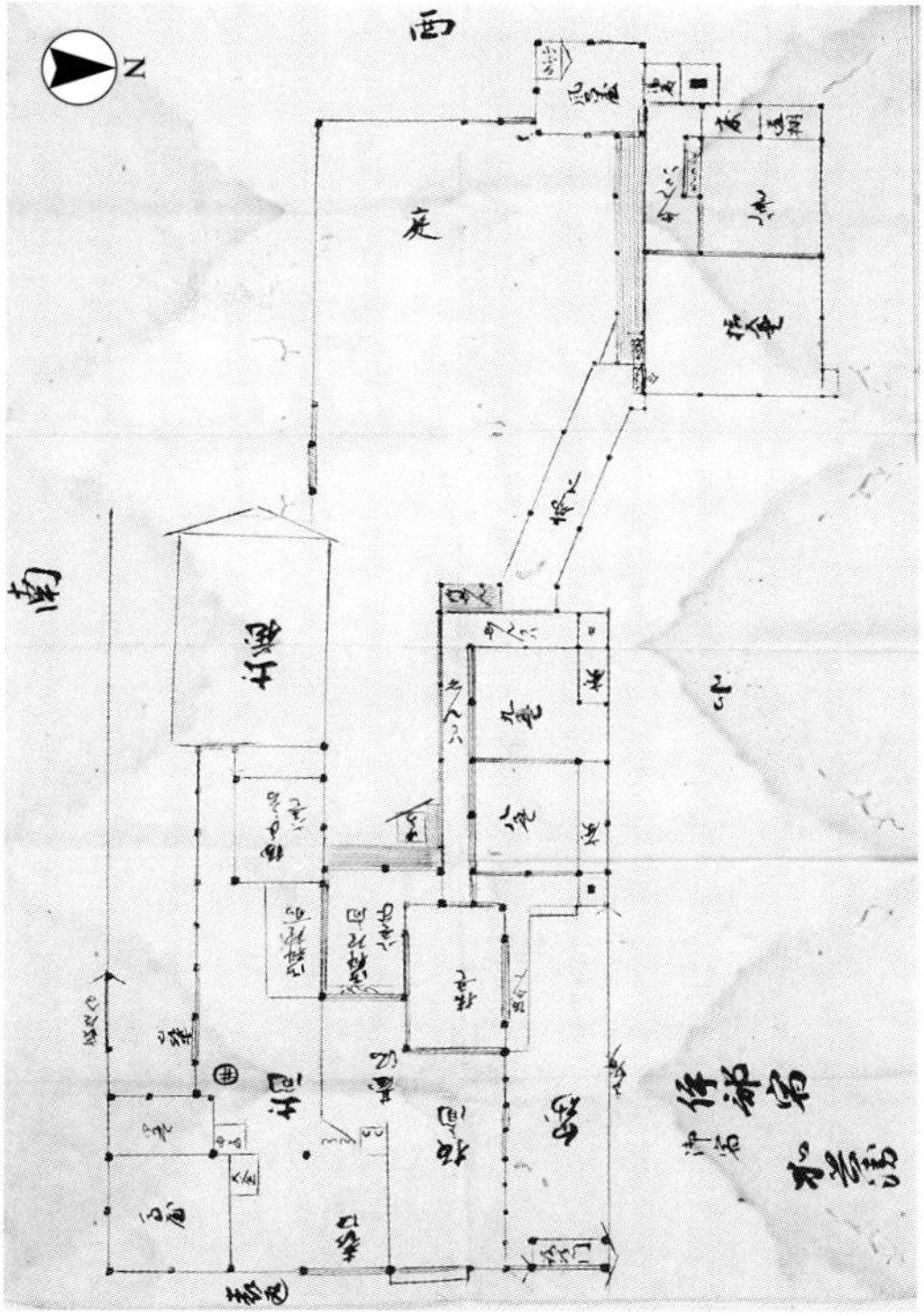

伊部本陣絵図
伊部本陣の間取図であるが、34 「伊部宿本陣絵図」（カラー図版75ページ参照）が、安永７年（1778）の火災以後の状況を示すの対し、本図はそれ以前を表示しているとみられる。大名の御座所が、渡り廊下でつながれ別棟になっているのが、焼失後との大きな差である。

月二日付の水利絵図（カラー図版76ページ参照）が伝わるが、そこには「北国脇往還」の経路が朱線で明瞭に描かれている。あわせて、伊部から高時川堤防に至る間、江戸前期の「北国脇往還」が、明治二十年代の「測量部地図」の経路と大差ないことが分かる。

　ここで、街道は高時川を渡るが、『東山道記』は、「雨の森川歩渡なり、水出でれハ賃船有り、此の川下馬渡《もうたり》川なり」と記している。一方、『木曽路記』では「雨の森村といふを過て、雨のもり川あり、けふハ水増りて舟にて越たり、かちニても越がたからす」と記している。この付近の高時川が「雨の森川」と呼ばれ、通常は「歩渡り」、増水時は「舟渡り」であったことで一致している。この渡し場は、現在国道三六五号線が川を渡る阿弥陀橋より、約七〇〇メートル程北に位置するが、天保十三年（一八四二）に橋が架けられたというので（高月町史編纂委員会『村落景観情報』）、先の記述はそれ以前の状況を示している。しかし、この天保の橋は明治元年（一八六八）五月五日の大洪水で流失し、その後は一時「歩渡り」に戻ったようである。「測量部地図」に見える橋は、明治十八年（一八八五）に新設された「馬上人民妹川橋」である。

雨森から木之本へ

　高時川を渡った所が、雨森芳洲《ほうしゅう》の出身地として知られる雨森《あめのもり》の集落である。集落の入口に一里塚の跡がある。『東山道記』では「一里塚　雨森川の中程なり、塚ハ流て今ハなし」と記されているが、集落の南端で川原では

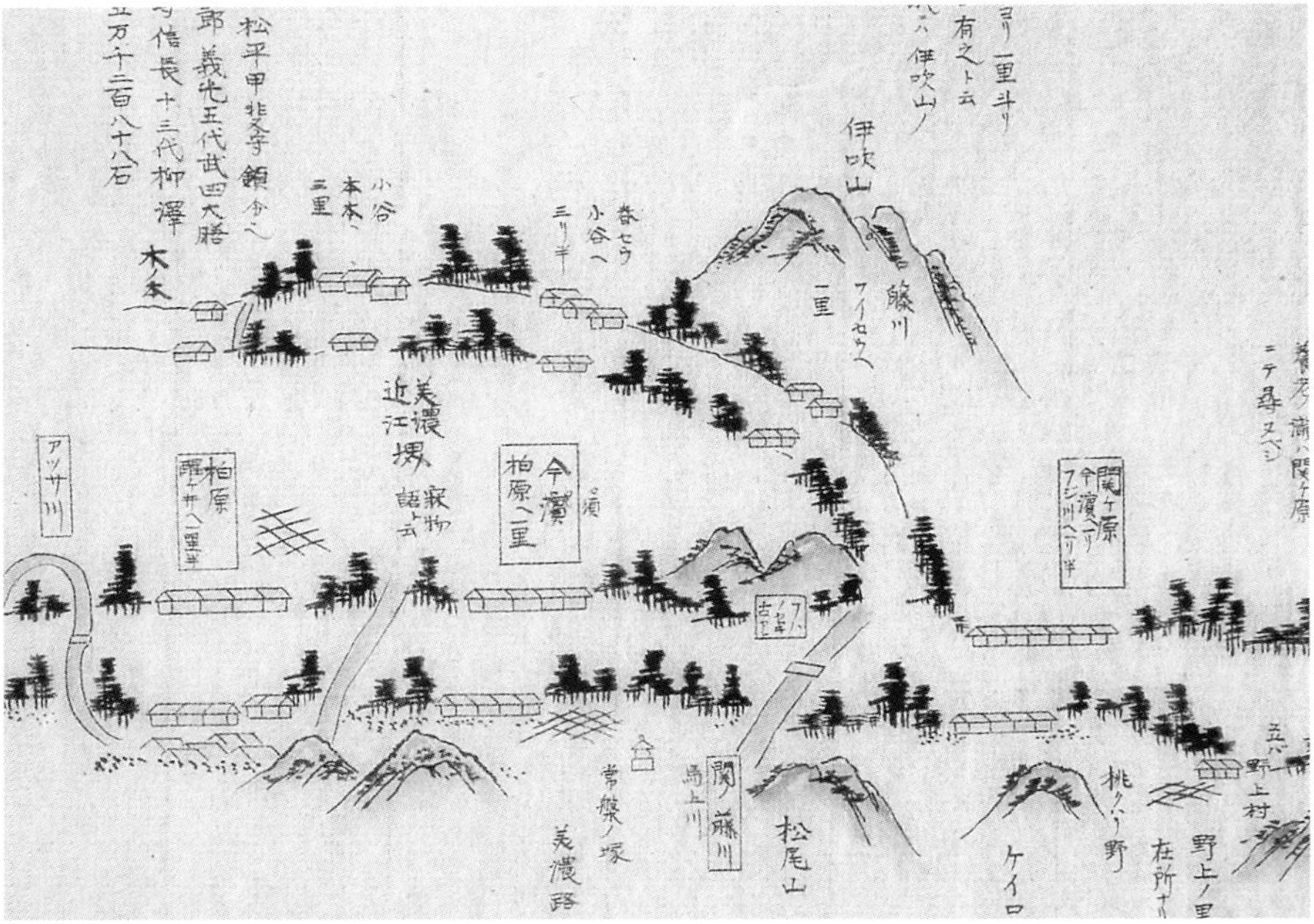

69　江戸より金沢上街道道中絵図　石川県立図書館蔵
安政５年（1858）に金沢藩の遠藤数馬高朗によって編纂された「北国上街道」の経路絵図（カラー図版130・144ページにも別部分を掲載）。写真は中山道から「北国脇往還」が分岐した状況を描いたもので、「藤川」・「春セウ」・「小谷」の各宿が描かれている。

ない。ここには、欅の大木があったが、枯れてしまったので昭和四十八年に伐採したという。その切株のみが残る。また、この東側（道の向かい）には茶屋があったと言われている。『東山道記』は、雨森の項に「あまほし柿、つり柿有り」と当地の名物を記している。

街道は雨森の集落内で直角に曲がり、井口《いのくち》の集落に出る。集落南の十字路で直角に曲がって北に進むが、ここは琵琶湖の片山港及び高月へ行く道との分岐点となっており、明治後期に井口青年会によって造られた道標が建っていた。この道標は、現在、井口日吉神社境内に移されている。街道は、浅井氏の重臣であった井口弾正《だんじょう》屋敷跡と言われる富永小学校前を経て、寛喜三年（一二三一）の銘を持つ梵鐘（重要文化財）がかかり、中世富永庄の総鎮守であった日吉神社前を通過する。このように中世・戦国の旧跡を沿道にもつ事実から、この部分の「北国脇往還」が、中世以来の経路を踏襲している可能性を指摘できよう。

井口の集落を抜けると持寺《もちでら》に入り、街道は再び直角に曲がる。ここには、「江戸なこや」・「北国木之本」の字が刻まれた道標があったが、昭和四十九年に盗まれてしまった。しかし、平成六年に高月町によって再興されている。持寺の集落を出ると、街道は真っ直ぐ田部の集落に入る。ここから木之本町である。『東山道記』は持寺と田部の集落間で、左に陶山《ゆるぎ》（湧出山）や浅見対馬守・阿閉淡路守の城跡・山本山が見えることを記す。

田部集落の入口付近で街道は二回曲がり、さらに集

弘法水（木之本町田部）
「北国脇往還」沿いの田部の北にある「弘法水」の石柱と看板。弘法大師が巡錫の折、杖で突くと水が湧き出たという伝承がある。

落外で一回曲がって木之本に向かう。田部の集落内を通過したという説もあるが、滋賀県立図書館蔵「伊香郡田部村絵図」を見ても、明治初期には「測量部地図」の通り集落入口しか通過していない。『東山道記』には、「下田部」と「上田部」を区別しているが、「上田部」付近に「弘法水」の石柱がある。弘法大師が巡錫《じゅんしゃく》の折、杖で突くと水が湧き出たという伝承がある。街道は木之本の集落内を斜めにカーブして進み、木之本宿の南端に出るが、ここが「北国街道」との合流点である。ここにあった道標は、現在木之本の意冨布良《おほふら》神社境内に移設され、再興されたものが建っている。『東山道記』では、木之本を「木下」と表記し、「左に京海道有り」と記している。

「北国脇往還」は、現在は村落部を多く通過しており、その残りは比較的良好と言える。関ヶ原の北、浅井町佐野—野村間、浅井町山ノ前の前後で旧道が失われている程度である。その経路の特徴は、鍵型に曲がる箇所が多いことだろう。これは、条里地域の中、南北軸の条里線を無視して斜めに西北に向かうこの街道ならではの特徴と言えよう。街道は局地的には条里線に沿って敷設されるので、全体として斜めの経路を取るには頻繁に直角に折れるしかない。明治十五年（一八八二）に敷設された長浜から関ヶ原に至る鉄道線路(現在の国道三六五号線)が、姉川以南において直線的であるのとは好対照をなしている。

伊部宿本陣における食

小島　朝子
高正　晴子

はじめに

江戸時代に北陸の諸大名の参勤交代に利用された「北国脇往還」は、北国街道の木之本宿から小谷宿（伊部・郡上宿）、春照宿、藤川宿を経て中山道の関ヶ原宿に至る街道で、さらに垂井宿から美濃路を通り東海道の宮宿に出ることのできる江戸と北陸を結ぶ近道である。このうちの小谷宿は二宿一駅とされ、伊部宿は下り、郡上宿は上り専用とされた。その伊部宿の本陣であった肥田家に保存されている海道帳には、元文四年（一七三九）から文政十三年（一八三〇）まで約九〇年間にわたる伊部宿での献上品、食材、献立等の記録がみられる。

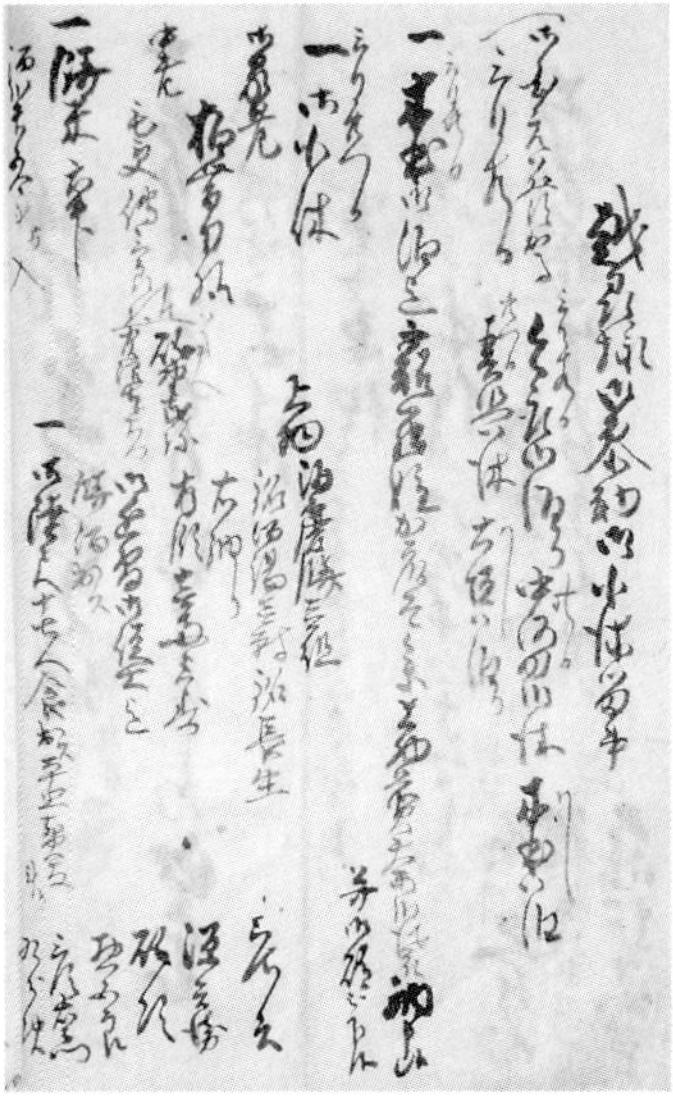

31　伊部本陣海道帳
伊部本陣に伝来した海道帳は、大名の宿泊・休憩を中心とする本陣用務の留書である。写真は安永5年（1776）の越前福井藩主松平重富への上納物を記した部分。砂糖餅や酒の献上記事が見えている。

献上品及び差上物について

大名が小休みや宿泊の際に、本陣から大名に対して特産品や名産品が献上され、それに対し大名からは宿泊料としての金子が下賜された。海道帳には献上品或いは差上物として記載されている。伊部宿を利用する参勤交代の時期は三月から十一月で、その間の季節に関係なく献上されたと考えることのできる食品には、餅・鯉・砂糖餅・醒井餅・菓子餅・酒・煎茶がある。

酒の銘柄は次のように、安永五年（一七七六）越前福井藩主松平重富の小休みに「上物　沙唐餅一組　銘酒錫一対銘長生」、また天明三年（一七八三）加賀国金沢藩主を隠居した前田治脩《はるなが》の小休みに「差上物　砂糖餅一組御酒泉川二対　松茸大十五本一台」、寛政三年（一七九一）松平重富の小休みに「献上　水上御酒一対　御醒井餅一籠」とある。次のような旬の食品も出された。

三月　諸白《もろはく》
四月　中鯛
五月　山の芋・筍《たけのこ》・鱒《ます》・蒸菓子・粽《ちまき》
八月　鴨・卵・生酒
九月　御所柿・初松茸

さて、これら献上品には変遷がみられる。鯉、鮒、松

分　類	食　品　名	種類数
魚類（淡水産）	鯉　鮒　鱒《ます》　鮒鮨《ふなずし》	4
（塩水産）	中鯛　一塩鯛　干鱈《ひだら》　刺し鯖	4
鳥　卵　類	鴨　卵	2
餅・菓子類	醒井餅　菓子餅　餅　粽　砂糖餅　菓子　蒸し菓子　赤飯　蕎麦粉《そばこ》	9
嗜好飲料類	酒　生酒　諸白　桑酒　煎茶	5
果　実　類	枝柿　御所柿	2
茸　　類	初松茸　松茸　漬松茸　塩松茸　干松茸	5
野　菜　類	筍　茗荷《みょうが》	2
芋　　類	山の芋	1

海道帳に見る献上品

茸、筍等調理の必要があるものや、特有のにおいのある鮒鮨《ふなずし》は次第に敬遠されたようである。また、素朴な味の醒井餅は安永二年（一七七三）に越前鯖江《さばえ》藩主間部詮茂《あきとお》が小谷宿で小休の前日の晩に関ヶ原宿にて「上物　さめかい」とあり、その後、寛政三年（一七九一）と文化十一年（一八一四）に記録が見えるだけである。それに対し、甘くてやわらかい砂糖餅は、安永三年（一七七四）に松平重富に献上品とされたのをはじめとし、天明四年（一七八四）以降ほぼ毎年献上されるようになった。そして煎茶も重用されるようになった。

煎茶は享保十九年（一七三四）に成立した『近江輿地志略』に、「永泉茶　曽束《そつか》村の産する処也、茶園の名を永泉と号す。始永泉茶と号せしに何《いず》れの日か終に其字音を以て永泉と号す。此茶風味よし、江戸の水にあはず。総て近江一国茶園多し、甲賀・愛知・栗太等の諸郡の茶園を持つ者、勢多・膳所に来て茶をうる、加賀・越前の者も亦此処に来て茶を買ふ」、また、「南枝蒸茶是は富川村の産物也、風味永泉茶に劣らず。蓋《けだし》此茶他の茶よりも早し、早く摘採って蒸す、南枝花始開の意によりて之を名づくといふ」とあり、近江で蒸製茶が盛んに行われた様子が伺える。

現在の伊部本陣（湖北町伊部）
伊部本陣肥田家の屋敷・御殿は、明治42年の姉川地震で倒壊したが、屋敷部分については古材を使って再建されている。大名の入口となる表門は江戸時代のもので、江戸前期の作と言われる庭園も現存している。

伊部本陣復元図（作図／匠工房）
伊部本陣に伝来した古絵図をもとに、天保２年（1831）頃の間取を復元した図面。本陣は明和６年（1769）の伊部大火や、安永７年（1778）の隣家からの類焼によって焼失しているが、本図はその後の状態を示している。

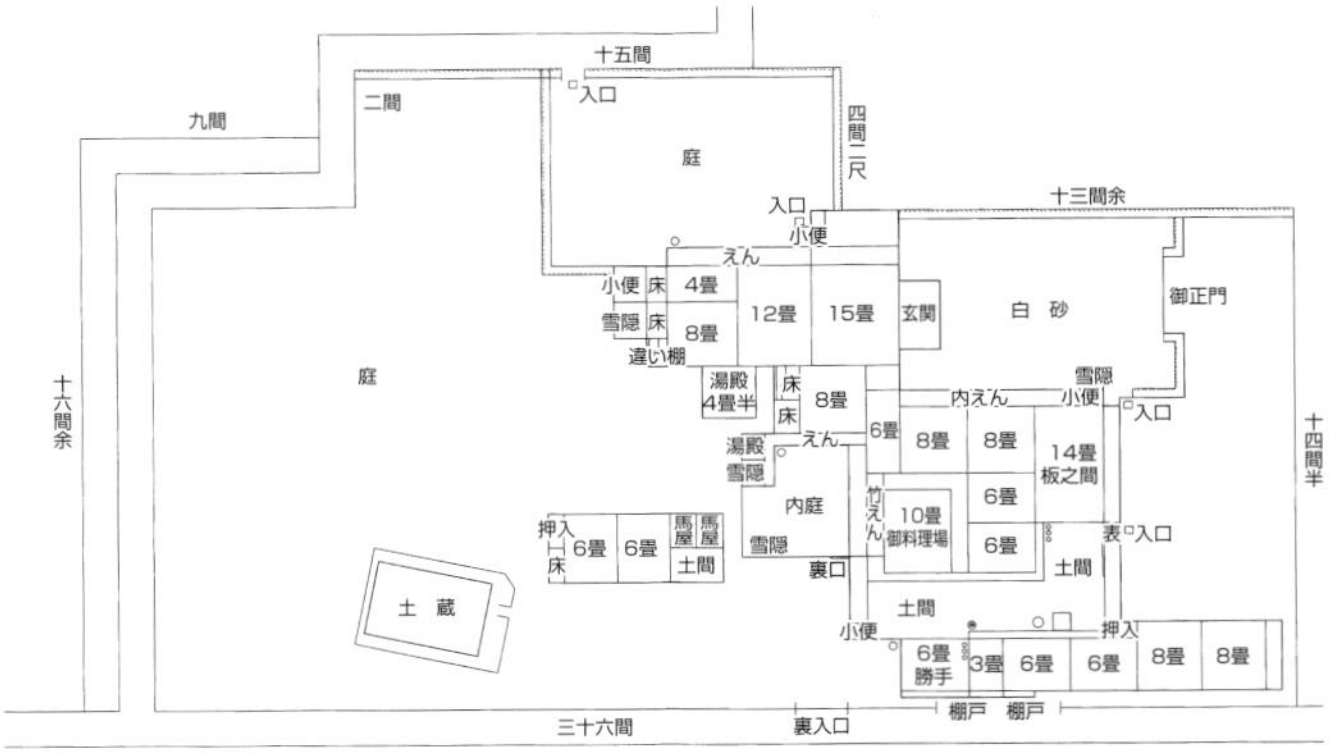

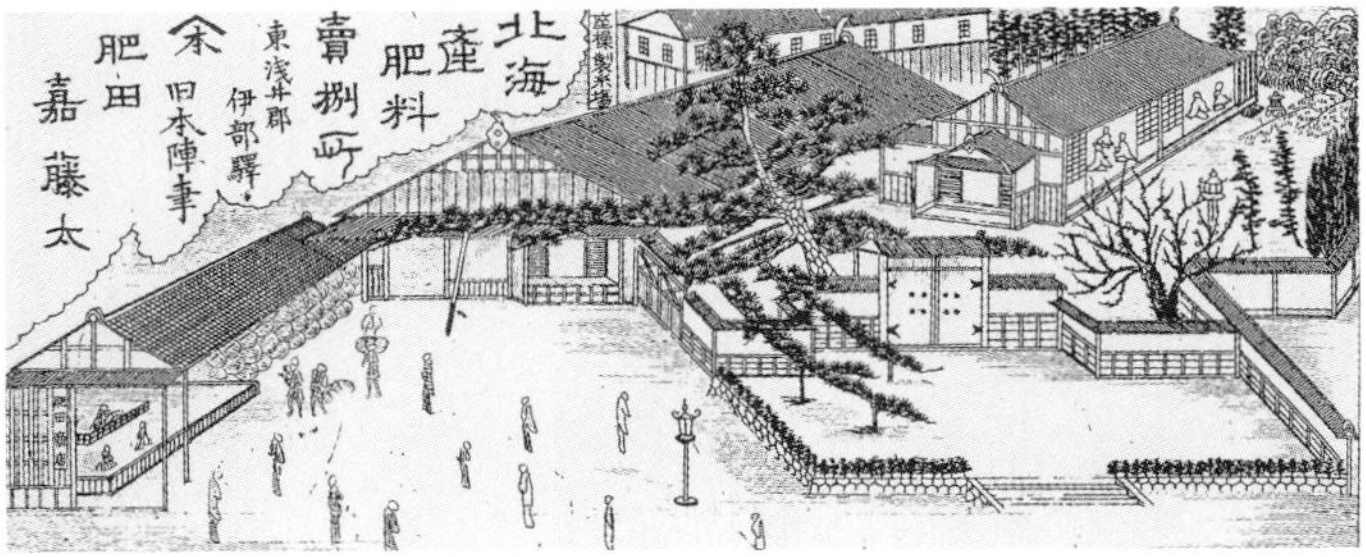

明治中期の伊部本陣
明治22年の『近江農商工便覧』（市立長浜城歴史博物館蔵）に載る伊部本陣の図である。御殿と庭園の関係など、姉川地震で倒壊する以前の状況をよく伝えている。

本陣における食事

本陣における食事には、大名の家臣による自身賄《まかない》と、本陣の主人による本陣賄とがあり、このうち、自身賄では賄方の指揮下に近隣の村々の人足を使って調理、調進が自前でおこなわれた。

上々白米、中白米、並酒、醤油、酢、塩、ならつけ、粉糠漬茄子《なす》、味噌等を提供した。海道帳にはこのように米、調味料等の記録があるのみだが、他宿の本陣記録には、魚介類、野菜、茶、炭、薪等の記録がある。伊部宿でも同様に色々な食品の提供をしたことであろう。また、一膳飯を本陣から提供してもらい、その他の料理は自身賄の例もある。

本陣賄では本陣主に調理一切をまかせる。例えば、天明三年（一七八三）秋に前田治脩が出府する準備として、九月初旬に道中の本陣賄いの朝夕献立について次のような先触れを出している。

道中本陣附献立　一汁一菜外香物　中白米食一人ニ三合宛　汁大根等并小豆とうふ様之内替幾度《いくど》も用意　煮物せんまい此品抔《など》之内　焼魚其所有合物　香物なら漬瓜等之内盛形五切ニして替り用意　但鰹を入盛形替り用意、精進日はかんひやう椎茸抔之内其所有合物三品位ニして

この場合の朝夕の食事は、飯、汁、野菜の煮物、焼魚、香の物の実質一汁三菜で、参勤交代旅行中の健康に十分配慮したものであるといえる。なお、前田治脩は自身賄

分　類	食　品　名	種類数
穀　類	飯　焼麩《ふ》　丁字麩　丸麩　麩	5
芋　類	干蒟蒻　氷蒟蒻　蒟蒻　芋　里芋　京芋　銀杏芋《いちょういも》	7
豆　類	豆腐　焼豆腐　湯葉　油揚	4
種　実	胡麻	1
野菜類	竹子　蕗《ふき》　蕨《わらび》　ぜんまい　菜　青菜　菜茎 唐ちしゃ　ちしゃ　水菜　茗荷　茄子　千石豆 大角豆《ささげ》　空豆　江戸ささげ　冬瓜《かもうり》　南瓜　瓜 牛蒡《ごぼう》　大根　人参　香物　奈良漬　干大根　干瓢《かんぴょう》	26
果　実	梅干	1
茸　類	松茸　椎茸	2
藻　類	昆布　ひじき　若布	3
魚類　塩水産	鯖　大鯖　鯵　鰈《かれい》　大鰈　とび魚　鯛　小鱈　鰤《ぶり》 しいら　鯨　蛸　いか　栄螺《さざえ》　塩鯛　干鱈 干かます　ちりめん　鯖早鮨　鯖鮨　鯵鮨　削鰹 蒲鉾	23
淡水産	わたか　はす　大はす　鰻　鮒　鱒　もろこ 小鮎　川魚　はす鮨	10
鳥卵類	鴨　卵	2
酒	酒	1

海道帳の献立に見る食材

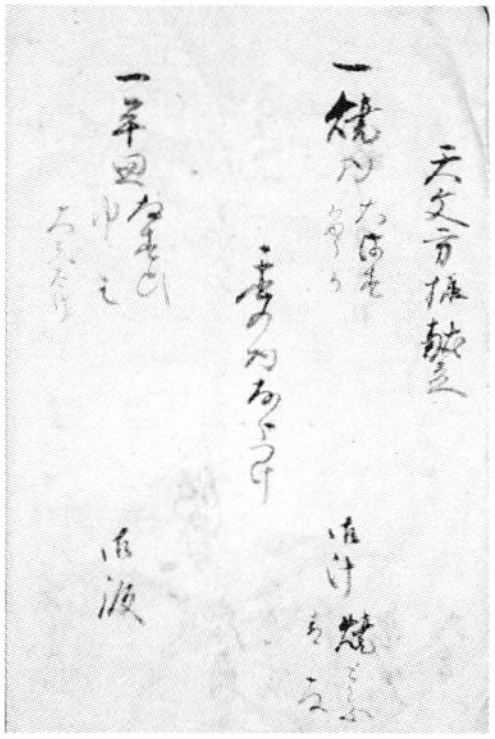

32　伊部本陣海道帳
伊部本陣に伝わった海道帳は、元文４年（1739）を最古として61冊にのぼる。その内24冊に大名などへ出した料理献立の記事が見える。写真は、享和３年（1803）伊能忠敬一行が宿泊した時の献立の一部。

いだったが「道中本陣附献立」から推測すると、充実した食事内容であったといえよう。享和三年（一八〇三）に伊能忠敬一行が宿泊したときの献立記録もある（93ページ参照）。

献立を月別にすると、記載数の最も多いのは五月の四三、次いで六月、三月、七月、九月、八月、十月、四月の順になる。料理の内容は、汁には焼魚等一種、平《ひら》には野菜など一～五種の煮物、皿には野菜一種、猪口《ちょく》には浸し物、その他香の物、梅干し、酒、肴が見られる。これら献立記載の食品は多種類に及ぶ。このうち、氷蒟蒻《こおりこんにゃく》、焼豆腐、豆腐、菜、青菜、昆布は季節に関係なく利用された。一ヶ月だけ利用された食品もある。

五月　そら豆・わらび
七月　唐ちしゃ
八月　かもうり・かぼちゃ

このように常時入手できる食品と、有り合わせ物とされる旬の野菜や魚等を上手く利用した様子がよく伺える。

また丁字麩や蒟蒻・奈良漬・干瓢《かんぴょう》・鯖鮨・はす鮨・鴨など現在滋賀の郷土料理やその食材とされているものも見ることができる。

食料の調達について

『近江輿地志略』には「本朝の米、殊《こと》に近江、丹波、播磨の産する処を以てよしとす、其中《そのうち》近江国を以て第一とす。」とあり、また「蒟蒻《こんにゃく》　八幡の土人製造す。冬に至って蒟蒻の根をとり鹿皮を去り石臼に入れて之をかち細

再現された砂糖餅

再現された醒井餅

末にして後手を以て之を揉み、石灰少許《すこしばかり》を加へ釜にて之を煮、熱に乗じて幅五寸許の長き箱に盛り之をきり売る八幡ごんにやくと号し他の製造より甚大きく味亦よし。一種栗太郡勢多より出す者あり勢多蒟蒻と号す」とある。このような米や蒟蒻は品質の優れた地元産があった。蒟蒻を凍結後乾燥させた氷蒟蒻も同様である。

越前の敦賀では、越前・加賀・越中・津軽・松前・丹後・但馬等の地方からの米・大豆・小豆・小麦・大麦・粟・蕎麦《そば》、並びに、比較的遠隔の地まで輸送可能なように魚を干したり塩をした四十物《あいもの》などが陸揚げされ、これら上り荷は琵琶湖を経て上方へ運ばれた。また下り荷として上方からの荷物が敦賀から北国へと送られ、さらに、政所茶、美濃茶、伊勢茶等も敦賀にもたらされた。敦賀はこのように商いが活発に行われた商業地であったため、「北国脇往還」にある伊部宿ではそれらも利用できた。

伊部宿では淡水産の魚類と新鮮な野菜などは地元で調達し、四十物をはじめその他輸送の可能な食品は地元産と併せて敦賀からも調達していたといえよう。

醒井餅と砂糖餅の再現

醒井餅について文化二年（一八〇五）成立の『木曽路名所図会』に「此清水の前には茶店ありて、常に茶を入れ、醒井餅とて名産を商ふ」とある。作り方は享保三年（一七一八）成立の『諸国名物御前菓子秘伝鈔』によると「さめかいもち　唐餅米　一粒つつえり　餅にしてのし　一日一夜影ほしにして　しやうじきにてけつり申候」とある。大きさと色は『近江輿地志略』に「醒井の製する処、紅黄白の片餅　大さ竪四五寸　幅四五分　厚さ一分に及ばず甚《はなはだ》薄し」とあり、「今短冊餅とて幅一寸六分許長五寸許黄白赤の三色にして之を売る専ら醒井餅といふ」ともある。さらに文化十一年（一八一四）成立の『近江名所図会』に「餅醒井口丹青を合せてかき餅とせり」ともある。これらより醒井餅には、いろいろな色や形のものが見られるが、ごくうすい短冊のようなものであったらしい。

醒井餅の食べ方については、井伊家の茶会記の懐石に「湯　割醒ヵ井」とあり、焼いて割った醒井餅を湯の子として湯次《ゆつぎ》に入れて出されていた。この他にも、作りた

享和三年（一八〇三）五月七日

天文方様（伊能忠敬）献立

焼物　大はす　かやうか
御汁　焼とうふ　青な
香の物　ならつけ
平皿　なすひ　ゆは　大したけ
御飯
猪口　うり　からしあへ
御酒
硯ふた　玉子　うなき　つぶしたけ
引物　御菓子

文化八年（一八一一）七月二十三日夕

鞠山藩酒井氏家中献立

平　なすひ　ささき　丁字ふ
汁
皿　しいら　きりめ
飯
猪口　青な　したし

文化十六年（一八一九）五月九日夕

松平氏家中献立

平　竹の子　やき豆ふ　氷こんにやく　ふき
汁
猪口　ちしやう　したし
皿　あし
飯　青な

文化八年（一八一一）

越州（越前福井藩主）御立《（先）》箱御泊り献立夕

平　ふき　やきとふ　こりこんにやく
汁　青な
皿　ぶり
猪口　なしたし

御朝同

平　たうふ　八はい
汁　ちしやう
皿　かれ
こうの物

35　伊部宿本陣道具類　褐漆絵文台
伊部本陣の調度品。台の表には蘇州風の山水画が浮かし彫りで描かれ、褐色と黒色の漆塗りと金彩が施されている。台上には矢立状の香焚器を置いて使用したとも伝えられている。

35　伊部宿本陣道具類　陶製枕
伊部本陣に伝わる諸道具の一つ。陶製のもので、藍色の染付がなされている。枕の内部は香炉になっており、宿泊した貴人を眠りへと誘ったのであろうか。

ての醒井餅は熱湯に漬けた後に豆の粉をつけ、乾燥してかたくなったものは、揚げる、焼くなど様々な工夫をして食べたという記録がある。

砂糖餅は慶長九年（一六〇四）成立の『日葡《にっぽ》辞書《じしょ》』によると「中に粗糖か砂糖かを入れて作った餅」とある。十六世紀中頃に南蛮菓子が伝来し、南蛮貿易によって大量の砂糖が輸入されるようになり、甘い菓子を求める傾向が強まった。そのため砂糖の需要は増大し、砂糖の国産が始まった。そして十七世紀後半になって和菓子は大成した。

このように甘いものを求めて創られた砂糖餅は、餅を柔らかく搗《つ》き、搗き上げぎわに赤砂糖を搗き混ぜた餅であったようだ。また『聞き書　兵庫の食事』によると、砂糖餅は、餅がほとんど搗けたときに、砂糖と紅色粉で着色して長く平らなのしもちにし、そのまま食べるものは厚く切り、それ以外は薄く切って、室内で乾燥してかきもちにするとある。近江でもこの例のように、搗きたてのやわらかい砂糖餅はそのままか、または加熱して軟らかい餅として食べ、残りは、薄く切ってかきもちにしたことであろう。

おわりに

このように海道帳から伊部宿本陣における食について知ることができた。宿割帳などからさらに明らかにしていくことが今後の課題となる。また、醒井餅や砂糖餅を次代に伝えていく郷土菓子とする方法も見いだす必要がありそうだ。

「北国街道」―幕末・維新に栄えた経済の道―

長浜町の「札の辻」（長浜市元浜町、撮影／寿福滋氏）
長浜町内を南北に貫通する「北国街道」の町並み。正面の「四つ辻」は「札の辻」と呼ばれ、高札場があった所。ここは、南北通りの「北国街道」と東西通りの長浜街道が交差する場所でもあった。「札の辻」の北東にあたる「黒壁」の前に立つ道標は、本来反対側に建てられていた。

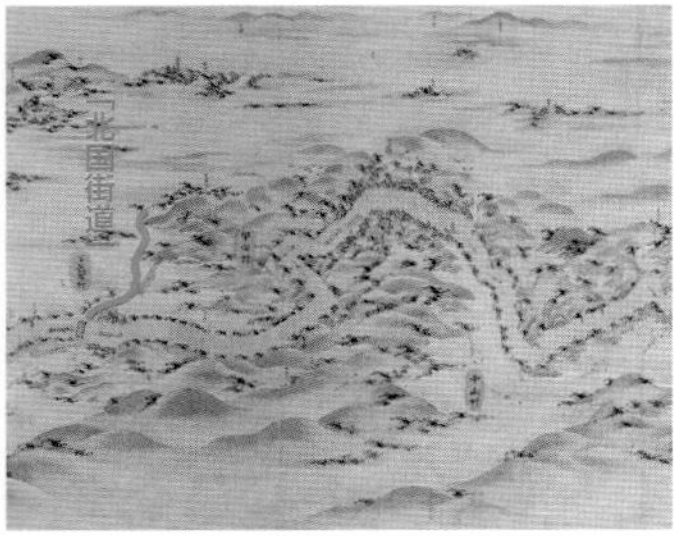

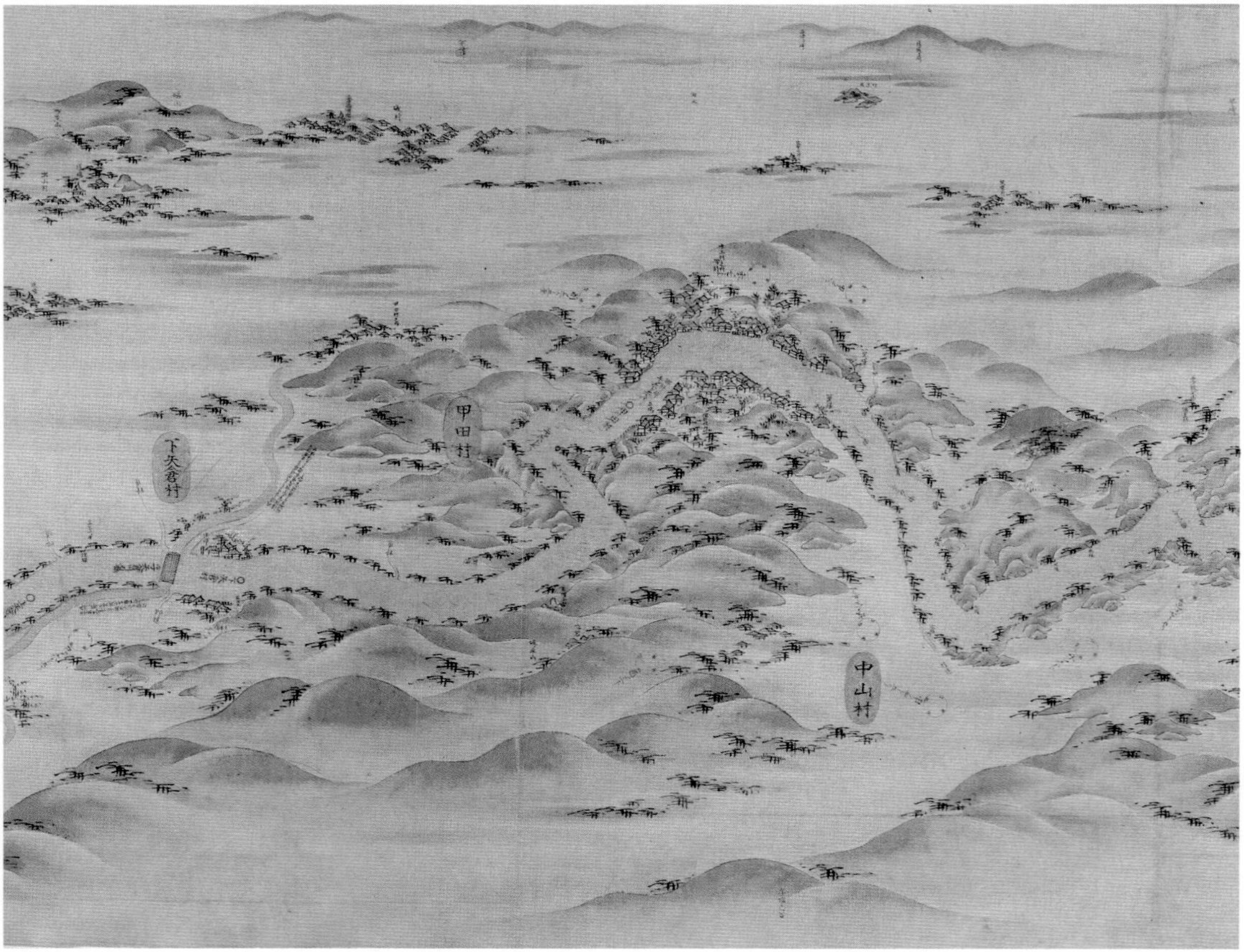

36　中山道分間延絵図　巻拾　東京国立博物館蔵

文化３年（1806）に成立した江戸幕府道中奉行による五街道絵図の１巻で、重要文化財。写真は鳥居本宿の北・下矢倉村から摺針峠の部分である。「北国街道」は下矢倉村で中山道から分岐するが、ここでは「北国往還」と記されて、三叉路には「道印」（道標）が見えている。摺針峠は琵琶湖を眺望できる場所として、中山道きっての名所であった。

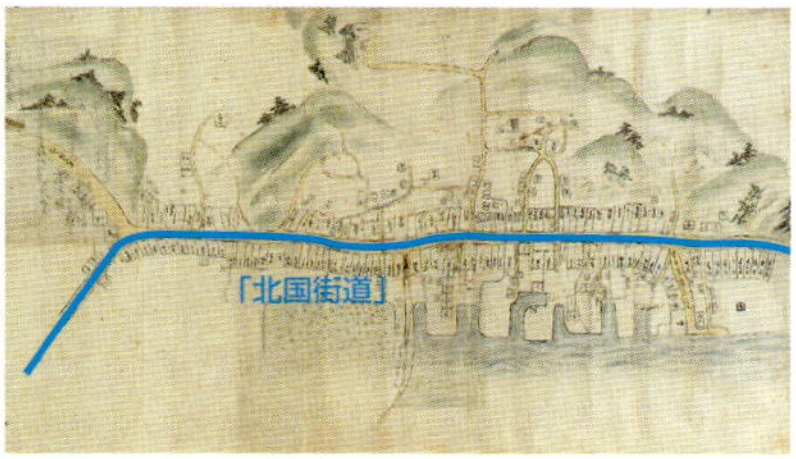

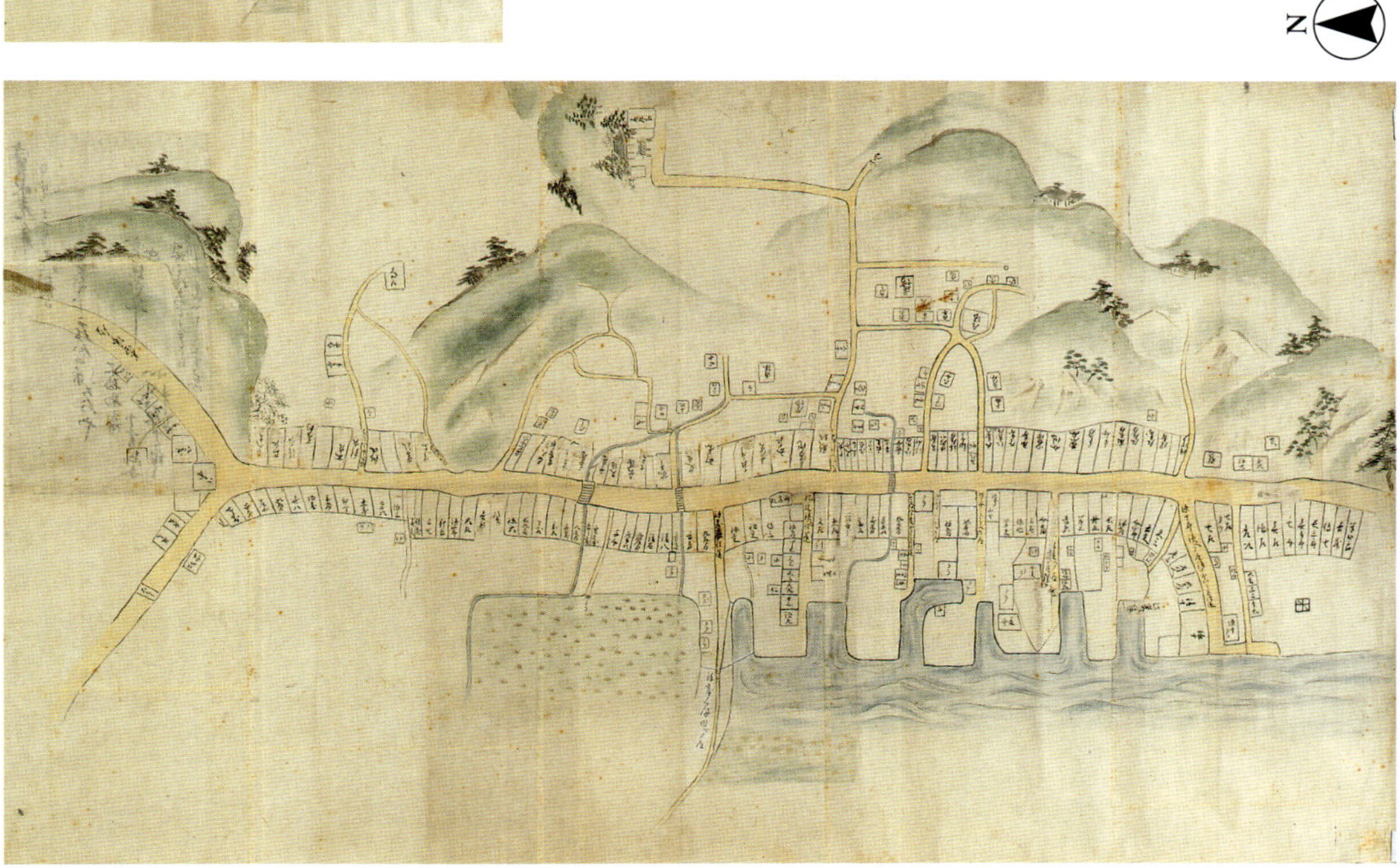

37　米原宿絵図　滋賀大学経済学部附属史料館蔵

宝永元年（1704）に成立した原図を、寛保２年（1742）に北村源十郎が書写させた絵図。米原宿を描いた図としては最も古い。「北国街道」は米原宿を南北に貫通し、北で中山道につながる深坂越と分岐している。宿の西側に倉が建ち並ぶ入江が見えるのが米原湊で、当宿が湊と一体となった宿駅であることをよく伝えている。

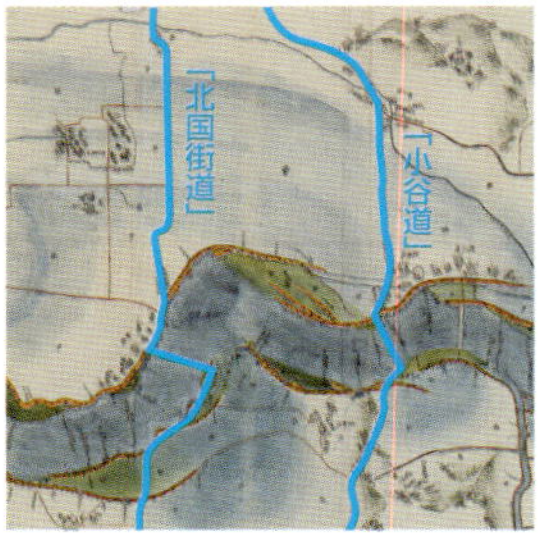

N

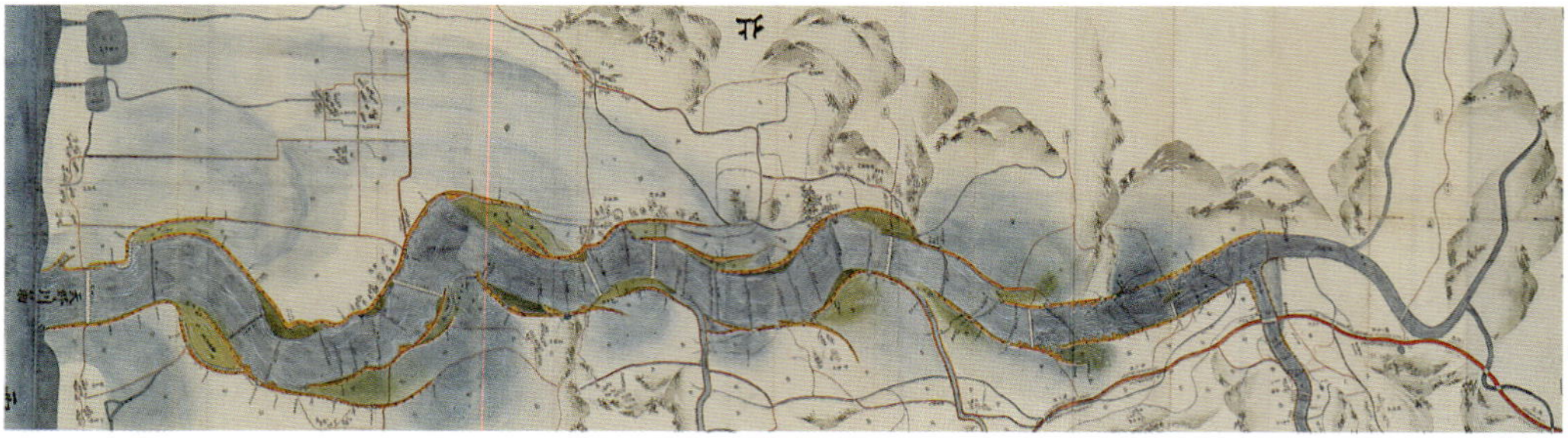

38　天野河絵図河之部　滋賀県立図書館蔵
滋賀県指定文化財「近江国各郡町村絵図」1115点中に含まれる絵図で、坂田郡南部を流れる天野川を河口から梓村（現在の山東町梓河内）付近まで描いたもの。川の両岸に展開する霞堤などの描写も見事だが、「北国街道」と「小谷道」の記述も見逃せない。「北国街道」が天野川を渡る地点は、江戸時代は徒歩渡りであったが、この絵図が描かれた明治初年には架橋されていたことが読み取れる。

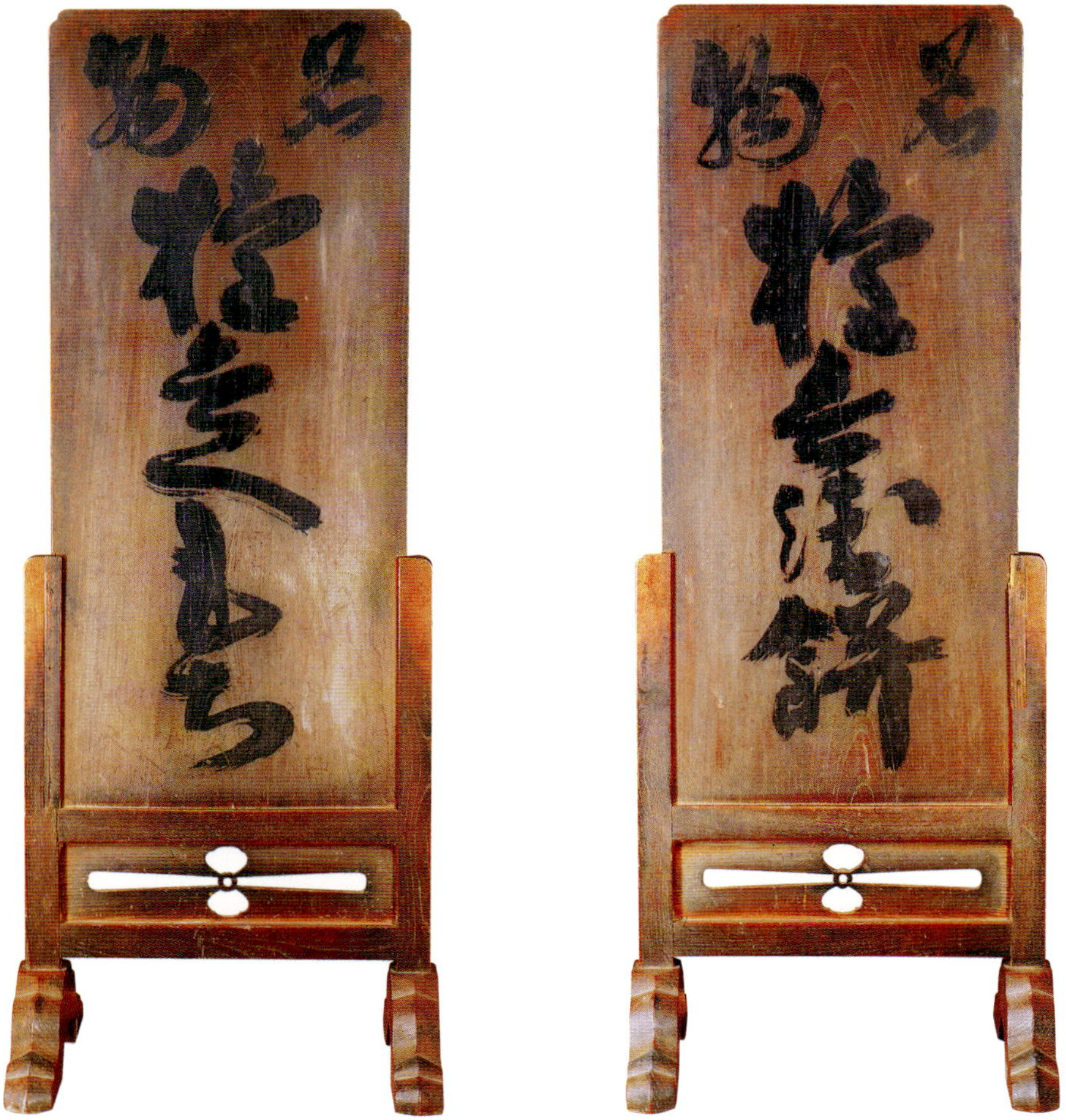

40　田村権兵衛餅看板

「北国街道」に沿う坂田郡田村にあった権兵衛餅の看板である。表裏二面に記され、「権」の字以外を「漢字」と「ひらがな」で書き分けている。近くの多田幸寺に池大雅（1723～76）が宿泊した際に当主が看病し、その礼として書いてもらったという伝承がある。権兵衛餅は、中に餡が入った丸餅で、草色と白色との２種類があった。

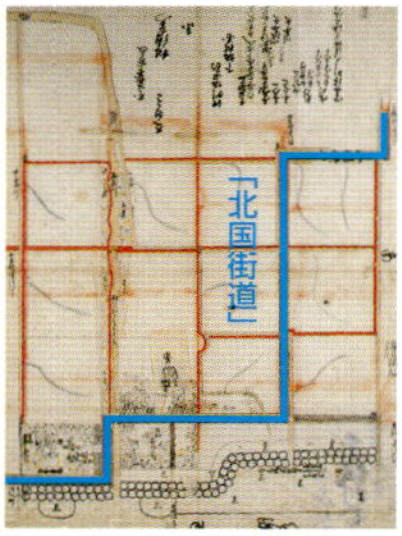

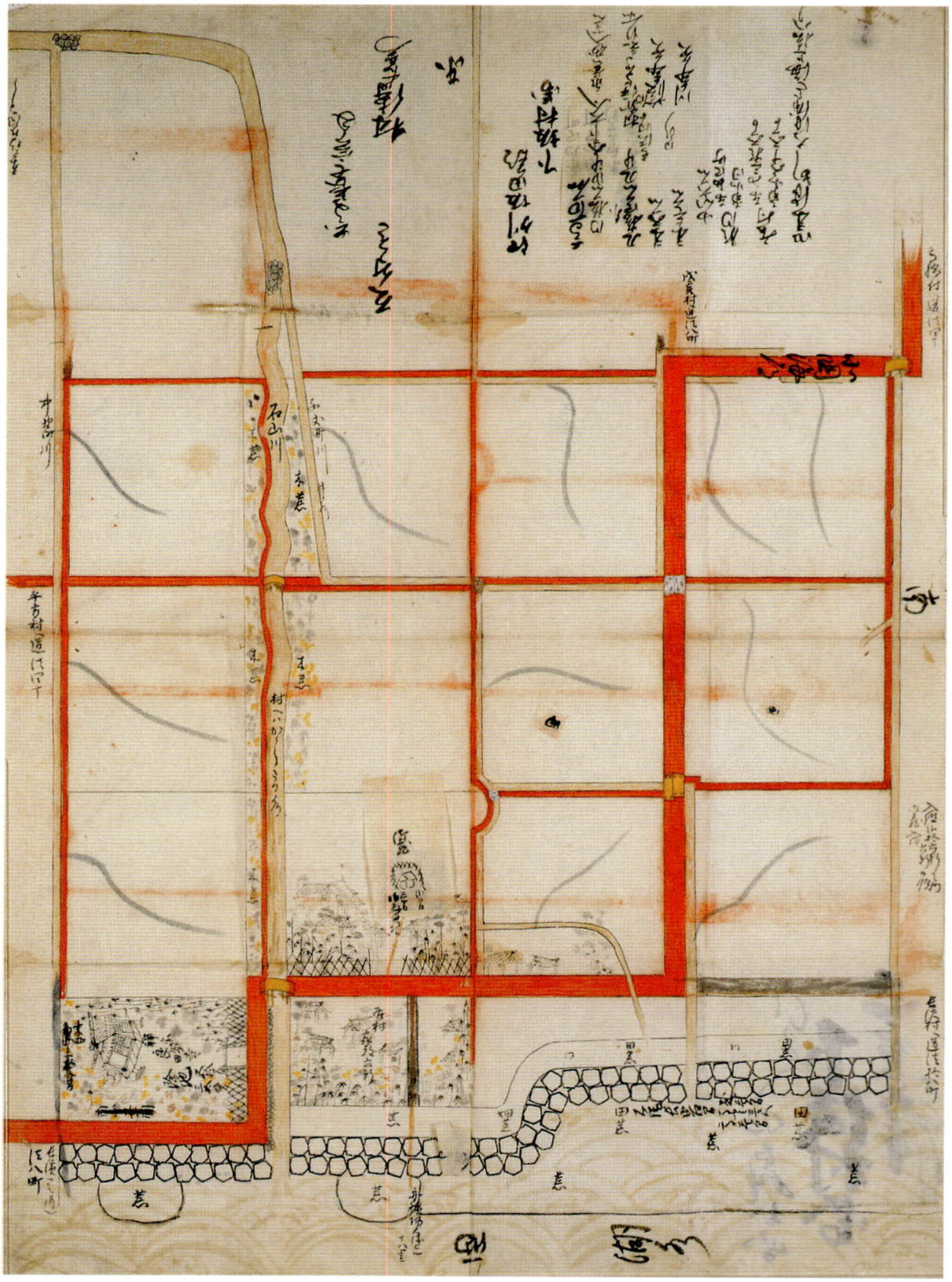

46　下坂浜村絵図

本図には「下坂村絵図」とあるが、その景観から下坂浜村（長浜市下坂浜町）の絵図であることは明白である。慶長7年（1602）の検地絵図を、延宝5年（1677）に写したもの。「北国海道」は、南東から北西へ2回折れながら続く。北西角に見える良疇寺背面の湖岸を行く経路は、明治初年に寺前を通るよう改められ、明治26年測図の「測量部地図」には改修後の街道が記されている。

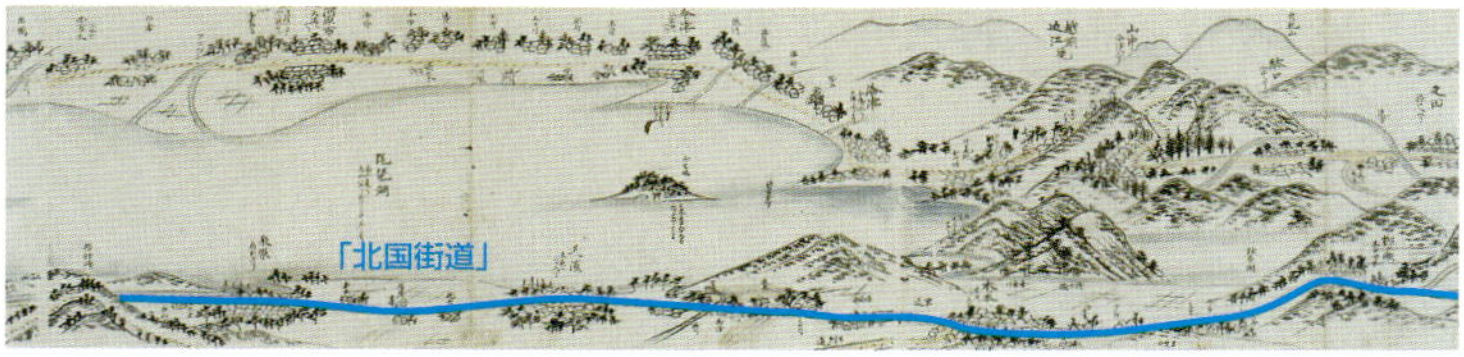

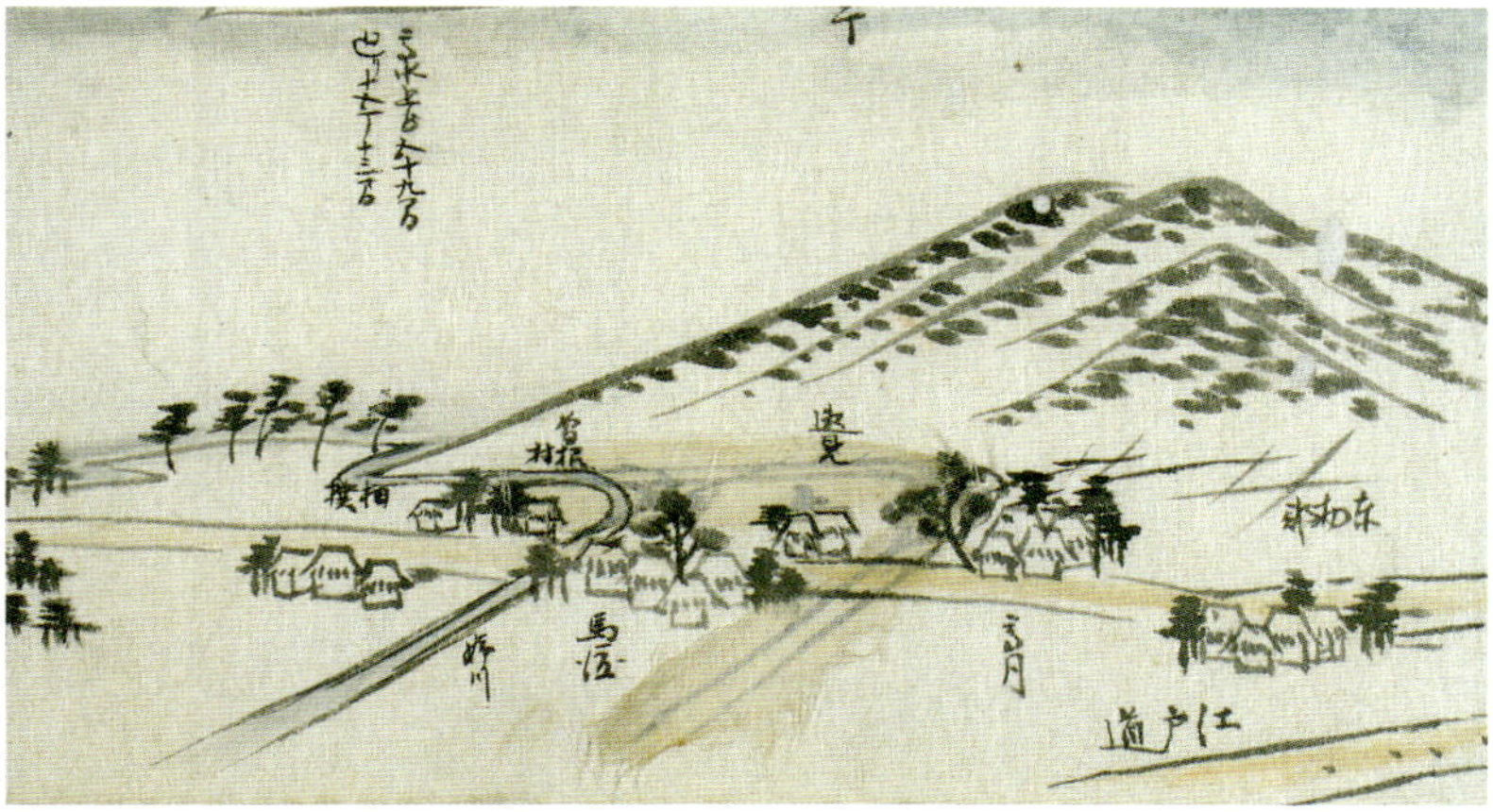

71　京阪街道一覧　福井市立郷土歴史博物館蔵
福井城下から京都・大坂までの街道と宿駅を描いた絵巻で、沿道の村落や峠の描写も細かいながら堅実である。福井藩主慶永を補佐した藩士中根雪江が、京・大坂との往復に用いたものという。写真は北近江を掲示したが、「北国街道」の他に西近江路も描く。長浜湊の丸子船や、山本山と街道の関係など、絵師は実見に基づいて描いていることが見て取れる。

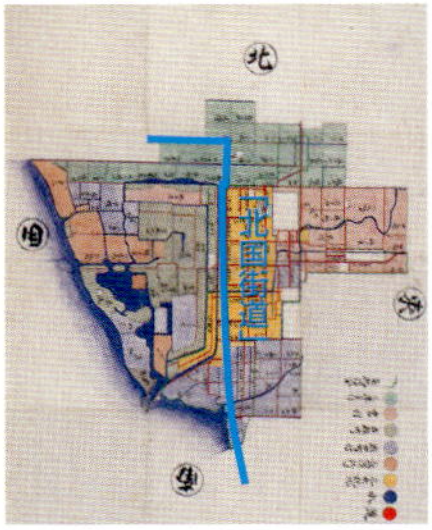

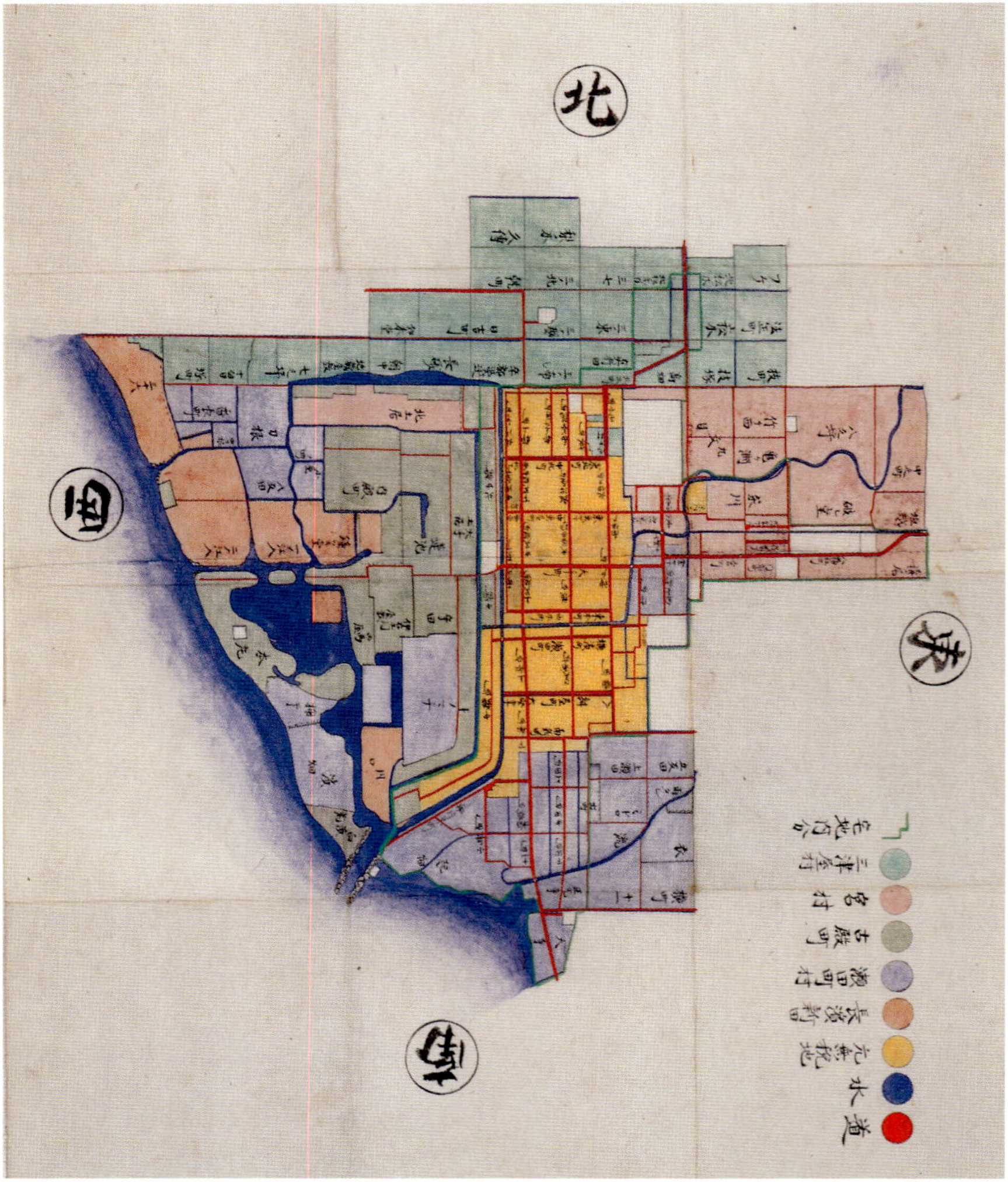

47　長浜町絵図　吉川三左衛門家文書

長浜の町年寄で本陣も務めた吉川三左衛門家文書中に伝来した長浜町絵図。付属する紙片に明治７年とあり、朱印地を「元無税地」と表記し黄色で表記している。江戸時代の長浜町のみでなく周辺村（長浜新田・瀬田町村・古殿町・宮村・三津屋村）をも描く。「北国街道」は、南から北へ貫通し、北部で鍵型に折れ、その２町北で直角に曲がり西に向かっている。

長浜本陣吉川家復元図（作図／佐々木洋一氏）
元治元年（1864）に江戸に向かった金沢藩主前田斉泰夫人溶姫が中休した時に作成された平面図を基に、推測を含めて立面図を製作した。向かって右側が大名等の使用空間、左側が本陣家の生活空間となる。本陣裏は米川に面しており、丸子船が着岸して積荷をおろした。

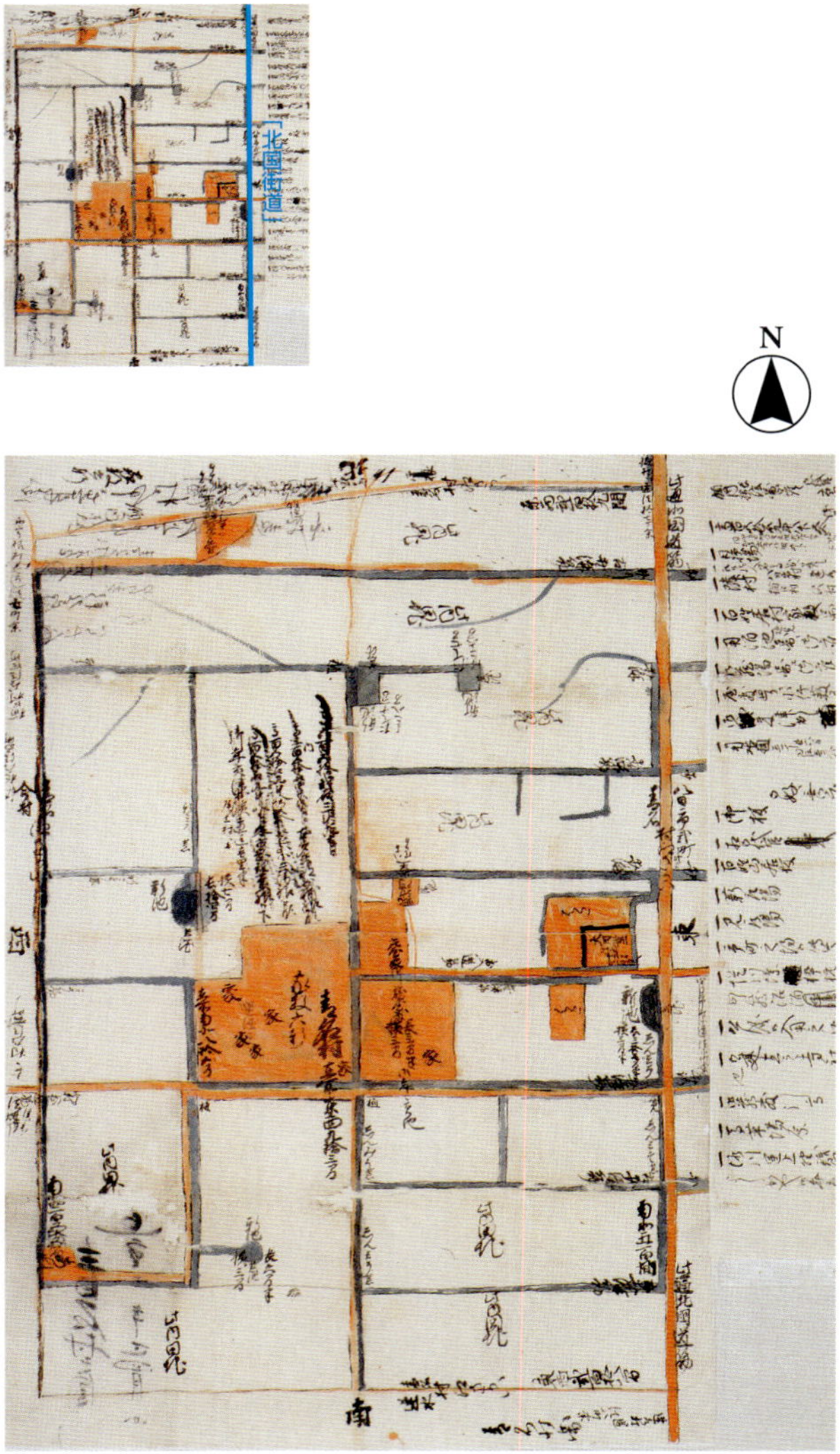

55　青名村絵図

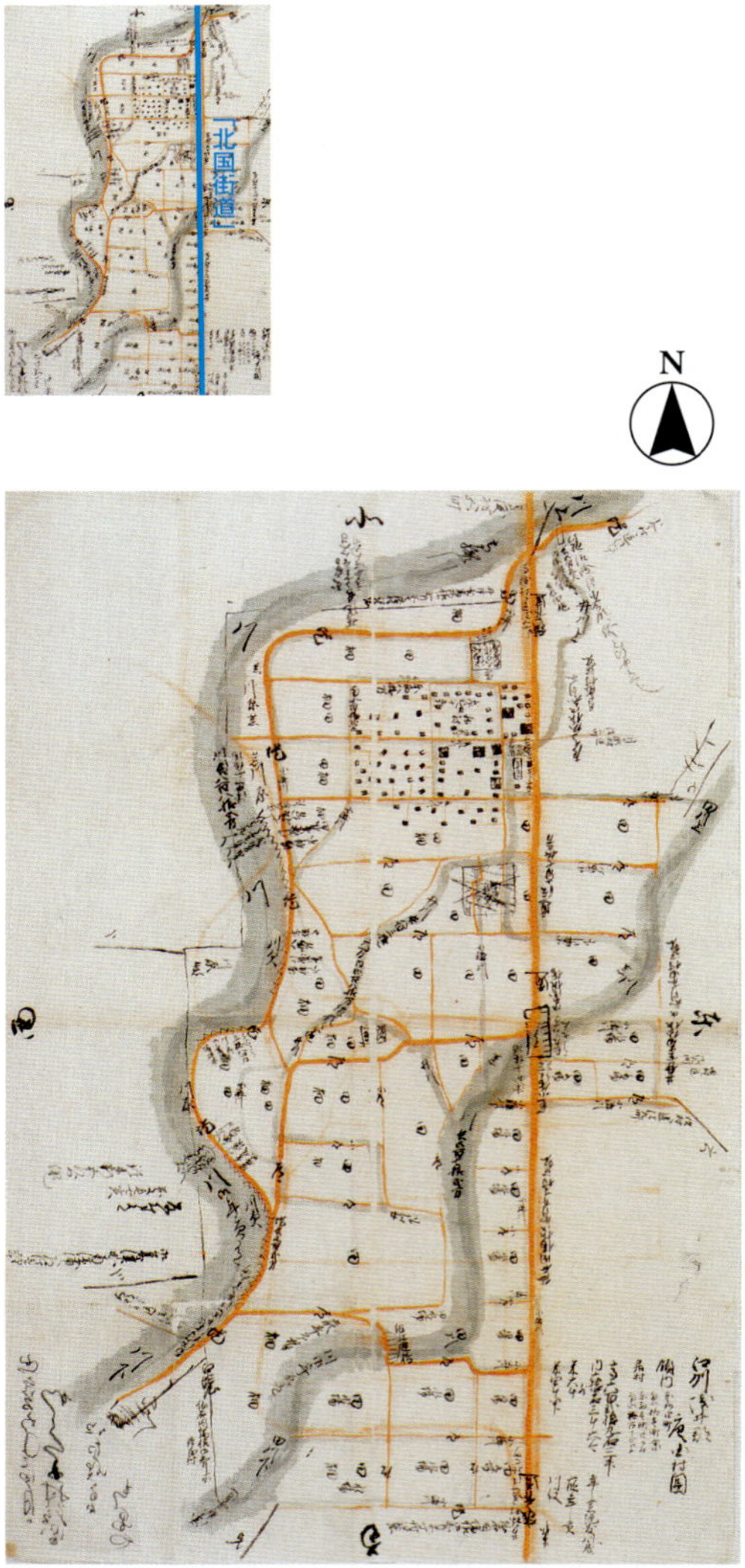

52　唐国村絵図

坂田郡内の幕府代官家を務めた家に伝来した浅井郡唐国村（虎姫町唐国）と青名村（湖北町青名）の絵図。両村絵図とも裏面墨書から延宝５年（1677）製作と知られる。「北国街道」は、いずれも南から北へ貫通しているが、明治中期に製作された「測量部地図」の経路と変化がなく、江戸時代を通してルート変更がなかったことが確認できる。

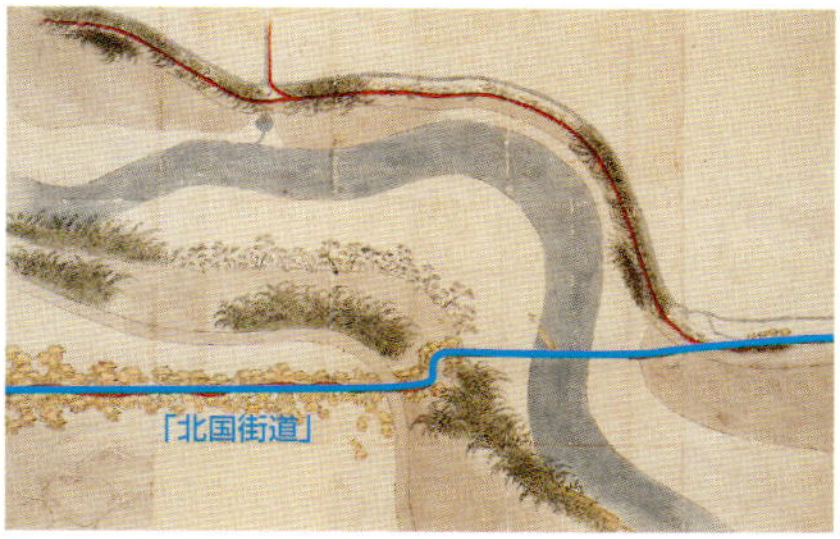

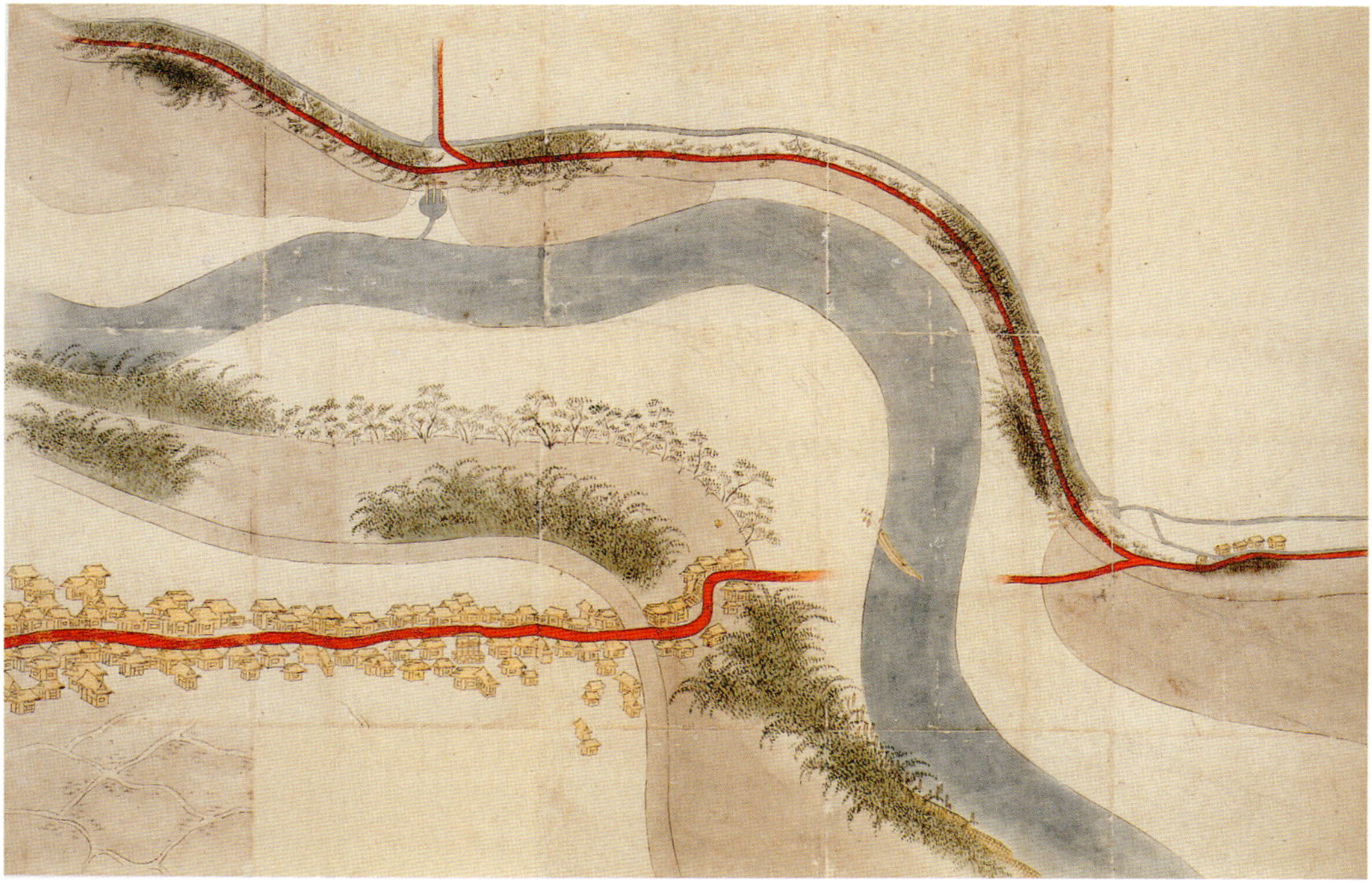

53　馬渡村絵図　湖北町馬渡区蔵

新たに発見された江戸時代の馬渡村（湖北町馬渡）の絵図。高時川には橋がなく、１艘の川船が描かれている。居宅一軒一軒や高札場を大きく、それも写実的に記している点は、この手の絵図としては異色で、絵図表現としても優れている。安政３年（1856）の越前府中藩士佐久間直英の旅日記によれば、「馬渡川舟渡し」とあり幕末まで架橋されなかったことが分かる。

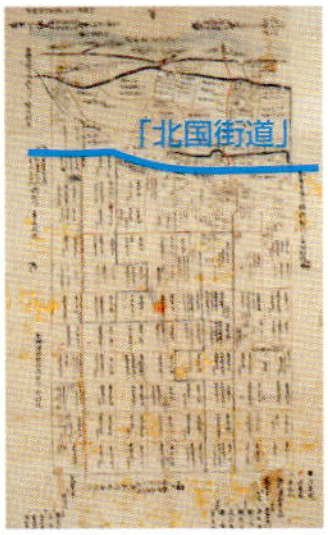

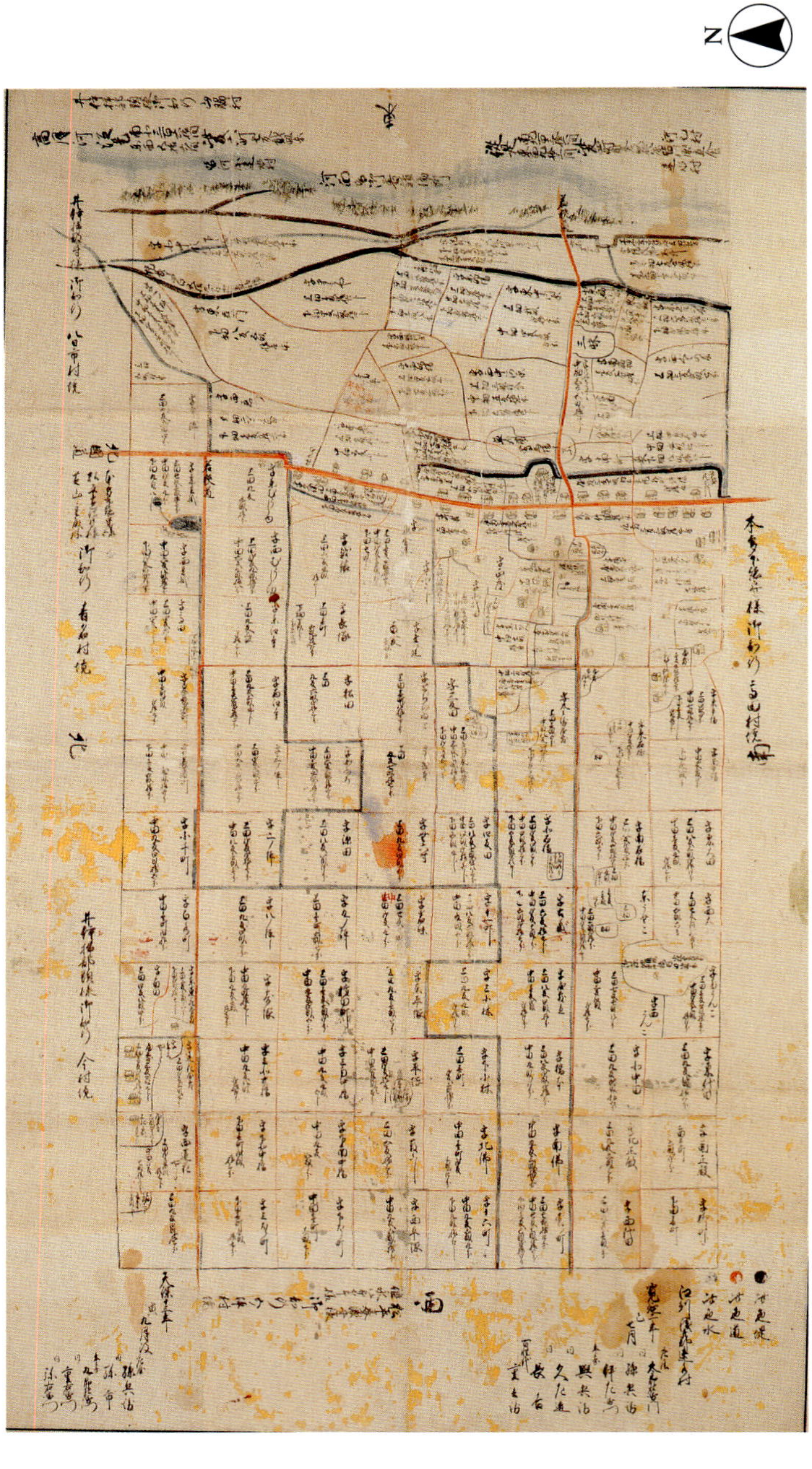

54　速水村絵図　伊豆神社蔵

寛延2年（1749）に成立した絵図を、天保13年（1842）に再写した浅井郡速水村（湖北町速水）の絵図である。「北国街道」は「北国道」と表記され、南から北へ貫通している。速水村は長浜・木之本間の間宿で、数軒の旅籠の存在も知られている。宿の北で「北国街道」に合流、南で分岐する「若狭道」は、湖岸の尾上（湖北町尾上）と「北国脇往還」の郡上宿を結ぶ経路で、若狭小浜藩酒井氏家臣が多く通行したので、この名があるという。

「北国街道」の経路と景観

門脇　正人

はじめに

近世の街道の道筋をたどるには、明治二十六年（一八九三）前後に陸地測量部が測量した二万分の一の地形図（以後、「測量部地図」と呼ぶことにする）がよく使われるし、その経路を知るには手っ取り早い。「測量部地図」は江戸末期から明治初期の日本の景観をよく伝え、多くの情報を与える。

しかし、道は変わっていくものであるから、江戸時代の街道を調べるには「測量部地図」では限界があり、もう少し古い地図が必要となる。ここでは、「測量部地図」をもとにして、江戸末期・明治初期の絵図と比較をしながら、江戸期の「北国街道」の経路をたどってみたい。なお、「測量部地図」による「北国街道」の経路は、巻末の地形図に書き込んであるので参照いただきたい。

「旧中仙道　摺針峠望湖堂」の道標
「北国街道」と中山道の分岐点に立つ。ただし、本来の分岐点は、これより一〇〇メートルほど南東の地点である。

近江の起点・下矢倉

「北国街道」は鳥居本宿（彦根市）の北で中山道と分かれ、米原・長浜・木之本・中河内・栃ノ木峠を経て福井県にいたる道である。中山道鳥居本宿の北・下矢倉が「北国街道」の近江の起点である。

鳥居本宿の北はずれに松並木が残っているが、やがて国道八号線に出る。国道を少し北に行くと右手に「旧中仙道　摺針《すりはり》峠望湖堂」の大きな石碑

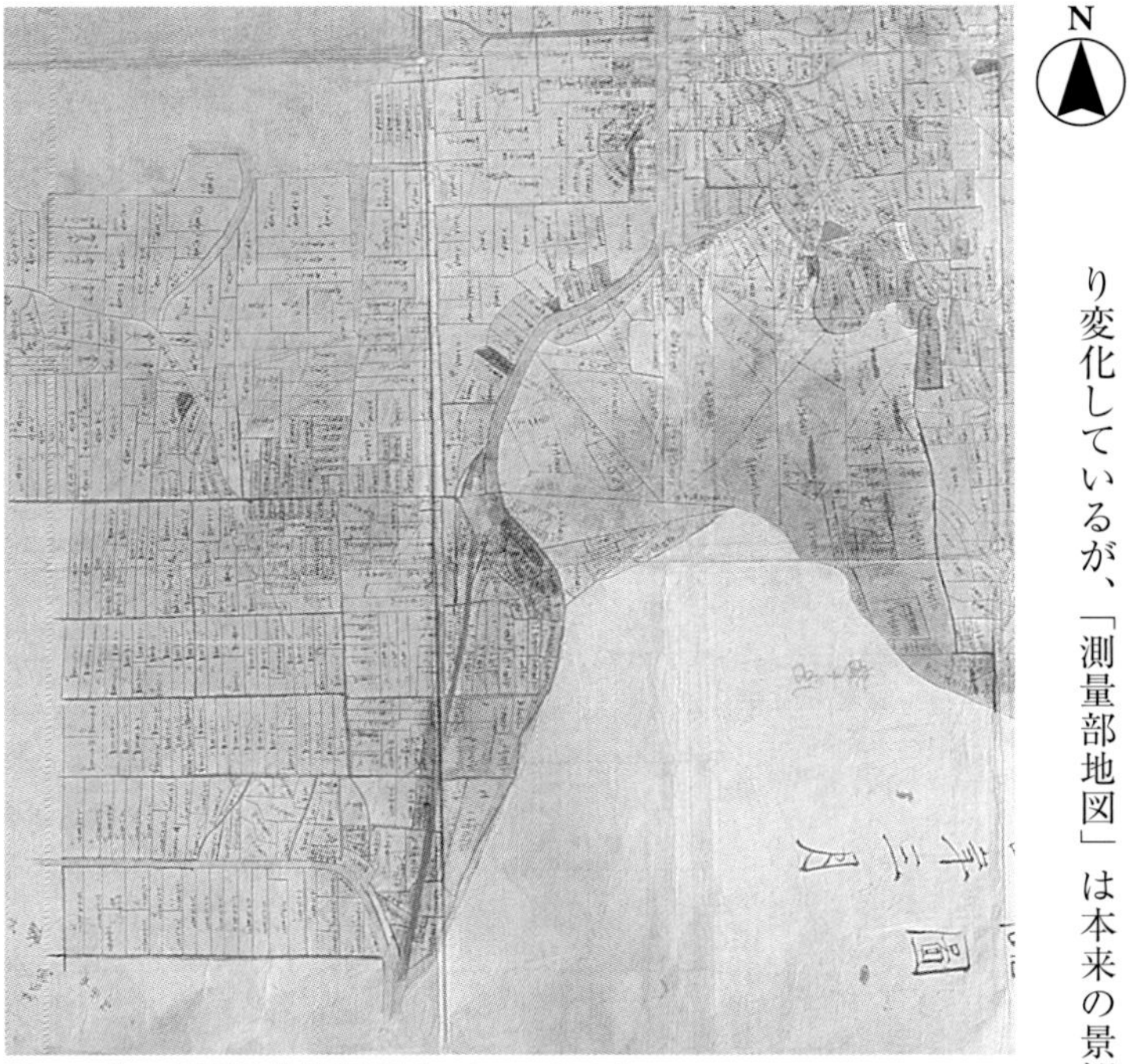

図1　梅ヶ原村地位等級縮図　米原町役場蔵
明治14年に作成された梅ヶ原村の地籍図。「北国街道」は、梅ヶ原（米原町）と甲田（彦根市）の境界を走る道（旧道）と、それより西側の直線的な道（新道）の両方を掲載している。

が立っている。そこを右手に入るのが現在の中山道であり、そのまま国道を北に進むのが「北国街道」である。ただ本来の分岐点は八号線より東の矢倉川の橋のたもとであった。この分岐点には道標があったようで、『中山道分間延絵図』（カラー図版96ページ参照）にも描かれているし、『近江名所図絵』にも「矢倉橋といふより道あり、米原へ三〇町、北国街道という石標あり」とある。ただこのあたりは河川改修や八号線建設によりかなり変化しているが、「測量部地図」は本来の景観を表現していると思われる。「北国街道」は国道八号線を北上する。

梅ヶ原・米原

滋賀県立図書館蔵「近江国各郡町村絵図」中の「梅ヶ原村耕地絵図」（年代不詳）などを見ると梅ヶ原村（米原町）と甲田村（彦根市）の境界を道は通っている。ところが「測量部地図」では少し西側を直線的に走っている。明治十四年の「梅ヶ原村地位等級縮図」（図1、米原町役場蔵）では両方の道が描かれているので、この頃までに新しい道が出来て、それが「測量部地図」に載ったのだろうと考えられる。現在、この境界は田の中の農道として痕跡を残している。

この様に明治時代になって大幅に道が改修され、「測量部地図」では本来の道が消えてしまうか、細く描かれているだけの個所が少なからず存在するのである。その後、旧道はいったん国道に出るが、やがて右に入り梅ヶ原の村中を走る。また八号線に出るが、米原曳山祭の「寿山」の山蔵をすぎたところで、国道と別れ米原宿の中心に入っていく。古い民家も見られ、北国街道の面影を残す。

なお、国道と別れるところで左に入ると、米原湊・米原宿を開いた北村源十郎の屋敷跡がある（119ページ参照）。今は、「史蹟　明治天皇御駐蹕趾」の碑が立つだけである。しばらく行くと、「かめや」という旅館があるが、その前に弘化三年（一八四六）に建てられた「右中山道　左北陸道」の石碑（カラー図版39ページ参照）がある。

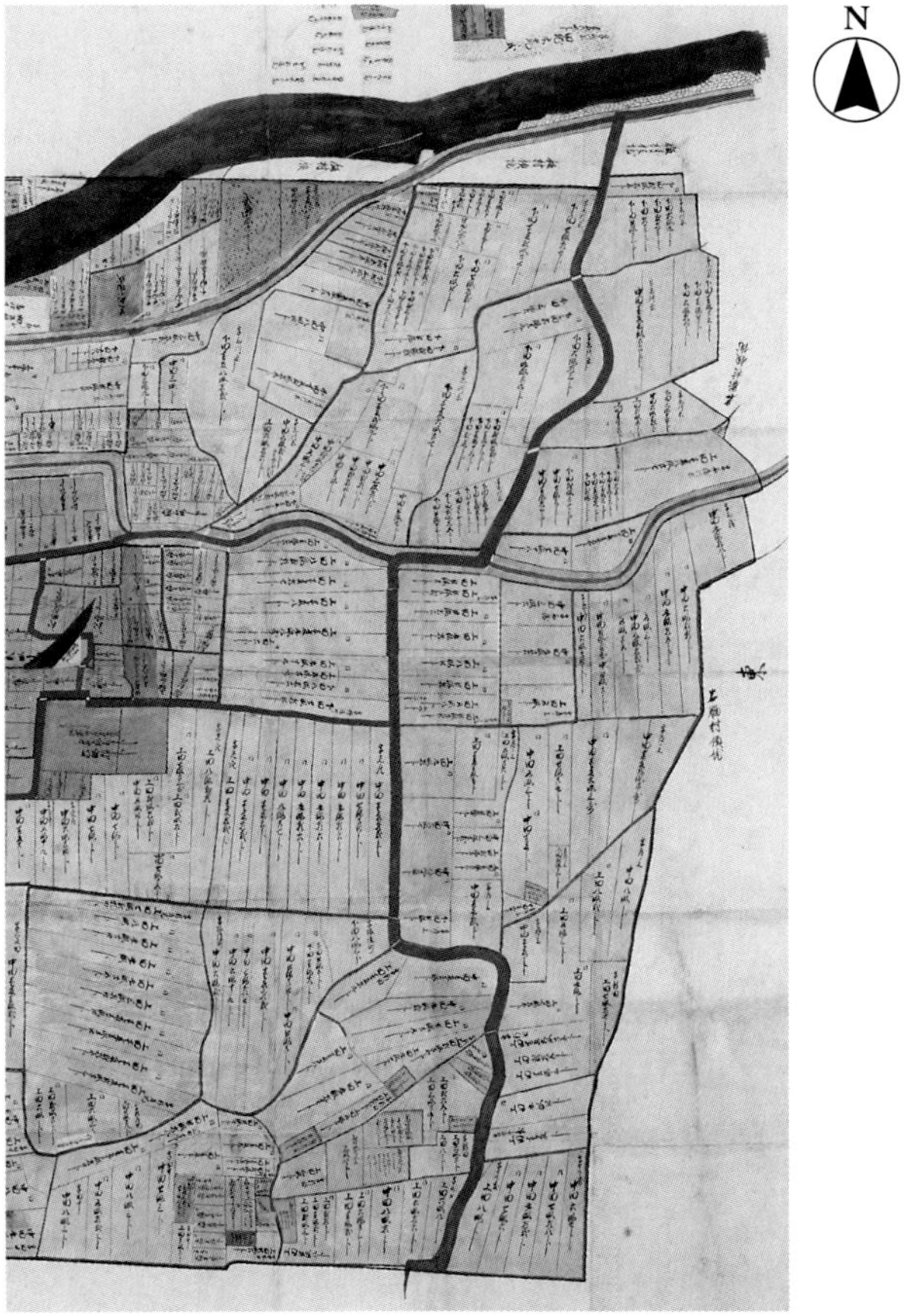

図２　坂田郡上多良村絵図
滋賀県立図書館蔵
江戸末期から明治初期の「北国街道」は、米原から天野川までの区間、非常に複雑な経路を通っていた。中央を屈折して走るのが「北国街道」。

右へ行くと米原高校の前を通り中山道・番場に出る。慶長八年（一六〇三）井伊家の許可を得た北村源十郎が米原湊を開き、同十六年には米原と中山道番場宿の間に新道（深坂道）を開いた。左に行くと米原中学校の跡地に出る。平成七年（一九九五）、現在地に移転するまでは中学校の敷地内を街道は走っていた。渡り廊下には「通行禁止」の看板があった。八号線を横切り、その先は米原駅構内となって消えてしまう。

米原から天野川へ

「北国街道」が米原を出て天野川に至る区間については、以下のように四つの時期で経路が変化したことが分かる。

①滋賀県立図書館蔵「近江国各郡町村絵図」中の「坂田郡上多良村絵図」（図２）を見ると、「北国街道」は上多良内の小字の境界を通っていることが分かる。この道が江戸、明治初期の道であろう。今は廃道となっている。

②「測量部地図」にある道。明治二十二年（一八八九）に鉄道が開通したとき新しい道が出来たのではないかと思われる。多良口には「旧北国街道」の碑がたっている。

③昭和九年（一九三四）に岩脇（米原町）に米原陸橋が架設された。これが旧八号線。

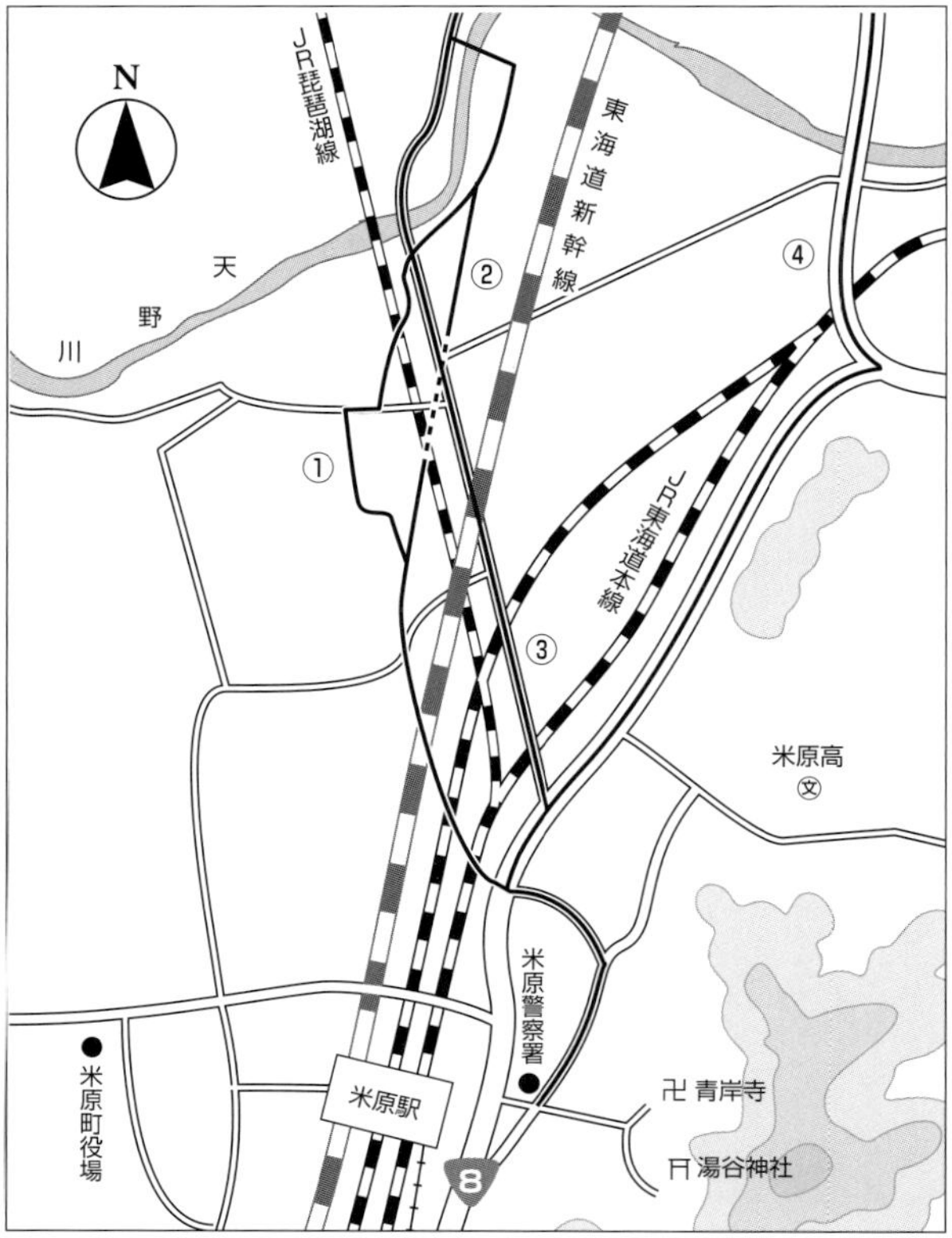

図3　米原から天野川への「北国街道」変遷路

昭和時代の地形図で「北国街道」と表記してある。

④自動車の大型化などにより昭和四十五年（一九七〇）より陸橋は使用禁止となり、西円寺を通る新国道（バイパス）に移った。

以上をまとめたのが図3である。

飯・碇

天野川にかかる「飯村橋」を南岸より北岸に渡ると、旧八号線に出る。そこが飯（近江町）である。昭和十九年に流れた「飯村橋」は現在の橋より約三〇メートル上流にあったようで、江戸時代後期には架かっていたのではないかと言われている。それ以前はさらに上流に「飯村の渡し」があって、川越人足が置かれていた。さて、明治初年の滋賀県立図書館蔵「坂田郡飯村絵図」（図4）などによると、「測量部地図」に描かれた道とは少し様子が違う。「測量部地図」以前の道は、旧八号線（天野川北岸）を地蔵堂がある左側から下りてゆき、右折してすぐの「岩崎商店」の角を北に曲がる細い道である。地元では保育所道と呼ばれ、真っ直ぐ北に旧八号線と並行して進む。世継へ出る県道を越え、飯と宇賀野の境にある野道を右に曲がり旧八号線にでる（今はこの境の道は廃道となっている）。近年坂田駅に通じる道として新しく大きな道がついた。住宅地図で確認すると、この道は境界のすぐ北側であるようである（図5）。

飯を出ると宇賀野。宇賀野の出郷である碇の辺りは滋賀県立図書館蔵「坂田郡宇賀野村絵図」（図6）や「測量部地図」を見ると鈎形になっている。二つの図はやや

図4　坂田郡飯村絵図　滋賀県立図書館蔵
天野川から北に上がる道は、「測量部地図」よりは1町分西側を通る。地元では、この道を「保育所道」と呼ぶ。

屈曲の仕方が異なるが、昭和十年の道路拡張により真っ直ぐになった。なお、碇に残る「碇地蔵尊の歴史」を記録した綴りの中に、昭和十年の改修に関する記事と地図があり、以上のことを確認することができる。「北国街道」は、長沢御坊（福田寺）で有名な長沢をすぎる。

田村・高橋

次が田村。昔の六荘村で、ここから現在の長浜市にはいる。「測量部地図」以前の「北国街道」は田村山の裾を東に入り、寺田の村中を通るのではないかという説がある。しかし、明治七年頃の「坂田郡各村絵図寺田村」（滋賀県行政資料）などを見ても旧八号線になっていて、「測量部地図」と同じく寺田・高橋の境界を走っている。道は村と村を結ぶのが本来であろうし、山裾を通ることや、神社の前を通ることが多いことからその説にはかなり魅力がある。ただ、今のところそのことを示す地図が見あたらないので保留しておく。

これに対して、「坂田郡各村絵図高橋村」（図7、滋賀県行政資料）によれば、高橋は村中の道が「測量部地図」以前の道であると推測できる。「測量部地図」の太く描かれた道は明治になってからの新道である。本来の道であろう今もある村中の道も「測量部地図」には細く（実線と点線）描かれている。

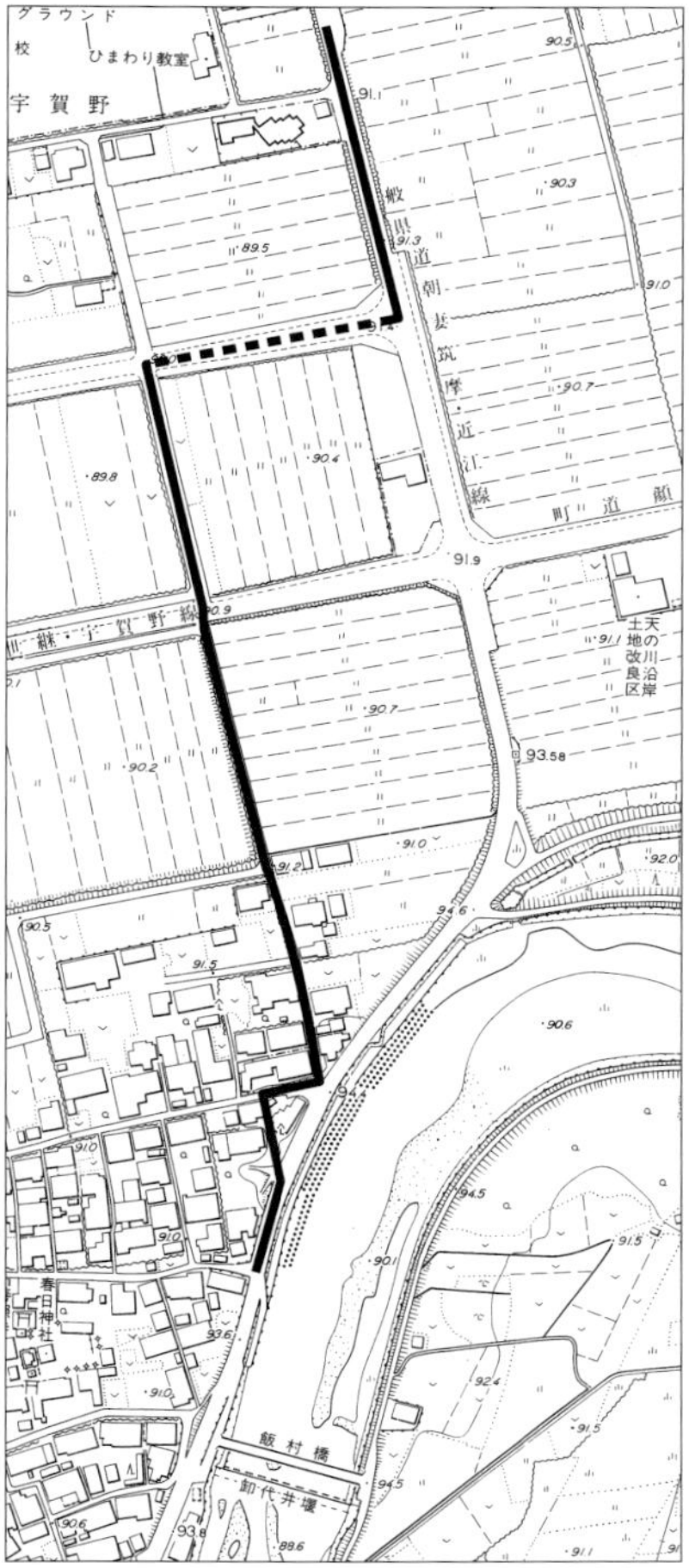

図5　飯村北の「北国街道」
（近江町作成　1：2500地形図を基に製作）

高橋村を出て西に曲がる大戌亥の角に、

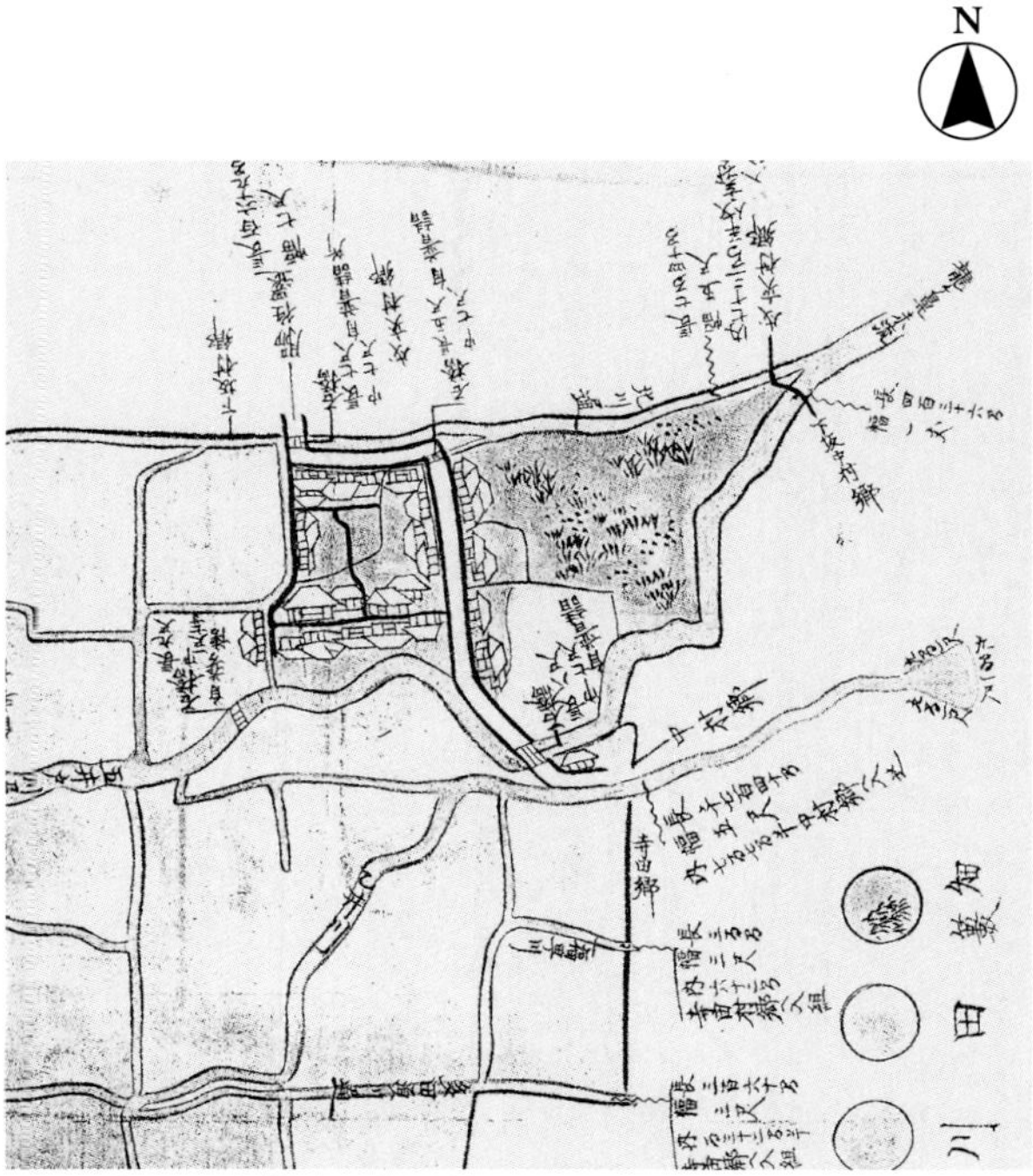

図７　坂田郡各村絵図高橋村　滋賀県行政資料
下坂中村（東側）から入ってきた「北国街道」は、高橋村の村内で数回折れ曲がって、大戌亥村へ抜ける。ここでは、「北国街道」を「脇往還」と記している。

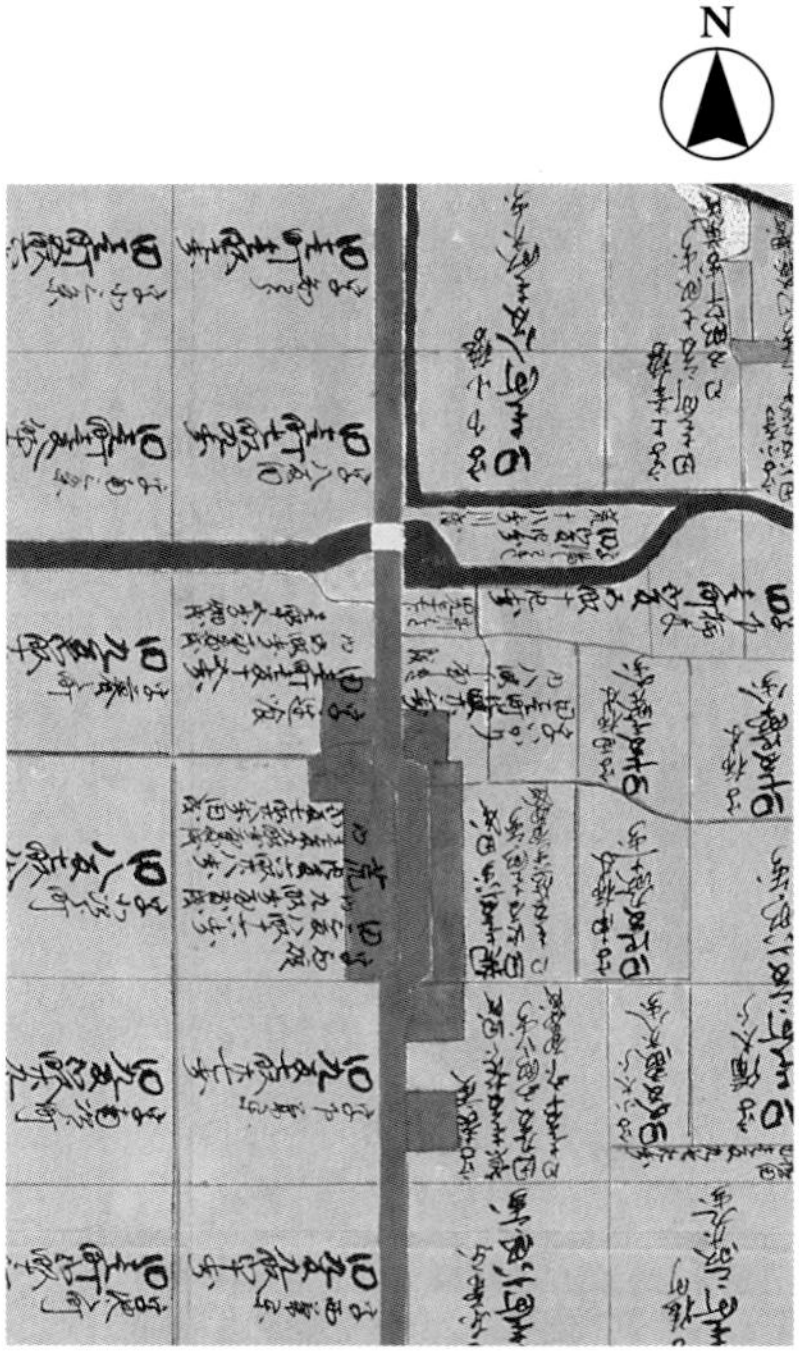

図６　39　坂田郡宇賀野村絵図
滋賀県立図書館蔵
宇賀野の枝郷である碇付近で、「北国街道」は鍵型に曲がっている。滋賀県指定文化財。

「左北こく道　右京いせ道」と深く彫り込んだ石碑（55ページ参照）がある。安政五年（一八五八）八月に建てたとある。しばらく進んだ所に「右長浜　八幡神社　御坊近みち」の道標がある。その角を右折すると八幡宮や大通寺（長浜御坊）への近道になっていた。

下坂浜・平方

北陸線の踏切を越えて下坂浜で道は右折するが、最近「長浜新川」が建設されここの部分は一変したが、川を渡り北に進む。幕府代官家に伝来した慶長七年（一六〇二）製作の「坂田郡下坂浜村絵図」（カラー図版100ページ参照）によれば、本来の道は薬師堂川を渡りすぐに左折して川に沿って湖岸に行き右折して北へ向かっていた。そして平方にある天満宮の裏を通っていた。ここも「測量部地図」には変更後の道しか載っていない。

この角には鎌倉時代に開かれた良疇寺《りょうちゅうじ》がある。境内には、昭和四十年頃までは石組みが残っていたようで、波打ち際を「測量部地図」以前の道が通っていた。良疇寺には、昭和十二年（一九三七）に開創七〇〇年を記念して作られた大仏がある。作られた当時は波打ち際にあったようだが、湖岸に道路が出来て今は境内にある。なお、平成になって大仏は新しく作り替えられた。また、北陸線の東側に常夜灯があり、「測量部地図」以前の道は平方の村中を通っていたとも言われているが、資料がなくここも保留をしておきたい。

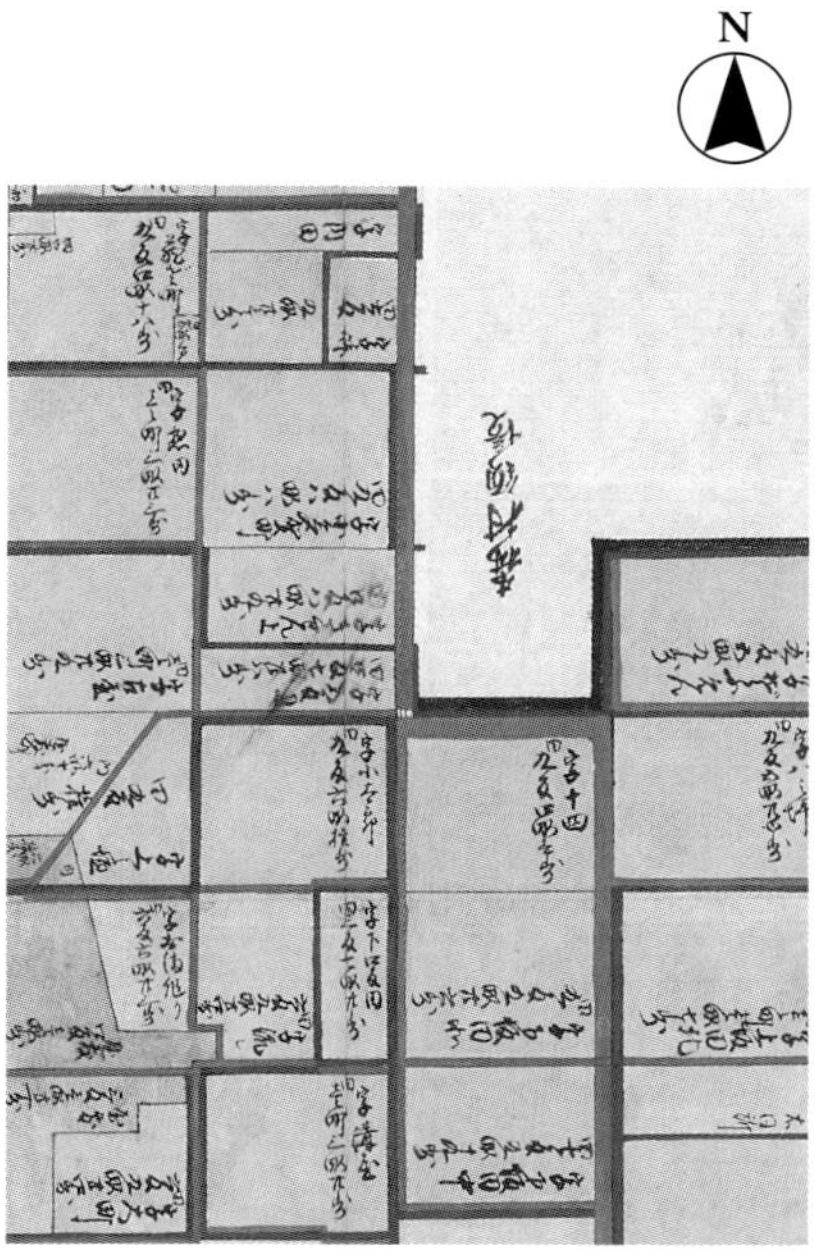

図８　坂田郡相撲村絵図　滋賀県立図書館蔵
「北国街道」は北上し、森村境で１町分左に折れて、また北に上がる。「測量部地図」に見られるような、西に１町分、３町にわたって斜めに田地を縦断する「北国街道」の経路は描かれていない。

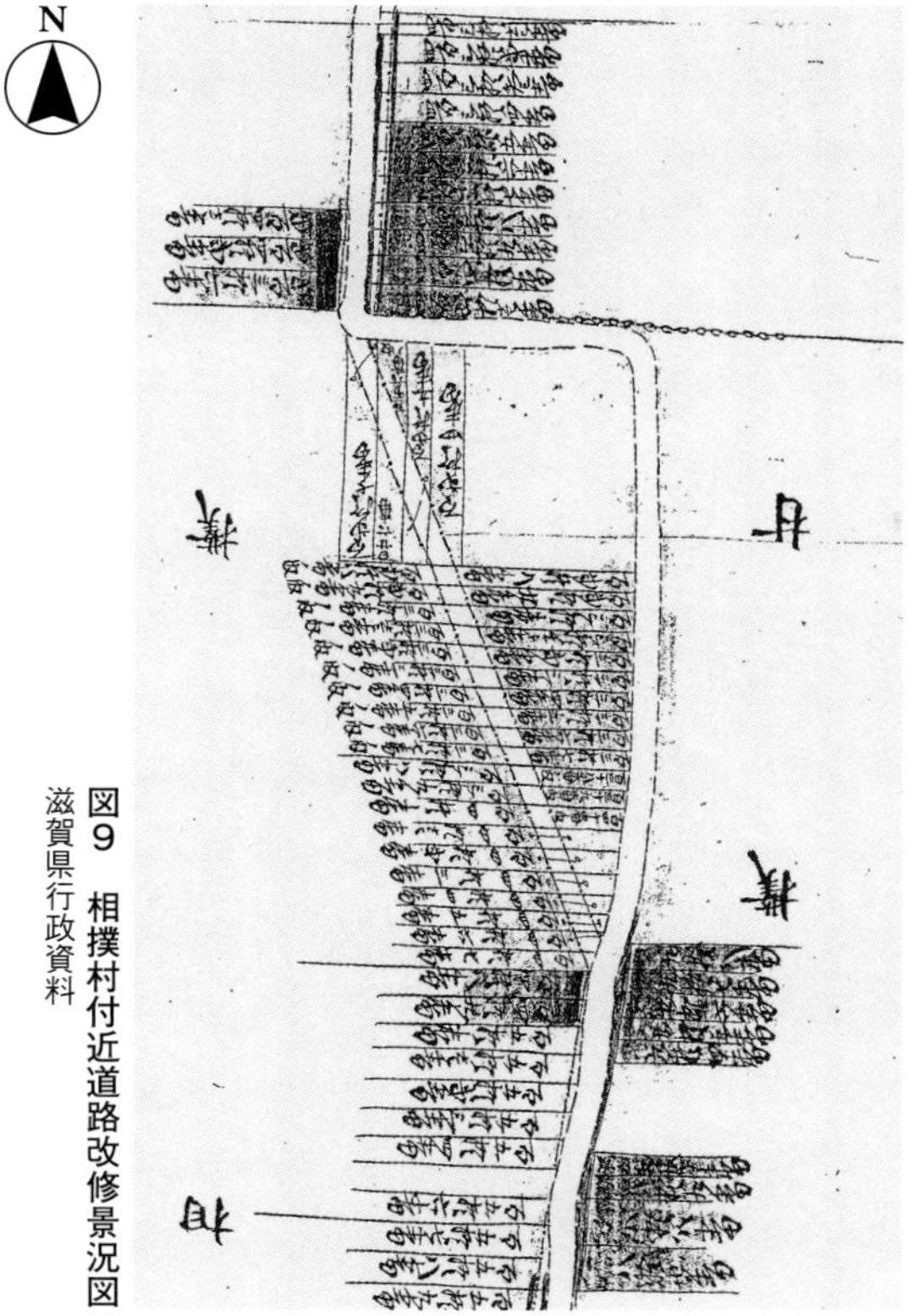

図９　相撲村付近道路改修景況図
滋賀県行政資料

長浜から北へ

平方で「北国街道」は北陸線と交差する。以前は踏切で渡れたが、現在は車は立体交差（地下）で、人は地下道で渡る。長浜の町内に入る。

長浜の駅前通り（本町通り）の一つ北の道は、大手門通り（大手町通り）である。「北国街道」と交わるところは「札の辻」と呼ばれ、江戸時代には高札がかかげられた場所であった。北東の角には「右たにくみ道　右北国みち　左京いせ道　左多にくみ道」という道標が立っている（もとは北西の角に立っていた）。ここから東に進むと宮司・石田を通り春照（伊吹町）で「北国脇往還」に合流する。「谷汲道」や「長浜街道」と呼ばれている重要な道で、西国巡礼三十三番札所谷汲山華厳寺（岐阜県谷汲村）へ向かう道である。

長浜町内を出てまっすぐ北に進む。現在の三ツ矢元町である。ところが明治七年の「長浜町絵図」（カラー図版102ページ参照）によると、真っ直ぐ北へいかず、少し東によって北に向かっている。江戸時代の地図は多くそのようになっている。市立長浜城歴史博物館の特別展図録『長浜町絵図の世界』に、そのことを示す地図が多数載っている。「測量部地図」以前の道は、郡上の常夜灯を越えたところを東へ（右に）曲がり、二〇メートル先の福本酒屋の角を北に（左に）曲がる。細い道で車は通れない。二本目の道（ガソリンスタンドの角）を西に（左に）曲がり北陸線を越え祇園に出る。

明治時代のいろいろな地図を見ても真っ直ぐになった地図が多かった。「坂田郡長濱町道路更正ニ付潰地一筆限帳」には長浜町から列見村までの新道と旧道について記述されており、明治八年四月二十日の日付がある。したがって、この頃に真っ直ぐになったようである。このため、「測量部地図」には新しい道が載ったのであろう。

そのあと、鉄道を二回わたり祇園へ続く。一つ目は、長浜から関ヶ原までの東海道である。その後東海道が米原周りになり、廃線になった。その跡を馬車が通ったので「馬車道」と呼ばれ、いまも真っ直ぐな道が残っている。もう一つは北陸本線を越えている。なお、福本酒屋の東を真っ直ぐ北へ行き、「梨の木墓地」の北西角を曲がり、列見の都久夫須麻神社前を通るという説もあるが、「測量部地図」以前の状況を示すかは、いま一つ分からない。保留しておきたい。

曽根の「竹生嶋道」道標（びわ町曽根）

祇園・相撲・曽根

「北国街道」は祇園交差点で直角に北に（右に）曲がる。現在は南北に新しい道が出来たので、ほんの少し西に交差点が移っている。「測量部地図」では直角になっていたが旧道は残っている。

そこから北に進む。相撲に入って道はゆるやかなカーブになっているが、滋賀県立図書館蔵「坂田郡相撲村絵図」（図8）などによれば、相撲村と森村の境界を鉤型に道は走っていた。『北國街道改修潰地帳』中の図（図9、滋賀県行政資料）には、郡上町から千田村までの道路改修について記されており、明治二十二年頃改修されたと考えられる。それが「測量部地図」に載っている。なお、『北國街道改修潰地帳』によると、祇園付近および相撲と森の南北の境界のあたりでも道が改修されている。

「測量部地図」以前の道（痕跡を残す）と現在の道の間に、成田思斎の顕彰碑が立っている。思斎は相撲の人で江戸末期に活躍した。「蚕飼絹篩大成《こがいきぬぶるいたいせい》」など養蚕・製糸の手引き書を著し、養蚕業の発展に尽くした。日下部《くさかべ》東作（鳴鶴）の書になる碑文には、明治二十二年とある。

少し北で国道八号線をわたり、右の方に旧道があるのでそこを入る。森（長浜市森町）と細江（びわ町）の境界を通り、曽根（びわ町）にいたる。曽根北部の川沿いの一角に高さ三メートル位の大きい道標が立っている。「左　竹生嶋道」裏には「文久二壬戌年猛春」とある。ここから難波を経て早崎の港から船で竹生島へ参詣するための道標である。なお、この碑は、元々は一本南の曽

月ヶ瀬の「元三大師道谷汲道」道標
（虎姫町月ヶ瀬）

根公館前の道にあったともいわれている。曽根をすぎ、酢（虎姫町）で姉川を越える。現在の八号線より少し東寄りを通っていたが、その前後で痕跡をとどめている。

唐国から速水へ

姉川を越えて八号線に戻り北進する。田川を越えると唐国。唐国は西に高時川、東に田川が流れている。しばらくして国道は右に。旧道はそのまま真っ直ぐに唐国と月ヶ瀬との境界を走る（カラー図版104ページ参照）。元三大師が生まれたとされる玉泉寺（虎姫町三川）への道が分岐しており、月ヶ瀬側に「左元三大師谷汲道　右　木ノ本ミチ」の碑がある。

姉川・高時川・田川が集まるところで、江戸時代には、田川氾濫の原因である姉川の逆流防止のため高時川の下

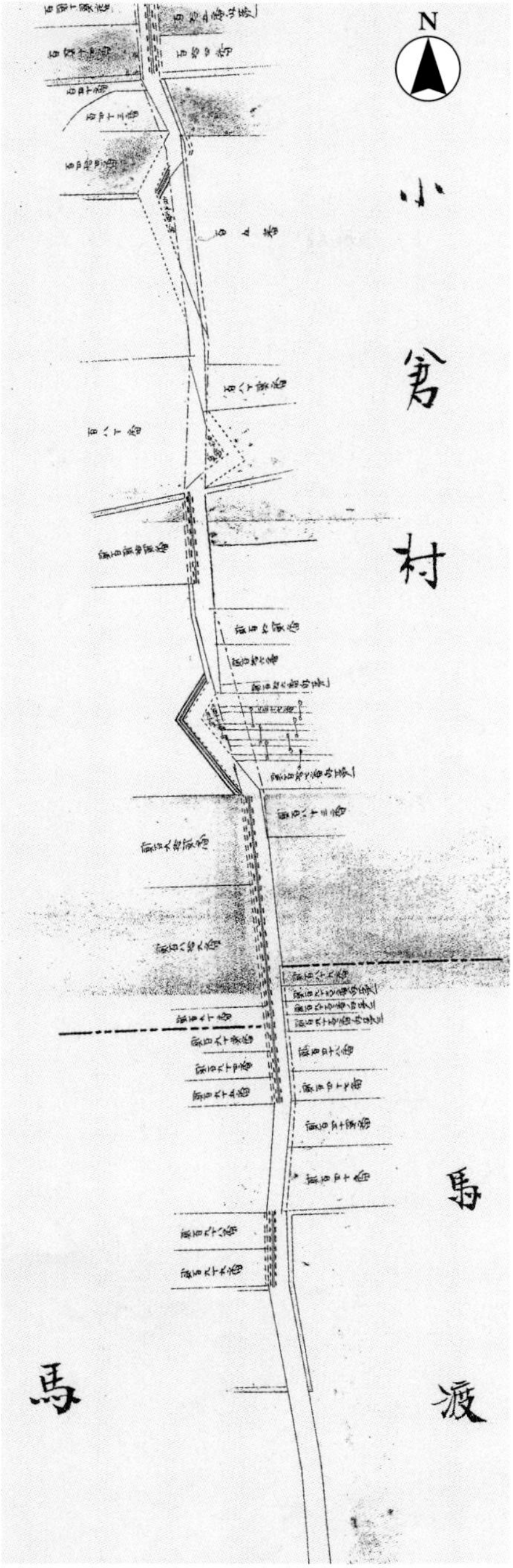

図 10　小倉村附近道路改修景況図
滋賀県行政資料
「北国街道」直線化の経緯がよく分かる。

に樋を通した工事が行われた。小今（湖北町）の地先から高時川を越え馬渡に入る（カラー図版105ページ参照）。馬渡側の堤には「左竹生嶋本道」の碑が建つ。馬渡から船で竹生島へ渡ることを示している。馬渡という名前は、足利尊氏が北国へ行くとき、村人が馬の渡河を助けたので付いたといわれている。

馬渡を抜けると再び八号線に出る。小倉で旧道は左にわかれる。そのあと、高田・速水では八号線に平行に旧道が村中を通る（カラー図版106ページ参照）。やがて八号線に出る。『北國街道改修潰地帳』（図10、滋賀県行政資料）によれば、小倉において三ヶ所ほど折れ曲がった道が真っ直ぐに改修された様子がうかがえる。また、速水で八号線に出るところもゆるやかなカーブに改修されている（小今でも少し改修されている）。これらは明治二十二年頃の改修と思われ、改修前の状況はもちろん「測量部地図」には載っていない。

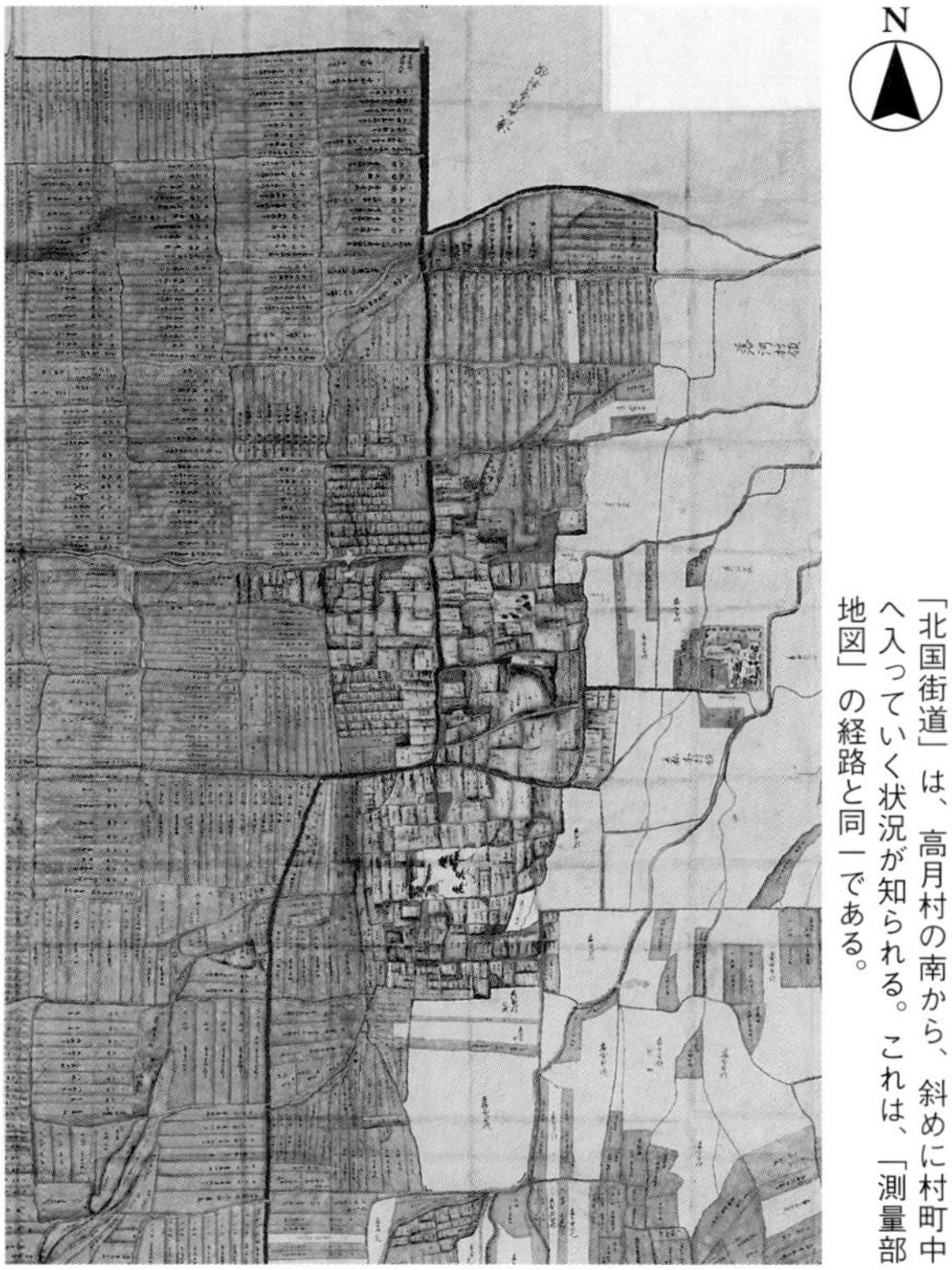

図11　伊香郡高月村絵図　滋賀県立図書館蔵　「北国街道」は、高月村の南から、斜めに村町中へ入っていく状況が知られる。これは、「測量部地図」の経路と同一である。

速水を抜けると八号線と合流して北上する。速水の北はずれ、速水北交差点の南西に「右竹生島道」の碑がある。尾上から竹生島へ船が出ていた。ここに立っていたもう一本の碑は伊豆神社境内（速水）に移動されている。青名（カラー図版104ページ参照）と八日市の境界を街道は走り、まもなく伊香郡に入る。

高月・千田・木之本

北陸自動車道の下をくぐると高月（高月町）。八号線と分かれて右に入る。高月の信号の一つ手前の道を斜めに入っていき、右折し、左折する（図11）。高月は湖北平野北部の一中心地であり、その町中を北上する。高月の北で再び八号線に出る。高月町役場があり、そこを右折すると、国宝十一面観音で有名な渡岸寺に通じている。

高月を出て柏原を北上、東物部・横山と井口の境界を進むと千田（木之本町）に入る。千田の中央で右に斜めに入る（北東に入る）道がありそれが旧道である（図12）。もとは北陸線を斜めに突っ切っていたが、現在は北陸線に直交する新しい道で渡る。北陸線より東側では斜めの道が最近まで残っていたが、今は少しの痕跡を残し消えている。やがて北陸線と平行な道に出て、北上する。広瀬を越え木之本に入る。

その境には昭和初期まで黒塗りの門があったといわれている。ここからすぐ北に鍵型になった四つ辻があり、関ヶ原からやってきた「北国脇往還」が東から合流する。この合流点に「みぎ京いせミち　ひだり江戸なごや道」の新しい碑がある（51ページ参照）。この石碑の本物は、意冨布良《おほふら》神社の境内に移転された。

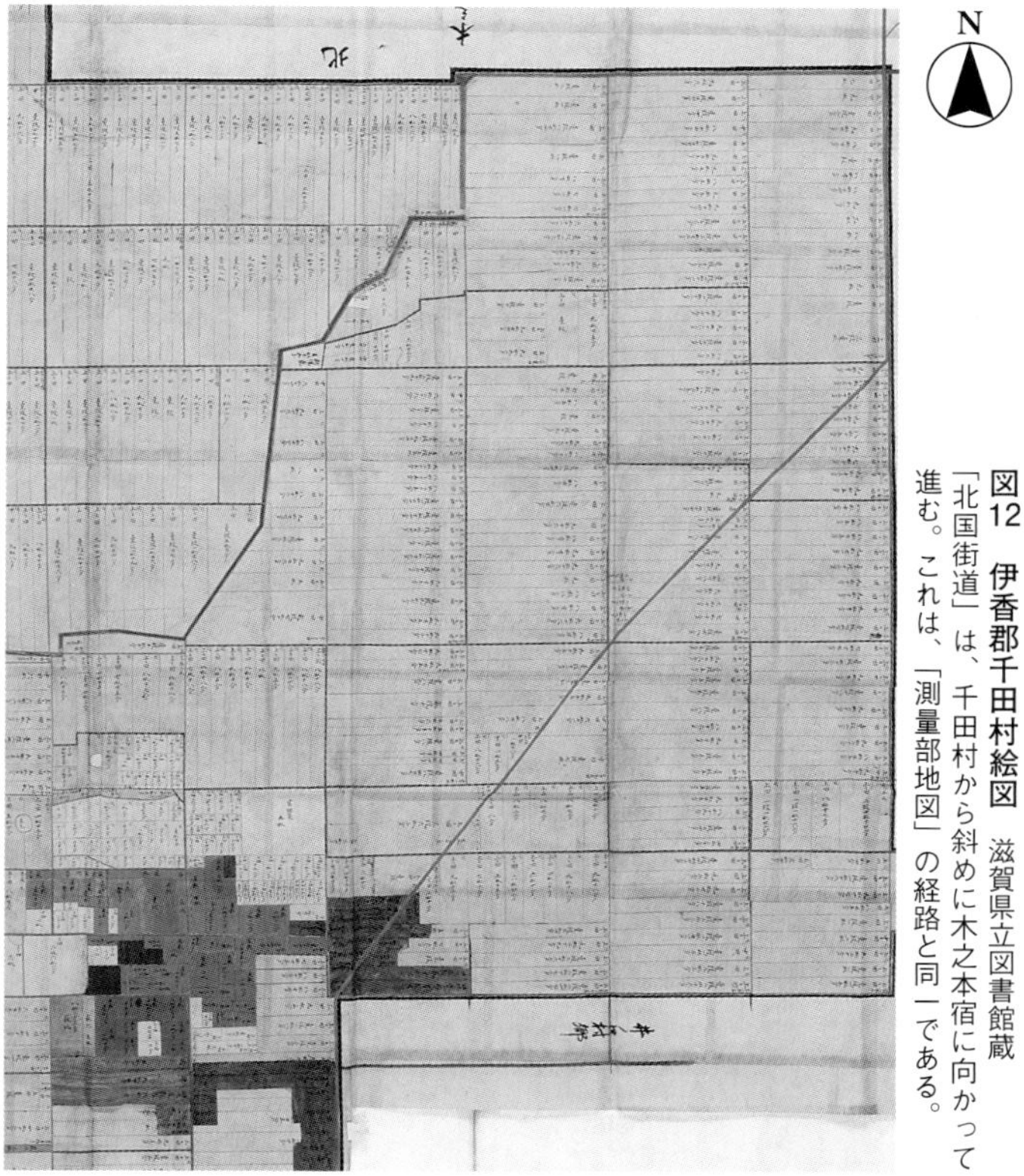

図12　伊香郡千田村絵図　滋賀県立図書館蔵
「北国街道」は、千田村から斜めに木之本宿に向かって進む。これは、「測量部地図」の経路と同一である。

ここから、木之本宿の中心になる。昭和初期まで真ん中に川があり両側に柳の木が植えられていた。今は広い道になっている。木之本宿は、「北国脇往還」の分岐点であり、木之本地蔵で有名な浄信寺の門前町としても栄えた。中世から牛馬市が開かれた。ここから北へ「北国街道」は余呉町を通り福井県に抜けて行く。

おわりに

彦根から木之本まで「北国街道」をたどってきたが、ほとんどは「測量部地図」に描かれた旧道が残っており、それに国道八号線・旧八号線が絡まっている。

この区間で明治初年から明治二十六年（一八九三）までに大幅に道路改修されたのは、甲田・梅ヶ原境界、飯、上多良、高橋、下坂浜、三ツ矢元、相撲であった。甲田・梅ヶ原境界、三ツ矢元が明治初期、残りが明治二十二年（一八八九）前後の改修と考えられる。ただ、少し触れたが祇園付近や小今、小倉、速水なども改修されており、他にも急な曲がりをなだらかにしたり、真っ直ぐにしたり、拡幅したりの工事は行われていたと考えられる。したがってどこまでを経路の変更と数えるのかは難しい。

しかし、これらが「測量部地図」の限界を示しているわけで、江戸時代の絵図が残る東海道・中山道・朝鮮人街道など県内の五街道やそれに準ずる街道に比べて、江戸時代以降の変更箇所がはるかに多い。国鉄の開通が早いことや、湖岸線近くは雨になれば水がついたことなどの理由があげられるが、長浜を中心に早くから町づくりが行われたのも大きな理由であろう。

米原宿の繁栄

中井　均

はじめに

米原といえば大方の人は新幹線の止まる駅、あるいは東海道本線と北陸本線が分岐する、「鉄道のまち」をイメージされるのではないだろうか。しかし、米原のルーツは慶長八年（一六〇三）に開港された米原湊と「北国街道」米原宿にあることはほとんど知られていない。ここでは鉄道のまち米原以前の姿を具体的によみがえらせてみたい。

北村源十郎と米原湊

米原【まいはら】の地名の起こりは筑摩江《つくまえ》（入江内湖）の葭原《よしはら》で道もなく、「迷ヶ原」が訛って米原になったと伝えられている。『近江坂田郡志』によれば、山腹に九軒ほどの集落が営まれるだけの寒村であったが、交通の要衝としてクローズアップされたのが、慶長八年（一六〇三）に築かれた米原湊によってであった。世継《よつぎ》村出身の北村源十郎は朝妻《あさづま》・四木（世継）の湊を一緒にして米原湊とした。これに対して中世以来の湊であった朝妻浦と論争となるものの、井伊家による仲裁で源十郎側の勝利となった。しかし、慶長十年には天野川に川船が拵えられ、醒井から世継へ運び込まれることとなり、米原湊は打撃を被ることとなった。このため源十郎は岩脇《いおぎ》で天野川に杭を打ち川船を阻止し、さらに江戸に下って井伊直孝に言上し再び勝利して米原湊は再開された。こうして北村源十郎によって開港された米原湊は長浜湊、松原湊とともに彦根藩の公用湊である彦根三湊のひとつとなった。

さらに慶長十六年（一六一一）には源十郎は米原湊と中山道番場宿を結ぶ新道、「深坂越」を開削する。そして翌十七年には入江内湖から琵琶湖へ通じる磯川の通航も許可され、米原湊は京・大坂と美濃・尾張方面を結ぶ重要な物資中継地として着実に整備されていったのである。

さて、米原湊の構造について、慶安五年（一六五二）の「直孝様被仰付候湖浦改書」（『井伊家文書』）では「米原村の舟入町屋之裏々に船五艘三艘づつ荷積申候処五ヶ所御座候事」とあり、五ヶ所の船着場があったことが窺える。これらは現在のJR米原駅の東側、国道八号線沿いの米原警察署から近江鉄道米原駅付近に位置していた。明治前期に作成された「米原村等級縮図」では周辺はすでに埋め立てられているものの船入りの痕跡が見事に描かれている。また、宝永元年（一七〇四）に描いた

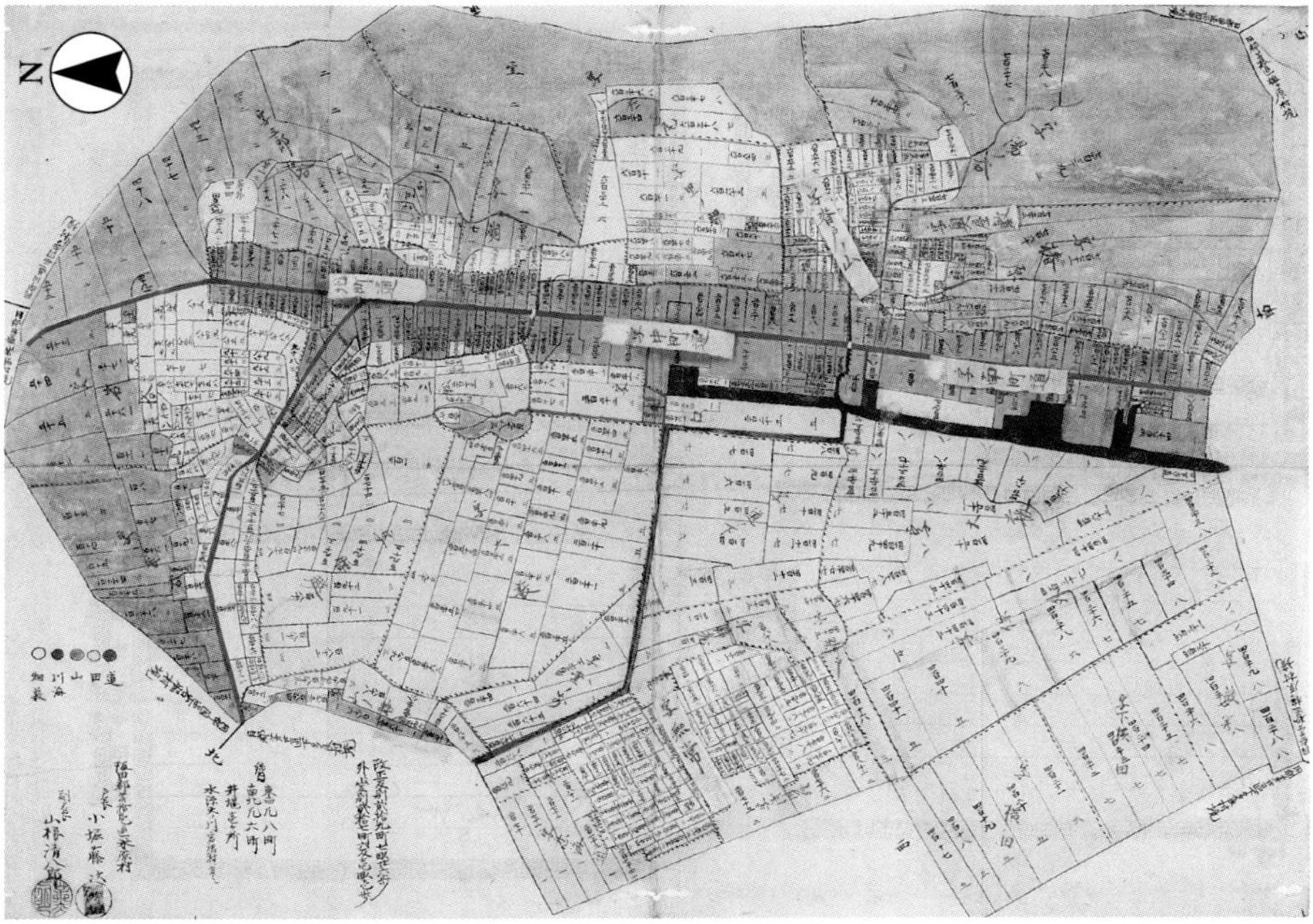

米原村等級縮図　米原町役場蔵
明治前期に作成されたもので、北国街道に沿う宿場の宅地部分のみが小字「北町通」「中町通」「南町通」として他の地区とは区別されていることや、船入堀に面する宅地が広大であったことがわかる。

北村源十郎家写真　滋賀大学経済学部附属史料館蔵
米原湊を開港した北村源十郎家は米原宿の本陣も務めた。写真は昭和５年に近江鉄道敷地となり、取り壊される以前の貴重なものである。屋敷は船入堀に面して建てられており、今も本陣浜と呼ばれている。

絵図を寛保二年（一七四二）に写した、「米原宿絵図」（カラー図版97ページ参照）にもドック状の船入堀が六ヶ所描かれており、あるいは慶安五年以後に増設されたものかも知れない。その最南端の船入りの脇の最も広い屋敷地に「源十」と記されているのが北村源十郎の屋敷である。

米原湊には湊を仕切る船年寄が二人、船持仲間一〇人、艜《ひらた》持仲間一〇人、船問屋仲間五人で組織されていた。享保（一七一六〜三六）頃の米原湊の丸子船の保有数は四三艘で、その内訳は二七〇石積みが一艘、一七〇石積みが二三艘、一六〇石積みが一一艘、一五〇石積みが六艘、一四〇石積みが二艘であった。このうち二七〇石積みの丸子船は北村源十郎家の所有するもので、彦根藩主の命により船首の真木を黒塗りにしていたことから、「真黒船《しんくろふね》」と呼ばれていた。また、源十郎家は船年寄の支配下には属さず、大津蔵屋敷への詰船や船役銀納入など他の船持が請け負っていた諸役も免除されていた。

米原湊跡

現在、明治天皇北陸行幸の記念碑と、その背後の水路に米原湊の痕跡が残されているにすぎない。

宿駅としての米原宿

米原は湖上交通の要衝「米原湊」が開設されただけではなく、「北国街道」の宿場「米原宿」でもあった。中山道鳥居本宿から分岐して越前へと通じる「北国街道」のひとつめの宿として位置していた。慶応四年（一八六八）に作成された明細帳によれば、宿内の家数一八五軒で、本陣、脇本陣がそれぞれ一軒、旅籠は一六軒あった。本陣は米原湊を開港した立役者、北村源十郎家が代々務めていた。この本陣は昭和五年（一九三〇）に近江鉄道が敷設され、取り壊されてしまったが、書院は明治九年（一八七六）の明治天皇北陸行幸に小休所となったため、取り壊しをまぬがれ、現在湯谷神社の社務所として残されている。本陣の前はいまでも本陣浜と呼ばれている。脇本陣は問屋場を兼帯し、問屋一人、年寄二人、横目二人、肝煎三人、帳付二人、馬指一人、人足指一人が詰めていた。ただし、この人員配置は大通行の場合であり、平時は帳付一人、馬指一人、人足指一人が勤めていた。その常備人馬も一三疋一三人と小規模なものであった。旅籠一六軒については規模別に大が四軒、中が五軒、小が七軒という状況であった。

人口については、天保十四年（一八四三）の「宿高並家数人別その外書上帳」（『北村源十郎家文書』）によれば、宿高一七九石余（付箋があり、後に二五五石余と訂正）、家数二〇一軒、人数九〇四人であった。なお、明治十二年（一八七九）に調査された『滋賀県物産誌』によると、米原村の戸数は二一〇軒、人口九九七人で、その内訳は農業が一一〇軒、工業が四〇軒、商業が六〇軒

番場の道標
中山道番場宿から「深坂越」の分岐点に立つ道標には汽車・汽船とあり、米原が近代交通の要衝となっていたことがわかる。

となっている。特に商業では荷物問屋が六軒、造酒家が二軒、造醤油家が一軒、旅籠屋が二一軒、その他は諸物品を店頭に陳列する商店であったと記されている。

こうした米原宿の状況を伝える好資料が、「米原宿絵図」である。南北に通じる「北国街道」に沿って間口に対して奥行が長い短冊型の家屋が建ち並ぶ配置は典型的な宿場町のあり方を示している。宿場は「北国街道」に沿って北町通、中町通、南町通と約六〇〇メートルにわたって町並みが続いている。南町通北部から中町通は東部の山麓へ集落は広がっている。宿場のほぼ中央には高札場が置かれていた。また、宿場町の南半分の街道西裏には米原湊の船入が六ヶ所にわたって引き込まれている。宿場町の北端は街路が二股に分岐しているが、「北国街道」は西側へ向かい、東側へ向かうのが源十郎の開いた「深坂越」で、中山道番場宿へ至る。現在もこの分岐点には、弘化三年（一八四六）に建てられた「左北陸道　なかはま　きのもと　　右中山道　はん八　さめかゐ」の道標（米原町指定文化財）が立っている。宿場内における旅籠は、明治前期の「米原村町割図」（「北村源十郎家文書」）では二二軒が記されており、南町通に九軒、中町通に六軒、北町通に七軒という分布であった。また、この図に記された戸数の割合は南町通が二五パーセント、中町通が一七パーセント、北町通が一〇パーセントであり、米原湊に近いところほど割合が高かった。

宿場の東側、山麓には寺院が描かれている。現在国の名勝庭園に指定されている青岸寺である。京極導誉によって建立され、太尾山米泉寺と呼ばれていたがその後荒廃し、江戸時代に再興された。その庭園は回遊式枯山水庭園で彦根城の玄宮園、楽々園を築いた香取氏によって作庭されたものといわれている。

青岸寺へ至る脇道の南北に道場と記されているのが、北側が蔡華寺、南側が善行寺である。なお、寺社については「江左三郡録」に、青岸寺・六所権現社（青岸寺鎮守で現在の湯谷神社）・天神社・湯神社・道場四が、『淡海《おうみ》木《こ》間《ま》攫《ざらえ》』にはこれ以外に青岸寺の門前の金毘羅大権現が記されている。

なお、北陸諸藩は参勤交代に際して「北国脇往還」を利用したため、大名行列が米原宿を通ることはほとんどなかった。しかし、彦根藩主は参勤交代で国許に就くときは、米原湊より藩船に乗って内湖一里を渡って松原湊に着くのが慣例であった。また、元治元年（一八六四）には加賀藩の溶姫《やすひめ》の大規模な輿入れ行列が米原宿に泊まっている。

米原宿の行事

彦根三湊と北国街道の宿駅として栄えた米原宿には町衆の心意気を伝える米原曳山祭り（滋賀県選択無形民俗文化財）が伝えられている。「山を見るなら長浜、芸を見るなら米原」と称される、湯谷神社の祭礼で旭山・松翁山・寿山という三基の曳山の執行がおこなわれる。山はいわゆる長浜型の芸山で、舞台の付く曳山で子供歌舞伎が演じられる。その起源は『近江坂田郡志』によると、明和七年（一七七〇）に三基の曳山を造り子供歌舞伎を演じたのがはじまりという。おそらく長浜の曳山を真似たもので、北町の旭山では棟木の墨書より長浜神戸《ごうど》町の曳山であったものを購入したことが判明している。

錦秋に演じられる豪華絢爛な曳山祭はまさに米原湊と米原宿の繁栄を如実に物語る祭りである。

現在の米原宿
国道８号線より東へ一筋入ると国道の喧騒を忘れる静かな町並みが続く。これが米原宿で、現在も平入瓦葺き切妻造りの町家が随所に残されている。

おわりに

明治二十二年（一八八九）、「米原ハ名古屋線ト敦賀線トノ岐点」（『明治廿一年度鉄道局年報』）として米原駅が設置された。この米原駅は宿場兼湊町として栄えていた米原宿に隣接して開設され、米原は鉄道の駅前集落としても栄えることとなる。番場には「深坂越」に至る辻に「☞米原　汽車　汽船　道」と刻まれた道標が今も残され往時の面影を伝えている。しかし、その後鉄道は増大するのに対し、湖上交通は衰微し、陸上交通も新たな国道や高速道路が敷設される一方で、「北国街道」はほとんど利用されなくなった。ただ、交通の要衝としての米原は今も昔も変わらない。国道八号線の一筋東側が「北国街道」であるが、今も宿場町の面影を随所に残している。

木之本から国境へ

木之本の町並（木之本町木之本、撮影／寿福滋氏）
木之本では「北国街道」と「北国脇街道」が合流し、さらに街道は越前国境へと向かう。写真は、木之本の町並みの北部で、右下は脇本陣もつとめた山路家。右上の山は地蔵山ともよばれる田上山で賤ヶ岳合戦では羽柴秀長の城がおかれた。

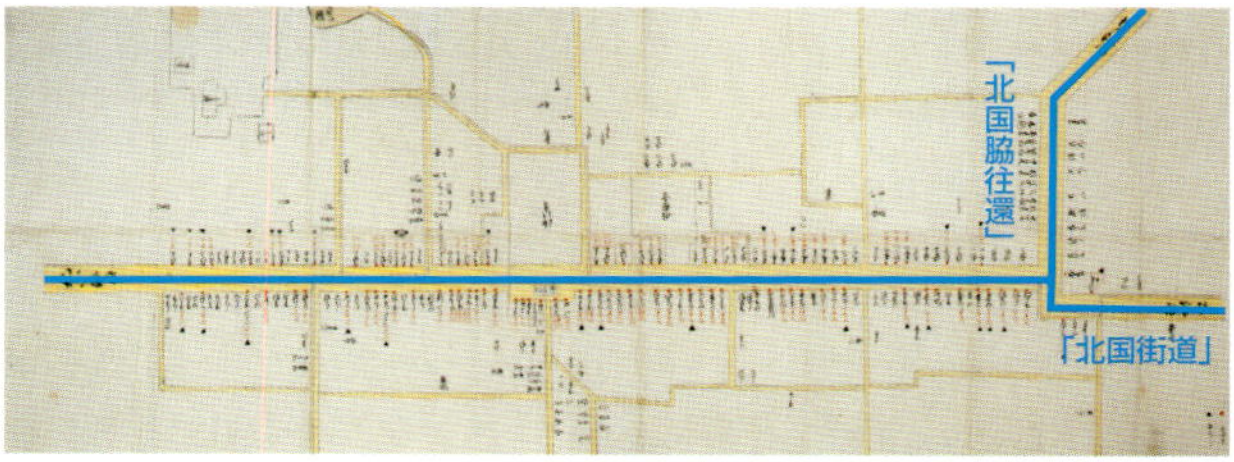

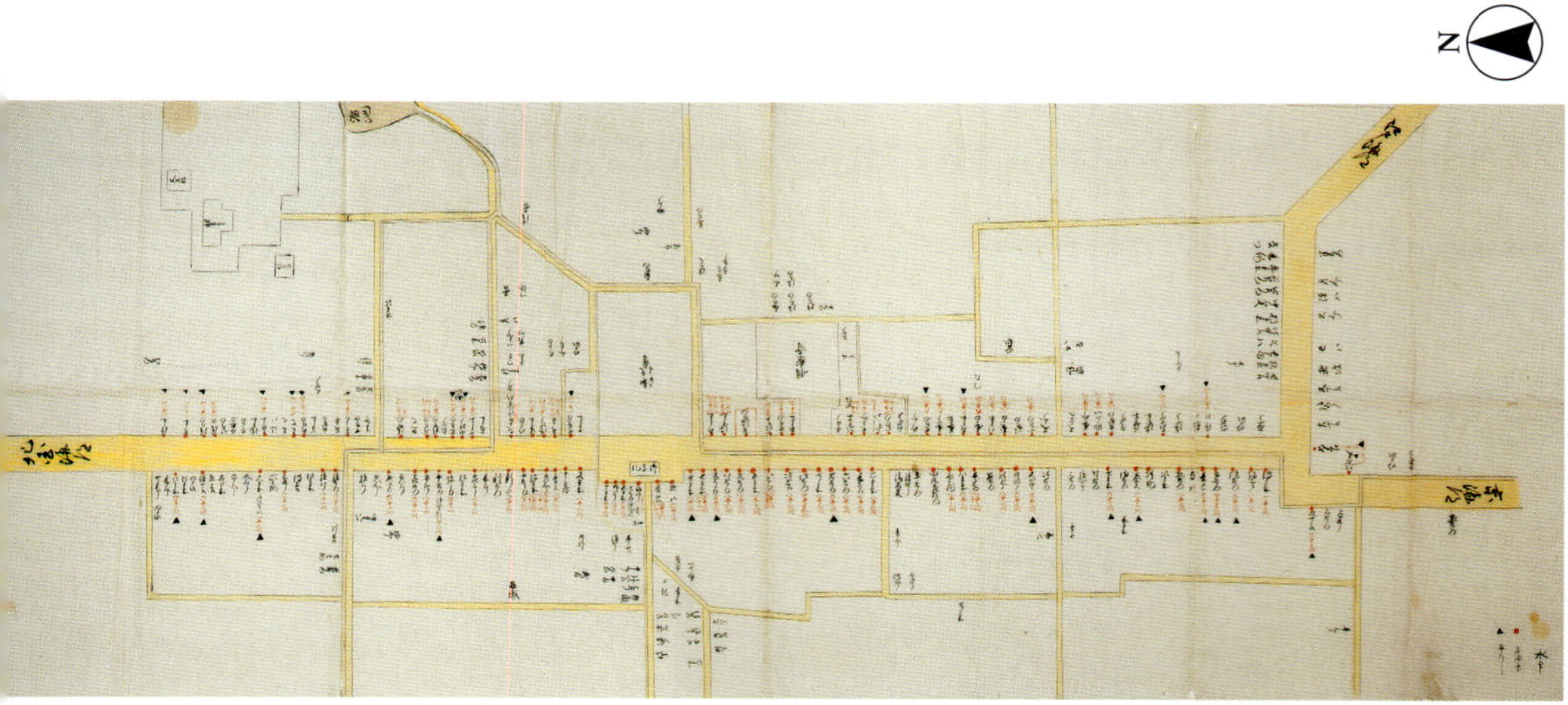

56　木之本宿絵図　奥野家文書

木之本宿を描いた新発見の絵図。宿南で「北国街道」(「京海道」と表示)と、「北国脇往還」(「江戸海道」と表示)が合流し、宿内を南北に貫通して国境に向かった(「北国海道」と表示)。宿内の屋敷は人名で表しているが、座敷の有無や広さを明記しているのは、大行列の際に分宿を行うためである。今後、記された人名などを、既に知られている下川家蔵本(132ページ参照)や浄信寺蔵本(北半分しか現存しない)と比較し、絵図の製作時代を特定する作業が必要である。

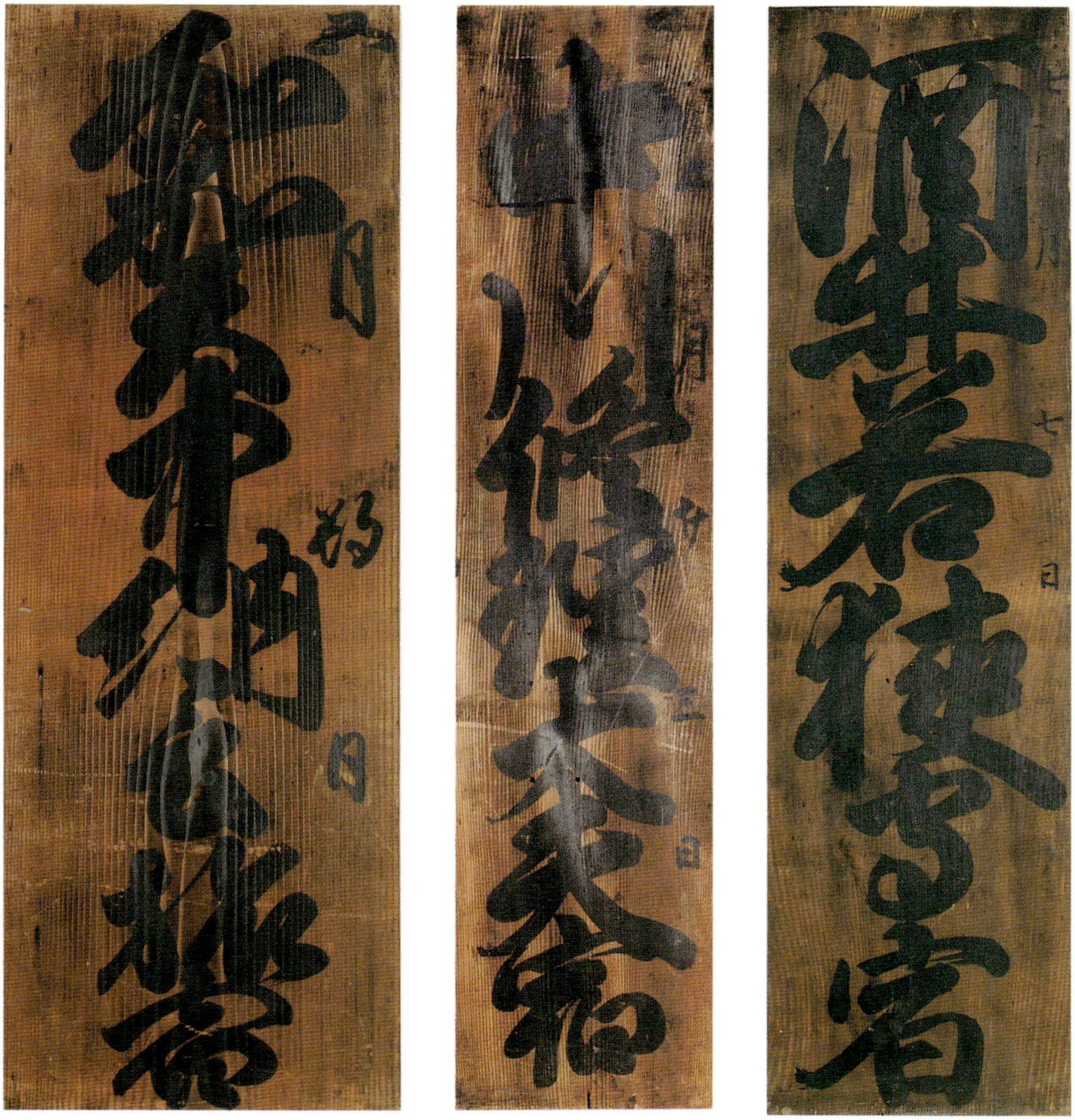

58　木之本本陣宿札

木之本本陣竹内家には、都合18枚の宿札が伝来する。宿札は大名や公卿などの貴人が宿泊する際、本陣前と宿の出入口に掲げたもの。写真は、右が若狭小浜藩主酒井氏、中央が豊後岡藩主中川氏、左が加賀金沢藩主前田氏の宿札である。中川氏は賤ヶ岳合戦場の藩祖清秀の墓参を行なうため、時折木之本宿を訪れた。この他、越前福井藩主松平氏、鯖江藩主間部氏や、金沢藩主の室に入った公卿「鷹司殿御姫君」の宿札も伝来する。

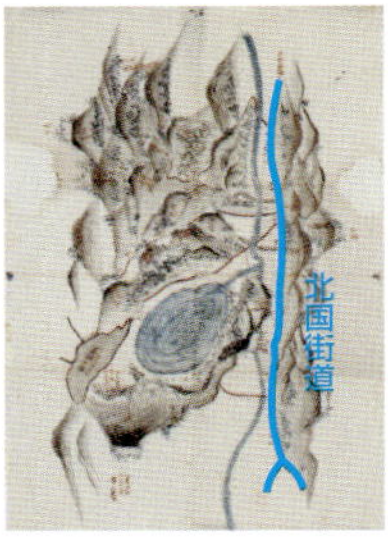

N

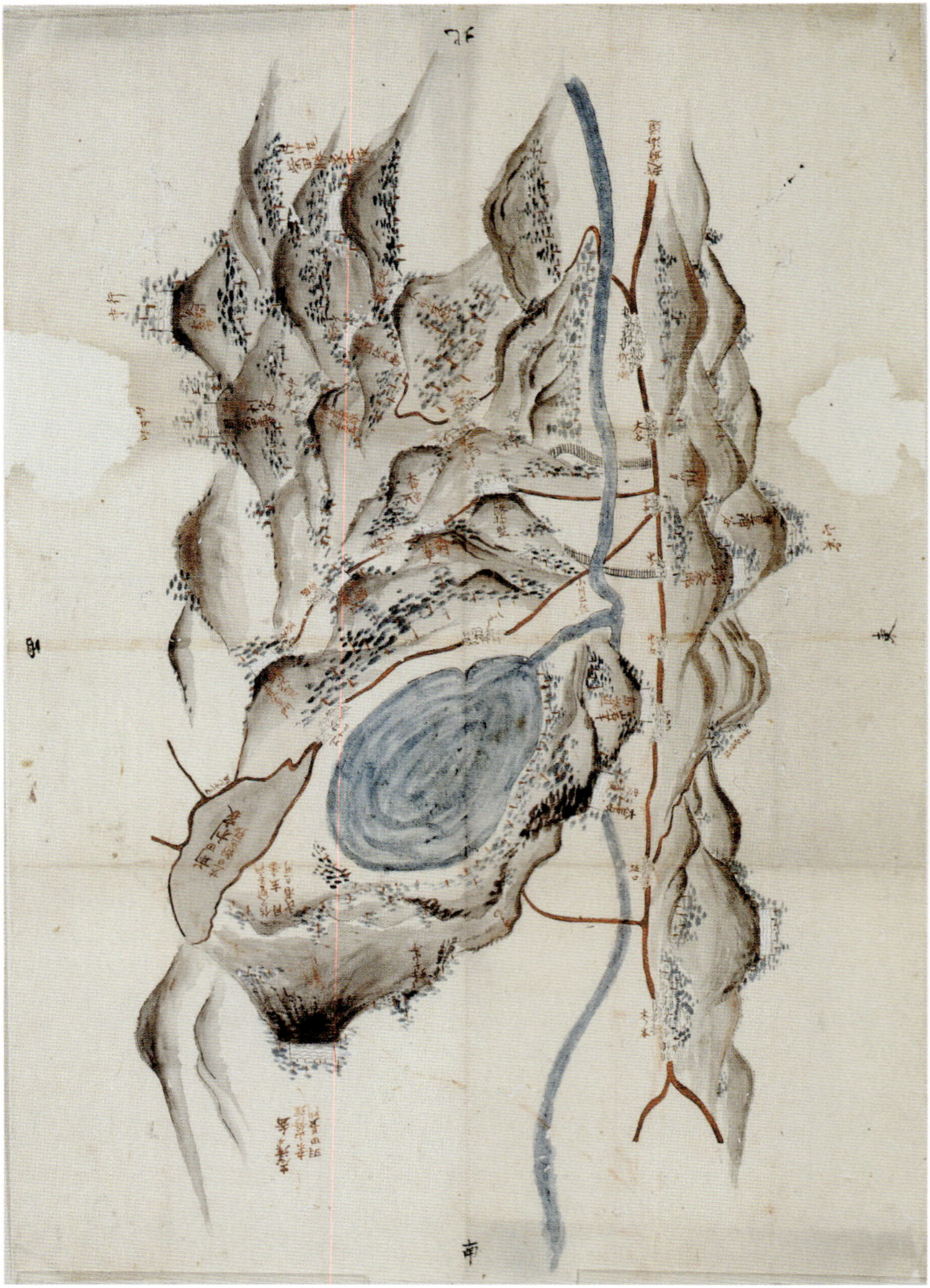

60　賤ヶ岳合戦場図

坂田郡で幕府代官を務めた家に伝来した賤ヶ岳合戦場図である。肉筆で両軍の砦を陣幕で表すなど、表現方法は古様を示すが、明確な製作年代は不明である。北国街道を「越前海道」と記し、街道沿いにある両軍の最前線には柵列を記すなど、賤ヶ岳合戦における北国街道の重要な役割を読み取ることができる。

61　飴屋市助家暖簾　菊水飴本舗蔵

北国街道沿いの坂口（余呉町坂口）にある飴屋市助家の暖簾である。寛文年間（1661～73）に福井藩主松平光通の腹痛を治したという飴で、それ以来松平氏通行の折には献上された。それまで「坂口飴」と呼ばれていたものを、「菊水飴」と改めたのは醍醐寺第83代座主の高賢であったという。高賢はこの飴の風味をほめ、菊紋の暖簾と共に「菊水飴」の名を与えた。ただし、この暖簾は店の常用に使われていた菊水紋で、高賢から与えられた菊紋暖簾とは異なる。

64　**湖北賤嶽図会**　西尾市岩瀬文庫蔵

湖北賤嶽図会は、塩津に住む藤原忠利によって、寛政13年（1801）に刊行された賤ヶ岳合戦場の名所図会である。ただ、『日本名所風俗図会』には、万延元年（1860）の再版本が掲載されたので、そちらがよく知られている。写真は初版本の飴屋市助店頭図であるが、再版本では差し替えられている。当時から現在と同じく、まるい曲物に入れて販売されていたことが分かる。

柳ヶ瀬関所復元図（作図／佐々木洋一氏）
北国街道の柳ヶ瀬に置かれた関所の復元図。柳ヶ瀬の鈴木家に伝わった関所図を基に、他地域の関所資料を参考にして復元した。手前が木之本方面で、向うには越前に至る北国街道と刀根越（左側）の分岐点が見える。番所は、屋根を描かず内部が分かるように作図した。

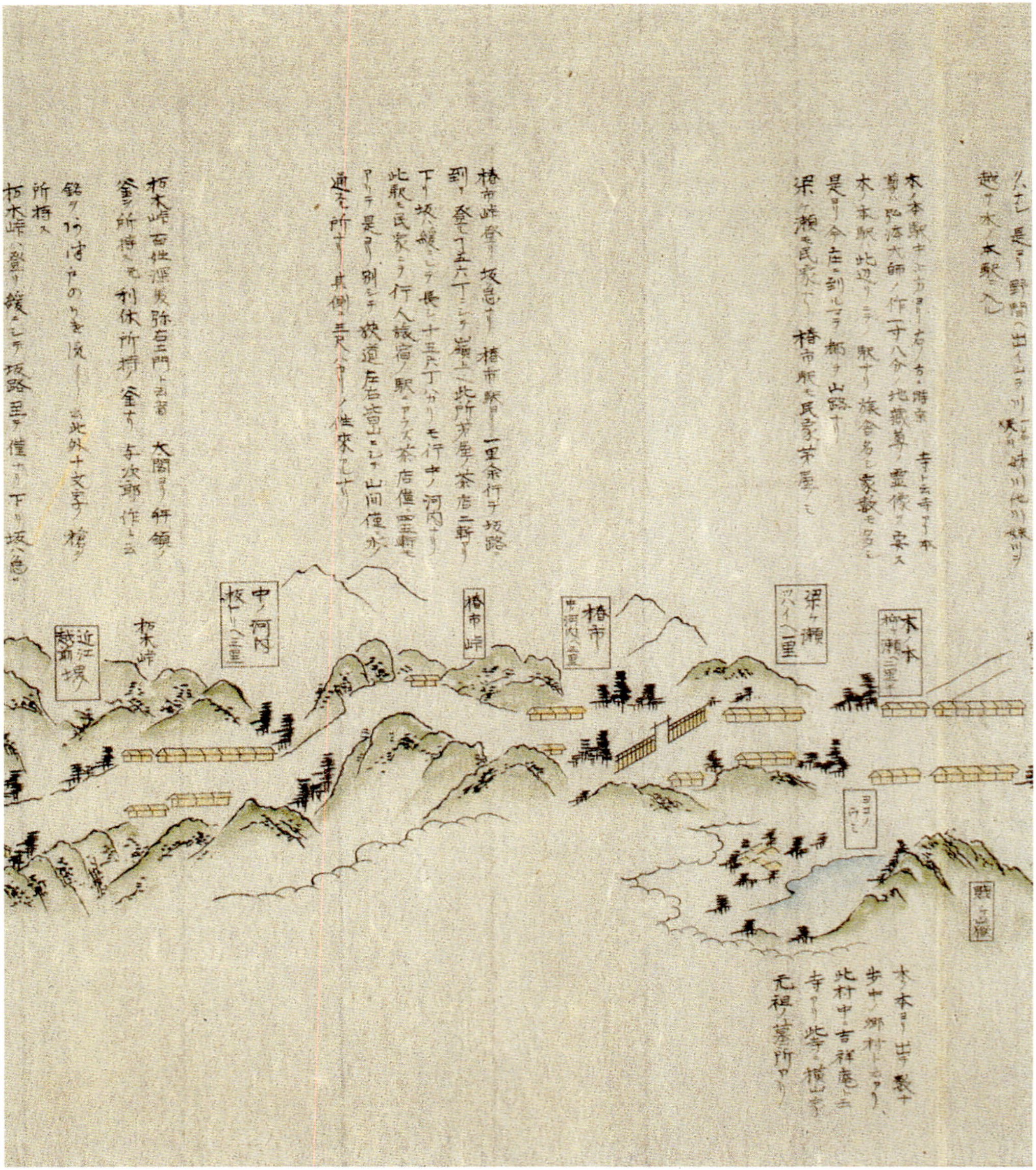

69　江戸より金沢上街道道中絵図　石川県立図書館蔵

遠藤数馬高朗が、安政５年（1858）２月に金沢藩主前田斉泰の金沢への帰途に際して、随行藩士への案内図として刊行した絵巻。江戸から金沢に至る経路が、東海道・美濃路・北国街道経由で記されている。写真は木之本から国境に至る部分で、柳ヶ瀬関所・椿坂（椿市と記す）峠・栃ノ木峠などが描かれている。上下に記された文字も「椿市峠登り坂急ナリ」などと記され、当時の街道の状況をよく示す。

木之本宿から国境に至る経路と景観

太田　浩司

復元史料と木之本宿

　ここでは、「北国脇往還」と「北国街道」が合流する木之本宿から、越前との国境に当る栃ノ木峠までの北国街道について、その経路と景観の復元を行う。経路については、陸軍参謀本部陸地測量部（以下「測量部地図」と略）が明治二十六年に測量した二万分の一地形図を基としたい。この旧道は基本的には、国道三六五号線と重複、あるいは国道に沿う形で走っている。また、景観については越前松平文庫の『東山道記』（江戸中期成立）、金沢藩士竹田昌忠の旅行記『木曽路記』（寛延四年（一七五一）成立）が参考になる。ここでは、あわせて越前府中藩士佐久間直英の旅日記『伊勢八幡春日参宮道法并名所記』（以下『参宮記』と略、安政三年（一八五六）成立）や、松平春嶽《しゅんがく》の旅日記『登京日記』（慶応三年（一八六七）成立）なども復元の史料として付け加えたい。

　木之本は、木之本地蔵で知られる時宗浄信寺の門前町として発展した。すでに、「永禄六年北国下り遣足帳」にも宿として見えるなど、中世からの北国街道の宿駅であった。江戸時代は竹内五左衛門家が本陣役をつとめ、脇本陣・問屋・旅籠が街道筋に並び、道の中央には水路が設けられていた。宿場の北では中世以来、牛馬市が開かれ、彦根藩の保護を受けて藩役人が派遣され、藩は口銭を徴収したという。本陣竹内家には、現在も元文五年（一七四〇）以来の宿駅関係資料が伝来し、十八枚の宿札も現存する。『東山道記』には、「飴・煎茶所《ところ》の名物なり」と記す。同書はその直後に「一里塚」とあるが、これは木之本村と黒田村穴師《あなし》の村境にあったもので、現在は松の木が植わっている。

木之本の町並（撮影／寿福滋氏）
木之本は木之本地蔵として知られる時宗浄信寺の門前町として発展した町だが、「北国街道」と「北国脇往還」の合流点として、宿駅としても栄えた。本陣竹内家をはじめ、脇本陣・問屋・商家が道の両側に建ち並んだが、かつては中央に水路が流れ、岸には柳が植えられていた。

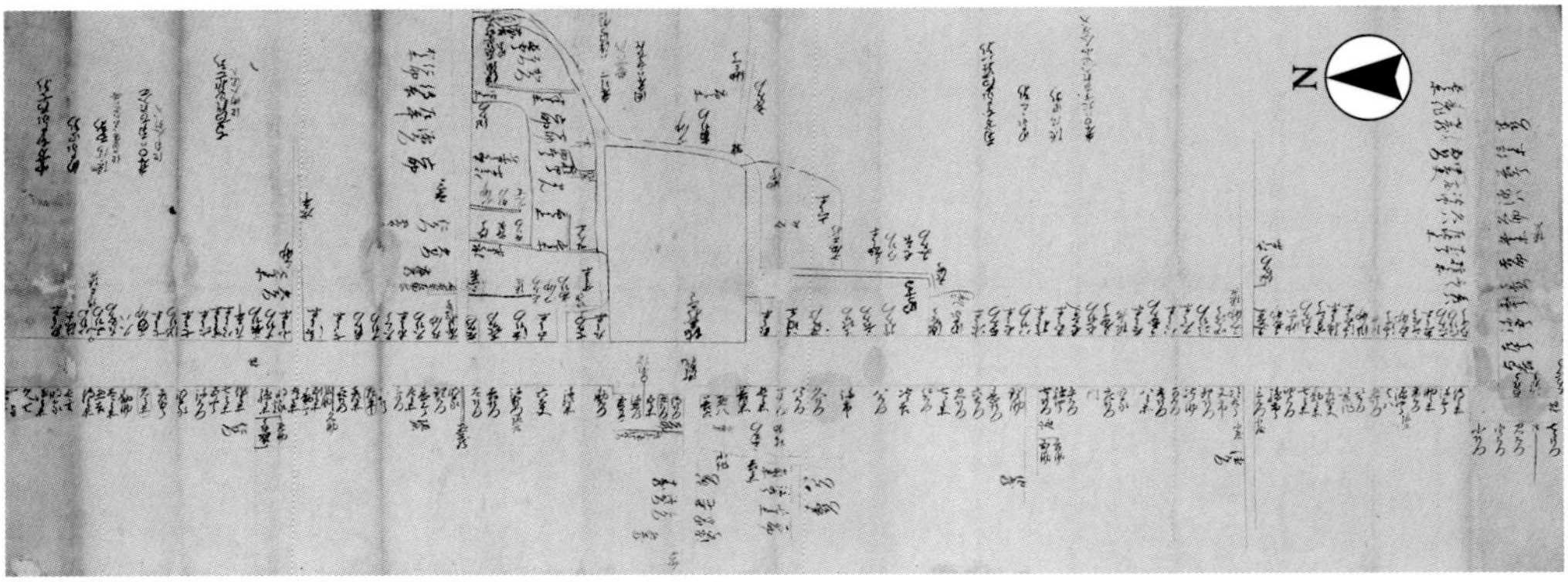

57　木之本宿絵図　下川太右衛門家文書

木之本の町並を描く絵図として、最もよく知られているもので、江戸中期から後期の状況を示すとみられる。地蔵堂（浄信寺）とその前の「御制札」場を中心に南北に町は伸びている。宿の南端で、「北国街道」と「北国脇往還」が分岐する。木之本宿は行政区域としては、南木之本村と北木之本村に便宜上分けており、ここでは前者として148軒、後者として107軒の人名が記されている。

64　湖北賤嶽図会　西尾市岩瀬文庫蔵

本書は寛政13年（1801）に発刊された賤ヶ岳合戦場の名所図会であるが、図は中川清秀墓石がある大岩山の部分。清秀は賤ヶ岳合戦の際、秀吉方の部将として、大岩山を守っていたが討死した。山上には清秀の墓と、その供養塔が建てられていたが、清秀の末裔に当る豊後国岡藩主中川氏の歴代当主は、参勤交代の際に時折、当所を墓参している。また、多くの名所記・旅日記にも登場し、賤ヶ岳合戦の旧跡としては、江戸時代、最も著名な場所であった。

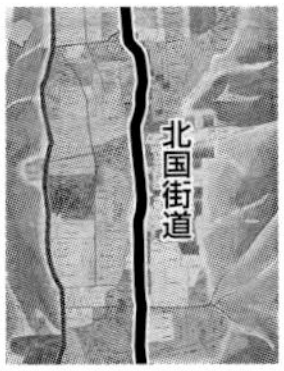

伊香郡坂口村絵図　滋賀県立図書館蔵

明治４年（1871）頃に旧彦根藩によって製作された絵図。坂口村は飴屋市助や、菅山寺の登り口がある北国街道沿いの集落である。北国街道は、その集落内を南北に貫通する。街道沿いには人家に混ざって畑も点在しており、人家が密集した宿駅とは、一味違った景観が展開していた。

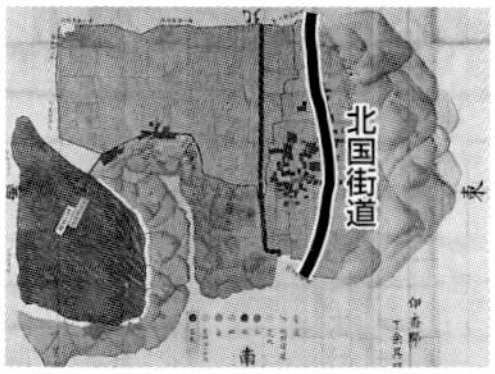

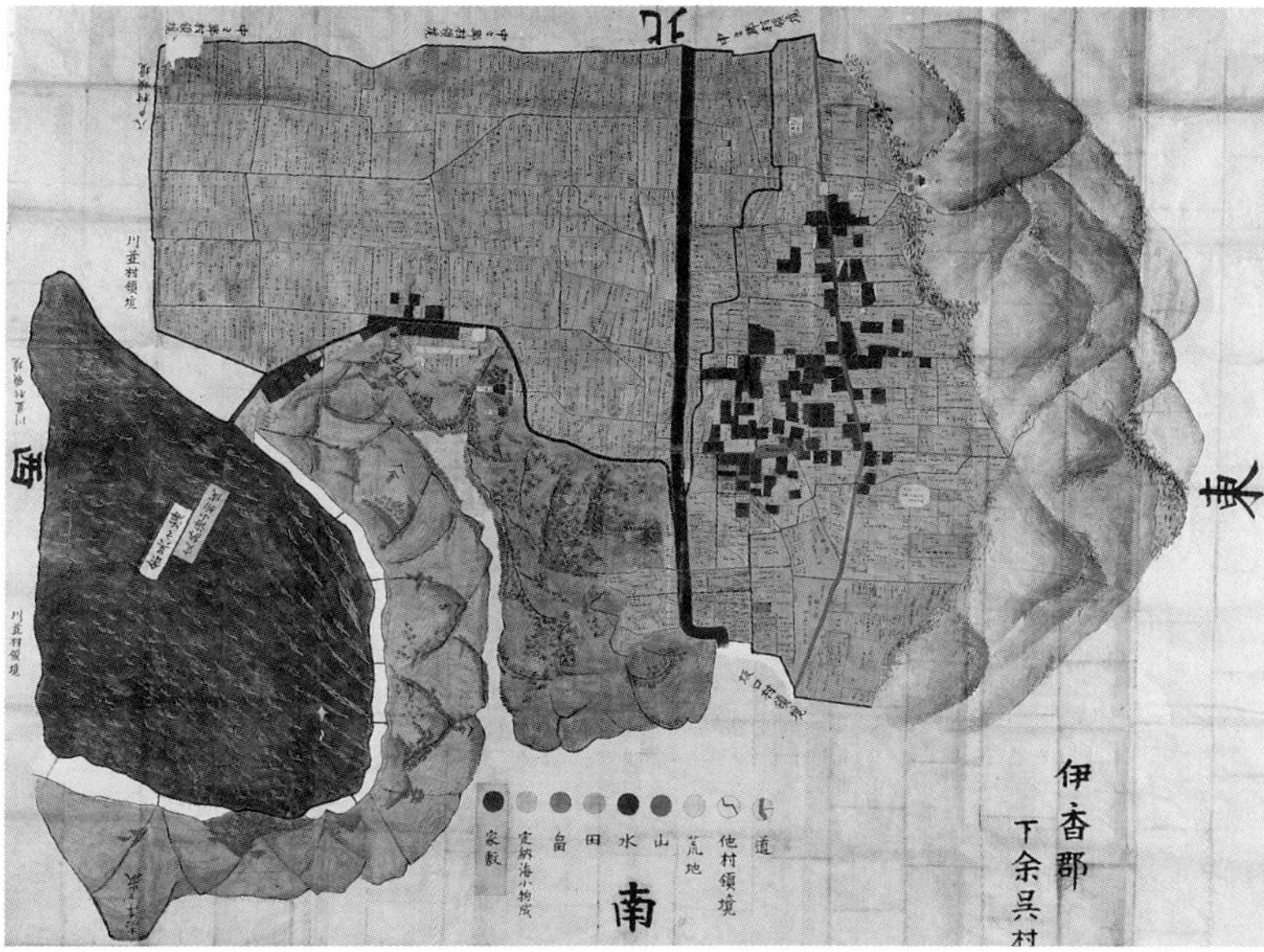

伊香郡下余呉村絵図　滋賀県立図書館蔵
坂口村の絵図と同じく、明治4年頃に旧彦根藩によって製作された絵図。坂口村から続く北国街道は、集落を南北に貫通するが、必ずしも人家が街道沿いになく街村を形成しない。西に描かれた余呉湖の近くには、枝郷の江土の集落も見えている。

坂口と飴屋市助

街道は黒田村穴師の集落を抜け、木之本町から余呉町に入り坂口の集落に至る。坂口の集落の手前には、「オバエの森」があり、意波閉《おはへ》神社が鎮座する。坂口の集落内は、国道三六五号線から離れて、旧道がよく残っている。この付近では、どの旅日記・名所記も周囲に点在する賤ヶ岳合戦の史跡に関心を寄せているが、特に坂口の西に当る大岩山上にあった中川清秀墓については記述が多い。『木曽路記』では、「中川瀬兵衛か石塔とてあり、木のもとより見ゆ」と記し、『参宮記』では「（木之本に向かって）右手山の上、中川瀬兵衛清秀石塚アリ」と記す。

坂口村には、飴屋《あめや》市助の店があった。寛政十三年（一八〇一）に刊行された『湖北賤嶽図会』には、その店頭を描き「坂口邑《むら》において、歓ぶものひとり、屋号を飴屋と呼ぶ、字《あざな》を市助といふ、門徒等、京師の帰路にはかならず土産としてこの飴をととのふゆゑ、群をなす事やまのごとく」、「銭十文二十文をいだして買ふ、この飴を喰へば、はらのいたみなしと云ひ伝ふ」と記している。『参宮記』では、「飴の名物　曲物三十弐文より段々アリ」とあり、当家に残る天保十年（一八三九）の値段書には、小曲物三二文、中曲物四〇文、大曲物八〇文とあるが、値段は時代によって変化したのであろう。

『東山道記』では「坂口の飴海道第一の名物也」とあり、『参宮記』では「白飴の名物」とあり、いずれもこの飴屋について触れる。飴屋市助家の伝えでは、寛文年間（一六六一～七三）に越前福井藩主松平光通が通行した折、「北国脇往還」の馬上《まけ》川原で藩主が腹痛をおこしたが、この飴を服用したところ治ったという。その後、坂口村に住居を移し、越前松平氏の参勤交代の際には、必ずこの飴を献上していた。先の『湖北賤嶽図会』には、「毎年貴侯（福井藩主）通駕の時、飴二曲を白木の台にのせ、またのみ一丁をそへるはじめの例とかや、いまにこの事絶えず」とある。「のみ」は鑿で、水飴を砕く道具として使われたのだろう。『東山道記』は、坂口村の東の山上にある菅山寺についても触れる。

柳ヶ瀬と関所

街道は下余呉・中之郷へ。下余呉と中之郷の間には「一里塚」があり、『東山道記』でも下余呉の後に、その旨を記す。同書は、ここでも「東野山」・「狐塚」など、賤ヶ嶽合戦の史跡に関心を寄せている。北国街道は中之郷で直角に二度折れるが、下余呉から小谷《おおたに》にかけては、旧道は国道を離れ比較的よく残存している。途中の東野・今市を抜けて、小谷に至る。ここで、『東山道記』は「一里塚」を記すが、その場所は北陸自動車道によって廃道になった付近という。

　小谷を過ぎると、街道は北陸自動車道や国道によって破壊されているが、柳ヶ瀬宿内は残存する。当地は、椿坂と共に木之本宿と中河内宿の間宿《あいのしゅく》であった。明治天皇の行在所《あんざいしょ》となった鈴木家の前を通り北へ進むと、関跡を示す石柱が立っている。当所は、彦根藩預かりの柳ヶ瀬関の跡地である。関所は元和年中（一六一五～二四）から設けられていたといい、関守は最初三太夫が一人でつとめたが、延宝三年（一六七五）に弥兵衛が加わり、二家で世襲された。関守の他に番人六人がおり、昼夜三人ずつ二交代で勤務したという。関所には鉄砲五挺・鑓五筋など様々な武器を備え、特に北陸方面に向かう女子の通行を厳しく取り締まった。

　『東山道記』には、「彦根の関所なり」と簡単に記し、『参宮記』では「当地、御関所井伊様御預り、関守東の方ハ三大夫、西の方ハ治部之丞屋敷アリ」と記している。江戸中期に書かれた『木曽路記』は、「柳瀬ハ入口山のあい（間）たとを（遠）く柵ゆひわたし、誠に関所と見えて、番所なともあり、此関屋も婦女子をのみあらた（改）むるのみなりとて、笠もとらてゆきかふ、乗物ハ僅《わずか》に引戸をはひらかせ

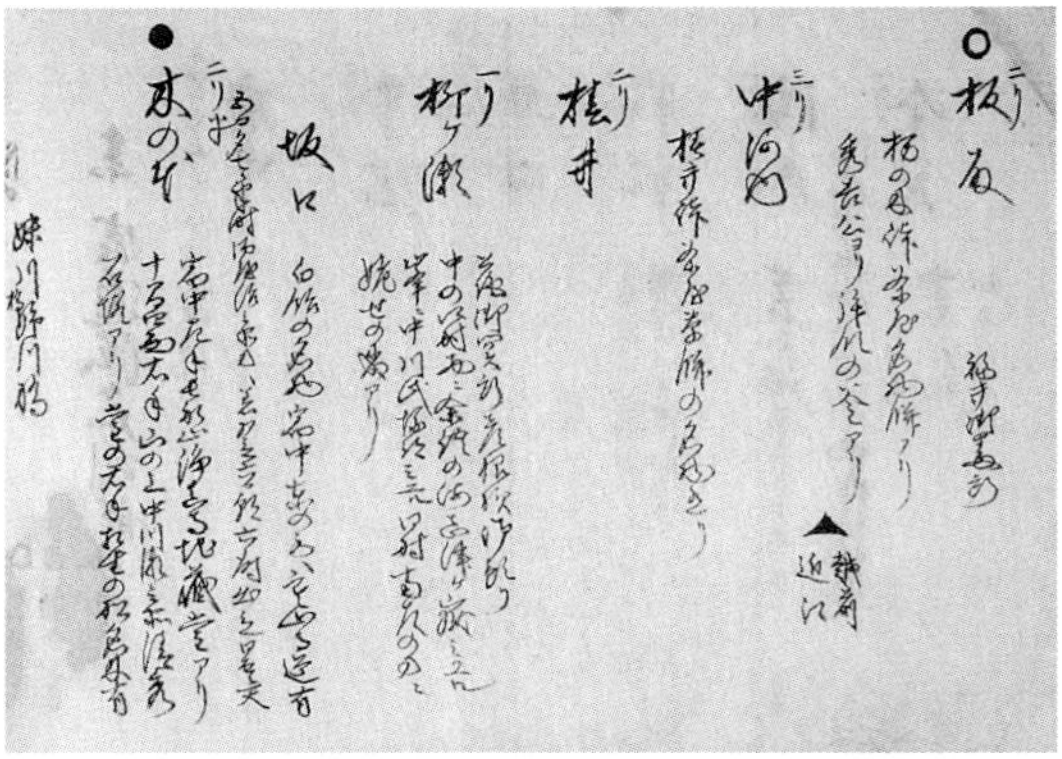

84　伊勢八幡春日参宮道法并名所記　武生市立図書館蔵
越前府中藩士佐久間直英の旅日記である。直英は安政３年（1856）４月５日に、府中（現在の武生）を発ち、北国街道を下って鈴鹿越で伊勢参り、さらに奈良春日参りに廻った。そこから、堺・大坂を経て（石清水）八幡参りを行い、京都を廻り再び北国街道に入って北上、府中には同月23日に帰着するという強行軍であった。往復とも、長浜を通る「北国街道」を行っており、豊富な記事は景観復元の好資料である。

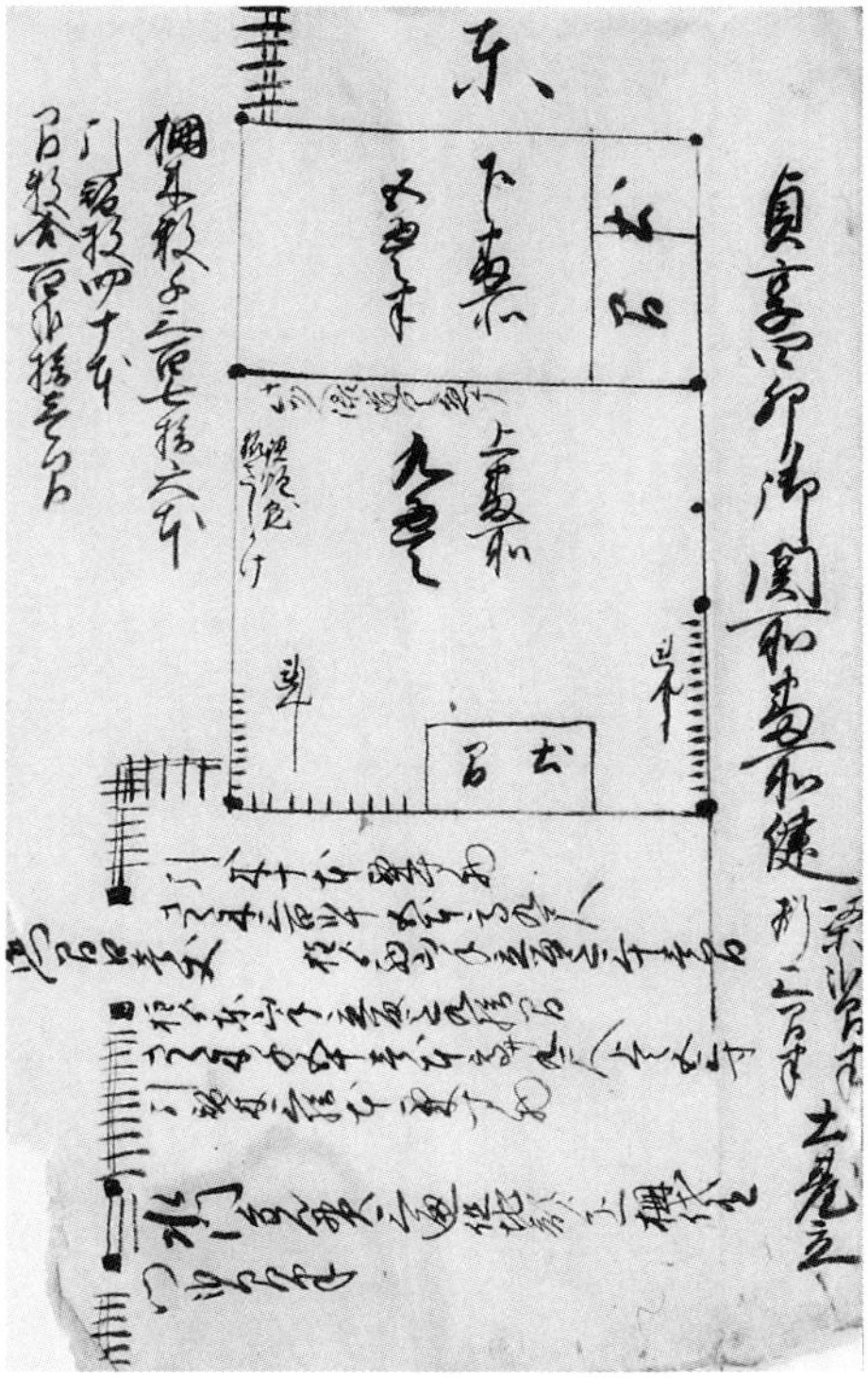

65　柳ヶ瀬関所諸事覚　瀧川仁右衛門家文書
天和２年（1682）以来の柳ヶ瀬関所触書など、関係文書を写した冊子に掲示された関所絵図。「火事以前の御番所の図」と次丁に注記されており、貞享４年（1687）の関所番所の景観を示している。なお、柳ヶ瀬鈴木家に伝来する図面（カラー図版129ページ参照）は、火事以後の状況を示しているとみられ、下番所が広いなど、建物にいくつかの相違点がみられる。

て過きゆく」と記述が具体的だ。

慶応二年（一八六六）に当地を通った蒲生郡石塔村（現在の蒲生町石塔）の商人木村武兵衛は、小谷から金一朱を払って抜け道を通り、関所を通過しなかった（『北国海道善光寺道中記』）。金を出して回避する程、関所の取り締まりは厳しかったと解釈すべきであろう。また、翌年通過したイギリスの外交官アーネスト・サトウは、その著『一外交官の見た明治維新』で「この関所では女は通行を許されず、男は旅券を見せなければ通れなかった」と述べている。幕末に至り京都の情勢が不安定となり、『木曽路記』の時代（江戸中期）より関所の取調が厳しくなっていたのであろうか。なお、『参宮記』では、柳ヶ瀬の南西に「姥《うば》せの森」があると記している。

椿坂と椿坂峠

柳ヶ瀬を出て『東山道記』は、「左に敦賀の道有、刀祢坂越と云、引檀《ひきた》へ到りて木目《きのめ》へ出る道也」とある。刀根から敦賀へ出る倉坂峠との分岐点で、現在も案内板と明治十六年（一八八三）に建立された道標が立っている。刀根倉坂峠は越前側では久々坂《くくざか》峠と呼んでおり、刀根坂とも呼ばれた。これ付近から先、旧道は北陸自動車道と国道によって破壊され、集落内などの一部を除いて残存していない。『東山道記』には椿坂の前に「一里塚」を記すが、これは宿の手前で旧道が分岐する所にある巨杉の場所である。ここは、小字名も「一里塚」と言う。椿坂は、『東山道記』も「或《あるいは》椿井と云」と記されている通り、本来は「椿井《つばい》」と言った。彦根藩井伊家領に編入されるに当って、「井」の字を使うのを避けるため、「椿坂」と改称したという。

もともと椿坂とは、本来、宿からしばらく行った急坂のことを言う。この椿坂峠までの急坂は、北国街道中でも難所中の難所と言われた。現在、国道は東側を迂回して、徐々に坂を登るようになっているが、旧道は谷筋を真っ直ぐ峠に向かって登った。ここでは斜面が急すぎて、荷車も通ることができず、坂の前後で車を解体して運んだと言われる。松平春嶽も、越前今庄を出て椿坂峠までは駕籠で来たが、ここから柳ヶ瀬までは歩行し木之本へ至っている。

椿坂から中河内は、冬期になると三メートルから四メートルの雪が降り、旅人を悩ませた。現在、柳ヶ瀬の墓地の中に、石動屋幸助と熊野亀二郎という富山の薬売の

富山薬売りの墓石（余呉町柳ヶ瀬）
柳ヶ瀬の共同墓地にある富山の薬売２人の墓。墓石には釈勇進・釈教真と２人の法名が記されるが、柳ヶ瀬〜椿坂間の北国街道で凍死したという。墓石は北陸自動車道の建設で、現在地に移された。２人の旅舎の主人黒田屋五兵衛・加賀屋吉兵衛によって建立されたものだが、冬期の国境越が命がけであったことを伝えている。

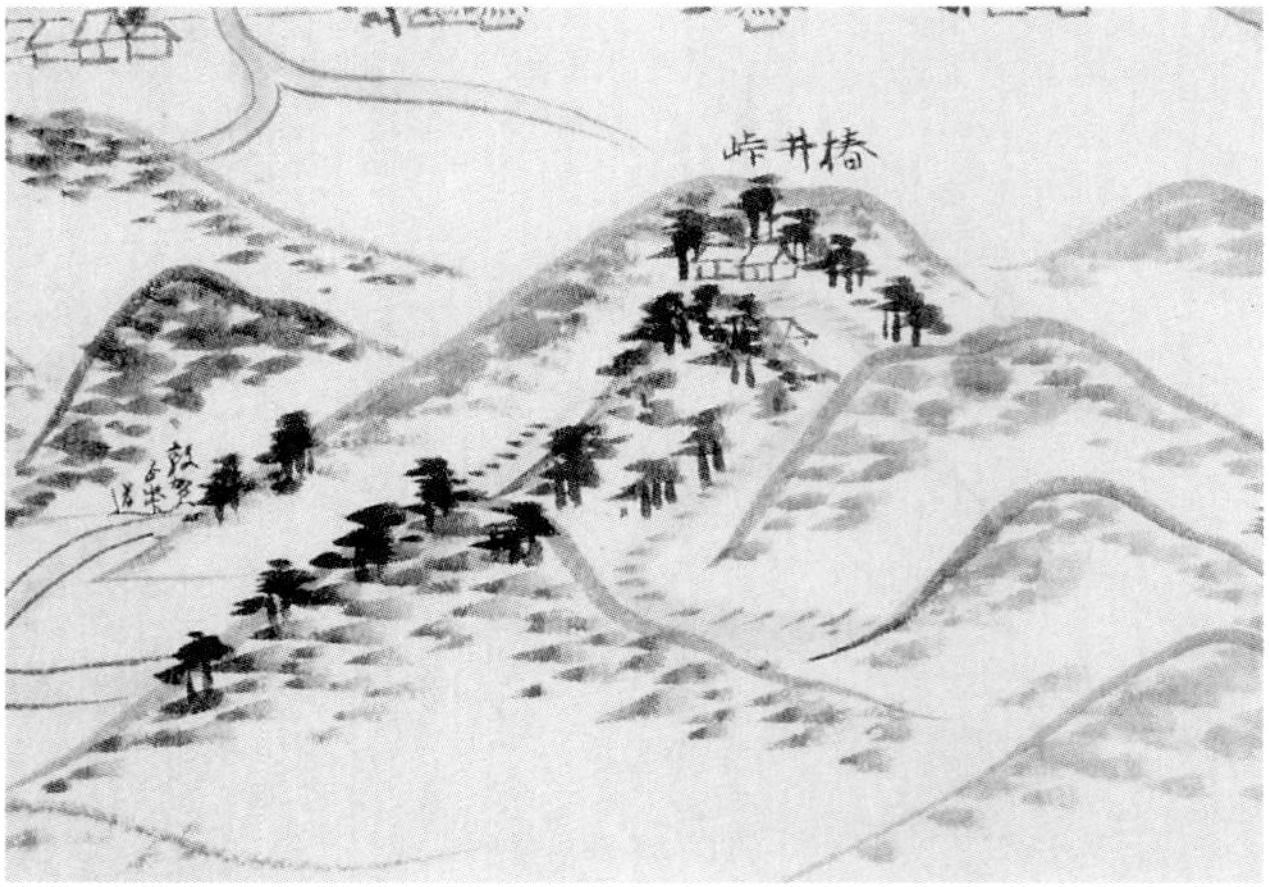

椿坂峠の風景
71「京阪街道一覧」に見える椿坂峠で、ここでは「椿井峠」と表記されている。峠の茶屋とみられる２軒の民家が描かれるが、画面左に向かって谷間を急激に下る道が椿坂である。越前国境に向かう北国街道は深い谷あいの難路を進み、旅人は天候不順にも悩まされたが、当所はその中でも難所中の難所であった。

墓がある。この石碑、北陸自動車道が開通する以前は、柳ヶ瀬と椿坂間の街道沿いに立っていたものである。辛《かのと》丑《うし》の年（寛文元年（一六六一）か）の冬、湖南地方での商売を終えての帰路、吹雪に巻き込まれ凍死してしまった二人の法名が記されている。柳ヶ瀬では天候不順を説いて二人の逗留を勧めたが、二人の悲劇を知り、その旅舎の主人黒田屋五兵衛・加賀屋吉兵衛が、今後このような事故が起きないようにと、石碑を建立した。この付近が、いかに難所であったかを物語る逸話の一つと言えよう。『東山道記』によれば、椿坂と中河内の間にも「一里塚」があったという。

さらに、『東山道記』には椿坂を登り切った椿坂峠に、茶屋があったと記す。また、『参宮記』では「椿坂峠茶屋、草餅の名物有り」と記されている。松平春嶽も、この茶屋に立寄って休息している。なお、『東山道記』では椿坂峠を「能美《のうみ》峠」とも言ったとあり、中河内《なかのかわち》宿との間に「一里塚」を記す。

中河内と栃ノ木峠

中河内は、近江国内では北国街道中、最後の宿駅となる。街道東側に本陣柳橋家、西側には脇本陣中村家、問屋山口家が並んだ。『東山道記』では、西の池河内《いけのこうち》（現在の福井県敦賀市池河内）と、東の日野川最上流部に当る三尾河内《みおのこうち》（現在の福井県今庄町内）の中間にあるので、中河内とよぶと記す。『木曽路記』は、「家少しあり、皆谷あひなり、雨しきりに降《ふり》きたれと、程なく晴たり、よそには日陰もはれたるに、此谷陰のみの雨なりけん、ゆ

栃ノ木峠からの越前遠望（撮影／寿福滋氏）
近江と越前の国境である栃ノ木峠から、越前方面を眺望した写真。北国街道は、越前に入ると板取宿を越え今庄に至るが、国境からしばらくは厳しい山道が続いた。

中河内の風景
71「京阪街道一覧」に見える中河内宿の風景である。江戸時代の民謡に「今庄朝立ちや木之本泊り　合の中河内は昼弁当」と唄われたごとく、今庄・木之本間を１日で歩く旅人が、ちょうど昼食をとる宿場であった。谷あいにたたずむ宿駅の風景は、東浅井郡の絵師中川雲屏が描いた絵とも一致する（カラー図版８ページ参照）。

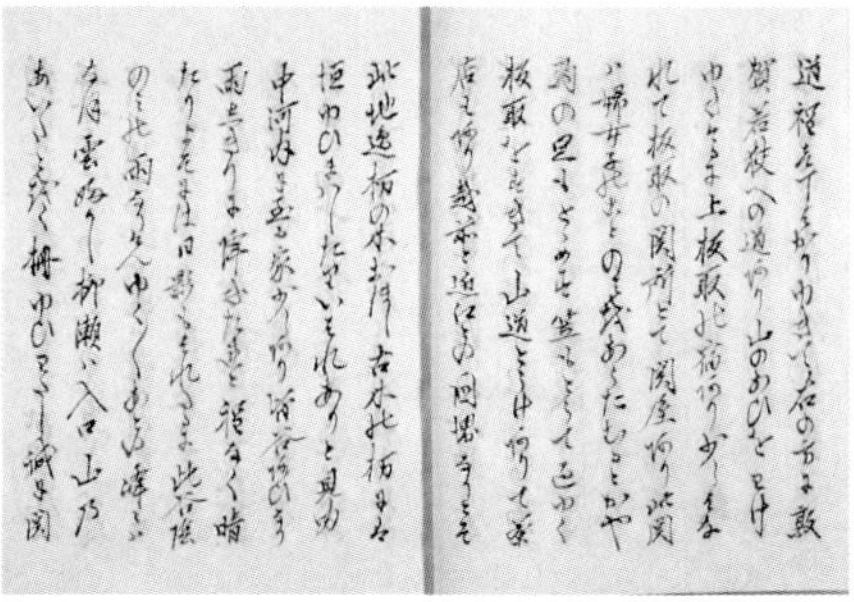

83　木曽路記　金沢市立玉川図書館蔵
金沢藩士竹田昌忠が、寛延４年（1751）藩主の参勤交代にともなって、江戸へ登った際の見聞録である。この時は、北国街道から「北国脇往還」を通り、中山道（木曽路）を行き江戸に至っている。中河内について、「此の宿、蚊帳ヲ用いるニ及ばす、常々蚊少シト云」などと記すなど、観察が細かく興味深い記事が多い。

くゆくあとの峰とハなほ雲ふかし」と、天候不順を述べている。当地は、南東に向かって半明《はんみょう》（余呉町半明）から丹生谷に出る道が分岐する他、西に向かっては国境を越えて池河内に至る庄野嶺越も分岐していた。

さらに道をたどると、越前との国境・栃ノ木峠に至る。『東山道記』では、「一里塚」を記した後、この峠を「杓《しゃく》子《し》峠」とよび次の説明を加えている。「国境の坂　越前近江の境也《なり》、坂を杓子坂と云、峠を杓子峠と云、杓子を売る故也、又栃の木坂とも云、坂に栃の大木有故也」。栃ノ木峠を杓子峠ということは、今庄城主である赤座家の系図にも見えている。

『参宮記』には、「栃の木峠茶屋名物アリ、秀吉公ヨリ拝領の釜アリ」とされる。松平春嶽は、この茶屋にも立寄っているが、その建物は現在余呉湖畔に移転されている。秀吉からの拝領釜は、木ノ芽峠にもある。その峠の茶屋である前川家に伝来したもので、天正元年（一五七三）に朝倉氏を攻撃に行く際、この茶屋に立寄り、秀吉が贈ったと言われ現存している。栃ノ木峠の釜が、木ノ芽峠の釜と如何なる関係にあるかは、よく分からない。さらに同書には、「御用木さく結《ゆい》廻し有り」とある。『木曽路記』でも茶屋があると記した後、「此地辺《あたり》栃の木おほし、古木の栃には垣ゆひまハしたり」と記述している。栃の大木には、保護のため周りに柵か垣根が設置されていたようである。明治初期までは、峠に数軒の民家もあったが、現在はトチノキ一本と、地蔵堂が現存するのみである。

北国街道は、坂を下って福井藩が管理する関所がある板取《いたどり》宿（福井県今庄町）へ至り、越前国内から加賀国へとつながっている。

コラム

明治忠臣蔵
―史上最後の仇討と北国街道―

橋本　章

加賀藩家老本多政均の暗殺

　明治四年（一八七一）十一月二十四日、長浜の郡上町にて、金沢藩士による仇討《あだうち》事件が起こった。討たれたのは金沢藩士多賀賢三郎、討手は同じく金沢藩士にて家老本多政《まさ》均《ちか》の旧臣芝木喜内、藤江松三郎らであった。多賀殺害の後、芝木・藤江の両名は多賀に同行していた草薙良平らにこの度の刃傷の趣旨を述べ、草薙らはこれを聞くと、即座の殺害を思い止まり、芝木・藤江の身柄を彦根県の役人に引き渡した。

現在の郡上町「北国街道」沿いの景観

　実はこの事件は、明治二年（一八六九）八月七日に起こった金沢藩家老本多政均の暗殺に端を発する。政均は、幕末維新の混乱期にあって、勤王か佐幕かで藩論が二分される中、難しい舵取りを余儀なくされていた。政均は時流に乗り遅れまいと懸命な藩政運営を試みるが、それは時に急進的な藩士の反感を買うこととなった。そして政均は、金沢城二の丸御殿の廊下で、井《いの》口《くち》義平、山辺沖太郎らによって暗殺されてしまう。

　本多政均は、金沢藩家老という地位ではあったが、その禄高は百万石の前田家にあって五万石を有する大名並みの待遇であった。それ故政均に仕える家臣の数も多く、主君を討たれた旧臣達は、犯人とその一味の引き渡しを求めて嘆願を繰り返したという。しかし、暗殺の実行犯の両名は官憲の手によって死罪となった。そして、この計画に携わった何名かの藩士は、死を免れ、戊辰戦争終結後は石川県の官吏となるものも出た。その中に多賀賢三郎も含まれていたのである。

郡上の仇討と北国街道

　主君政均の復讐を誓った旧臣達は、一味の所在をそれぞれに突き止め、多賀賢三郎を狙ったのが芝木喜内と藤江松三郎らであった。

　両名は、京へ向かった多賀を追って十一月十八日の夕刻に金沢を発ち、二十四日朝、近江速水宿でこれに追い付くと、間道を先回りして長浜にて一行を待ち伏せ、多賀の乗った駕籠が来たところを左右から襲い、本懐《ほんかい》を遂げたのである。他の同志達も、それぞれに主君の仇を討っている。見事仇討を為し遂げた本多の旧臣達は、その後明治の新しい法令によって斬罪に処せられる。この事件は、日本の武家社会の終焉に当たり最後の仇討となった。多賀賢三郎の遺体は、彦根県の役人による検死の後茶毘《だび》に伏された。この時、葬儀の読経を勤めたのは北呉服町願養寺の住職長了閑だったといい、遺骨は三ツ矢の梨ノ木墓地に埋葬された。

　この事件の顛末《てんまつ》は、幕末維新の動乱期にあって、己《おの》が信念を貫き生きた、最後の武士達のドラマであった。仇討の正義を信じて北国街道をひた走った本多の旧臣達は、捕縛《ほばく》され同じ街道を通って金沢へと護送されるときに、どのような思いを抱いたのであろうか。

越前・加賀への道

金沢城五十間長屋（石川県金沢市）
平成13年7月に再建された金沢城の五十間長屋。あわせて菱櫓、橋爪門続櫓も再建された。金沢藩では、参勤交代で使う近江まわりの北国街道を「上街道」、越後まわりを「下街道」とよぶ。したがって近江からの北国街道は、百万石の城がある金沢が終点と考えることもできる。

（柳ヶ瀬）→（越前方面）

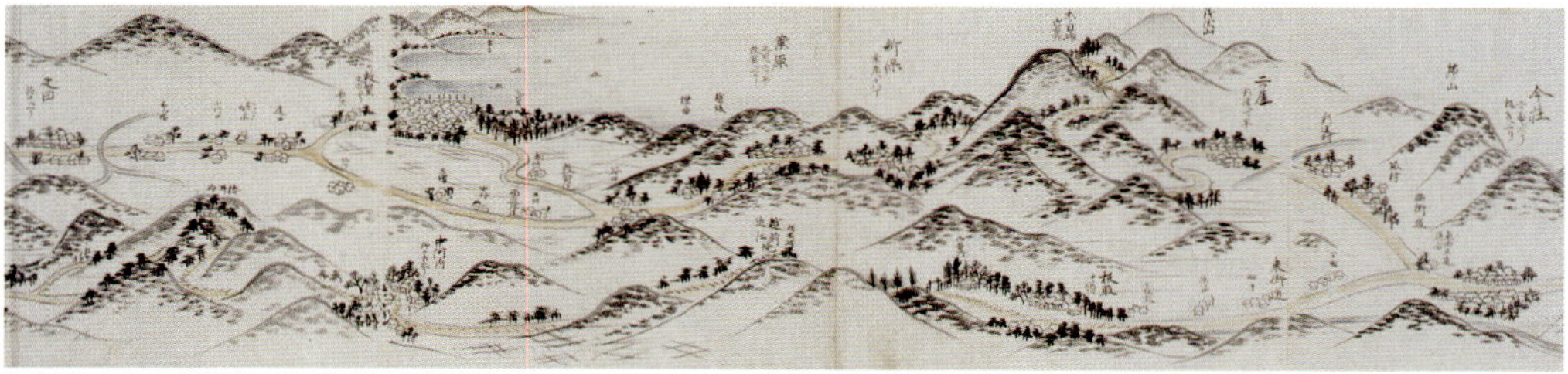

→

→ （福井）

71　京阪街道一覧　福井市立郷土歴史博物館蔵
福井藩士中根雪江所用の道中路図。現在は巻子だが、もとは携帯用の冊子本。紙本著色で、福井から京都・大阪までの経路を俯瞰的に表している。地形や宿駅の位置関係が的確で、実際に街道を踏査して取材したものと考えられる。江戸時代末期の作。写真は近江国境から越前国内の部分。

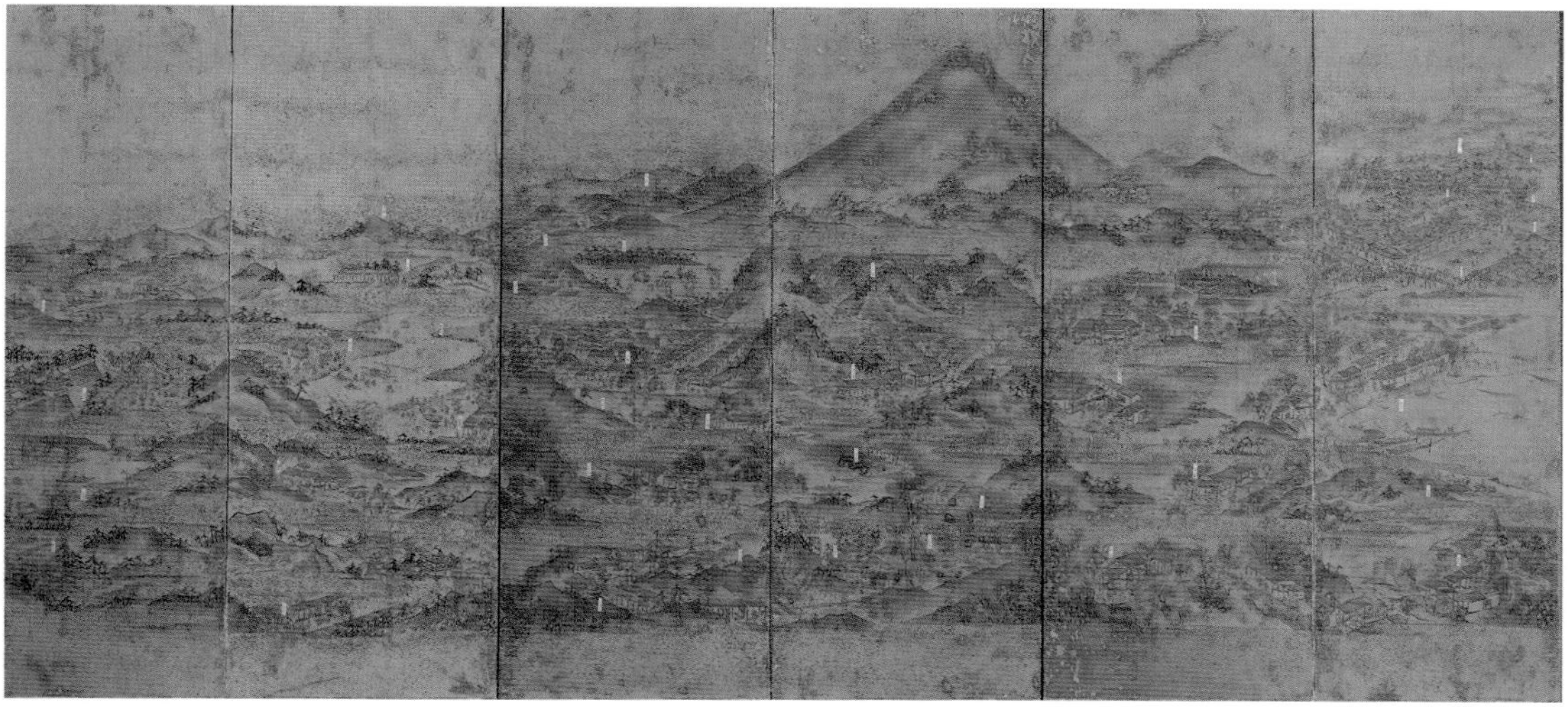

（右隻）

（左隻）

72　福井江戸往還図屏風　福井県立歴史博物館蔵
福井から江戸までの道中を六曲一双に描いた屏風。紙本淡彩で、各宿駅の特徴を的確に捉えながら、方角や距離感にとらわれず自由な構図で配置し、行き交う人びとや風景を生き生きと描いている。左隻左下が福井で、街道は屏風内を何回も千鳥に曲がりながら、右隻右上の江戸に至る。

74　九十九橋図　福井市立郷土歴史博物館蔵
福井城下の足羽川に架かる九十九橋は、南側半分が石橋で北側半分が板橋という、半石半木の「奇橋」として知られる。また南川岸一帯の桃林は、福井八景の一つとして親しまれた。作者は福井県松岡出身の平林清輝（1888～1963）で、昭和２年（1927）頃の作か。

⬅**73　越前国名蹟考**　松平文庫（松平宗紀氏所蔵、福井県立図書館保管）
福井藩右筆の井上翼章が、文化12年（1815）に記した越前国地誌の集大成。全13巻。豊富な絵図と名所・旧跡の彩色画を掲載し、過去の文献史料を網羅して、郡別村ごとに編集したもので、翼章自身の考察も加えている。この松平文庫本は、翼章自筆本で文化13年に福井藩に献上したもの。

73　黒龍川舟橋図（『越前国名蹟考』巻７）

北国街道と黒龍川（九頭竜川）が交差する所に架かる橋。本書によれば、川幅101間に舟48艘を鎖でつないだという。天正６年（1578）３月に柴田勝家が架けたという伝承がある。

73　杤木峠図（『越前国名蹟考』巻２）

近江と越前の国境の峠。本書によれば、天正６年（1578）頃に、柴田勝家が安土の織田信長のもとに参勤しやすいように、それまで細く険しかった峠道を切り開いて整備したという。図は手前福井側に板取の番所が描かれ、奥に両国の境としたトチノキの大木と一里塚が見える。

（金沢方面）←（越前舟橋）

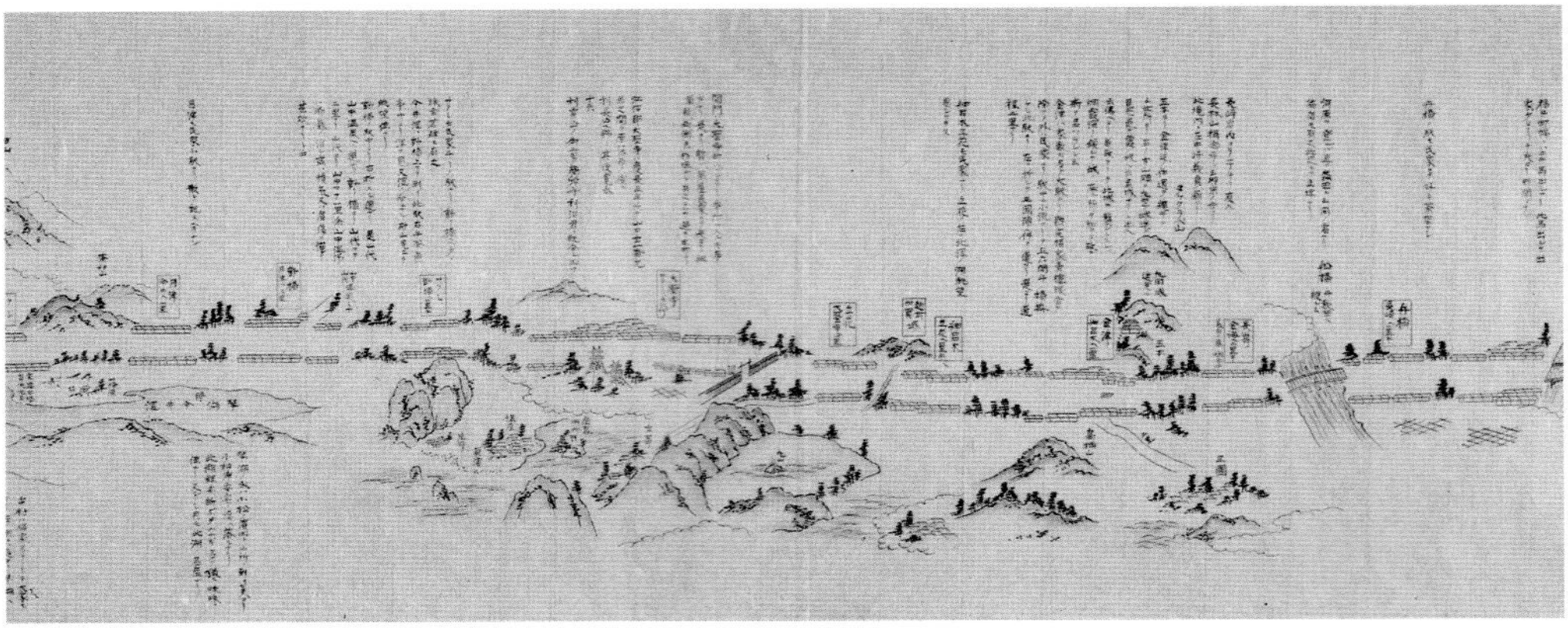

←

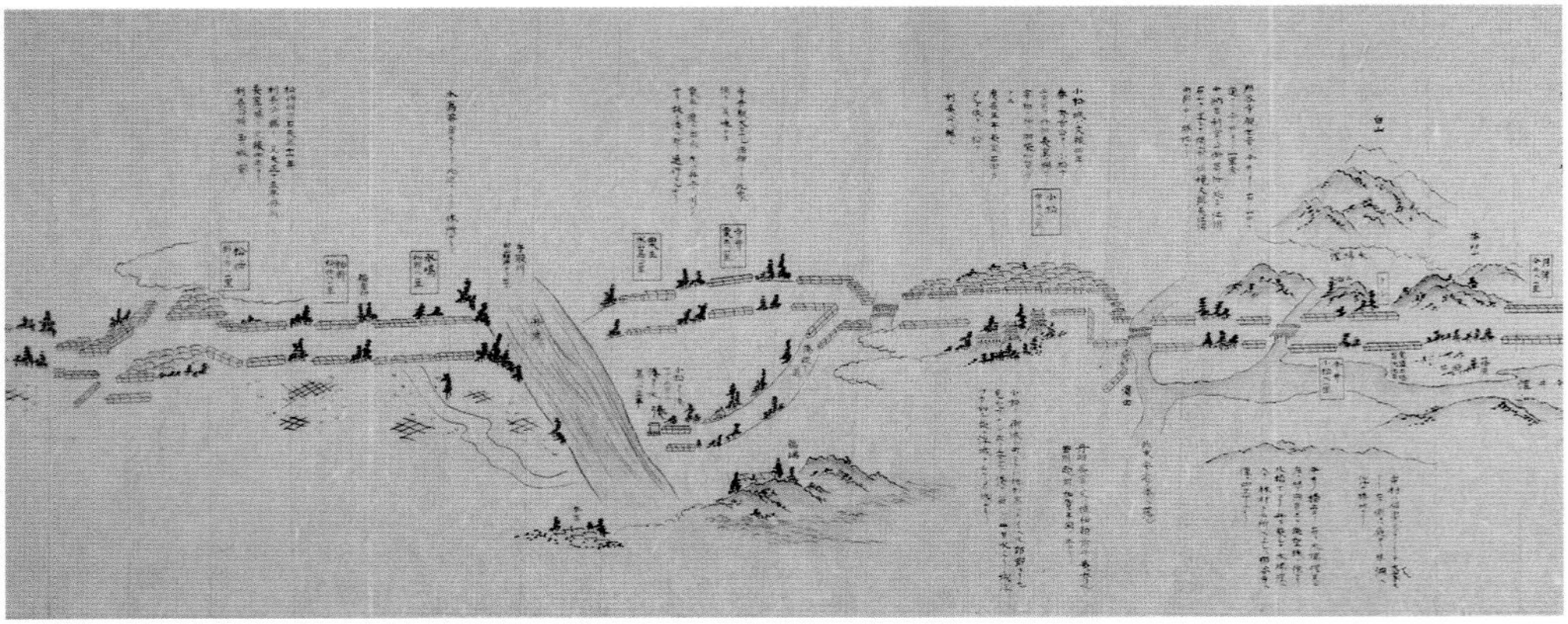

（金沢）　　　　　　　　　　　　　　　　　　　　　←

69　江戸より金沢上街道道中絵図　石川県立図書館蔵

安政５年（1858）に、遠藤数馬高朗によって作成・刊行されたもので、江戸から東海道を経由して、北国街道を金沢に至る「上街道」の様相が描かれている。道中の宿駅を追いながら、途中に見える山河や町、城郭などが描かれている。写真は福井城下北の舟橋から、加賀国へ入って金沢までの部分。木之本以北の近江部分については、130ページに掲載した。

79　琵琶湖図（伊能図）　伊能忠敬記念館蔵

伊能忠敬（1745～1818）が測量して作成した伊能図だが、３枚ある特別地域図の内１枚である。縮尺は1:108,000で、琵琶湖を中心に大坂の淀川水系から、越前敦賀周辺までも描く。湖北部分は、長浜を通る「北国街道」と、木之本以北は西近江路に合流する刀根越のルートを記す。文化２年（1805）から３年にかけて行われた、第５次調査の成果を表している。重要文化財。

81　伊能大図　自江戸歴尾州赴北国到奥州沿海図第十一（部分）　伊能忠敬記念館蔵

伊能忠敬が製作した大図（1：36,000）389枚の１枚で、木之本から以北の北国街道を描く。ただし、刀根越で敦賀へ出る経路で、敦賀からは海岸線に沿ってルートが記されている。これは、正確な日本地図を作るため、海岸線の測量が優先されたためである。享和３年（1803）に行われた、北陸海岸の第４次調査の成果を表している。重要文化財。

越前国と北国街道

秀平文忠

越前国内の北国街道

越前国における北国街道は、国のほぼ中央を南北に貫通していて、現地では「北陸道」「北陸街道」「北国道」とも称される。全長約一八里（約七二キロメートル）で、道幅は三間（約五・五メートル）。一里ごとに一里塚が設置されていた。

北国街道沿いの主な宿駅は、福井藩初代藩主結城《ゆうき》秀康《ひでやす》の頃に成立し、南の板取から北の細呂木まで全部で一五を数える。

近江国から越前国に至る場合、まず柳ヶ瀬から栃ノ木峠（標高約五三九メートル）を越えて、板取に入る。ここは関所があり、出女を規制していた。

今庄は敦賀から木ノ芽峠越をする道が合流する分岐点である。宿場町も栄え、福井を出立した旅行者が最初に宿を取るのもここであることが多い。

府中は現在の武生で、かつて越前の国府があったところ。鯖江には、日野川を渡る白鬼女《しらきじょ》の渡があり、水陸の交通の要衝だった。

福井は、戦国時代に北庄として柴田勝家が城を構えたところで、江戸時代になって三代藩主松平《まつだいら》忠昌《ただまさ》が入城し、福居（のちの福井）の名称に変わった。

板取（福井県今庄町）
越前国の南の入口で、現在も坂道に茅葺きの民家と関所跡が残っている。

城下足羽川に架かる橋は九十九橋《つくもばし》といい、世に「奇橋」として知られた。南側四一間が石橋、北側（城側）四七間が板橋という半石半木で、有事に城側で板橋を落として外敵の侵攻を防ぐためという説や、増水の際、板橋が先に壊れて橋全体が流失するのを防ぐためという説がある。橋の北詰は福井藩の道路起点であり、南詰足羽山ふもとの桃林は福井八景の一つとして人びとに親しまれた。橋は明治四十二年（一九〇九）に架け替えられ、桃林も現在は桜の名所となっている。

また城の北、九頭竜川に架かる舟橋も著名である。これは全長一〇一間の川幅に、四八艘の舟を並べて、鎖でつないで橋としたものである。舟渡を舟橋に改めたのは柴田勝家といわれているが、それ以前にも舟橋はあったとされる。この舟橋は、明治十九年（一八八六）に廃止されて木橋となった。

金津にかけての道中には、一里塚が残る。千束《せんぞく》一里塚（あわら市、福井県指定史跡、九ページ参照）は、道中に現存する唯一の一里塚で、塚上の大きなエノキが今も生い茂っている。また、下関《しもぜき》一里塚跡（福井県坂井町）もその名残りを留めている。金津の次は、越前国の北の出口の細呂木で、そこから先は加賀国になる。

十二月舟橋雪景の図
九頭竜川に架かる舟橋は、その珍しさからたびたび絵の題材となった。この作品は、横に連ねた舟の橋上に雪が積もっている様子を描く。「福井藩十二ヶ月年中行事絵巻」（福井市立郷土歴史博物館蔵）より。

栃ノ木峠と木ノ芽峠

北国街道の経路が大きく変化したのは、戦国時代である。古くは越前国の南の玄関口は、古代三関の一つである愛発関《あらちのせき》であった。湖北からは、柳ヶ瀬から刀根越をして愛発関を通過し、それから木ノ芽峠（標高約六二八メートル）を越えて、今庄に入るという経路である。

それが天正六年（一五七八）頃、それまで山深く細くて険しかった栃ノ木峠（標高約五三九メートル）を柴田勝家が切り開いて整備したことによって、近江からは栃ノ木峠越が主流になってくる。『越前国名蹟考《えちぜんのくにめいせきこう》』によれば、勝家が安土の織田信長のもとに参勤するには、木ノ芽峠は遠回りで不便であるため、栃ノ木峠を開発したと

坂ノ下八幡神社前の旧道（福井県あわら市）
千束一里塚から金津に至る下り坂は、旧道の名残をよく残す。八幡神社の前には観音堂があり、その横には金津宿の遊女たちを供養する「青楼無縁塚」が建つ。

記されている。そして栃ノ木峠越は「東近江路」、木ノ芽峠越は「西近江路」といわれるようになった。

描かれた越前の北国街道

越前北国街道を絵画化した好資料が三点伝わっている。

【越前国名蹟考】（カラー図版143ページ参照）

『越前国名蹟考《えちぜんのくにめいせきこう》』（松平文庫蔵）は、福井藩右筆の井上《いのうえ》翼章《すけあき》が、文化十二年（一八一五）に記した越前国地誌の集大成といえるもの。縦二九・〇センチメートル、横二〇・〇センチメートル。全一三巻。過去の文献史料を網羅して、郡別村ごとに編集したもので、翼章自身の考察も加えている。中でも松平文庫本は、翼章自筆の完全本で、文化十三年に福井藩に献上したもの。

特筆すべきは、豊富な絵図と彩色画を掲載していることである。まず各郡内の広域図を載せ、城下や宿駅については平面図を示す。そして交通の要衝や名所・旧跡については、俯瞰した彩色画を掲載している。これらの絵図の一部は、高畑夢蝶・木津有尚・了閑といった絵師に制作を依頼している。

【福井江戸往還図屏風】（カラー図版141ページ参照）

福井藩の大名行列は、東海道を通る一三二里（約五二八キロメートル）と中山道を通る一三七里（約五四八キロメートル）の二つのルートがあり、これを一三〜四日間で往復する。多くの場合、今庄で一泊してから近江に入り、木之本で宿泊して「北国脇往還」を関ヶ原に抜ける。

『福井江戸往還図屏風《ふくいえどおうかんずびょうぶ》』（福井県立歴史博物館蔵）は、この経路全体を一双屏風の中に収めている。一隻（本紙）の大きさは、縦一五六・八センチメートル、横三四九・八センチメートル。紙本墨彩の六曲一双で、経路は六扇の間を大胆に上下左右に行き来して、空間を仕切る霞には銀箔を散らしている。

同様の屏風は、吉沢康正氏所蔵のものが知られるが、左隻左下に福井城を配するのは同じものの、吉沢本の府

福井
往還図屏風の起点でもあり、福井のランドマークでもあった「九十九橋」。
この半石半木の奇橋もまた、さまざまな絵画の題材として取り上げられた。
72「福井江戸往還図屏風」（福井県立歴史博物館蔵）より。

文政の道しるべ（福井県今庄町）
文政13年（1830）につくられた道標。笏谷石製で、「左　京　いせ　江戸道」「右　京　つるが　わかさ道」の刻銘がある。ここで、栃ノ木峠越で近江に向かう道と、木ノ芽峠越で敦賀に向かう道に分岐する。

中の位置が第六扇左上であるのに対して、本屏風が第一扇右下であるなど、レイアウトにはずいぶんと違いがある。

九十九橋に描かれているのは、帰還した大名行列であろうか。個々の宿駅の町並みの特徴を的確に押さえながら、方角や距離感にとらわれず自由な構図で配置し、行き交う人びとで賑わう様子や山河の景観を生き生きと描いた作品である。

湯尾峠（福井県今庄町）
人々の行き交う険しい峠道と、孫嫡子信仰の茶屋が描かれる。この75「白山参詣方言修行金草鞋」（福井県立歴史博物館蔵）は、十返舎一九（1765〜1831）の紀行物「方言修行金草鞋」シリーズのうち、白山参詣の様子をコミカルに描いたもの。写真は現在の峠道の様子。

【京阪街道一覧】（カラー図版140ページ参照）

『京阪街道一覧《けいはんかいどういちらん》』（福井市立郷土歴史博物館蔵）は、江戸時代末期の作で、福井藩主松平春嶽《まつだいらしゅんがく》のもとで幕政改革にあたっていた中根雪江《なかねせっこう》所用の道中路図であった。もとは携帯用の冊子本であったが、現在は巻子に仕立てられ、幅一五・〇センチメートルで長さが五一〇・〇センチメートルに及ぶ。紙本著色で、福井から京都・大阪までの経路を鳥瞰し、宿駅ごとに次の宿駅までの距離を記入している。

起点はやはり九十九橋北詰で、白鬼女《しらきじょ》の渡や湯尾峠を経て、今庄で「東街道」（栃ノ木峠越で柳ヶ瀬入り）と、「西街道」（木ノ芽峠越で敦賀入り）に分岐する。両街道は琵琶湖の東西を並行して進み、大津で再び合流して、大津追分で一方は京都へ、もう一方は淀川沿いを大阪へと至る。

東街道には、中河内《なかのがわち》・柳ヶ瀬・木之本・長浜・米原といった湖北地域の宿駅が描かれる。木之本で分岐する「北国街道」と「北国脇往還」は、それぞれ「京道」「江戸道」と記されている。さらに南の鳥居本付近では、「北国街道」は「北国道」と記されている。

景観や町並みを簡潔に捉えつつ、地形や宿駅の位置関係が的確であることから、おそらく筆者は実際に街道を踏査して取材しているものと考えられる。小谷《おだに》の位置に疑問が残るが、姉川の位置が描き直されているのもその証拠であろう。

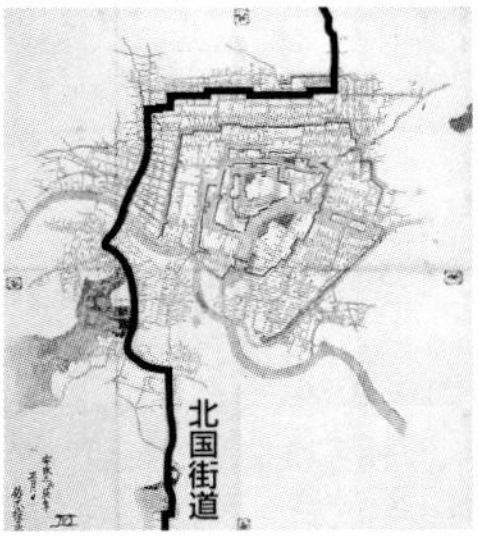

N

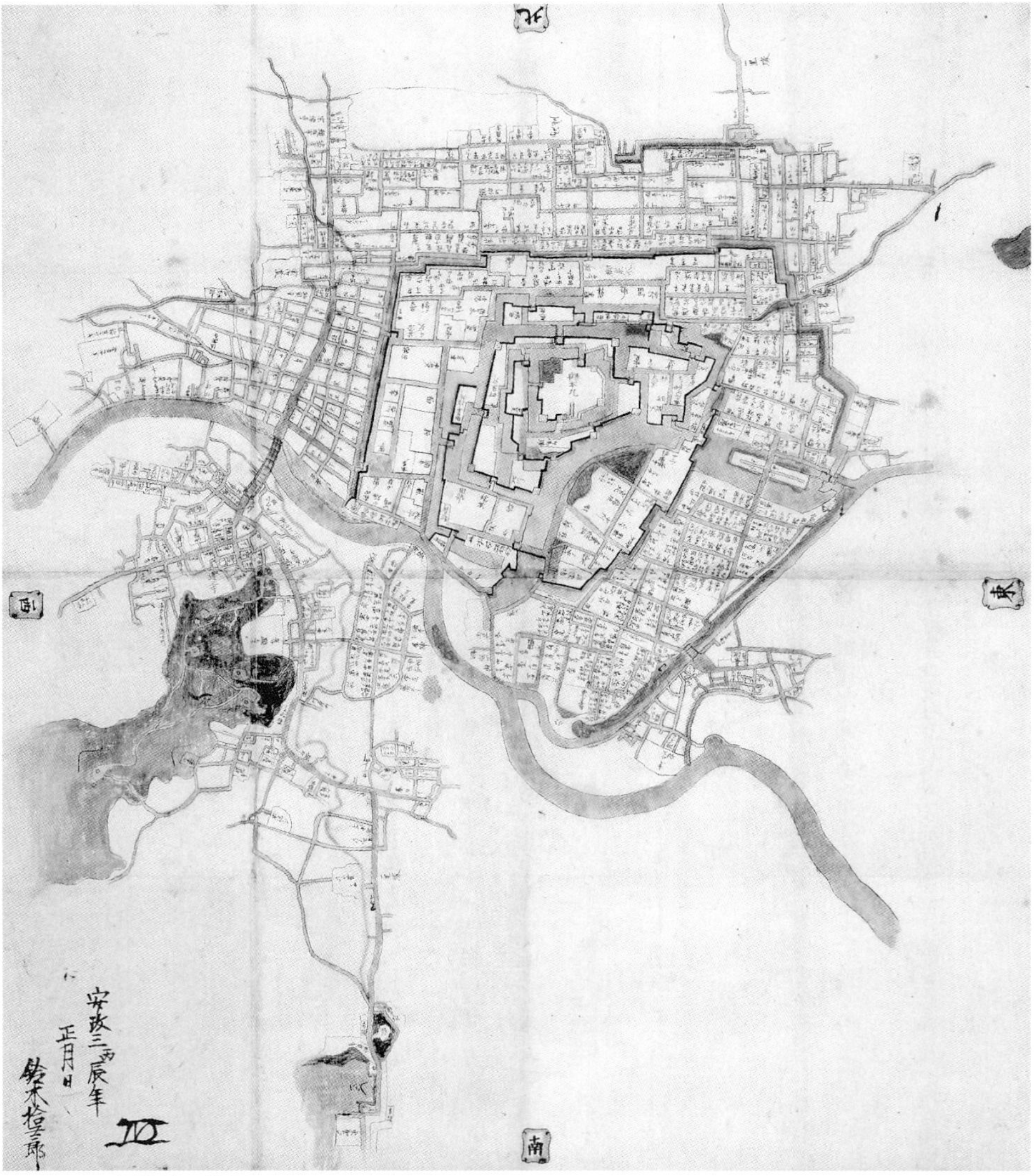

福井城下絵図　福井市立郷土歴史博物館蔵
安政３年（1856）に作成された福井城下の絵図。南から足羽山の東脇を通って九十九橋を渡り、右折して福井城の北を通り、加賀口から北上する北国街道の経路が記される。

越前から見た北国街道

秀平　文忠

松平春嶽と『登京日記』

松平慶永《まつだいらよしなが》（一八二八〜九〇）は、幕末期の福井藩第十六代藩主で、号して春嶽《しゅんがく》といった。誠実・謹直で名君として知られ、薩摩藩島津久光《しまづひさみつ》・宇和島藩伊達宗城《だてむねなり》・土佐藩山内豊信《やまうちとよしげ》らと交流があり、ときの朝幕の動向にも大きな影響力をもっていた。慶応三年（一八六七）には、薩摩藩主導のもと幕府に対抗するための「四侯会議」が画策され、春嶽に朝廷から上京の命が下りた。春嶽にとって四度目の京都であった。

『登京日記《とうきょうにっき》』はそのときの春嶽の日記で、慶応三年四月十二日から六月一日にかけての詳細が自筆で記されている。縦八・四センチメートル、横一八・四センチメートルで、和綴の四冊本。墨書の非常に細密な文字で記述されている。

四月十二日の朝、春嶽は福井を出立しているが、特筆すべきは五時四十七分乗馬というように、その日の経過が分刻みで記録されていることである。休憩についても、到着時間と出発時間を分単位で記録している。春嶽が、不定時法が改められた明治六年（一八七三）に先駆けて、西洋の定時法を用いていること、おそらく携帯用の時計を持ち歩いていること、そして事細かに時刻を記録していることに驚かされる。あわせて馬や駕籠など使用した交通手段と、そのときの天気も記しているが、代わりに宿駅間の距離についての記載はない。

十二日は今庄で宿泊し、十三日に栃ノ木峠を越えて近江に入っている。椿坂峠までは駕籠だったが、ここから柳ヶ瀬関所前までは歩行、柳ヶ瀬からまた馬上と記されている。その夜は木ノ本で宿泊。

十四日は進路を「北国街道」に取り、速水、酢《す》で休憩し、長浜本陣で昼休みを迎える。その後、猪狩《いかり》（碇）、米原本陣、摺針峠を経て、高宮本陣で宿泊。十五日には守山でもう一泊して、十六日夕方に京都岡崎に入っている。

興味深いのは、本来は別の場所で休憩を取る予定だったが、差し支えがあったので急遽変更になったなどの記載が見受けられることである。それはよその藩が休憩に使用していたなどの理由だったりするが、四月十六日は二組の外国人旅行者とのニアミスを避けるためにスケジュール調整をしたことが記されている。

一組はイギリス人公使で、大坂から京都伏見を通って、湖西を越前敦賀に向かうグループ。もう一組は大坂から横浜に向かうイギリス人士官で、この日伏見を経て草津で宿泊予定になっているとのこと。春嶽たちとは大津付

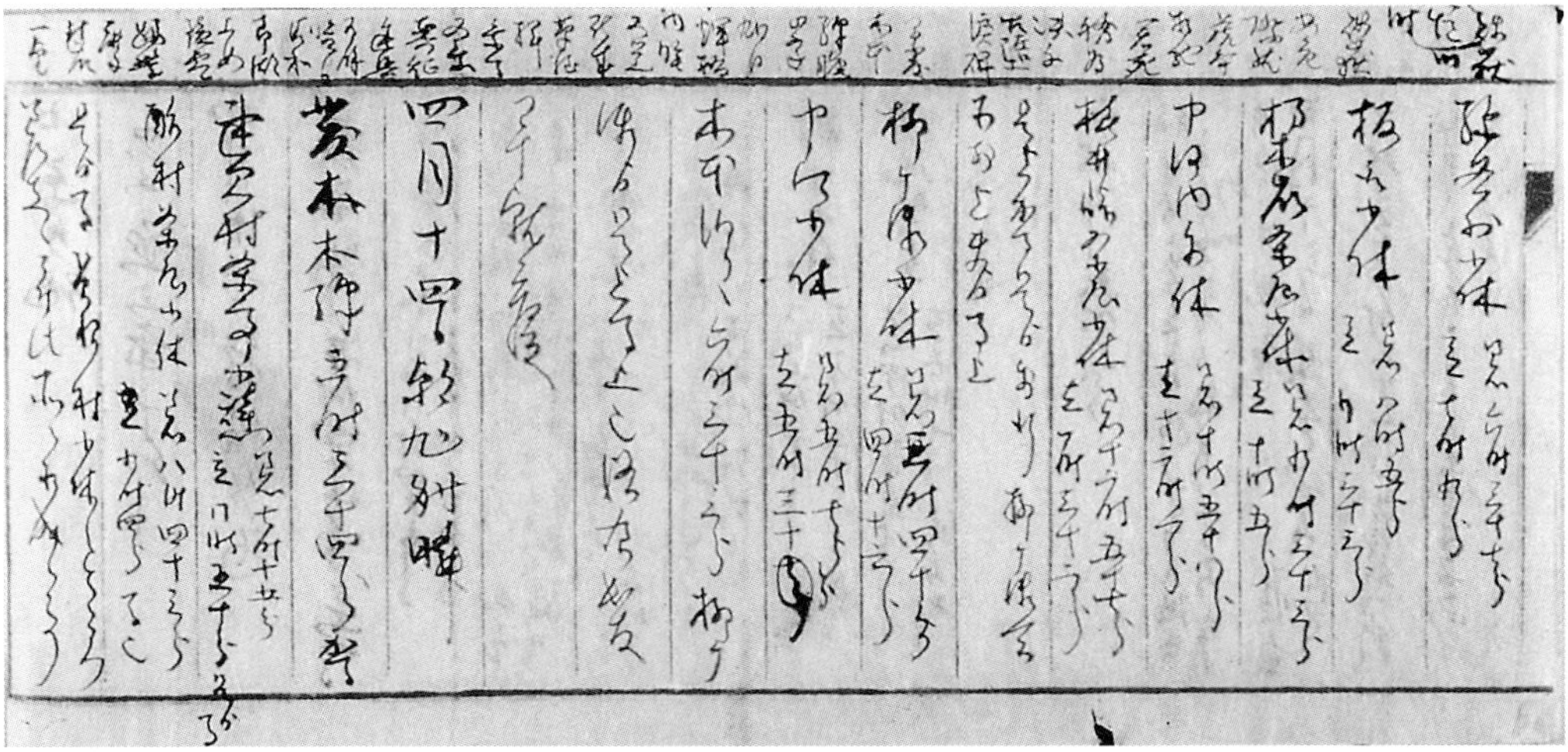

77　登京日記　福井市立郷土歴史博物館蔵
宿泊・休憩した地名と到着時間・出発時間が分刻みで記され、細密な字で欄外にまで書き込みがなされている。慶応３年（1867）４月13日は木之本に宿泊。

鳥居本
鳥居本で「北国街道」と中山道に分岐し、それぞれ「北国道」「江戸道」の記載が見える。71「京阪街道一覧」（福井市立郷土歴史博物館蔵）より。

近で遭遇する可能性があったが、目付からはくれぐれも穏便にやり過ごすようにとの連絡があった。かくして、春嶽は大津駅で昼休憩に入ったが、敦賀行きのイギリス人公使はすでに通過した後で、横浜行きの士官はどこかで小休中だったためか岡崎まで出会うことはなかったという。

尊皇攘夷の幕末期、しかも当時の日本を大きく動かそうという松平春嶽ならば、なおのことの緊迫した瞬間であったことだろう。そして、旅行中は宿駅ごとに飛脚を往来させて、刻々と情報収集に務めていたことが知られる。

なお春嶽は、この登京日記とは別に「京都日記」という日記を並行して筆録していたことが知られる。この京都日記は、春嶽が京都での様子を福井の家族に知らせるために記録して十数日おきに送っていたもので、いわば登京日記の簡略版である。筆まめで家族思いの春嶽の一面がうかがわれる。また道中、今庄から夫人に山芋を贈ったり、安土の老蘇《おいそ》神社では側室の安産祈願をするなど、ここにも春嶽の人柄がしのばれる。

その後、春嶽は京都で島津久光、伊達宗城、山内豊信らと会談をもち反幕派の調整役に奔走した。それもまた春嶽の実直な性格が買われてのことである。

松平春嶽　福井市立郷土歴史博物館蔵
幕末期の越前国福井藩第16代藩主。写真は明治期、春嶽晩年のもの。

笠原白翁と『戦兢録』

笠原良策《かさはらりょうさく》は（一八〇九～八〇）は、江戸時代後期の種痘《しゅとう》医で越前国足羽郡深見村（福井市）の生まれ。白翁《はくおう》と号した。種痘とは、天然痘の予防のために痘苗《とうびょう》（ワクチン）を人体に接種して抵抗力を高める治療法で、白翁はその普及に尽力した。白翁の号は、牛痘のラテン語であるハクシーネの漢訳「白神痘」からとったといわれる。

白翁は福井藩主松平春嶽に、幕府で痘苗の輸入すること誓願していたが、果たして、嘉永二年（一八四九）長崎に痘苗が渡来する。『戦兢録《せんきょうろく》』は、白翁が当時京都まで来ていた痘苗を入手して、苦心のすえ福井に持ち帰った際の奮闘記なのである。書名は戦々兢々の略と思われ、難病を治療するために一刻を争って痘苗を福井に持ち帰ろうとした白翁の心境と、豪雪の北国街道を走破した苦労が伺われる。

湖北地域の「北国街道」が登場するのは、往路の嘉永二年十月二～三日と、復路の十一月二十一日～二十三日である。九月三十日に福井を出発した白翁たちは、府中と虎杖《いたどり》（板取）で宿泊し、近江に入る。

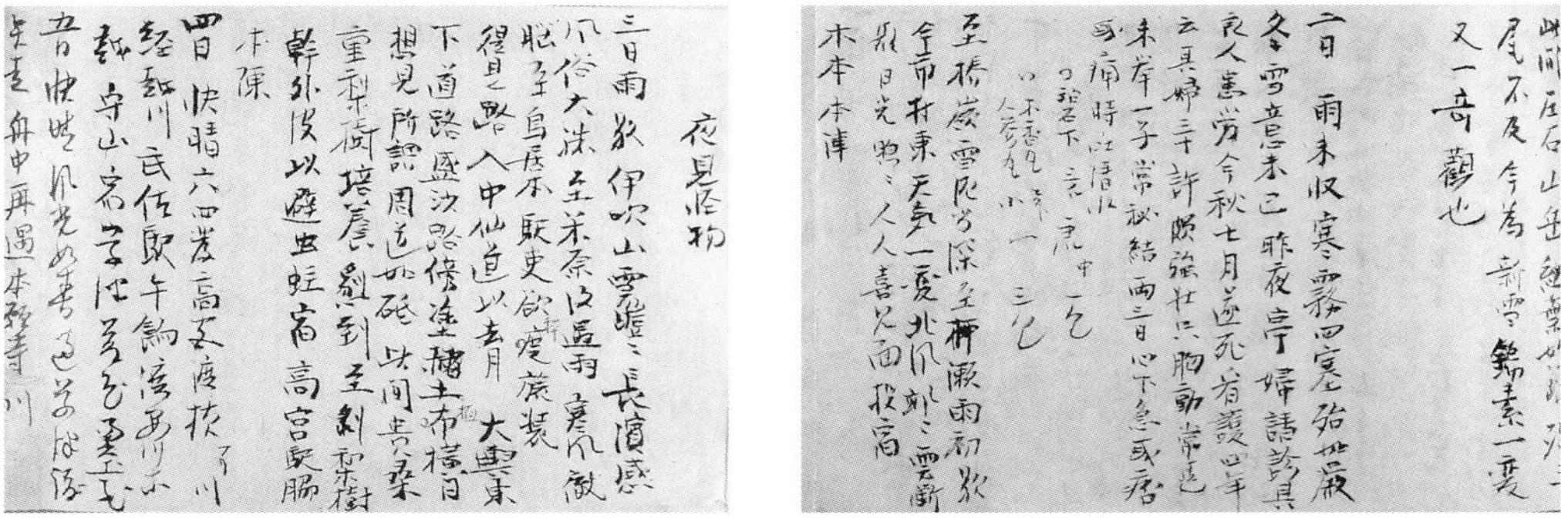

87　戦兢録　福井市立郷土歴史博物館蔵
道中の天候の変化が詳細に記され、湖北の冬の厳しさがうかがわれる。嘉永２年（1849）10月３日は伊吹山は雪で白々としていた。

木之本
浄信寺の木之本地蔵が有名な宿駅。ここで「北国街道」と「北国脇往還」に分岐する。72「福井江戸往還図屏風」（福井県立歴史博物館蔵）より。

栃ノ木峠と湯尾峠

右上が近江方面、左下が越前方面で、国境の連なる山並みと険しい峠道を高低差を付けて描く。板取の関所と今庄の宿駅も見える。68「北国道中行程記」（市立長浜城歴史博物館蔵）より。

十月二日は、雨がやまず霧が四方を塞いで厳冬のようであったと記している。椿坂峠に至ると雪が深くなったが、柳ヶ瀬まで来ると雨はやみ、今市で天気が一変して北風が雲を散らし、日光が照りだした。一行は顔を見合わせて喜び、その日は木之本本陣に宿泊したという。このように、白翁は気象にも関心をもっていたのか、道中の天気の変化について詳細な描写をしている。

三日は、伊吹山が雪で白々としていた。長浜では、白翁は何を目にしたのか、風俗が大いに異なっていると感嘆している。米原を過ぎると雨にあい、寒風が脳を貫くようであったという。この日は高宮の脇本陣で宿を取り、以後中山道・東海道を通って、矢橋《やばせ》から湖上を舟で大津まで渡り、京都に入る。そして一月半に及ぶ京都滞在中に、白翁は種痘を入手するのである。

白翁は、十一月二十日に大津を発ち、帰路につく。往路同様、大津から矢橋まで舟で渡り、二十一日に湖北に至る。

二十一日は、当初晴れていたのが、米原で雪になり、次第に深くなっていく。伊雁《いかり》（碇）では西風が激しくなって、雪で息が詰まりそうであったという。人が凍えて倒れては、薬を与えて復活させる有様で、長浜の塩屋又左衛門宅に駆け込んだという。その夜は一晩中風が戸板障子を揺らした。

二十二日は、速水以北で雪がさらに深くなって、木之本で宿を取った。

二十三日は雪のために馬が進めず、徒歩で柳ヶ瀬に向かったが、雪は四尺（約一二〇センチメートル）ほどになり、雨雪がひどくなってきた。椿坂峠では、北風が雪を路上にまき散らし、道を見失わせるほどになった。寒気も厳しく、午後になってようやく峠の頂上に至った。

白翁は、この日のことを次のように記す。昨日の風雪によって峠道が塞がり、今朝になってわずかに道が開いたものの、この困難は言葉には尽くせないもので、ましてや女性や子供にとってはいかばかりであろう。前夜は、明日峠を越えなければいつまで塞がったままになるかわからないため、明朝は早く出発して、各々死力を奮って前進しようと、盃をあげてお互いに励まし合った、と。

午後二時頃には中河内に至り、夕方には栃ノ木峠に到達したが、そのあいだ雪は六～七尺（約一八〇～二一〇センチメートル）にもなり、左右の断崖からは雪玉が転がってきて所々で山をつくっていた。もし一陣の疾風があったなら、ともに雪の下に埋没してしまうような状態であった。幸いに峠を越えて国境に至ると、今度は日が暮れて道が暗くなり、一町を歩く間にも何度も道に迷った。板取から迎えにきた駅長の従者が灯りで道を照らしてくれたおかげで、白翁たちは何とか宿にたどり着き、その夜は祝杯を挙げたという。

二十四日は晴れて、今庄では積雪は二尺、湯尾で一尺、今宿より北では四～五寸になった。その夜は府中で宿泊し、翌二十五日に福井に帰郷した。白翁は、なんとその日のうちに種痘の治療を開始している。

この日記からは、難病治療のため、命を賭して北国街道を往復した白翁の使命感が感じ取れよう。そして、それを阻もうとする湖北の冬の天候の厳しさを今に伝えている。春嶽は、その随筆の中で、西洋医学が越前で広まったのは白翁が先駆けであると評している。

米倉忠七と『西国三十三所道中記』

街道は、ときに巡礼の道となる。『西国三十三所道中記《さいごくさんじゅうさんしょどうちゅうき》』は、米倉忠七《よねくらちゅうしち》が明治八年（一八七五）二月十一日から四月二十一日にかけて、西国三十三所を巡礼した際の旅行記である。

忠七は、越前南条郡武生の町民。谷水と号して、松井耕雪の旧隠居所「逍遥園」を所有していた。忠七は、明治三年（一八七〇）のいわゆる「武生騒動」にも関わっている。これは越前府中（武生）領主の本多副元と旧家臣たちの昇格運動が、彼らを支持する武生の民衆を巻き込んでの大暴動になってしまったもので、大量の逮捕者の中の一人が忠七であったことが知られる。彼は逮捕の際、厳しい拷問を受け、その後足が不自由になったという。

旅は、武生騒動から五年後の、明治八年二月十一日に始まる。武生を出立した忠七は、その日は今庄に、翌十二日は椿坂峠に宿泊して、近江に入っている。

十三日は、柳ヶ瀬・木之本を経て「高す」に泊まっているが、これは長浜までの距離が二里半ということもあわせると、高月のことと考えられる。「今晩大雪ふり十四日とうりう（逗留）致し」と記されていることから、大雪のため十四日もここで足止めを受けたようである。旧暦二月中旬の湖北の冬の厳しさがうかがい知れる。

十五日には長浜・米原・鳥居本を経て高宮に宿泊し、十六日に愛知川を越えて最初の巡礼地、三十二番札所観

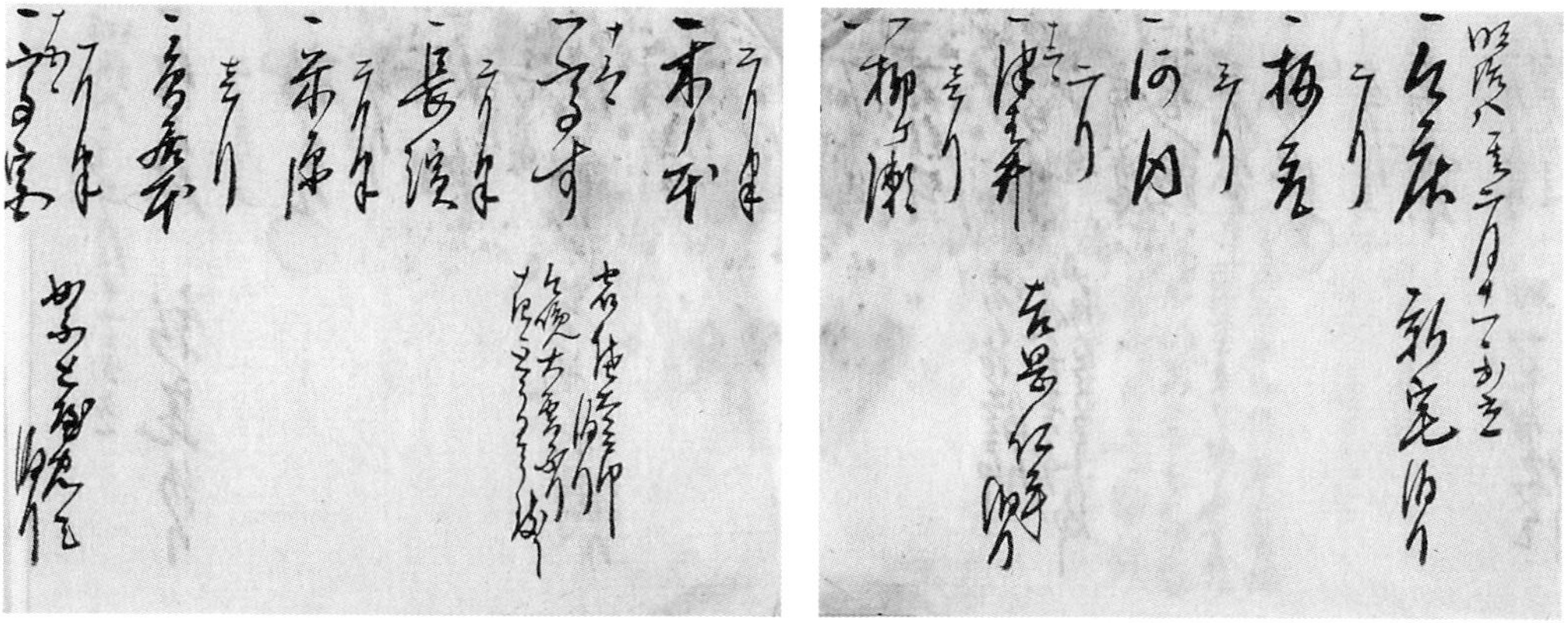

91　西国三十三所道中記　角鹿尚計氏蔵
明治８年２月11日に出立し、通過した宿駅と、その間の距離が記載される。

春照
「北国脇往還」の宿駅で、長浜へ向かう「長浜街道」に分岐し、竹生島と華厳寺を結ぶ「谷汲道」も重なる。72「福井江戸往還図屏風」（福井県立歴史博物館蔵）より。

藤川
「北国脇往還」の宿駅で、中山道上の柏原宿と並んで近江国の東の入口。
72「福井江戸往還図屏風」（福井県立歴史博物館蔵）より。

音正寺に至る。

それから忠七は、近江八幡から、「御代参《ごだいさん》街道」を通って関に至り、紀伊半島を南下して、第一番札所青岸渡《せいがんと》寺《じ》・熊野大社で三月を迎える。そして紀伊半島を時計回りに巡礼し、途中高野山に立ち寄ってから、南大阪に入る。二上山を越えて大和に入ってからは、明日香・桜井を経て北上。法隆寺や奈良をまわって木津から山城に入り、さらに北上する。

三月十九日は、宇治からいったん大津に出ているが、山あいの札所三室戸寺・上醍醐寺・岩間寺・石山寺・三井寺の五か所と西教寺を一気にまわっている。さらに、二十一日から二十二日にかけては、一泊して京都中心部を巡り、なんと二日間で札所を五か所と、名所旧跡を二十四か所まわっている。武生騒動の際の怪我は完治したのか、忠七の健脚ぶりに驚かされる。おそらくじっくりと参拝祈願するよりも、札所を走破することに主眼が置かれているのだろう。

忠七は、京都西部から北摂へ向かい、神戸を経て明石で四月を迎える。そして高砂から海を渡り、四国丸亀に入って金比羅神社と善通寺に参詣している。そして再び本州に戻って、姫路から一気に北上、宮津・舞鶴に至る。

復路で湖北を通過するのはこの頃で、忠七は、小浜から若狭街道を通って、四月十五日に今津に宿泊している。

十六日は、琵琶湖を渡って第三十番札所竹生島を参詣する。そして湖上を三里進んで長浜まで渡り、さらに三里半を歩いて、この日は春照《すいじょう》に宿泊している。

竹生島から第三十三番札所華厳寺《けごんじ》（谷汲寺《たにぐみでら》）に向かう

野一色の道標（山東町野一色、撮影／寿福滋氏）
長浜街道（たにくみ道）沿いに立っていた道標。天保２年３月に建立されたもので、長浜街道から東草野谷（伊吹山みち）へ行く道が分岐する地点にあったものだが、現在は集会所前に移設されている。

道は「谷汲道」として呼ばれるが、ここで重要なのは、忠七が実際に谷汲道を歩いていることを記述していることである。

「谷汲道」は、長浜から春照・藤川を経て関ヶ原を抜け、垂井・赤坂を通って華厳寺へ向かう道で、西国巡礼の道として知られているが、実際に巡礼者が歩いたことを示す資料は意外に知られていない。その意味でも、忠七のこの道中記は、「谷汲道」が実際に巡礼に使われたことを実証する史料として貴重なのである。忠七は、赤坂に「谷汲道」の立石（道標）があることも記述している。

華厳寺からの帰路は、赤坂からいわゆる「木之本道」すなわち「北国脇往還」を通っている。十二里進んで木之本地蔵を参詣し、柳ヶ瀬に宿泊しているが、ここから忠七は刀根越をしていったん敦賀に向かい、気比《けひ》神社に参ってから、木ノ芽峠を越えて北国街道に合流している。

往路と復路では意識的に違う道を選んでいるようである。そして、四月二十一日に「目出たく」北庄に帰宅したと結んでいる。

忠七の旅の目的は、この道中記にはいっさい記されていない。しかし、この道中記の表紙は明治二十一年（一八八八）五月に付けられている。もしかすると、内容もこのときに清書し直されているかもしれない。すでに旅から十三年が経過している。忠七は、七十日にも及ぶ旅を、どのような面持ちで振り返ったのであろうか。

柳ヶ瀬の道標（余呉町柳ヶ瀬、撮影／寿福滋氏）
北国街道から「刀根越」が分岐する地点に立つ道標である。明治16年に建立されたもので、北国街道を「えちぜん かが のと道」、「刀根越」を「つるが 三国ふねのりば」と表現している。「刀根越」の峠は、近江側では倉坂峠と呼ぶが、越前側では久々坂峠と呼んでいる。

加賀国と北国街道

古代・中世の北陸道

橋本 章

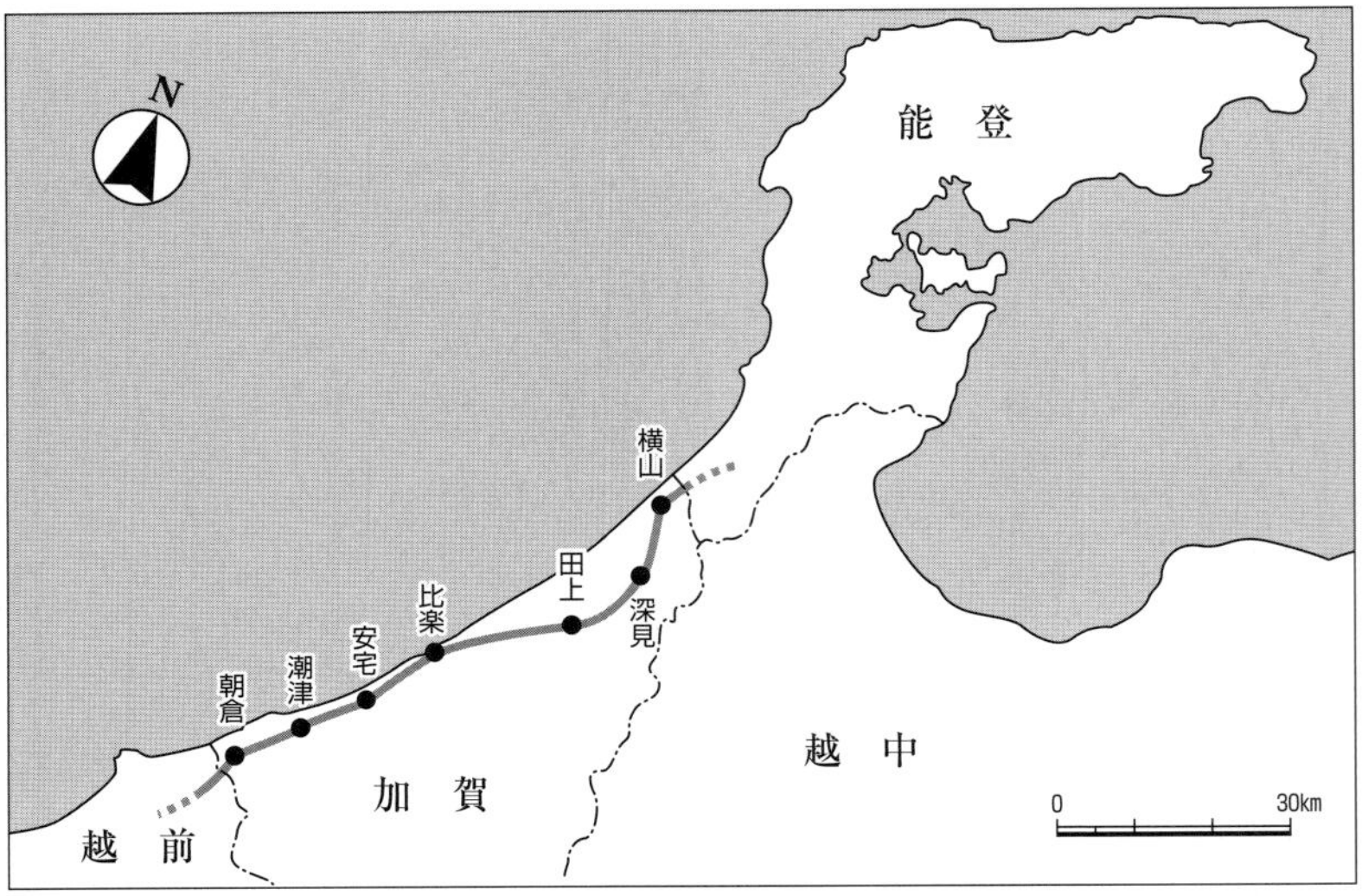

古代の加賀国の駅
『延喜式』兵部省式諸国駅伝馬条には、「加賀国駅馬」として「朝倉・潮津・安宅・比楽・田上・深見・横山各五疋」との記述がみえる。各駅の位置は『歴史の道調査報告書第一集　北陸道（北国街道）』の挿図を参照した。

古代の加賀の道

古代の律令国家によって、諸国と都とを結ぶ七つの道が制定されたとき、現在の福井県から石川県・富山県、そして新潟県へとつながる地域を通る道は、都から見てはるか北方にあることから「北陸道」と呼称された。

各道には、それぞれ駅が設けられ、貢納物が都へと送られる道として機能し始めたのだが、このうち加賀国内には七つから八つの駅が置かれていたようである。『延喜式』によると、加賀国内の北陸道には、西から順に朝倉・潮津《うしおづ》・安宅・比楽《ひらか》・田上《たがみ》・深見・横山の七つの宿駅がみえる。このうち潮津駅は現在の加賀市潮津町に、安宅駅は勧進帳で有名な小松市の安宅町付近にそれぞれ比定され、比楽駅は石川郡美川町の平加に想定する説が有力視されている。しかし、それ以外の駅の所在地については諸説があり、決め手となる根拠に乏しいため、現在ではよく分かっていない。

お国境名号塔（福井県あわら市）
北陸道沿いの越前と加賀の国境の付近には名号塔と呼ばれる石塔が２基立っている。石に刻まれた「南無阿弥陀仏」の文字は、一向門徒の国へ来た人々を迎え、そこから旅立つ人々を見送ってきたのだろう。

北陸路から京都をめざした木曽義仲

古代の北陸道で起こった歴史事象として人々によく知られているのは、源平合戦の折に繰り広げられた武将達の活躍であろう。特に木曽義仲が平家の軍勢と戦った倶《く》利《り》伽《か》羅《ら》峠《とうげ》や、歌舞伎十八番の演目となり、義経と弁慶の主従の情話が庶民の人気を博した『勧進帳』の舞台安宅の関は、北陸道の歴史を彩る有名なエピソードを持つ地となっている。

倶利伽羅峠の合戦では、平家の軍勢が木曽義仲の軍を迎え撃つべく西近江路を北上し、加賀国篠原（現在の加賀市篠原町付近）に集結して、そこから二手に分かれて砺波山へと向かうが、一方の義仲は、これを加賀と越前の国境にある倶利伽羅峠に誘い込んで打ち破るのである。その後、篠原の陣も支えきれなくなった平家は、敗軍をまとめて都へと引き上げるのだが、この合戦が繰り広げられた背景には、北陸道を進軍する武者達の偉容があったのだろう。

この篠原の戦いで討ち死にした老将斎藤実盛《さいとうさねもり》は、後に害虫をもたらす怨霊になったとも、稲を守る神となったとも伝えられ、その名は、道から道へと送られる虫送りの呪言に含まれることとなる。

落ちゆく源義経と安宅の関

また、歌舞伎の『勧進帳』や能の『安宅』の舞台となったとされる安宅の関は、『延喜式』にその名が見られた安宅駅との関係が指摘されている。源頼朝の追討を受けて、山伏姿に身をやつして北国に逃れんとする源義経の一行が、安宅の関で関守の富樫から詰問され、主従の契りを結んだ弁慶が心を鬼にして義経を打ち据えて芝居をうつという史話は、多くの聴衆の涙を誘ってきた。

『義経記』によれば、この時義経の一行は、熊坂越を抜けて篠原から安宅へと歩みを進めているのだが、この時

加賀国塩屋村の今昔

中川雲屏は、江戸時代後期に活躍した画人で、浅井郡曽根村に生まれ、京都の四条派に学び、湖北や美濃、京都の風景を題材に数多くの作品を遺した。右は、雲屏が北国街道から加賀と越前の国境に近い塩屋村の様子を描いたもので67「山水真写」に載る。「山水真写」は、雲屏が旅の途中でその風景を写生した作品。左は現在の加賀市塩屋町の現在の景観である。

に使われた道は、後に北国街道とされる往還からはやや日本海沿いの道であったと想定されている。そして一行は、安宅の渡しから海路を「根上ノ松」（現在の根上《ねあがり》町か）を目指している。ただし、この義経の話に登場する安宅の関が現在の小松市安宅町のそれに該当するかについては諸説がある。

中世の加賀国と北陸道

時代は移って中世期になると、加賀国内も次第に戦乱に巻き込まれてゆくこととなる。加賀国では、守護富樫氏の弱体化に伴い、国人一揆が勢力を伸ばし始める。また、越前との国境に根拠地吉崎御坊を築いた一向門徒勢力の伸張もあり、ついには守護勢力の放逐と加賀一向一揆による領国支配が確立する。いわゆる「百姓の持ちたる国」の成立である。しかしながら、こうした中でも人々は必要に応じて北陸の道を往来した。

為広卿越後下向日記

例えば、延徳三年（一四九一）に京の都を出立して北陸を旅した前管領細川政元に随行した、冷泉為広《れいぜいためひろ》の日記『為広卿越後下向《げこう》日記』には、途中越後国から加賀国を抜けて越中・越後へと至る道程が記されているが、その中には、加賀国への旅程についての当時の様相がうかがわれる興味深い記述が見られる。

京都を三月三日頃に出立した一行は、七日後の三月十日には加賀国にさしかかる。一行は、まず越前との国境に位置する吉崎御坊に立ち寄り、そこから橘・三木・荻《おぎ》

○は宿泊地、△は昼食などそれ以外の消費を行った場所。
●は、醍醐寺無量寿院堯雅の滞在先
（藤井雅子「付法史料の語る醍醐寺無量寿院と東国寺院」
（『古文書研究』51）による。）

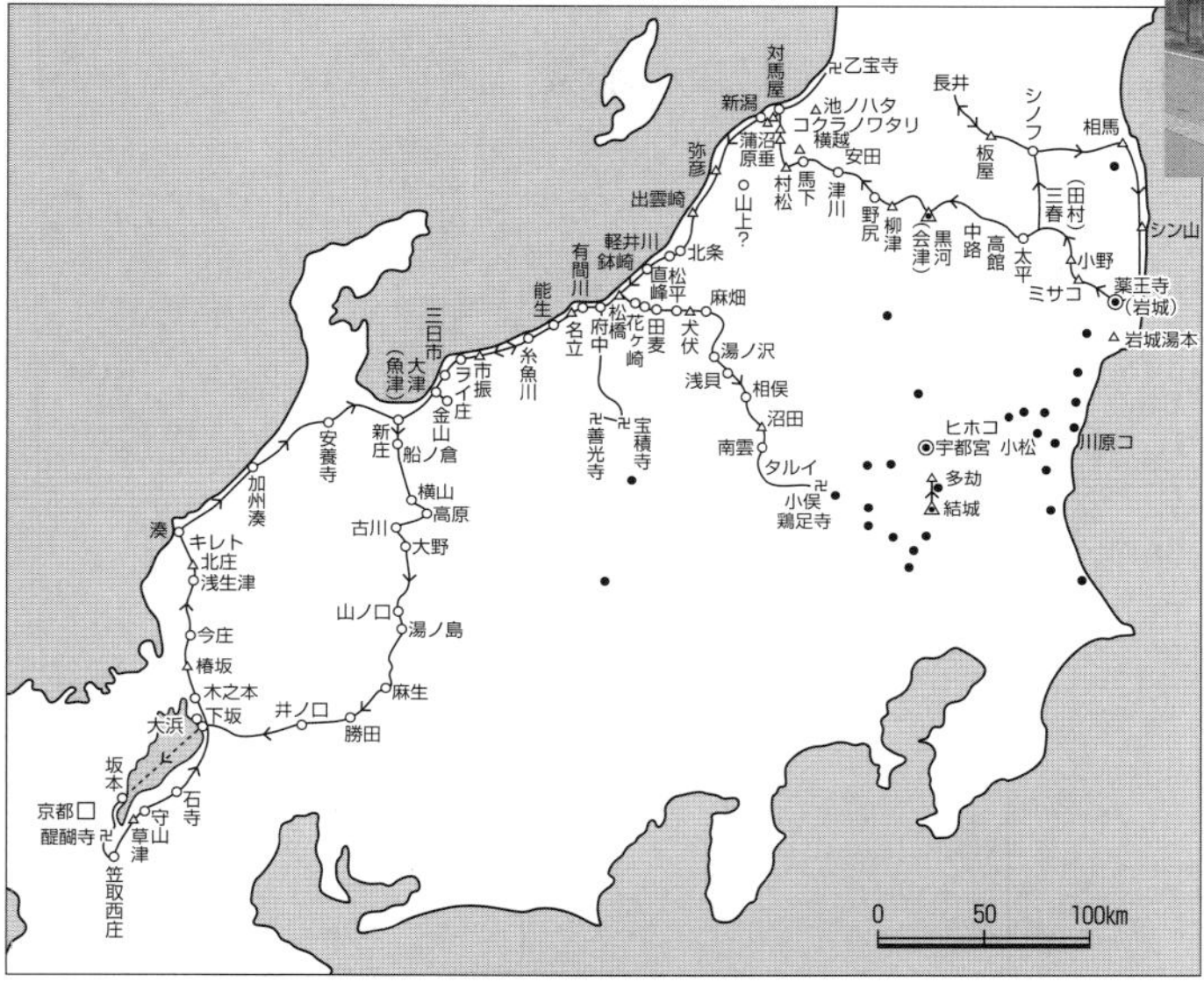

「永禄六年北国下り遣足帳」の旅の経路図
小島道裕「旅の消費―『永禄六年北国下り遣足帳』の世界―」（『歴博』124）より転載

喜多家住宅（石川県野々市町）
喜多家は元々福井藩士の家であったが貞享３年（1686）に武士を離れて野々市の当地に居住するようになった。代々油屋を生業としたが、幕末からは酒造りも手掛けるようになった。現在残る建物は明治24年（1891）の野々市大火の後、金沢材木町の商家を買い求めて移築したもので、典型的な金沢の町屋の形式をとどめている。重要文化財。

生《う》・福田・菅波《すがなみ》・作見《さくみ》・弓波《ゆみなみ》、富塚・八日市など北国街道沿いの諸村を経て、動橋《いぶりばし》川の橋を渡り、高塚・矢田・串町から、現在の今江付近を通って本折（現在の小松市内）に宿をとる。そして翌十一日には、梯川《かけはしがわ》の橋を渡って現在の根上町を北上して湊《みなと》浜（現在の湊町）へと出る。

この経路は後の北国街道からはやや北側にはずれる海沿いの道となる。そこから一行は、米光・笠間・宮保と進み、松任付近で再び後の北国街道にあたる経路に合流し、野々市から米泉《よないずみ》（現在の金沢市内）に入って宿泊をする。その後、一行は十二日に犀川《さいがわ》を渡って森本に至り、太田・中条・荒屋・竹橋から倶利伽羅峠を越えて越中国へと入ってゆく。

細川政元は一向門徒と友好的な関係にあったため、北陸道は比較的安全に通行することが出来たと考えられるが、この史料を見ると、一行は京都から金沢まで十日程で到着し、加賀国を二日半程度で抜けていることになる。

中世北国の旅と旅費

また、『永禄六年北国下り遣足帳《けんそくちょう》』という史料には、永禄六年（一五六三）九月二十日より、京都から北陸を経由して関東と南東北地域を旅し、翌年十月末日に京都に戻った醍醐寺の僧侶と推定される人物の、出納の様子が記載されているのだが、そこには、十月一日に大聖寺川に掛かる橋を通行した際に五文支払ったことや、「加州湊」（現在の美川町湊町）にて「ハタコ（旅籠カ）銭」四十八文を支払ったこと、そして十月三

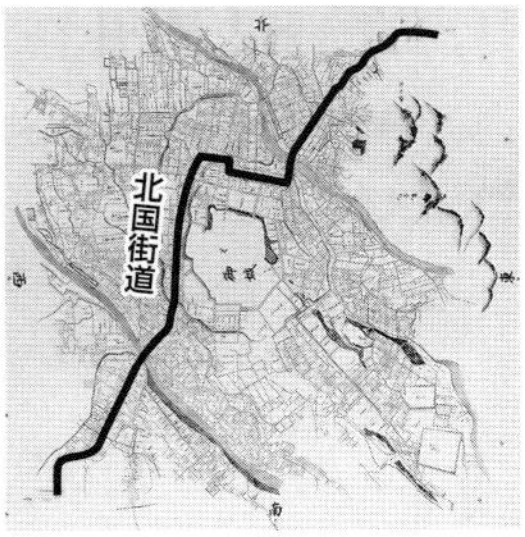

金沢町絵図　石川県立歴史博物館蔵
金沢は加賀前田藩百万石の城下町として江戸時代を通じて栄えた町。城下は北東を流れる浅野川と南西を流れる犀川とにはさまれている。北国街道は、町の南西側から入り、城の北西をなぞって北東へとぬけるように通っている。

日に湊川の渡船賃として八文を支払ったことなどが記されている。

他の記述などと検討すると、旅籠代が大半の部分で一泊二食二四文なのに対して、加賀のそれがやや割高か、もしくは記述者が良い物を所望した可能性があることや、福井北庄の橋賃（九十九橋カ）が四〇文であったのに対して、橋の規模が違うためか、大聖寺の橋賃が五文と格安であることなどが分かって面白い（小島道裕「中世後期の旅と消費―『永禄六年北国下り遣足帳』の支出と場―」より）。こうした史料からは、中世における街道往来の生き生きとした様相が伝わってくる。

中世という時代、街道の様相はまだまだ未整備であったであろうと思われるが、それでも人々は道を往来し、様々な出来事が道に沿って起こったであろうことをうかがわせる。

23　大名行列図　金沢市立玉川図書館蔵
大名行列の様子を風俗画的に描いたもの。休息図、町中通行図、本陣図、山越図、川越図の５点があり、写真は川越図である。恐らくは前田家の参勤交代の様子を描いたものであろう。（24ページ参照）

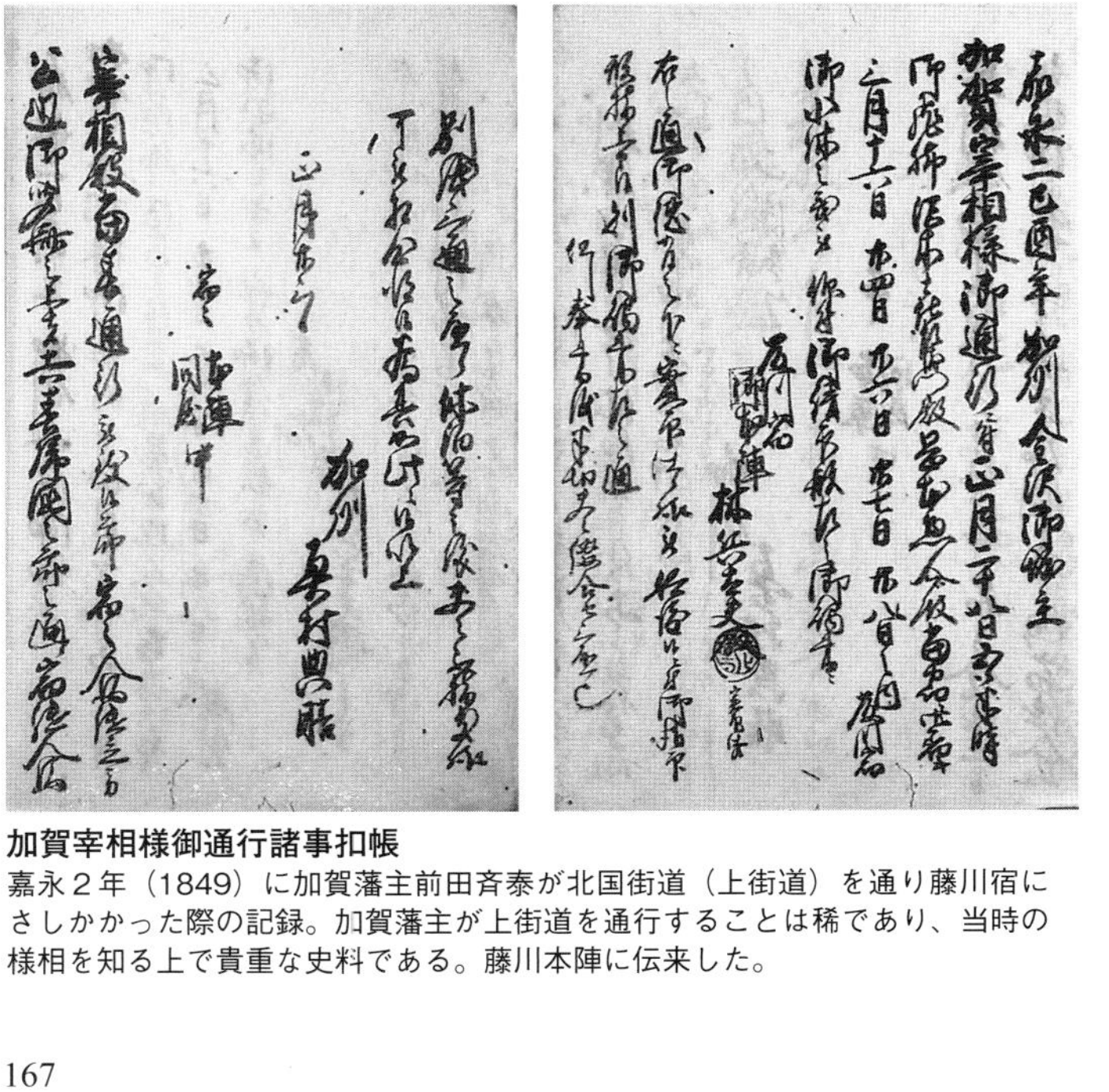

加賀宰相様御通行諸事扣帳
嘉永２年（1849）に加賀藩主前田斉泰が北国街道（上街道）を通り藤川宿にさしかかった際の記録。加賀藩主が上街道を通行することは稀であり、当時の様相を知る上で貴重な史料である。藤川本陣に伝来した。

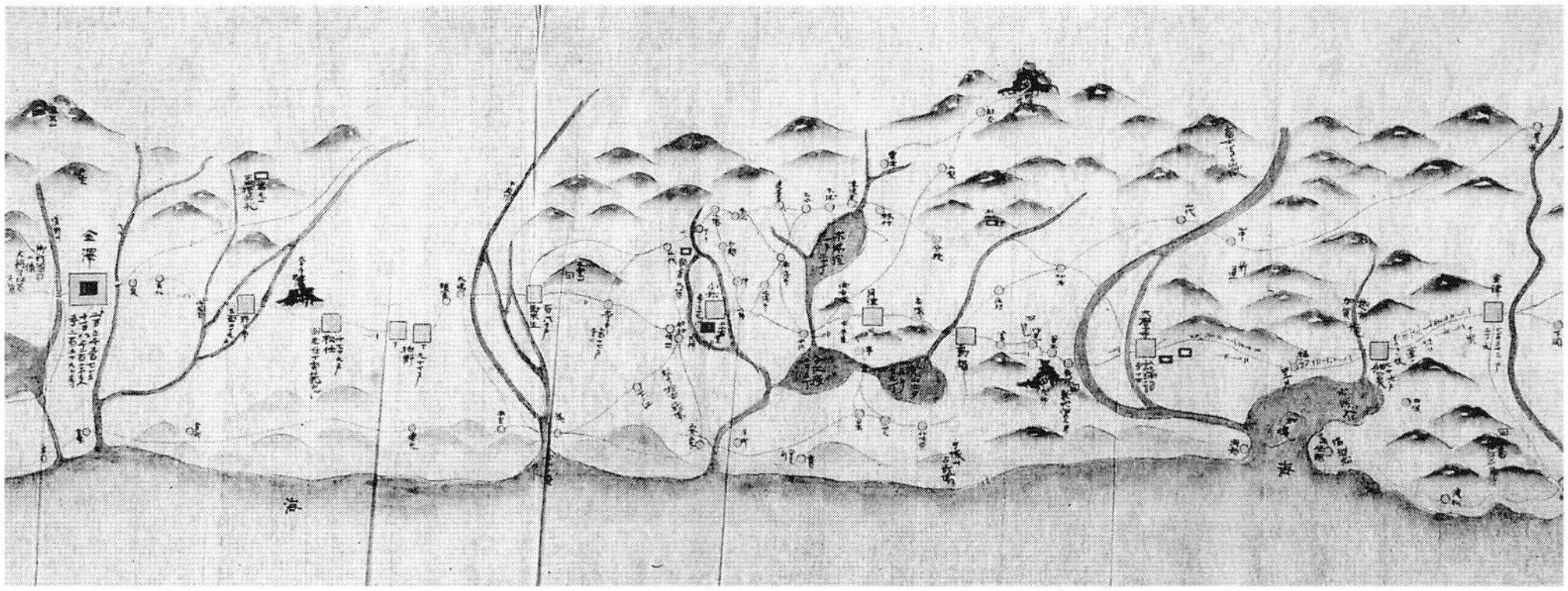

70　従武州江戸加州金沢迄中仙道駅路之図（部分）　石川県立図書館蔵
江戸から金沢までの北国街道（上街道）の道程を宿駅を追うかたちで描いたもの。渡部知先が文久元年（1861）に製作したもので、山川の様子を交えた描写が興味深い。

加賀前田百万石と北国街道

前田家の加賀入封

北陸の各地域にとって史上最大の画期となったのは、前田家の加賀入封であろう。織田信長の赤母衣《ほろ》衆を振り出しに戦国出世街道をひた走った前田利家は、柴田勝家の組下として北国経営に着手し、賤ヶ岳合戦で羽柴秀吉に臣従して以降は、その天下統一事業に大きく貢献した。利家は天正十一年（一五八三）に金沢に入り、加賀半国を支配する大名となったが、その後前田家は順調な加増を受け続け、二代利長《としなが》の時代には、関ヶ原合戦の功により越中・能登・加賀の三国を支配する大大名に成長する。ここに、後に「加賀百万石」と呼ばれる幕藩体制下随一の名家の素地が完成されたのである。

前田加賀藩の成立は、その後の北陸の趨勢《すうせい》に大きな影響を及ぼした。強大な雄藩の存在は、社会・文化・経済の様々な分野において有力な拠点を北の大地に創出し、多彩な人々や文物の集散を促進した。そして、それらが往来した街道には、近世期を通じて重要な位置付けが与えられたのである。

「上街道」と「下街道」

江戸時代、加賀国には幾つかの街道が走っていたが、その中心は江戸と金沢とを結ぶ北国街道であった。この北国街道には、金沢から越中越後を抜けて、信州を経て江戸へ至る経路と、金沢から越前を経由して近江に至り、「北国脇往還」から関ヶ原を通って垂井より中山道へとつながる経路、そして垂井までは同じだが、そこから美濃路に入って、大垣から名古屋を抜けて東海道をゆく経路の三つがあった。このうち、越中・越後を通る道は「下街道《しもかいどう》」と呼ばれ、越前から北近江を経て美濃へと進む道は「上街道《かみかいどう》」と呼ばれていた。加賀前田家の藩主とその一行は、このいずれかの道を通って江戸へ出府した。いわゆる参勤交代である。

前田家の参勤交代

参勤交代とは、藩主が一年交替で江戸在府と領地在国

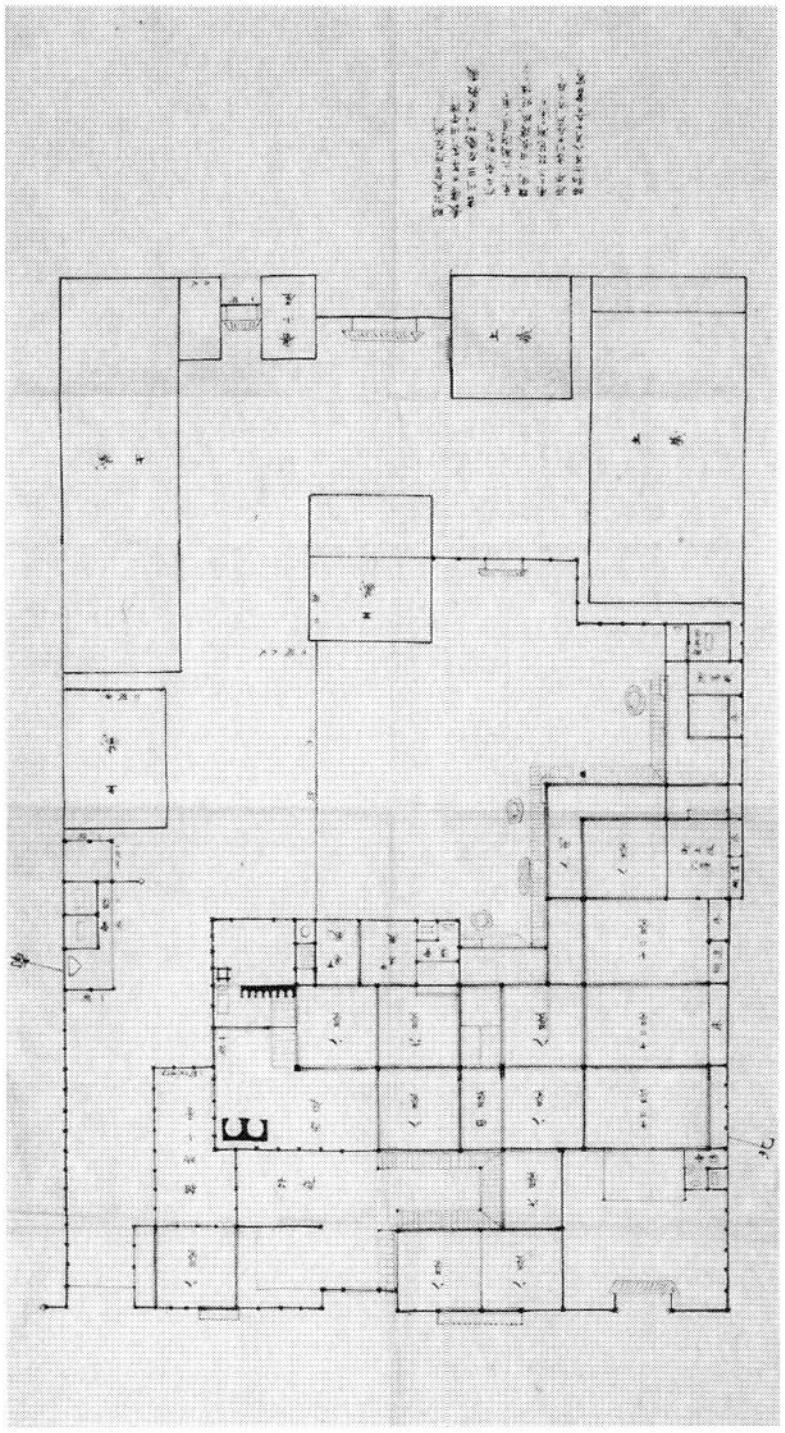

長浜本陣図　市立長浜城歴史博物館蔵
元治元年（1864）に加賀藩主前田斉泰夫人溶姫が江戸へ下向する際に作成されたもの。この時には、行列に供奉する者達数千人の休憩所をあてがうために、長浜町中の家屋が調べられ絵図が作られている。

とを繰り返す制度で、その旅の随行人数の多さや宿泊の費用、そして従える行列の美々しさなど、旅程にかかる諸経費の膨大さから、この制度は、徳川幕府が諸大名の蓄財と再軍備を防ぎ、弱体化させるための施策の一つとして推進したものと見られている。そして、全国の大名の中でも随一の石高を持つ前田家の大名行列は、幕府の規定により最大規模のものとなった。

前田家の参勤交代における随行員数は、名君と謳《うた》われた五代藩主綱紀《つなのり》の頃の四〇〇〇人を別格として、おおよそ二五〇〇人から三五〇〇人の間で推移したとされている。これらの人数の武士達が、駕籠や長持、馬、そして長柄槍や弓などの得物《えもの》を手にし、颯爽《さっそう》と行進する姿は、さぞ圧巻であったことと推察される。また、これだけの規模の人員が停泊する宿場町の活況たるや、如何ばかりであっただろう。当然、これに要した費用は前田家の財政を少なからず圧迫したはずである。

前田家参勤交代の経路

ところで、加賀藩の参勤交代は、近世期を通じて往復延べ一九〇回行われているのだが、その大半は金沢から越中・越後を抜ける「下街道」が採用され、「上街道」を通ることはほとんどなかった。実際、加賀藩の大名行列が「上街道」を利用して江戸に向かったのは、中山道を経由した二回だけで、東海道を通ることは一度もなかった。また、領国下向に際して上街道を通行したのも、中山道経由が三回、東海道経由が四回となっている。

これは、ひとつには「下街道」の方が江戸までの距離がやや短いということが第一に挙げられる。ちなみに、「下街道」の全行程は一一九里余（およそ四八〇キロメートル）で、「上街道」は中山道を通過する経路で一六四里余（約六六〇キロメートル）、東海道を経由すると一五一里余（約六〇〇キロメートル）であった。つまり「下街道」は、「上街道」よりも三〇から四〇里程、日数にして三・四日の短縮になったのである。（忠田敏男『参勤交代道中記』より）

そして、もう一つ「下街道」が珍重された理由としては、その経路が通る場所に遠因があると考えられている。「下街道」は、途中越中までは前田家の分家の領国を通っており、越前から信州にかけても、前田家に比肩し得る雄藩が無かったのに対して、「上街道」の経路には、徳川家康の次男結城《ゆうき》秀康《ひでやす》を藩祖とする親藩の越前福井松平藩をはじめとして、東海道には御三家の筆頭である尾張徳川家の領地があり、いかに前田家といえども、かなりの気遣いを強いられる旅であったと推察される。これに比べれば、全行程の四分の一が前田氏の領国を通る下街道は、通行する上でも心易かったのであろう。

こうした関係からか、金沢に伝存する北国街道関係の史料は、「下街道」に関するものがほとんどとなっている。ちなみに、加賀前田藩は近江の今津に領地を持っていた関係で、京へ向かう際には若狭から西近江路を進んで、今津から船で大津へ抜けるという行程を好んだ。これは、加賀金沢藩だけでなく、富山藩前田家や大聖寺藩の前田家でも同様だったようである。

吉光の一里塚（石川県寺井町）
吉光の一里塚は元々北国街道の粟生宿におかれていたもので、南北に対をなしていたが、明治14年（1881）の手取川の洪水によって１つが流され、南側のものが近くに移植され現存する。石川県内に残る一里塚は現在ではこれのみとなっている。

前田家による「上街道」の利用

では、前田家が「上街道」を利用するのはいかなる時であったのだろうか。金沢藩の場合、在職前もしくは隠居した前藩主による往来も含めると、「上街道」を利用した道行きは一三回ある。そのうち、五代藩主前田綱紀が二条吉忠に嫁した娘と孫に会うために、享保二年（一七一七）と享保五年（一七二〇）にそれぞれ京方面まで出向いてから中山道を利用した例を除くと、通行に「上街道」が採用された理由は、ほぼ全て「下街道」が何らかの理由で通行できなかった場合に限られている。実は「下街道」には、季節によっては風雪の影響を受けて通行が頗《すこぶ》る難渋するという立地上の問題点があった。また、越後国境近くには、街道が海岸に直面して波浪の影響を絶えず被る親不知《おやしらず》の難所もあり、場合によっては通行が不可能になることもしばしばであった。

記録では、十一代藩主だった前田治脩《はるなが》が、享和二年（一八〇二）十月に隠居後領国に帰国する際、「冬荒御難儀」にて「下街道」を通行できなかったことや、十二代藩主斉廣《なりなが》が、文化十一年（一八一四）三月に帰国する際、風雨と高波によってこれも「下街道」を通行できなかったこと、そして十三代藩主斉泰に至っては、天保十一年（一八四〇）四月の帰国と、安政五年（一八五八）四月の帰国の二度にわたって、「越後山」もしくは「親不知」の道路損傷によって「上街道」への経路変更を余儀なくされている。そのほか、後に十四代藩主となる慶寧《よしやす》も、

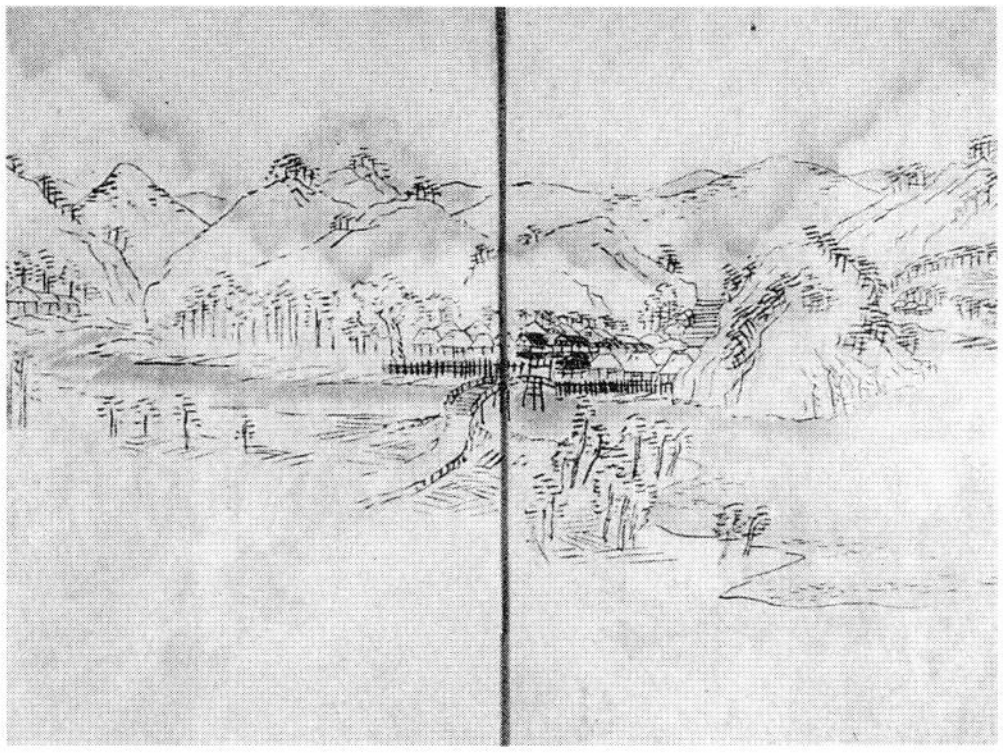

細呂木関跡の今昔
67「山水真写」(市立長浜城歴史博物館蔵)の1枚で、中川雲屏の作品。細呂木の関は越前と加賀の国境近くに置かれたもので、福井藩がこれを管理した。通行には福井藩の手形が必要で、鉄砲と女性の改めにはきびしかったと伝えられる。下の写真は雲屏画とほぼ同位置から撮影した現在の細呂木関跡の様子。

安政五年の江戸出府に際して親不知が通れなかったため、「上街道」を進んでいる。そのほか、天明三年(一七八三)の「浅間山大焼」や、嘉永元年(一八四八)から二年にかけての信州路の地震による崩壊などによっても、「下街道」から「上街道」へと経路の変更がなされている(忠田前掲書参照)。

溶姫の江戸下向と長浜切絵図

さて、上街道を採った加賀藩前田家の大名行列は、長浜を経由することも多かったのだが、中でも、元治元年(一八六四)に金沢から江戸へと向かった十三代藩主斉泰夫人の溶姫《やすひめ》が、長浜に昼食に立ち寄った際には、数千人にも及んだと推定される人数の宿割りのために、後に「長浜町切絵図」と呼ばれるようになる図面が作成された。この図面は、当時の長浜の各町ごとに作られたもので、各世帯それぞれの住居者名や間口と奥行き、畳数や仏壇に床の間、そして上便所の位置までが詳細に描き込まれている。

溶姫の一行は、十月二十四日に金沢を発ち、十一月一日には中河内で宿泊、そして翌十二日には椿坂から柳ヶ瀬を経て木之本に宿をとり、十一月十三日に長浜で小休止をして米原で宿泊している。そして、江戸に到着したのは十二月二十二日であった。およそ二ヶ月間のこの旅程は、「上街道」を使った藩主らの参勤交代が、大体十四日から二十日間で済まされているのに比して、かなり長い期間をかけた旅だったと言えるだろう。

加賀国内の北国街道—越前から金沢まで—

加賀国内の宿駅

江戸時代、加賀国内には一六程度の宿場やそれに類する町が設けられていたという。金沢藩士竹田昌忠が、上街道から木曽路を経て江戸に向かう行程を旅情豊かに記した『木曽路記』には、江戸までの道程と宿泊所や休憩所が詳細に記録されているが、その中で、加賀国内については、次のような宿駅の記載が見える。

遊女の墓（石川県小松市）
串茶屋の遊郭は加賀・能登・越中の三国で唯一の公認された郭として栄えたという。この墓地には、楼主達の墓にまじって36基の遊女の墓があり、当時の様子の一端を物語ってくれる。

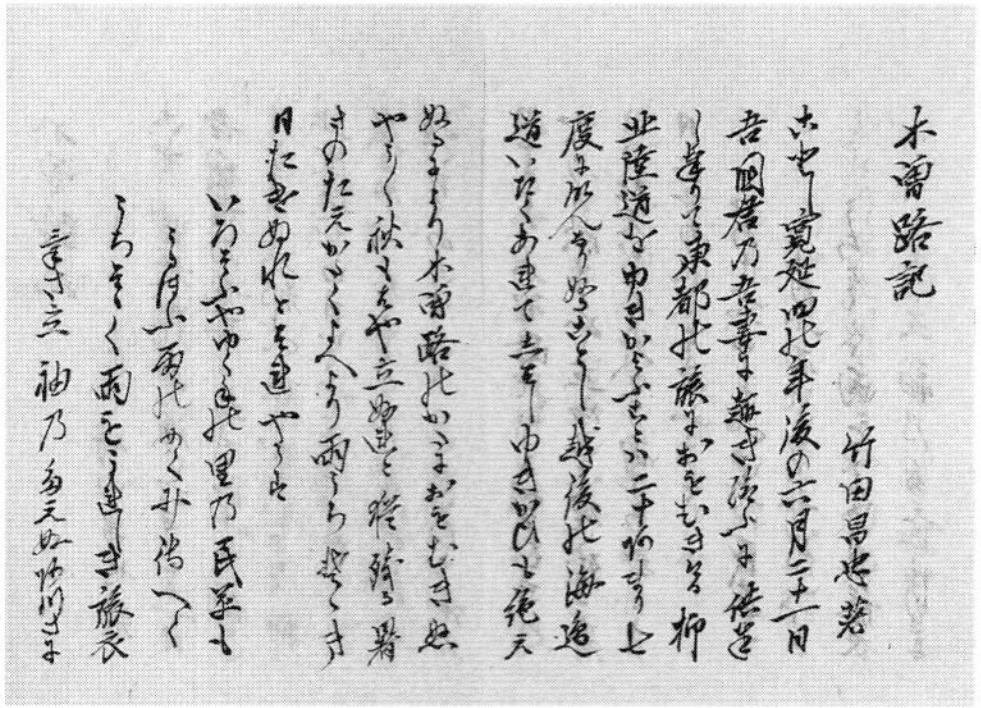

83　木曽路記　金沢市立玉川図書館蔵
金沢藩士竹田昌忠が記したもので、寛延４年（1751）６月に金沢から出立し、小松・大聖寺・鯖江・柳ヶ瀬を通り美濃路から中山道を通って江戸に至るまでの道中の様子が、著者の雑感を交えて書き綴られている。

廿一日巳刻、石川門より發駕し、蓮池通、坂下門前、田多宮前、香林坊橋を通行し、犀河橋より野町を通程並に宿泊休所左の如し

金澤
　一里
野々市
　一里八町
松任　同所　昼休所　笠間六郎兵衛
　一里
柏野　福冨　中休所　十村喜兵衛
　一里
水嶋
　一里
粟生
　一里
寺井
　一里
小松　廿一日　旅泊所　九津屋十次郎
　一里
今井
　一里
月津
　一里
動橋
　一里
作見

大聖寺　昼休所　吉崎屋甚兵衛
　一里
立花
　一里
細呂木　以下福井領　加賀越前国境

なお、竹田昌忠は、寛延四年（宝暦元年・一七五一）六月二十一日に江戸へ向かう命を受けたが、「越後の海迄道いたくあれて無事ゆきかひも絶天ぬる」により「上街道」から木曽路を通る経路をゆくことになったと記している。

串茶屋の遊里

そして、これらの宿場以外にも、加賀国内には幾つかの宿駅が置かれていた。北国街道沿いでは、金沢から越中へ向かう道に森本、津幡、竹橋という駅があり、その先は倶利伽羅峠へとつながっていた。

また、宿場ではないが、小松から月津のほぼ中間地点には串茶屋《くしぢゃや》と呼ばれた遊里があった。このあたりはちょうど加賀藩と大聖寺藩との藩境にあたり、番所も置かれていたのだが、加賀藩が遊女を禁止したのに対して、大聖寺藩はそれほど厳しくは取り締まらなかったこともあり、殊《こと》に大聖寺藩管轄となって以降、串茶屋は加賀国有数の遊郭として大いに発展したという。

大聖寺の関と手取川の渡し

そのほかに、加賀から越前へと続く北国街道には、手《て》取川《どりがわ》の渡しと大聖寺の関所という越えねばならない難関があった。手取川は、水嶋《みずしま》宿と粟生《あお》宿の間を流れて北国街道を分断していたが、ここには近世期を通じて橋が架けられず、両岸に綱をわたして、川船に乗ってこの綱を手繰り寄せながら対岸へと渡ったのである。そして、水量が増すと川留めとなり、多くの旅人は水嶋・粟生それぞれの宿で逗留したという。

また、大聖寺の関についてだが、この関所は、越中の関と並んで加賀百万石の領土を守る前田家にとって重要な拠点と位置付けられていた。常時の管轄は大聖寺藩に委ねられていたが、有事の際には金沢藩から士卒が派遣されたという。

道中記

こうした旅の道については、道中記というかたちで武士や庶民の手によって記録された。先に紹介した竹田昌忠の『木曽路記』などはその好例だが、それ以外にも、沿道の名所旧跡を紹介した名所記もいくつかが作成された。作者不詳だが、弘化四年（一八四七）三月二十四日からの「上街道」を通って江戸に向かう旅の上で、通過した土地の名所や産物を略記した『木曽路乃記』や、嘉永七年（安政元年・一八五四）に刊行された『金沢より京都まで道中名所記』などがそれである。また、渡辺知先が文久元年（一八六一）に製作したとされる「従武州江戸加州金沢迄中仙道駅路之図」（168ページ参照）といった絵図にも、所々に土地の案内を記した箇所が見られて興味深い。

湖北の街道経路

ここには、明治二十四年〜二十六年測量の地形図を主な資料として、現状図の上に「小谷道」・「北国脇往還」・「北国街道」・長浜街道・深坂越の経路を図示しました。

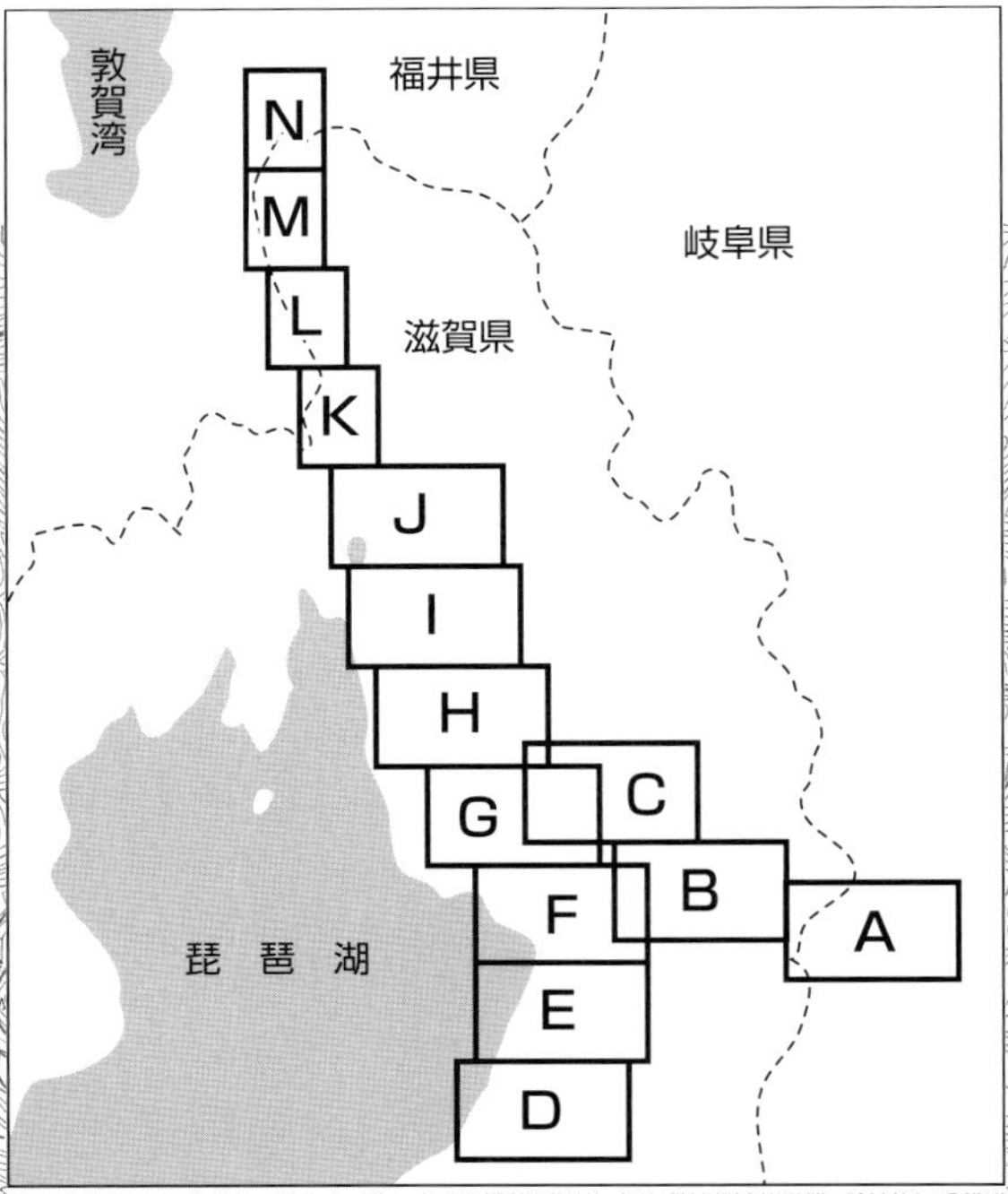

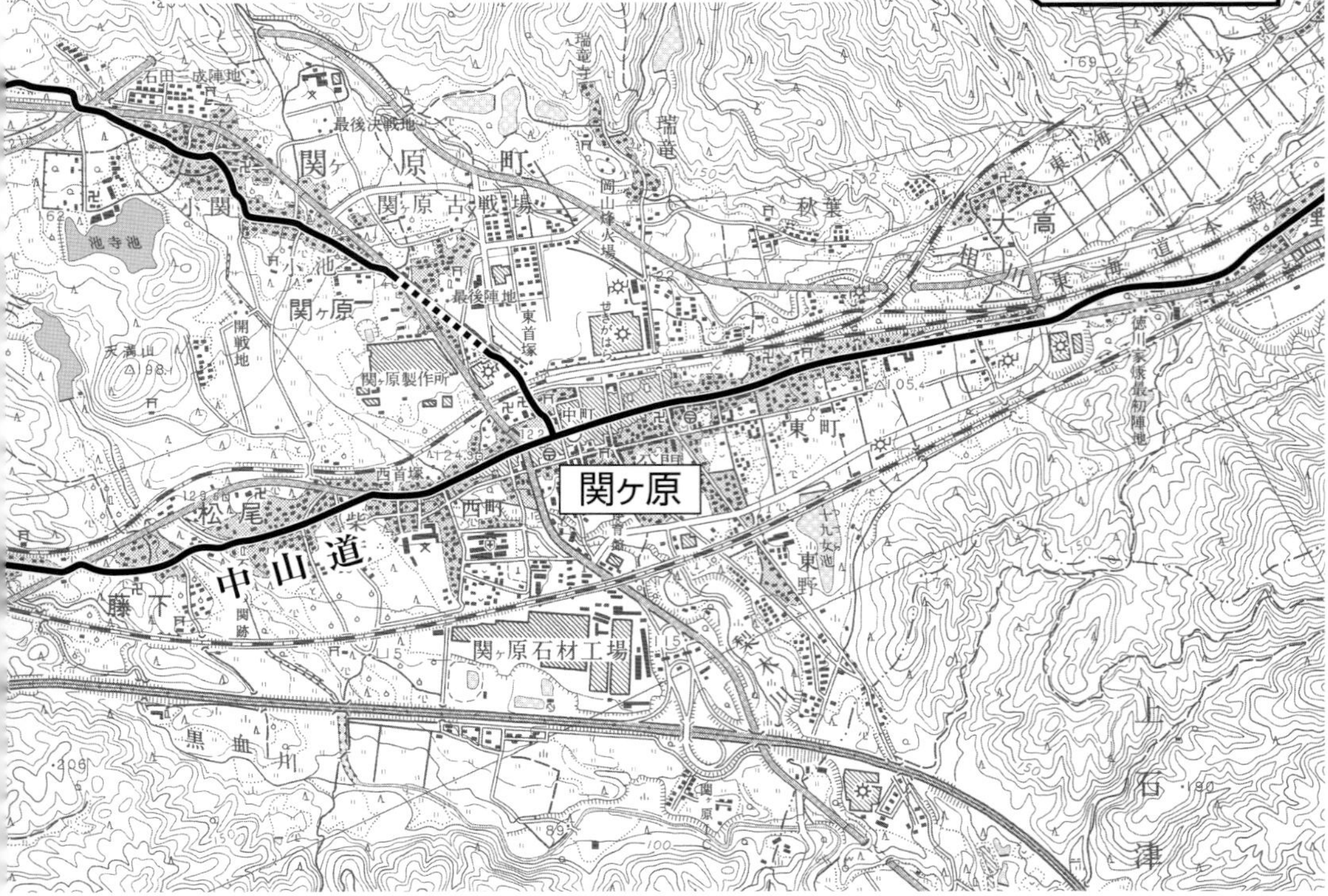

A
上平寺館跡
藤川
「北国脇往還」
夫婦岩
一里塚跡
玉
岩倉山
遊園地
長久寺
凡例
明治24年～26年測量
陸軍参謀本部陸地測量部作成地形図による街道
（但し、余呉町下余呉—東野間、中河内以北は現状からの推測。
また、福井県内は福井県教育委員会『北陸道②・丹後街道①』
によった。）
江戸～明治初期の絵図によって復元できる街道
現在道が失われている部分
経路を記入した地図は、国土地理院長の承認を得て、同院発行の２万
５千分の１地形図を複製したものである。
（承認番号　平16近複、第107号）

野頭
一里塚跡
神戸
伊吹山スキー場
伊吹
野
伊吹町
大阪セメント伊吹工場
弥高川
大阪セメント専用線
文化センター
総合体育館
弥高
上平寺
寺林
大清水
高番
杉沢

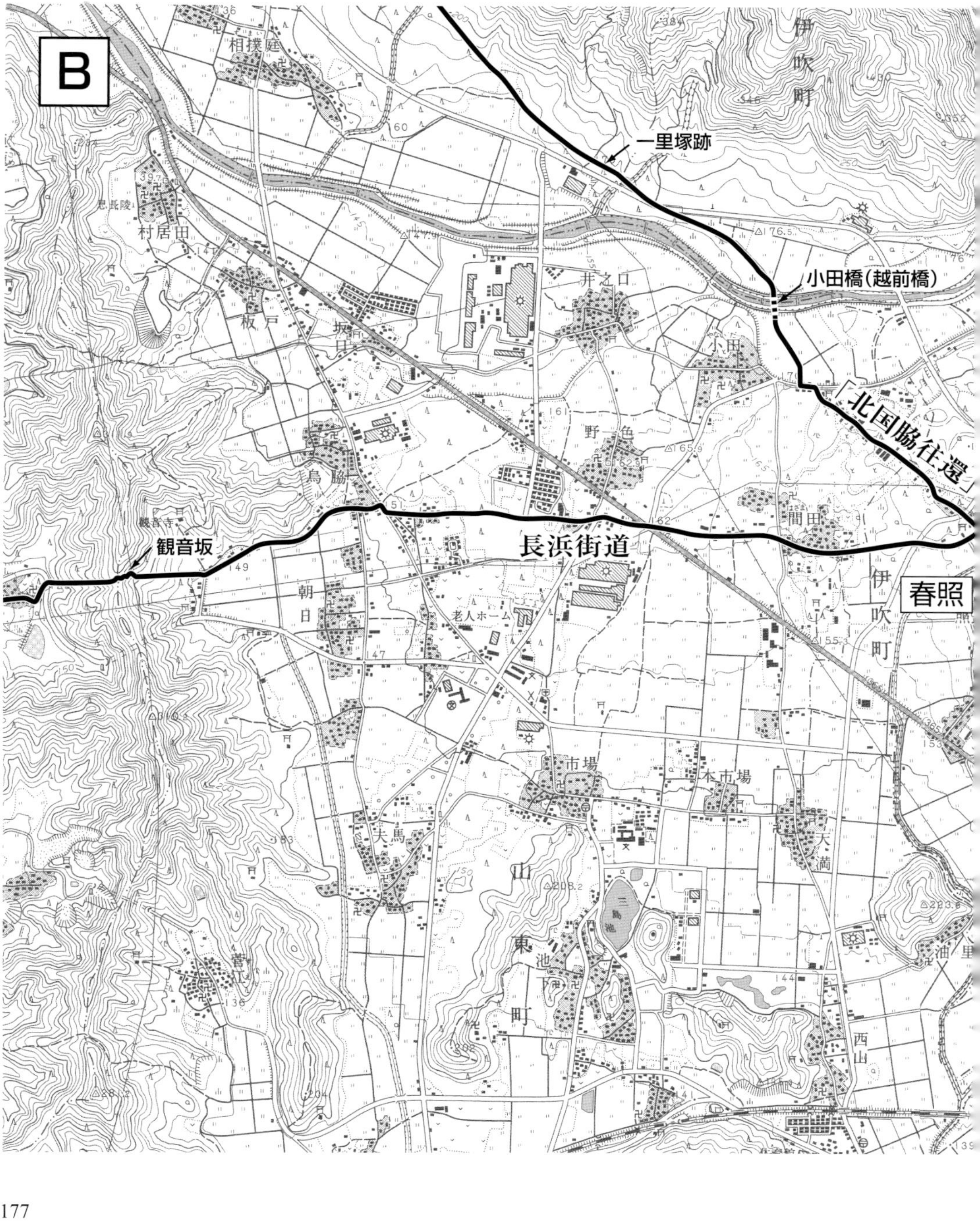
B
一里塚跡
小田橋（越前橋）
「北国脇往還」
長浜街道
観音坂
春照
伊吹町
相撲庭
村居田
井之口
板戸
坂口
小田
野一色
鳥脇
間田
朝日
老人ホーム
市場
本市場
天満
山東町
三島池
西山
観音寺

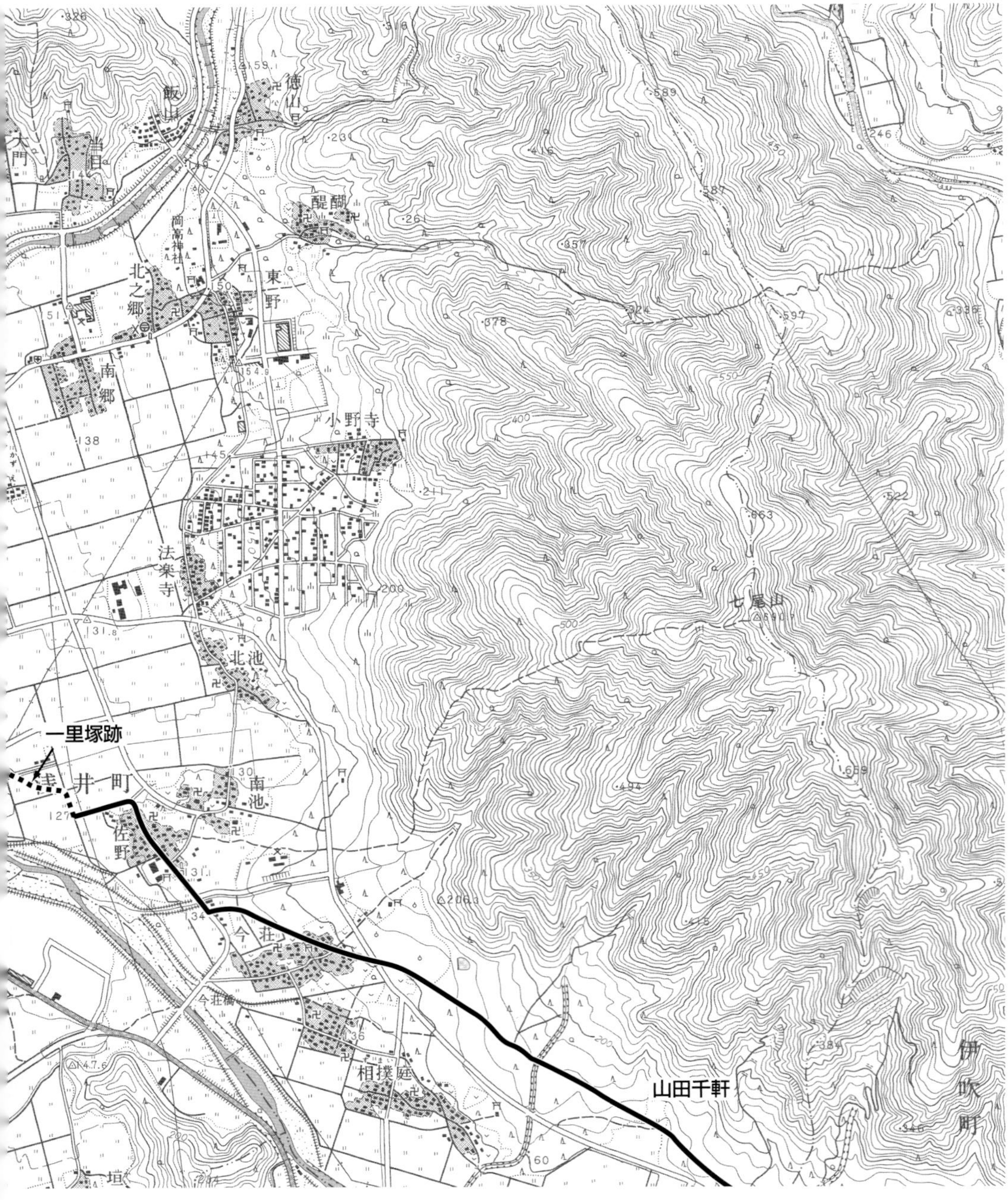

一里塚跡
山田千軒
大門
飯山
徳山
醍醐
岡高神社
北之郷
東野
南郷
小野寺
法楽寺
北池
南池
井町
佐野
今荘
今荘橋
相撲庭
七尾山
伊吹町

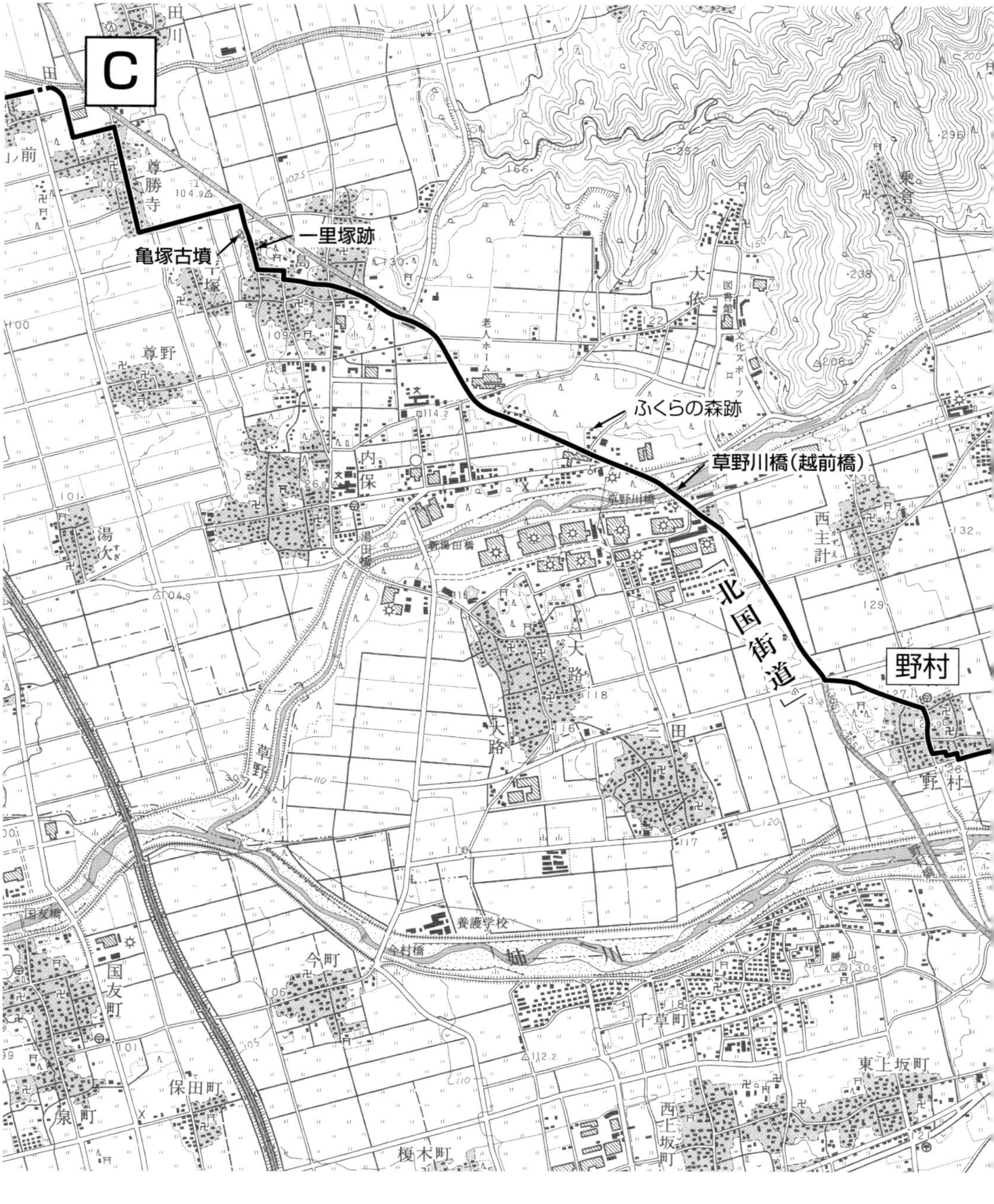
C
亀塚古墳
一里塚跡
ふくらの森跡
草野川橋(越前橋)
北国街道
野村
尊勝寺
草野
内保
湯次
大依
大路
三田
西主計
乗倉
今町
国友町
保田町
泉町
榎木町
千草町
西上坂町
東上坂町
姉川
養護学校
草野川
湯田橋
新湯田橋
草野川橋
今村橋
国友橋
図書館
文化スポーツ
老人ホーム

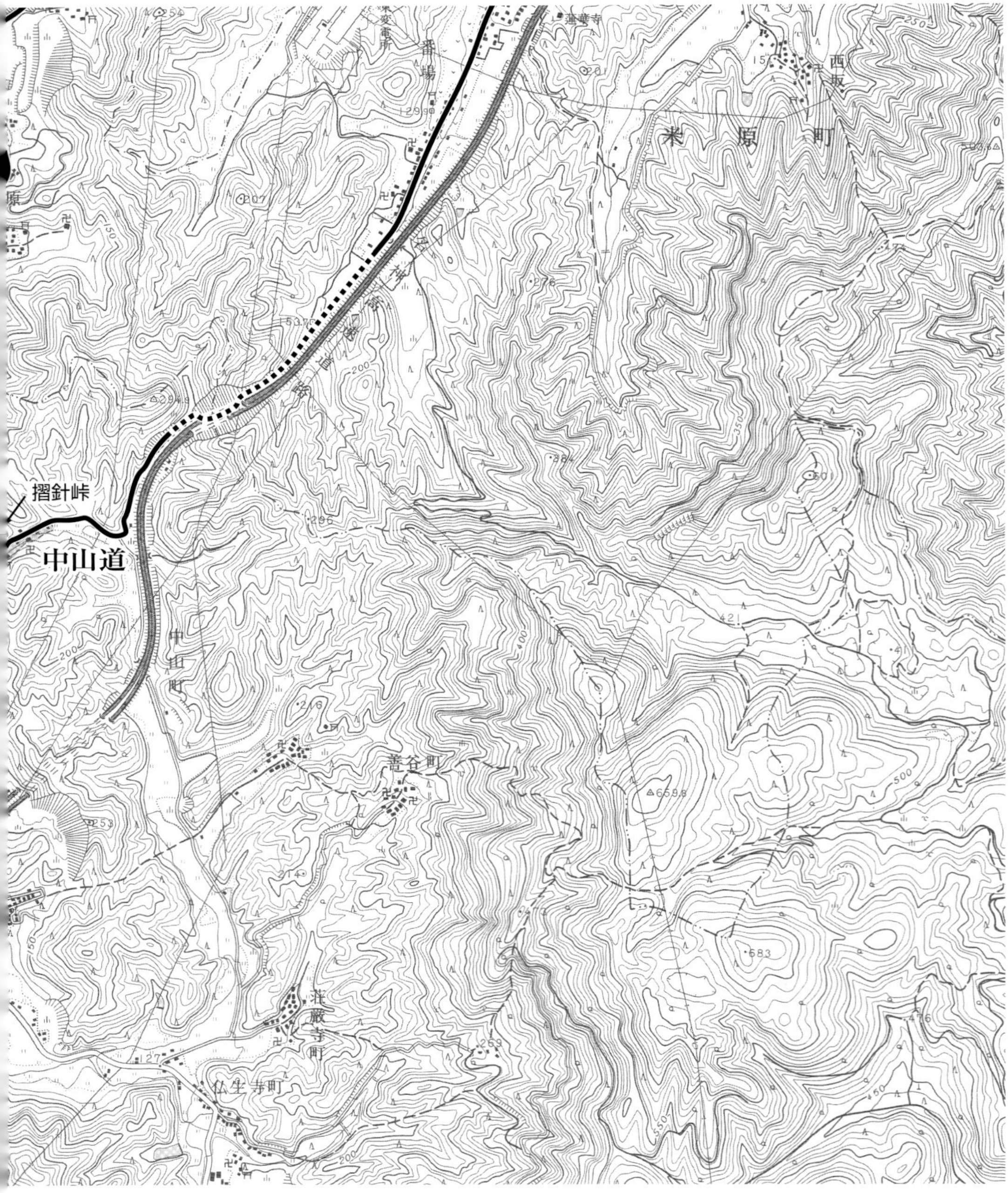
摺針峠
中山道
米原町
西坂
番場
中山町
善谷町
荘厳寺町
仏生寺町

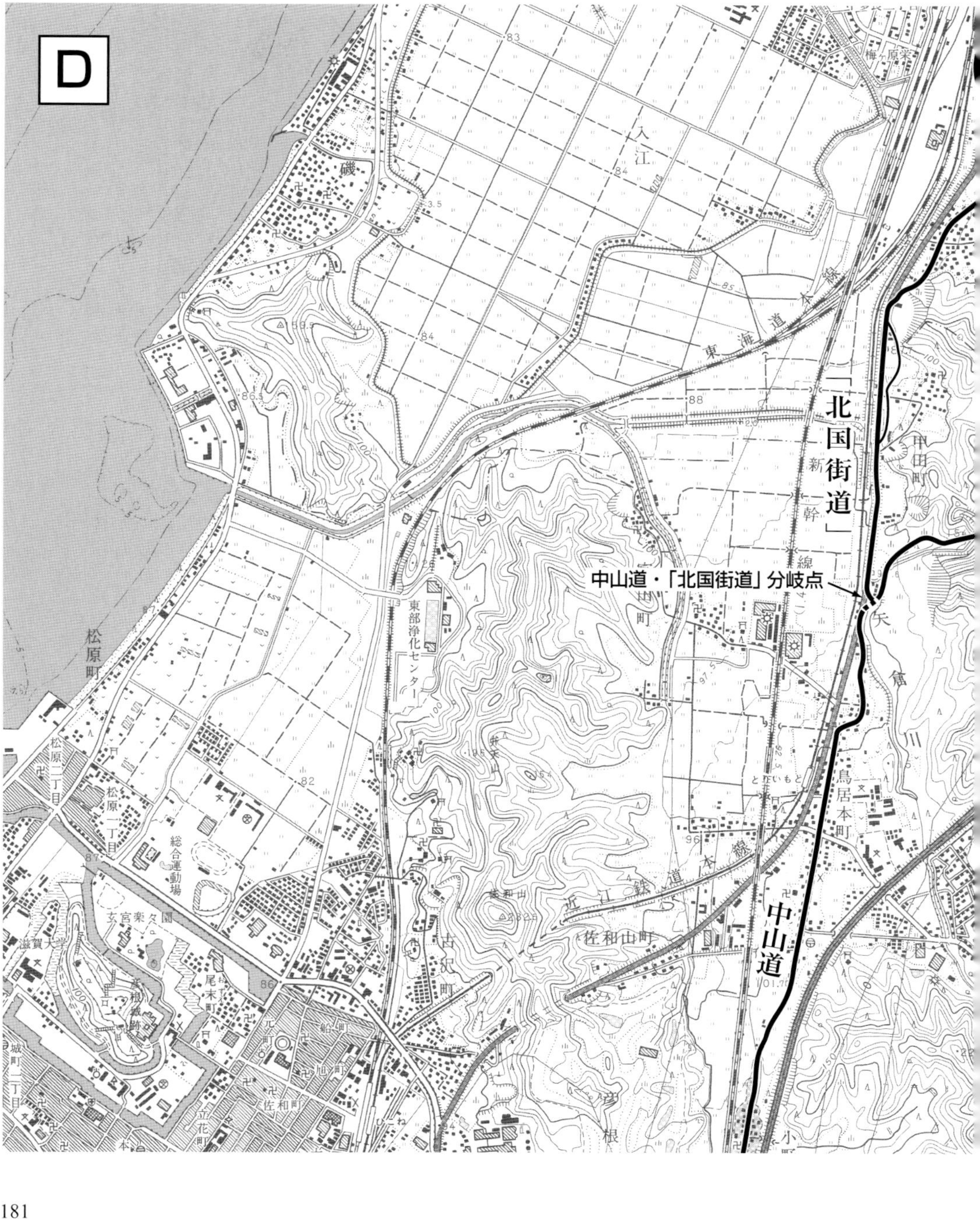
D
「北国街道」
中山道・「北国街道」分岐点
中山道
入江
磯
東海道本線
新幹線
松原町
東部浄化センター
総合運動場
玄宮楽々園
滋賀大学
近江鉄道本線
佐和山
佐和山町
古沢町
鳥居本町
甲田町
松原二丁目
松原一丁目
尾末町
船町
旭町
佐和町
立花町
城町一丁目

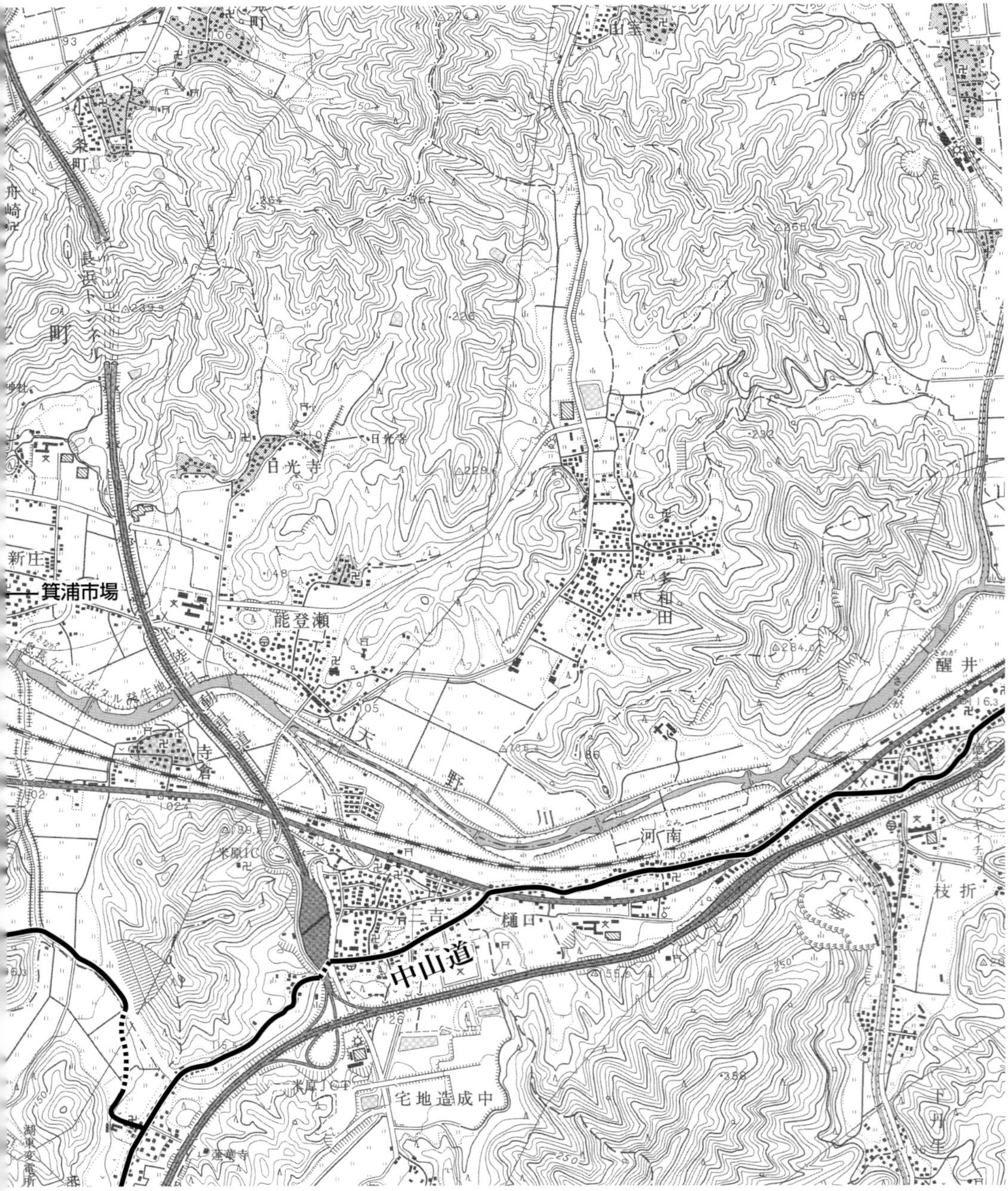
箕浦市場
中山道
日光寺
能登瀬
多和田
新庄
寺倉
醒井
河南
三吉
樋口
枝折
宅地造成中
米原IC
米原JCT
舟崎

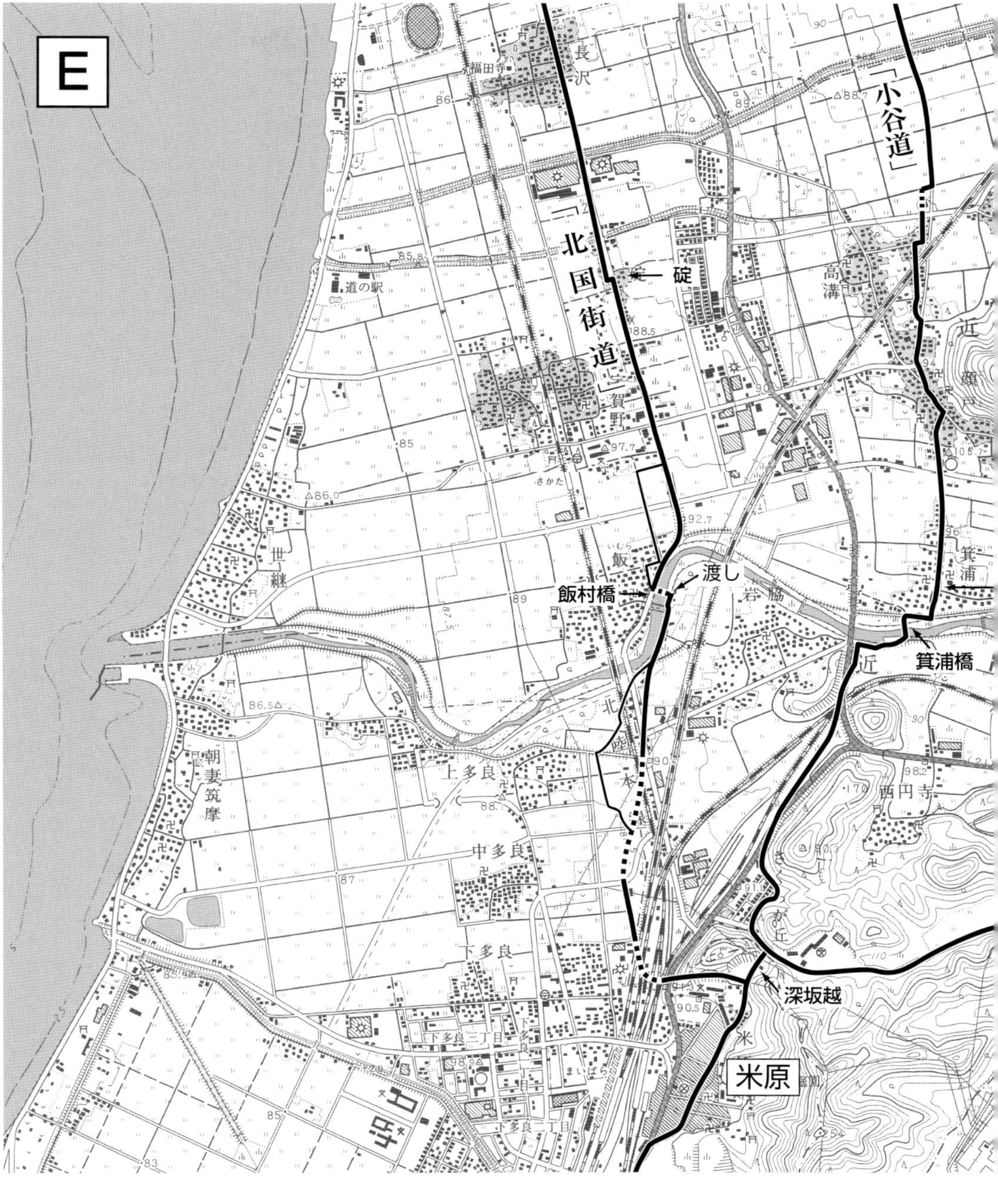
E
「北国街道」
「小谷道」
碇
渡し
飯村橋
箕浦橋
深坂越
米原
長沢
福田寺
道の駅
高溝
賀野
さかた
いむら
飯
世継
岩脇
箕浦
朝妻筑摩
上多良
中多良
下多良
西円寺
下多良三丁目
下多良二丁目
まいばら

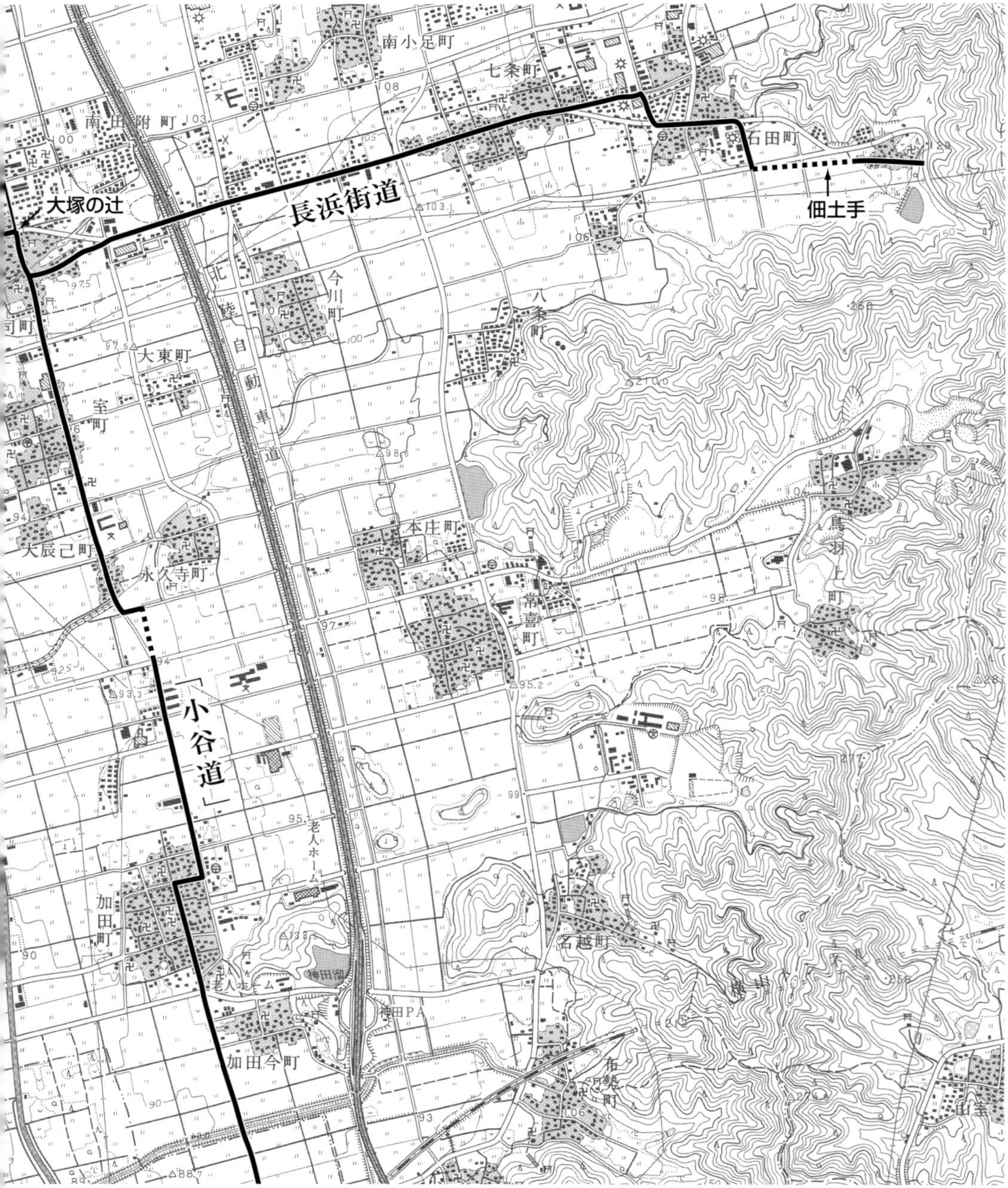

大塚の辻
長浜街道
佃土手
「小谷道」
南小足町
七条町
南田附町
石田町
今川町
八条町
北陸自動車道
大東町
室町
大辰己町
永久寺町
本庄町
常喜町
加田町
老人ホーム
名越町
神田PA
加田今町
布勢町

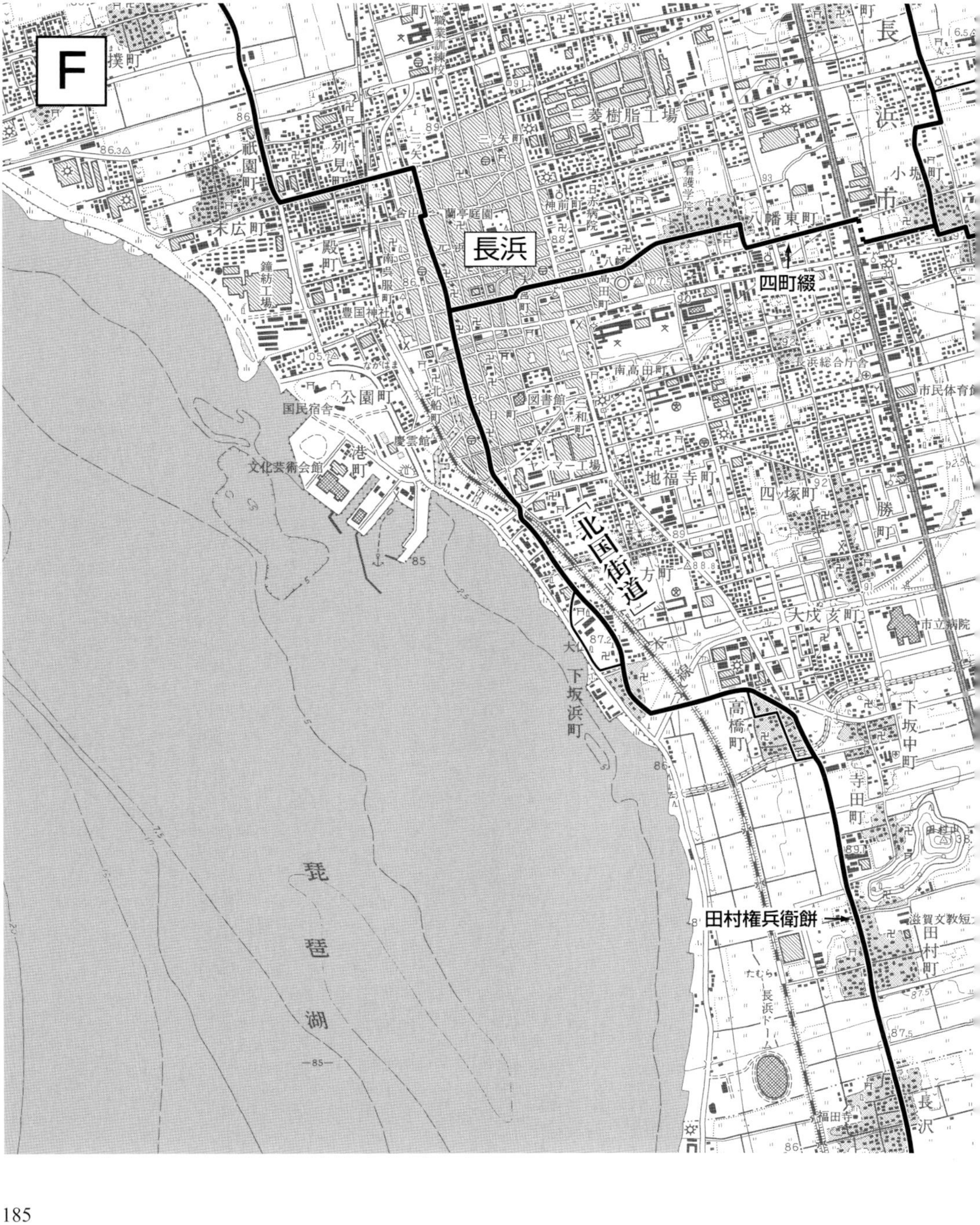
F
長浜
四町綴
「北国街道」
田村権兵衛餅
長浜市
三菱樹脂工場
職業訓練校
列見町
祇園町
末広町
殿町
鐘紡工場
南呉服町
豊国神社
公園町
国民宿舎
港町
文化芸術会館
慶雲館
図書館
北船町
三ッ矢町
神前町
日赤病院
看護学院
八幡東町
高田町
南高田町
長浜総合庁舎
市民体育館
ヤンマー工場
地福寺町
四ッ塚町
勝町
方町
大戌亥町
市立病院
下坂浜町
高橋町
下坂中町
寺田町
田村町
滋賀文教短大
長浜ドーム
福田寺
長沢
小堀町
琵琶湖

道
尊野
老人ホーム
文化スポーツ公園
内保
二川
湯次
湯田橋
新湯田橋
草野川橋
宮部
大路
宮部
大路
草野川
虎姫町
キャノン工場
国友橋
国友橋
養護学校
今村橋
姉川
今町
国友町
下之郷町
千草町
保田町
泉町
新庄馬場町
西上坂町
榎木町
新庄寺町
小谷道
口分田《も》町
新庄中町
長浜IC
神照町
山階《しな》町
加納町
大井川
川崎町
新栄町
八幡中山町
長
南小足町

G
渡し
渡し
「北国街道」
大安寺
馬渡
小観音寺
稲葉
香花寺
富田
十九
弓削《ゆげ》
上八木
下八木
虎姫町
唐国
月ヶ瀬
旭町
錦織
長田
柿ノ木
落合
難波
田川
高時川
新居《にのい》
野寺
びわ町
川道
川道神社
大浜
南浜
細江
酢
曽根
下之郷町
森町
中野
矢合神社
大寺
田
五村
西大井
新大井橋
大井
十里町

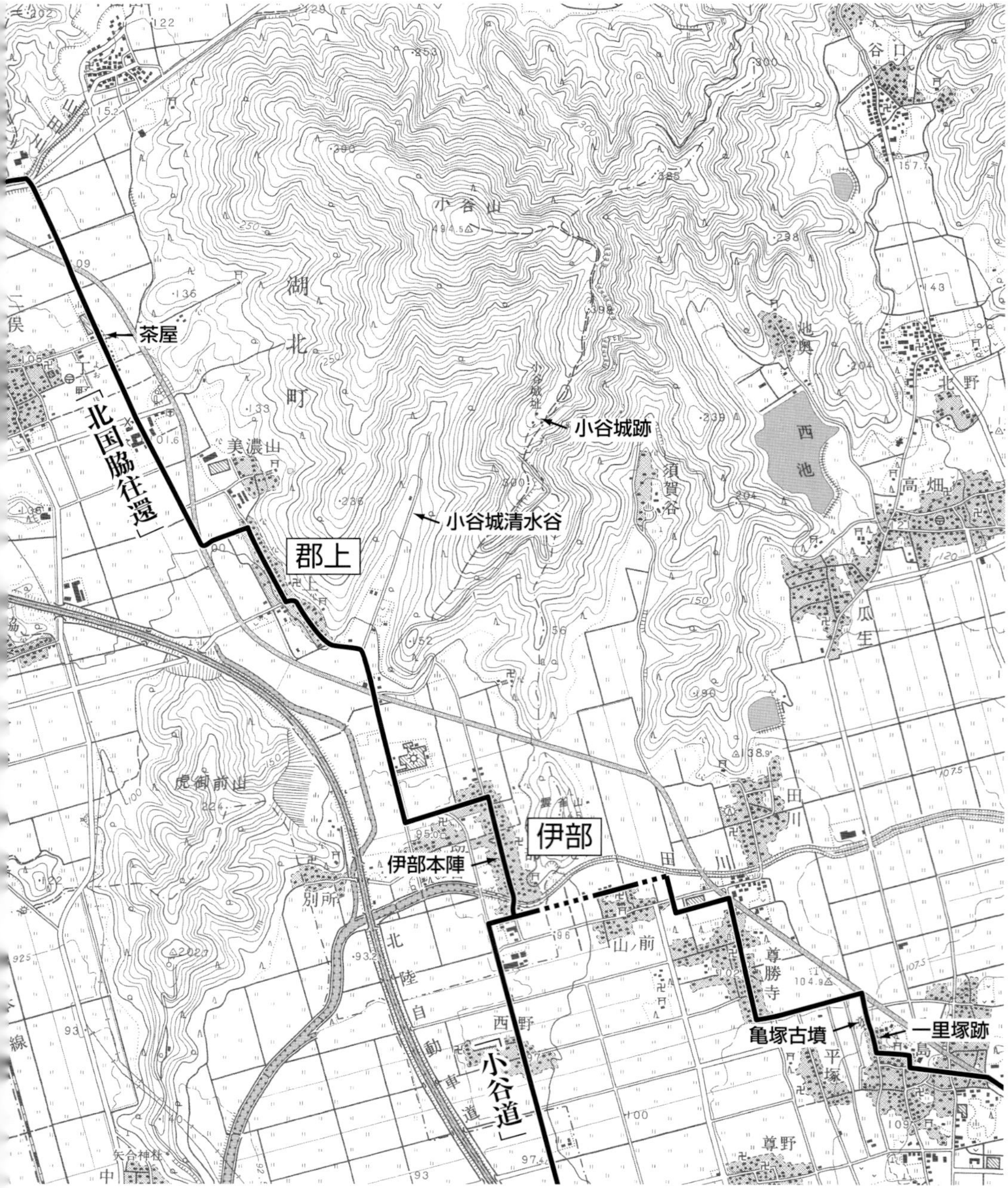
茶屋
「北国脇往還」
小谷城跡
小谷城清水谷
郡上
伊部
伊部本陣
「小谷道」
亀塚古墳
一里塚跡
小谷山
湖北町
美濃山
須賀谷
西池
谷口
北野
高畑
瓜生
田川
尊勝寺
平塚
尊野
西野
山前
別所
虎御前山
北陸自動車道
矢合神社

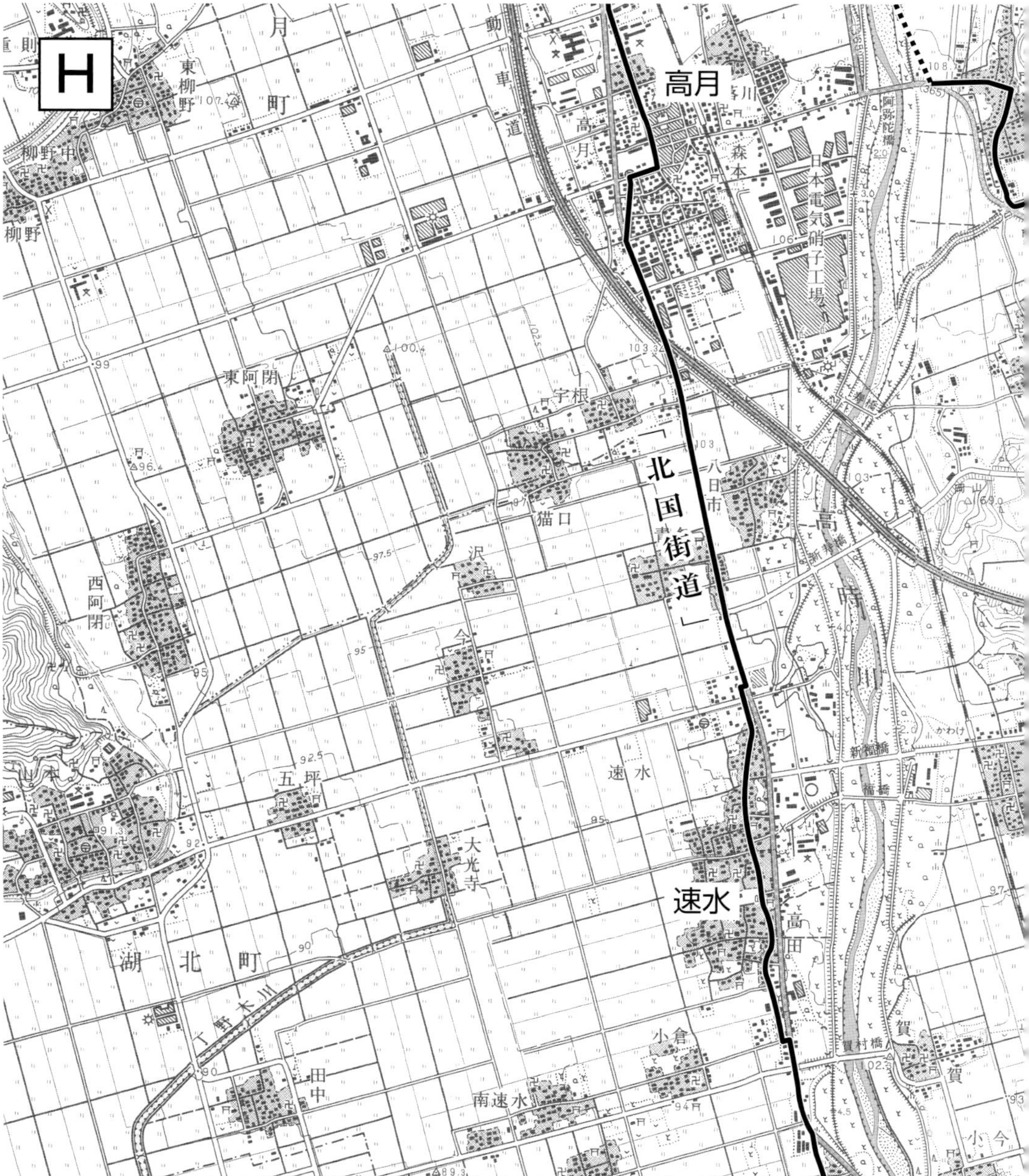
H
東柳野
月
町
動
車
道
高月
高月
森本
日本電気硝子工場
柳野中
柳野
東阿閉
宇根
「北国街道」
八日市
猫口
沢
西阿閉
今
五坪
速水
山本
大光寺
速水
高田
湖北町
小倉
田中
南速水
小今
大安寺
賀
馬

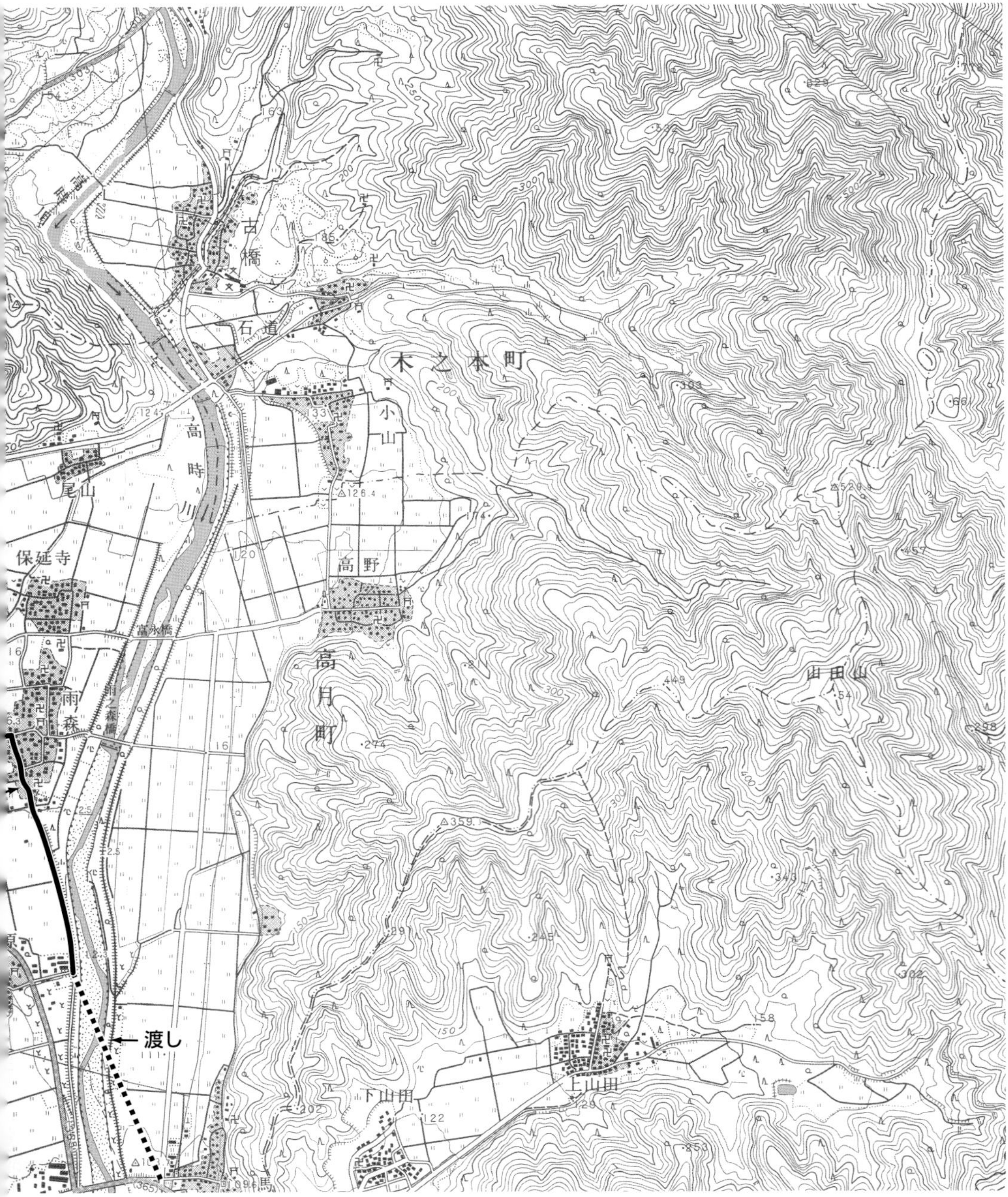
古橋
石道
木之本町
小山
高時川
尾山
保延寺
高野
富永橋
高月町
雨森
雨之森橋
山田山
渡し
下山田
上山田

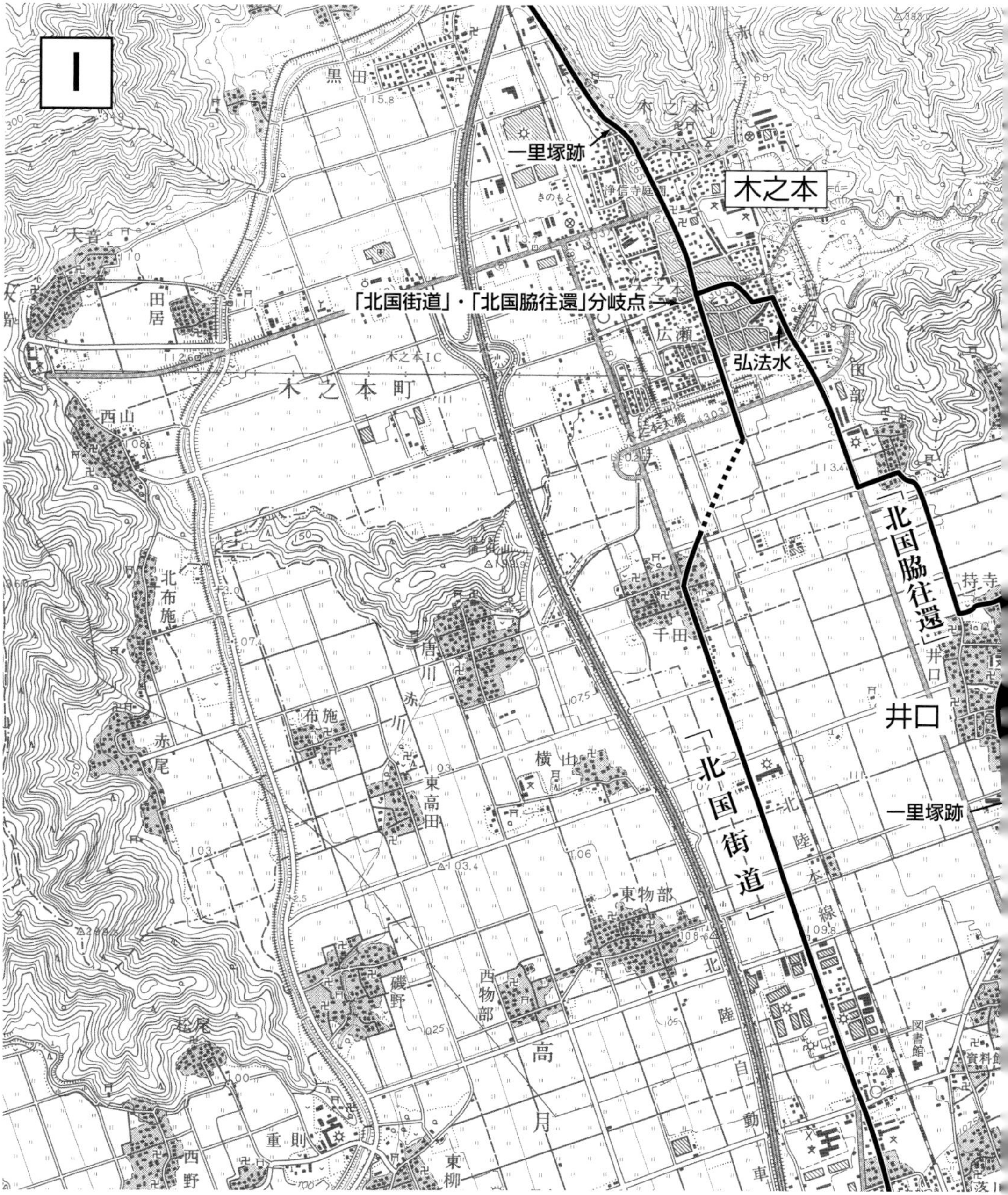
I
一里塚跡
木之本
「北国街道」・「北国脇往還」分岐点
弘法水
「北国脇往還」
井口
「北国街道」
一里塚跡
黒田
田居
広瀬
木之本町
西山
北布施
千田
布施
赤尾
横山
東高田
東物部
西物部
磯野
松尾
高月
重則
西野
東柳
北陸本線
北陸自動車道

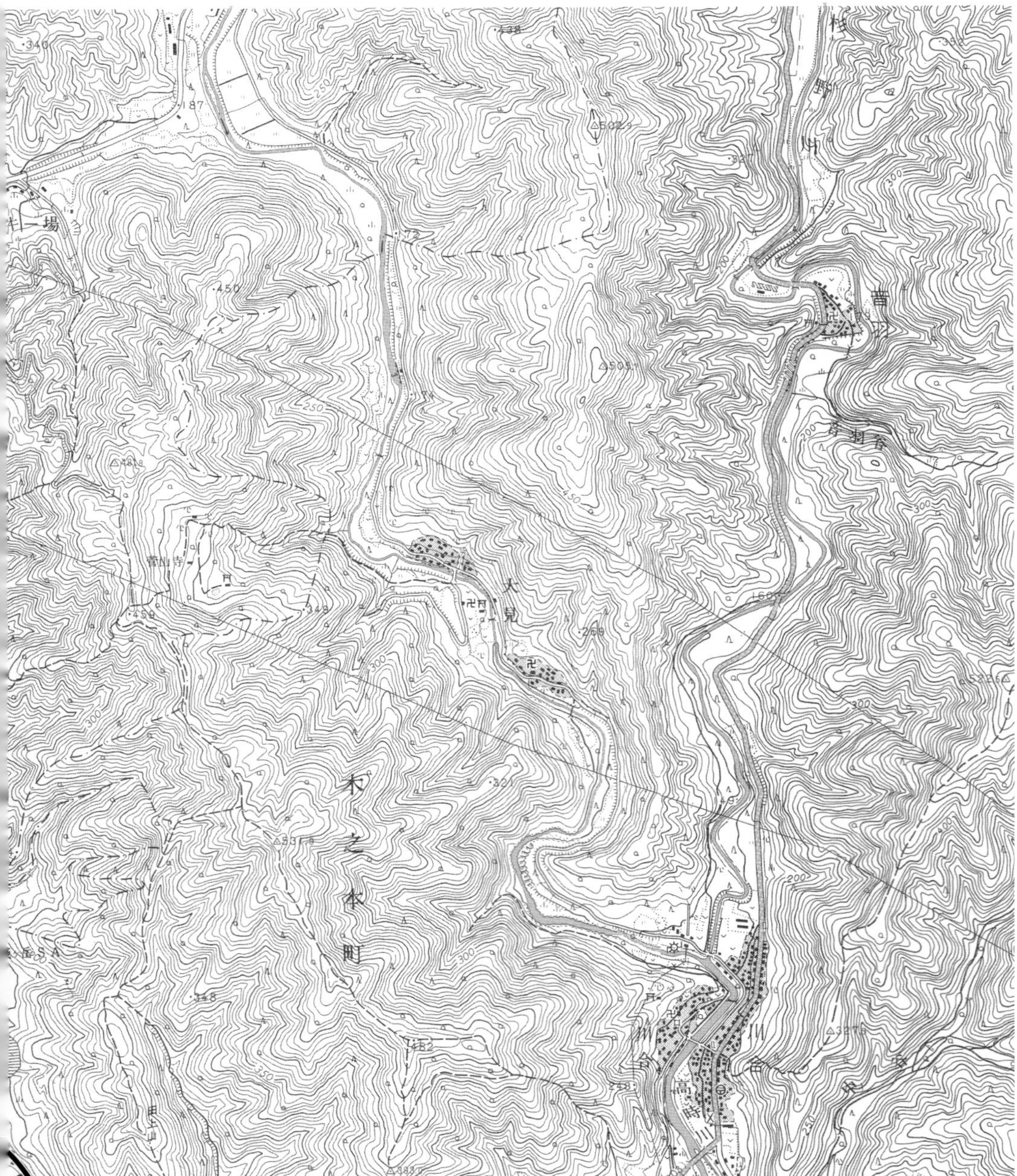
杉野川
音羽
大見
菅山寺
木之本町
川合
高時
キー場

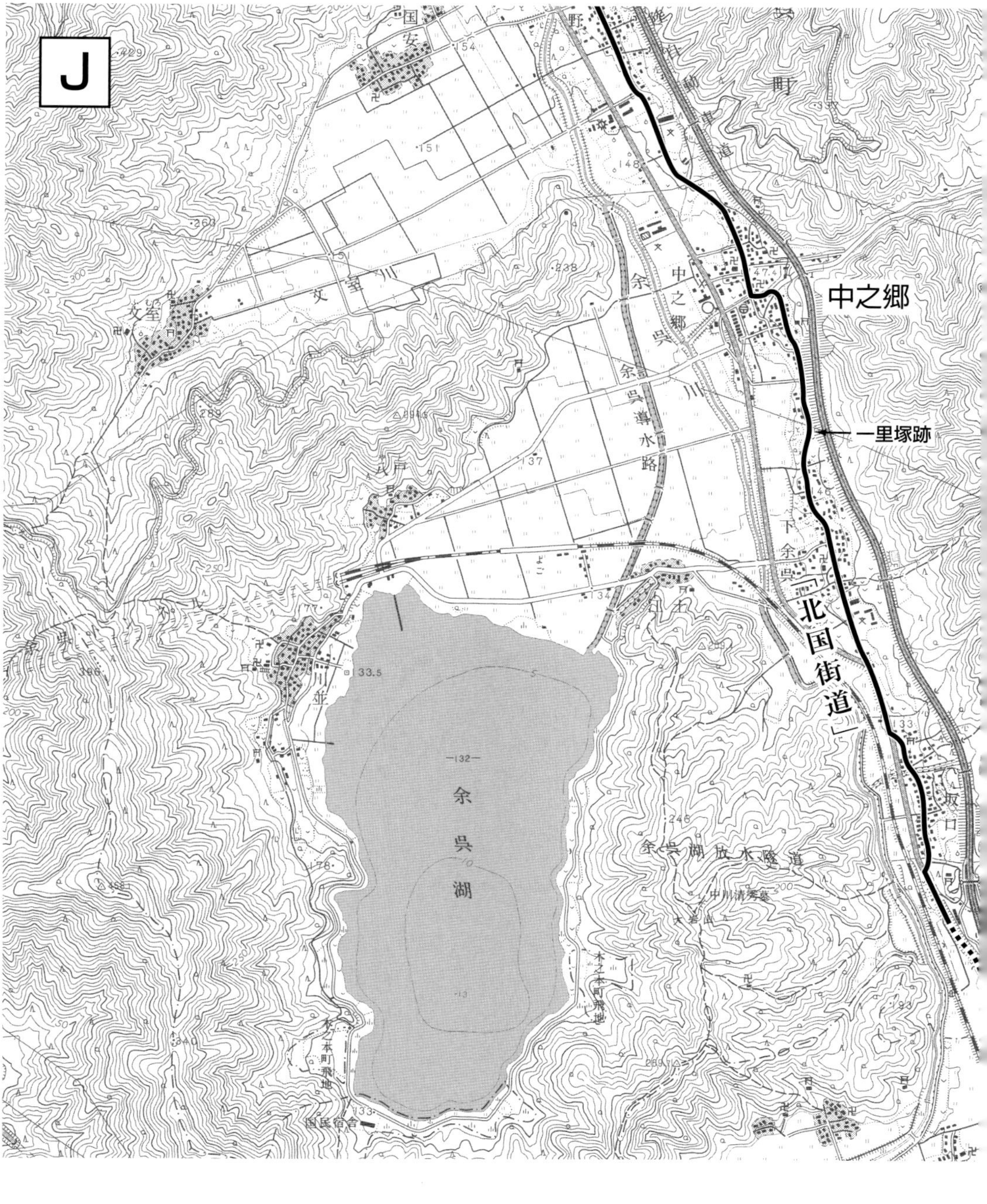
J
中之郷
一里塚跡
「北国街道」
余呉湖
余呉川
余呉導水路
余呉湖放水隧道
中川清秀墓
国民宿舎
文室
国安
下余呉
坂口
川並
八戸

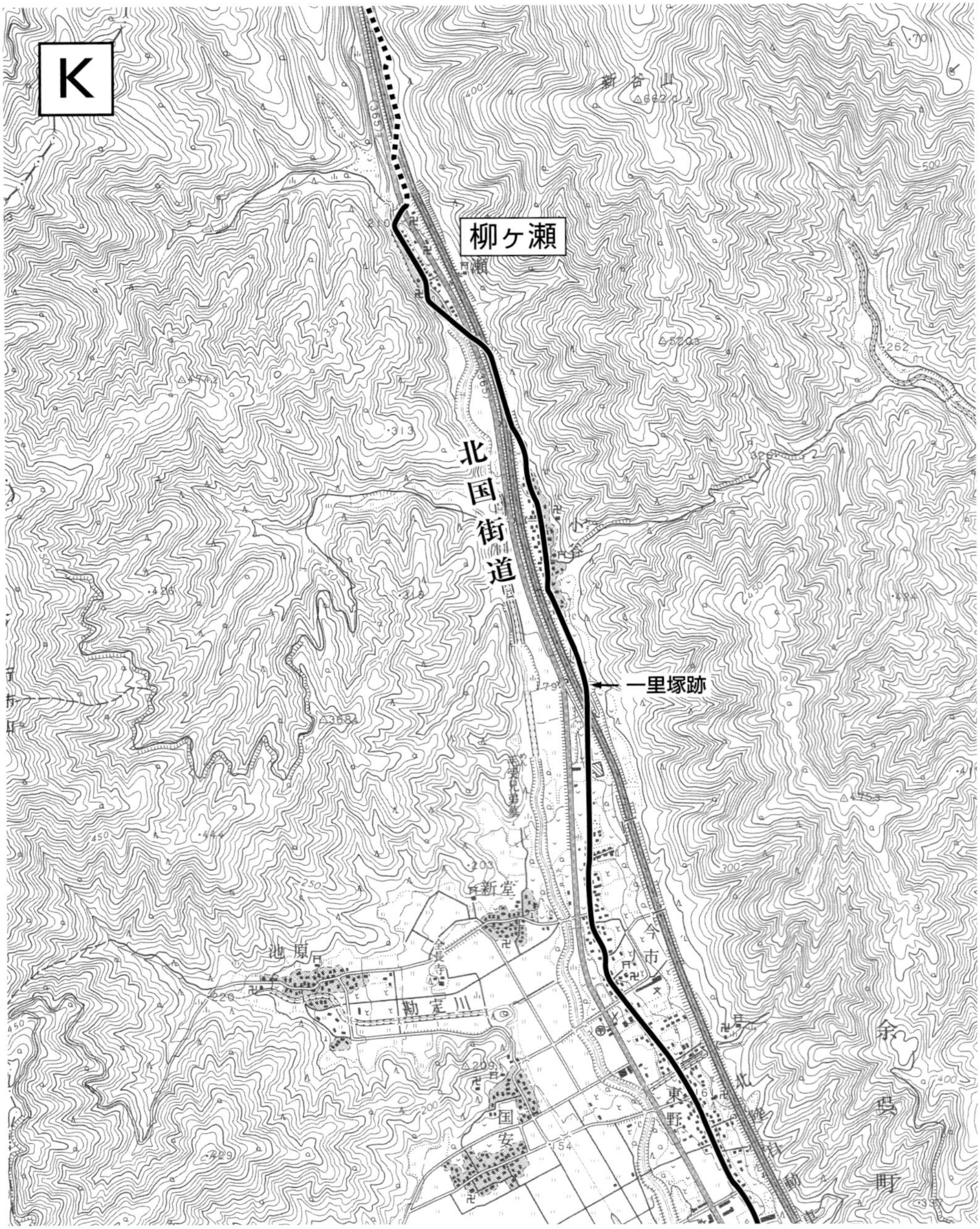
K
柳ヶ瀬
北国街道
一里塚跡
新室
池原
今市
東野
国安
余呉町

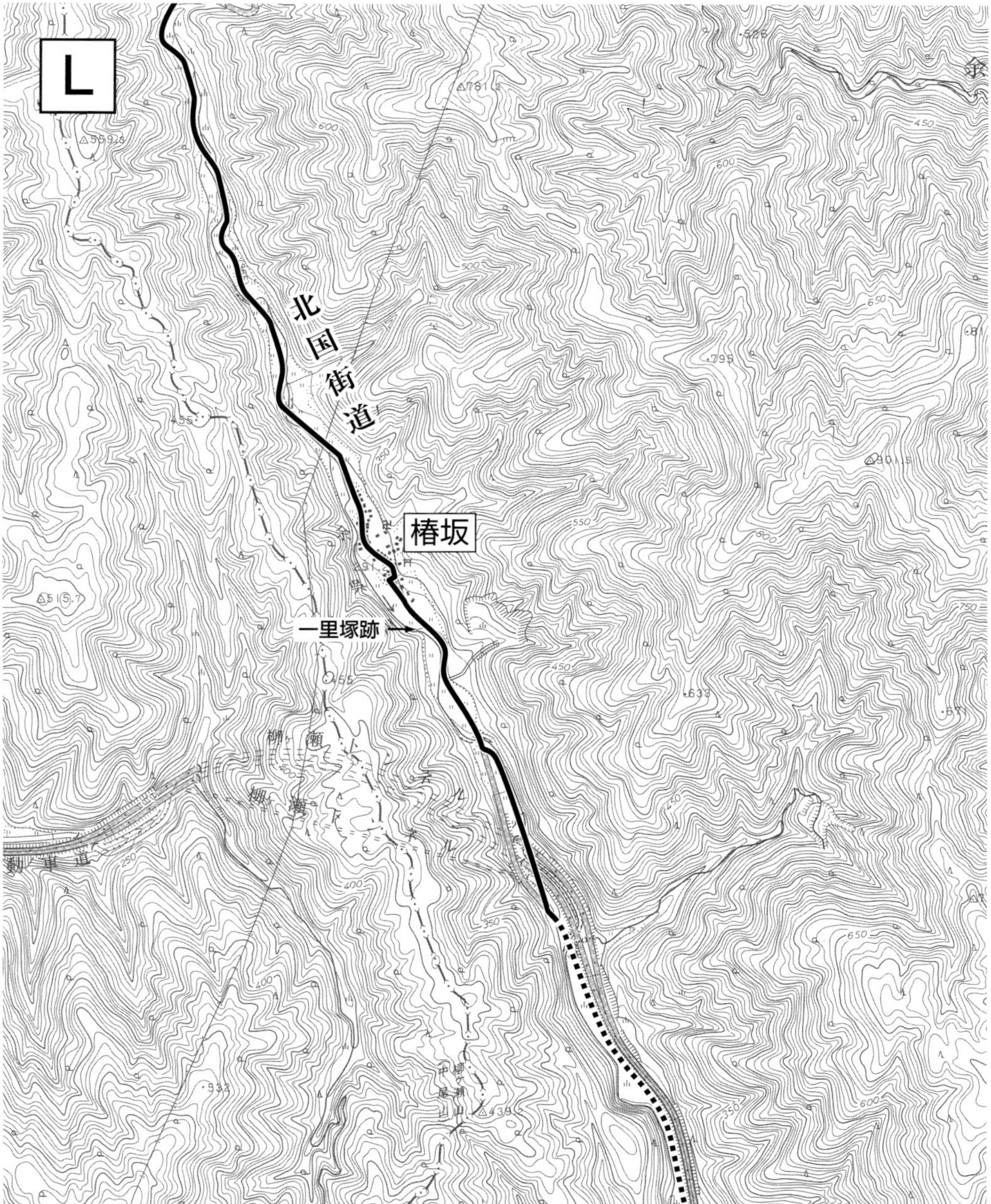
L
北国街道
椿坂
一里塚跡

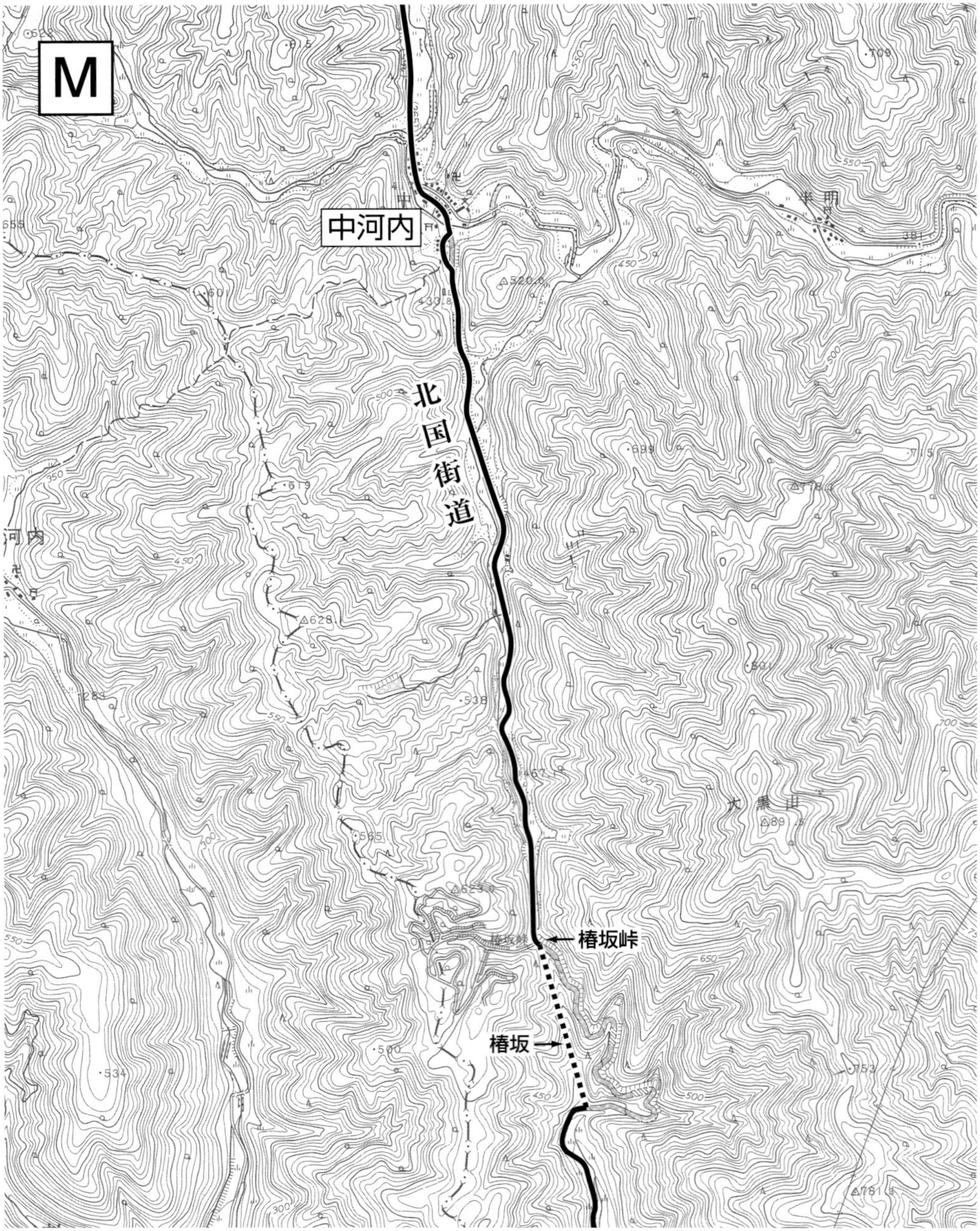
M
中河内
北国街道
椿坂峠
椿坂

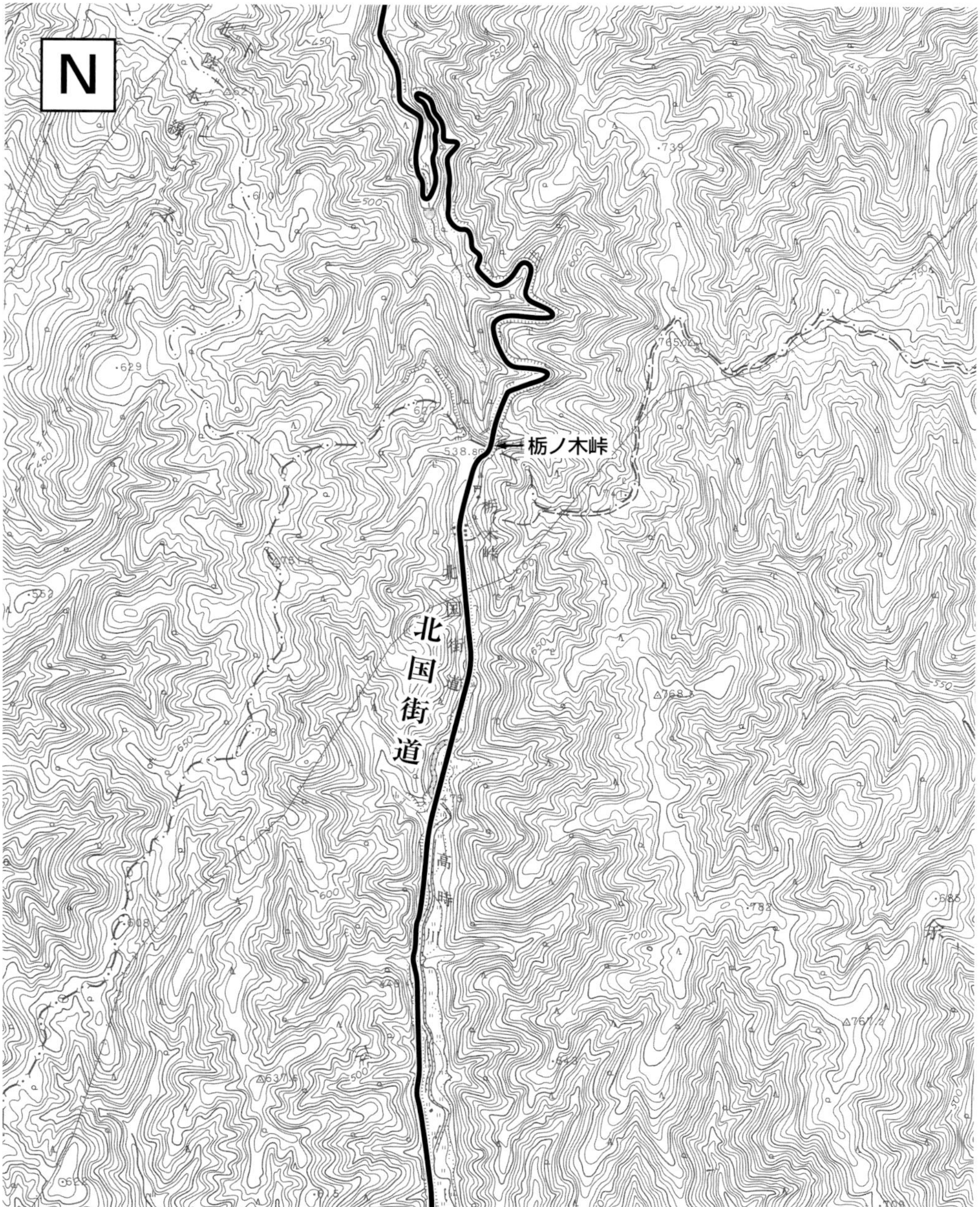
N
栃ノ木峠
北国街道

特別展『北国街道と脇往還―街道と宿駅が織りなす湖北史―』

展示資料目録

＊この目録の番号は、本文の写真番号と一致する。
＊掲載順は、列品番号・資料名・員数・時代・法量・所蔵者・保管者の順である。
＊法量の単位は、センチメートルである。

《北国街道と湖北》

1 近江国絵図写 一枚 江戸時代 縦 二六八・四×横 一二三・五

2 近江国北国海道人馬賃銭覚 一冊 文久三年（一八六三） 縦 三一・三×横 二一・五 市立長浜城歴史博物館蔵

3 北国下り遣足帳 一冊 永禄六年（一五六三） 縦 一六・五×横 三六・〇 国立歴史民俗博物館蔵

《小谷道―小谷城へつながる戦国の道―》

4 六角定頼陣立書 一通 天文七年（一五三八） 縦 二四・六×横 三五・〇 独立行政法人国立公文書館蔵

5 宮川村絵図 一枚 慶長七年（一六〇二） 縦 五七・〇×横 六一・五

6 口分田村絵図 一枚 延宝五年（一六七七） 縦 五〇・三×横 七八・〇

7 小谷城絵図 一幅 江戸時代 縦 七六・三×横 一四四・五 小谷城址保勝会蔵

8 従武州江戸至加州金沢中仙道山川駅路之図 一巻 江戸時代 縦 二四・〇×横 五七六・〇 金沢市立玉川図書館蔵

9 国友村架橋図 一枚 明治二十七年（一八九四） 縦 二七・六×横 七六・七 国友町自治会蔵

10 山西街道橋梁改修景況図 一枚 明治二十七年（一八九四） 縦 七九・〇×横 二七・八 国友町自治会蔵

11 便所建設御願 一冊 明治十五年（一八八二） 縦 二四・一×横 一六・一 国友町自治会蔵

12 元三大師道標 一本 江戸時代 縦 一一三・〇×横 一五・八×奥行 一四・八

《北国脇往還―参勤交代で賑う大名の道―》

13 中山道分間延絵図 巻九（関ヶ原宿） 一巻 文化三年（一八〇六） 縦 五六・〇×横 二七三五・〇 東京国立博物館蔵

14 関ヶ原宿ヨリ今須宿マテ間之村々絵図 一面 江戸時代 縦 二七・八×横 一五三・七 高木靖行氏（魚しげ）蔵

15 上平寺城絵図 一枚 江戸時代 縦 一一九・四×横 八〇・二

16 北国海道藤川宿絵図 一枚 江戸時代 縦 七八・二×横 一六八・〇

17 藤川本陣屋敷見取図 一枚 江戸時代 縦 一四六・〇×横 一一七・一

18 藤川宿御用箱 一箱 江戸時代 縦 四一・二×横 二六・九×高 二七・七

19 藤川本陣旗 一枚 江戸時代 縦 一〇四・〇×横 六四・〇

20 御高札絵図 一枚 天保九年（一八三八） 縦 四三・二×横 六一・四

21 御大名様万御通行之節御注進定書御留 一冊 江戸時代 縦 一四・五 ×横 三九・五

22 北国海道春照宿御高札写 一冊
寛永十四年（一六三七）
縦 二五・三×横 一七・四

23 大名行列図 五枚
江戸時代
縦 二四・〇×横 三四・〇
金沢市立玉川図書館蔵

24 大名行列絵巻 一巻
江戸時代
縦 三二・〇×横 三六九・〇
金沢市立玉川図書館蔵

25 坂田郡春照村絵図 一枚
明治四年（一八七一）
縦 三三六・〇×横 三五三・〇
滋賀県立図書館蔵

26 坂田郡相撲庭村絵図 一枚
明治四年（一八七一）
縦 五五・一×横 七七・八
滋賀県立図書館蔵

27 野村本陣図 宇治橋春年画 一幅
昭和五一年（一九七六）頃
縦 六五・八×横 六〇・六

28 御大名御小休留記 一冊
文政三年（一八二〇）
縦 二五・四×横 一七・七

29 御大名御通行覚帳 一冊
文久三年（一八六三）
縦 一四・三×横三九・五

30 湯次郷田根庄八嶋村金之連公御陵図 一幅
慶長六年（一六〇一）
縦 三八・六×横 五五・五
伊藤博泉氏蔵

31 伊部本陣海道帳 一冊
安永五年（一七七六）
縦 二四・一 ×横 一七・〇

32 伊部本陣海道帳 一冊
享保三年（一八〇三）
縦 二三・八×横 一六・六

33 伊部宿家数絵図 一枚
文政三年（一八二〇）
縦 二八・三×横 七八・八

34 伊部宿本陣絵図 一枚
江戸時代
縦 六四・一×横 一一七・七

35 伊部宿本陣道具類 二点
江戸時代
陶製枕 縦 一一・六×横 二〇・九
褐漆絵文台 縦 三四・八 ×横 四九・二

《北国街道―幕末・維新に栄えた経済の道―》

36 中山道分間延絵図 巻拾（下矢倉村） 一巻
文化三年（一八〇六）
縦 五六・一×横 二六二二・二
東京国立博物館蔵

37 米原宿絵図 一枚
宝永元年（一七〇四）
縦 七四・四×横 一三四・四
滋賀大学経済学部附属史料館蔵

38 天野河絵図 河之部 一帖
江戸時代
縦 七八・六×横 二八一・六
滋賀県立図書館蔵

39 坂田郡宇賀野村絵図 一枚
明治四年（一八七一）
縦 五五・二×横 七七・八
滋賀県立図書館蔵

40 田村権兵衛餅看板 一枚
江戸時代
縦 一二二・五×横 四八・〇

41 田村権兵衛餅布袋像 一体
江戸時代
縦 四一・〇×横 三三・〇

42 越前国今浜村彦四郎病死ニ付申上書 一通
宝暦六年（一七五六）
縦 二八・八×横 四一・三
田村町自治会蔵

43 彦四郎所持品請取状 一通
宝暦六年（一七五六）
縦 二八・二×横 四〇・三
田村町自治会蔵

44 逓送人繰換帳 一冊
明治六年（一八七四）
縦 二四・五×横 一七・三
田村町自治会蔵

45 北国街道掃除丁場取調帳 一冊
嘉永六年（一八五三）
縦 一五・〇×横 三八・〇
市立長浜城歴史博物館蔵

46 下坂浜村絵図 一枚
慶長七年（一六〇二）
縦 五四・一×横 七四・二

47 長浜町絵図 一枚
明治七年（一八七四）
縦 四〇・八×横 五〇・二
吉川三左衛門家文書

48 長浜町北国街道家並絵図 一巻
江戸時代
縦 二七・四×横 三六〇・九
吉川三左衛門家文書

49 長浜町御宿吉川三左衛門家絵図 一枚
延享三年（一七四六）
縦 五〇・二×横 七一・七
吉川三左衛門家文書

50 長浜御宿御用向留帳 一冊
安永二年（一七七三）
縦 二四・五×横 一七・〇
吉川三左衛門家文書

51 諸事飛加恵 一冊
元治元年（一八六四）
縦 一三・三 ×横 三三・八
中津幸雄氏蔵

52 唐国村絵図 一枚
延宝五年（一六七七）
縦 七九・〇×横 五五・〇

53 馬渡村絵図 一幅
江戸時代
縦 九〇・〇×横 一四二・〇
湖北町馬渡区蔵

54 速水村絵図 一幅
寛延二年（一七四九）
縦 一六九・四 ×横 一〇一・八
伊豆神社蔵

55 青名村絵図 一枚
延宝五年（一六七七）
縦 七四・二×横 六四・五

《木之本から国境へ》

56 木之本宿絵図 一枚
江戸時代
縦 五六・三×横 一五四・二
奥野家文書

57 木之本宿絵図 一巻
江戸時代
縦 三八・一×横 一〇三・三
下川太右衛門家文書

58 木之本本陣宿札 三枚
江戸時代
（酒井若狭守宿）縦 九〇・七×横 二五・一
（中川修理大夫宿）縦 一〇七・四×横 二五・五
（加賀中納言旅宿）縦 八九・一×横 三一・九

59 木之本宿松平備後守様御宿割帳 一冊
江戸時代
縦 一二・三×横 三三・九

60 賤ヶ岳合戦場図 一枚
江戸時代
縦 三八・〇×横 五四・五

61 飴屋市助家暖簾 一連
江戸時代
縦 一五六・〇×横 一七九・〇
菊水飴本舗蔵

62 飴屋市助名字之儀ニ付申上書 一通
享保二年（一七一七）
縦 三〇・七×横 四三・七
菊水飴本舗蔵

63 飴直段書 一冊
天保一〇年（一八三九）
縦 一九・二×横 二七・三
菊水飴本舗蔵

64 湖北賤嶽図会 一冊
寛政一一年（一七九九）
縦 二二・五×横 一六・〇
西尾市岩瀬文庫蔵

65 柳ヶ瀬関所諸事覚 一冊
江戸時代
縦 二七・五×横 一九・八
瀧川仁右衛門家文書

66 北国街道絵図 一枚
江戸時代
縦 一〇六・二×横 三九・九

67 山水真写 一冊
江戸時代
縦 二三・二×横 一六・五
市立長浜城歴史博物館蔵

《越前・加賀への道》

68 北国道中行程記 一帖
江戸時代
縦 三三・九×横 二六一・九
市立長浜城歴史博物館蔵

69 江戸より金沢上街道道中絵図 一巻
安政五年（一八五八）
縦 二七・〇×横 七一〇・〇
石川県立図書館蔵

70 従武州江戸加州金沢迄中仙道駅路之図　文久元年（一八六一）　一巻
縦　二八・〇×横　五四六・〇
石川県立図書館蔵

71 京阪街道一覧　江戸時代　一巻
縦　一五・〇×横　三九七・〇
福井市立郷土歴史博物館蔵

72 福井江戸往還図屏風（左隻）　江戸時代　一隻
縦　一七四・五×横　三六六・〇
福井県立歴史博物館蔵

73 越前国名蹟考　巻二・七　江戸時代　二冊
縦　二九・〇×横　二〇・〇
松平文庫（松平宗紀氏蔵・福井県立図書館保管）

74 九十九橋図　昭和二年（一九二七）　一面
縦　六四・一×横　八五・〇
福井市立郷土歴史博物館蔵

75 白山参詣方言修行金草履　十九　文政一二年（一八二九）　一冊
縦　一八・六×横　一二・七
福井県立歴史博物館蔵

《街道を通った人びと》

76 中川修理太夫様御通行諸事留帳　天保三年（一八三二）　一冊
縦　一四・三×横　二〇・一

77 登京日記　慶応3年（一八六七）　一冊

78 伊能忠敬像　江戸時代　一幅
縦　九〇・四　×横　三一・四
伊能忠敬記念館蔵

79 琵琶湖図（伊能図）　江戸時代　一幅
縦　一〇九・〇×横　一三六・五
伊能忠敬記念館蔵

80 伊能大図　自江戸歴尾州赴北国到奥州沿海図第十　江戸時代　一枚
縦　八七・五×横　一六八・〇
伊能忠敬記念館蔵

81 伊能大図　自江戸歴尾州赴北国到奥州沿海図第十一　江戸時代　一枚
縦　八四・五×横　一七八・〇
伊能忠敬記念館蔵

82 忠敬先生日記　巻一四　文化二年（一八〇五）　一冊
縦　一九・七×横　一三・三
伊能忠敬記念館蔵

83 木曽路記　寛延四年（一七五一）　一冊
縦　二四・〇×横　一七・五
金沢市立玉川図書館蔵

84 伊勢八幡春日参宮道法并名所記　安政三年（一八五六）　一冊
縦　一一・七×横　一七・六
武生市立図書館蔵

85 近江順拝日簿　文政九年（一八二六）　一冊
縦　八・四×横　一八・四
福井市立郷土歴史博物館蔵
縦一二・三×横　一六・九
滋賀大学経済学部附属史料館蔵

86 賤ヶ岳合戦場図　文政九年（一八二六）　一枚
縦　二七・七×横　三九・六
滋賀大学経済学部附属史料館蔵

87 戦兢録　嘉永六年（一八五三）　一冊
縦　一〇・〇×横　一七・五
福井市立郷土歴史博物館蔵

88 加州山中入湯諸入用并ニ道中記扣帳　安政六年（一八五九）　一冊
縦　一二・六・四×横　三四・四
堤善定氏蔵

89 山中入湯入用扣帳　明治八年（一八七五）　一冊
縦　一二・一×横　三三・〇
堤善定氏蔵

90 英国人宿泊ニ付諸事留記　慶応三年（一八六七）　一冊
縦二五・〇×横　一七・六
滋賀大学経済学部附属史料館蔵

91 西国三十三所道中記　明治二一年（一八八八）　一冊
縦　一八・〇×横　一二・〇
角鹿尚計氏蔵

92 石川県卒族芝木喜内藤江松三郎口上書　明治五年（一八七二）　一冊
縦　二七・五×横　二〇・〇
石川県立図書館蔵

参考文献

新居関所史料館『東海道と新居宿』（一九九六年）
石川県『石川県史』第四編（一九三一年）
石川県教育委員会『歴史の道調査報告書第1集　北陸道（北国街道）』（一九九四年）
石川県立歴史博物館『紀尾井町事件—武士の近代化と地域社会—』（一九九九年）
石川県立歴史博物館『参勤交代』（一九九一年）
伊能忠敬研究会『忠敬と伊能図』一九九八年）
伊吹町史編さん委員会『伊吹町史　通史編上』（一九九七年）
加賀市史編纂委員会『加賀市史』資料編　第二巻（一九七六年）
草津市教育委員会『草津宿本陣』（一九九六年）
滋賀県教育委員会『中世古道調査報告六　北国街道・北国脇往還』（二〇〇四年）
滋賀県教育委員会『中世古道調査報告七　北国街道北国脇往還（補遺）』（二〇〇三年）
滋賀県立長浜文化芸術会館『滋賀県立長浜文化芸術会館年報—昭和六十二年度展示事業—』（一九八八年）
滋賀県立長浜文化芸術会館『湖北地方の資料紹介—昭和六十三年度展示事業概要—』（一九八九年）
滋賀大学経済学部附属史料館『近江路の旅人たち—収蔵古文書と絵図資料にみる—』（二〇〇二年）
市立長浜城歴史博物館『長浜町絵図の世界』（一九八九
大聖寺藩史編纂會『大聖寺藩史』（一九三八年）
高月町史編纂委員会『村落景観情報』（一九九八）
長浜市『長浜市伝統的建造物群保存対策調査報告書』、（一九九五年）
長浜市『ふるさと長浜』（一九七三年）
長浜市史編さん委員会『長浜市史』第三・七巻（一九九九年・二〇〇三年）
彦根市史編纂委員会『彦根　明治の古地図』（二〇〇三年）
福井県『福井県史』通史編三近世一（一九九四年）
福井県教育委員会『北陸道①・吉崎道』歴史の道調査報告書第一集（二〇〇一年）
福井県教育委員会『北陸道②・丹後街道①』歴史の道調査報告書第二集（二〇〇二年）
福井県立博物館『描かれた越前若狭』（一九八九年）
福井市『福井市史』資料編5　近世3（一九九〇年）
福井市『福井市史』資料編別巻　絵図・地図（一九八九年）
福井市立郷土歴史博物館『戦兢録』（一九八九年）
福井市立郷土歴史博物館『福井の肖像画』（一九九三年）
米原町史編さん委員会『米原町史資料集第一冊　明治の村絵図』（一九九六年）
余呉町誌編さん委員会『余呉町誌　通史編上史』（一九九一年）
井上翼章著・杉原丈夫編『新訂越前国名蹟考』（松見文庫　一九八〇年）
加藤利之『箱根関所物語』（かなしん出版　一九八五年）
小島道裕「旅の消費—永禄六年北国下り遺足帳の世界—」『歴博』一二四号　二〇〇四年）
門脇正人「江戸末期の近江・北国街道を復元する—明治二十六年測図との比較を通して—」（滋賀県立安土城考古館『紀要』第十二号　二〇〇四年）
門脇正人「北国街道の分岐点」（『湖国と文化』八四号
門脇正人「近江町から長浜へ」（『湖国と文化』九〇号
木村至宏・寿福滋『近江の道標—歴史街道の証人—』（京都新聞社　二〇〇〇年）
小林博・木村至宏『近江の街道』（サンブライト出版　一九八二年）
子安寛朗高木清『写真集　北国脇往還—関ヶ原宿から木之本宿まで—』（一九九六年）
忠田敏男『参勤交代道中記—加賀藩史料を読む—』（平凡社　一九九三年）
中川泉三『近江長濱町志』第三巻　本編下（臨川書店　一九八八年）
中村愼『維新前後の金沢藩—勤王の志士岡山茂—』（日経事業出版センター　二〇〇三年）
西島明正『芭蕉と山中温泉』（北国新聞社　一九八九年）
渡辺一郎『図説　伊能忠敬の地図を読む』（河出書房新社　二〇〇〇年）
『聞き書　兵庫の食事』（農山漁村文化協会　一九九二年）
『源平盛衰記　下』（有明堂書店　一九二七年）
『湖国と文化　八四号』（㈶滋賀県文化振興事業団　一九九八年）
『春嶽公記念文庫名品図録』（㈶積善会　春嶽公記念文庫名品図録刊行会　一九八三年）
『図説　近江の街道』（郷土出版社　一九九四年）
『図説　石川県の歴史』（河出書房新社　一九八八年）
『東路記　己巳紀行　西遊記』新日本古典文学大系（岩波書店　一九九一年）
『日本古代道路事典』（八木書店　二〇〇四年）
『日本名所風俗図会』（角川書店　一九八一年）

お世話になった方々（敬称略）

浅井町今荘区
浅井町野村区
浅井町歴史民俗資料館
新居関所史料館
石川県立図書館
石川県立歴史博物館
伊豆神社
伊能忠敬記念館
近江町はにわ館
加賀市歴史民俗資料館
金沢市立玉川図書館近世史料館
株式会社アートハウス北緯三五度
菊水飴本舗
木之本町教育委員会
草津宿街道交流館
国土地理院　近畿測量部
国立公文書館
国立歴史民俗博物館
小谷城址保勝会
湖北町馬渡区
山東町教育委員会
滋賀県広報課県民情報室
滋賀県立図書館
滋賀県立長浜北高等学校
滋賀大学経済学部附属史料館
関ヶ原町歴史民俗資料館
浄信寺
高月町史編纂室
高月町馬上区
匠工房
武生市立図書館
東京国立博物館
虎姫町教育委員会
長浜市国友町自治会
長浜市田村町自治会

長浜市立図書館
西尾市岩瀬文庫
箱根関所資料館
びわこビジターズビューロー
福井市立郷土歴史博物館
福井県立図書館
福井県立歴史博物館
文化庁文化財部美術学芸課
米原町教育委員会
松平文庫
余呉町教育委員会

伊藤博泉
伊吹　望
奥野文雄
柿見富雄
桂田峰男
川北吉治
北川　弘
小島道裕
佐々木佐一郎
佐々木洋一
下川太右衛門
寿福　滋
白崎金三
鈴木春之
高木靖行
高橋順之
瀧川眞吾
竹内五左衛門
堤　善定
角鹿尚計
百々元昭
中津幸雄
中村　愼

西川與史雄
西島明正
林　弘之
坂東紀喜
肥田嘉昭
平野市補
広内益男
福井智英
文室温晴
松平宗紀
山崎清和
湯浅治久
吉川圭二
吉田　茂

執筆者（敬称略・執筆順）
太田　浩司（市立長浜城歴史博物館　副参事兼学芸担当主幹）
江竜　喜之（市立長浜城歴史博物館　館長）
小島　朝子（滋賀女子短期大学教授）
高正　晴子（梅花女子大学短期大学部教授）
門脇　正人（滋賀県立安土城考古博物館　嘱託）
中井　均（米原町教育委員会生涯学習課　課長）
橋本　章（市立長浜城歴史博物館　学芸員）
秀平　文忠（市立長浜城歴史博物館　学芸員）

編集担当
太田　浩司（市立長浜城歴史博物館）
岩根　順子（サンライズ出版）

編集スタッフ
江竜　喜之（市立長浜城歴史博物館）
前田　重夫（市立長浜城歴史博物館）
秀平　文忠（市立長浜城歴史博物館）
橋本　章（市立長浜城歴史博物館）
藤田みつる（市立長浜城歴史博物館）
小池　充（市立長浜城歴史博物館）
久保寺容子（市立長浜城歴史博物館）
日泉　幸子（市立長浜城歴史博物館）
山岡　優佳（市立長浜城歴史博物館）
平山　雅子（市立長浜城歴史博物館）

制作スタッフ
戸谷　昇（サンライズ出版）
李　真由美（サンライズ出版）
岸田　詳子（サンライズ出版）
林沼　愛子（サンライズ出版）
岩﨑　紀彦（サンライズ出版）

第二刷制作に当たっては、誤字・脱字等、必要最低限の修正を行なった。
市町名・施設名などについては、第一刷現在のままとしてある。

北国街道《ほっこくかいどう》と脇往還《わきおうかん》
—街道が生んだ風景と文化—

初版第一刷　平成十六年十月二十三日
第二刷　平成二十七年三月一日
企画・編集　市立長浜城歴史博物館
制　作　サンライズ出版株式会社
発　行　市立長浜城歴史博物館
〒五二六—〇〇六五
滋賀県長浜市公園町十番十号
電話　〇七四九（六三）四六一一
発　売　元　サンライズ出版
〒五二二—〇〇〇四
滋賀県彦根市鳥居本町六五五—一
電話　〇七四九（二二）〇六二七

ISBN978-4-88325-263-3 C0021